国家级一流本科专业建设点监狱学·系列教材

# 罪犯劳动改造学

Criminal Correction Through Work

刘　津／主编

法律出版社
LAW PRESS·CHINA
北　京

**图书在版编目（CIP）数据**

罪犯劳动改造学 / 刘津主编. -- 北京 : 法律出版社, 2024. -- ISBN 978 - 7 - 5197 - 9469 - 9

Ⅰ. D926.7

中国国家版本馆 CIP 数据核字第 20243NK246 号

**罪犯劳动改造学**
**ZUIFAN LAODONG GAIZAOXUE**

刘 津 主编

责任编辑 慕雪丹
装帧设计 汪奇峰 臧晓飞

**出版发行** 法律出版社
**编辑统筹** 法商出版分社
**责任校对** 赵明霞
**责任印制** 胡晓雅
**经　　销** 新华书店

**开本** 710 毫米 × 1000 毫米 1/16
**印张** 24.25 **字数** 432 千
**版本** 2024 年 12 月第 1 版
**印次** 2024 年 12 月第 1 次印刷
**印刷** 保定市中画美凯印刷有限公司

地址：北京市丰台区莲花池西里 7 号（100073）
网址：www.lawpress.com.cn
投稿邮箱：info@lawpress.com.cn
举报盗版邮箱：jbwq@lawpress.com.cn

销售电话：010 - 83938349
客服电话：010 - 83938350
咨询电话：010 - 63939796



**书号**：ISBN 978 - 7 - 5197 - 9469 - 9　　**定价**：58.00 元

凡购买本社图书，如有印装错误，我社负责退换。电话：010 - 83938349

# 编辑委员会

# 总　序

如果从20世纪初国人翻译日本学者佐藤信安、小河滋次郎等人的监狱学著作算起，现代意义的监狱学在中国出现已有百余年。历经百年沧桑，监狱学已经发展成为涵盖数十门分支学科的学科群。从移译西学到自主创新，从依附西方到独立自主，中国监狱学的百年发展成为中国学术由弱到强发展历程的缩影。

2018年，为推进教材建设，中央司法警官学院启动了监狱学系列教材编写的计划，首批推出五本教材，分别是《犯罪心理学》《监狱学基础理论》《狱政管理学》《罪犯教育学》《法医学》。教材出版得到了兄弟院校的支持和肯定。三年来，高等教育形势发生了变化，监狱工作改革不断推进，司法警官教育取得了一系列成绩，现实对教材建设提出了新要求、新期待。

从全国高等教育形势来看，全国教育大会胜利召开，为加快推进教育现代化、建设教育强国、办好人民满意的教育指明了方向；教育部发布《关于加快建设高水平本科教育　全面提高人才培养能力的意见》（新时代高教40条），教育部会同有关部门联合推出“六卓越一拔尖”计划2.0；教育部、财政部、国家发展和改革委员会联合发布《关于高等学校加快“双一流”建设的指导意见》，明确“双一流”建设的核心是人才培养；《深化新时代教育评价改革总体方案》印发，对引导全党、全社会树立科学的教育发展观、人才成长观、选人用人观具有重大意义。

从监狱改革发展来看，2018年以来，司法部连续召开了两次全国监狱工作会议，要求提高政治站位，夯实监狱事业发展基石，狠抓内部管理，深化监狱改革，打造过硬队伍，不断开创监狱工作新局面。2019年4月，中共中央办公厅、国务院办公厅印发《关于加强和改进监狱工作的意见》，要求努力建设一支信念坚定、执法为民、敢于担当、清正廉洁的高素质监狱人民警察队伍，并强调，加强教学练战一体化培训，进一步加强司法行政系统所属院校警察类专业毕业生培养和入警工作。同时,《刑法修正案(十一)》施行,《社区矫正法》以及修订后的《未成年人保护法》《预防未成年人犯罪法》正式实施,这些新规定的出台,都要求监狱学专业教育教学内容作出及时调整。

作为监狱学研究和教学的重要机构,中央司法警官学院三年来取得了一系列成绩。2019年12月,经教育部高等学校教学指导委员会评议,中央司法警官学院监狱学专业、侦查学专业获批国家级一流本科专业建设点。这是全国首个监狱学一流本科专业建设点,标志着司法行政系统所属高等院校学科专业建设取得历史性突破,对提升人才培养质量、增强服务监管改造工作能力和水平具有重要意义。此后,狱内侦查学入选首批国家级一流本科课程,罪犯教育学课程和团队被评为国家级课程思政示范课程和团队,“新文科建设框架下的监狱学专业升级改造”成功获批教育部首批新文科研究与改革实践项目。

在上述背景下,监狱学专业人才培养目标、培养规格、课程体系乃至教学方式方法等都有必要作出相应调整。为此,我们组织校内外相关学者,同时吸收实务部门专家共同编写“国家级一流本科专业建设点监狱学系列教材”。

教材是教育理念的反映,同时也引领教育理念的变革。一些重要的教育理念,往往可以通过教材内容、形式的变化得到反映。教育需求决定教育创新,学习需要影响教学方式。诚如陶行知先生所说,教的法子必须根据学的法子,学习方式的变革正在悄悄影响着教学方法和教学理念。在教材编写过程中,我们充分考虑学习需求,努力贯彻“学生中心、产出导向、持续改进”理念,注重将价值塑造、知识传授和能力培养三者融为一体,力争体现高阶性、创新性和挑战度。同时,在教材体例上作出调整,在每节之前增加了要点提示,节末设置研究与思考题,在章节中增加图例、图表、专栏或案例,尽量方便学生自学。

期待这个系列教材能为监狱学专业的教育改革、为司法警官教育的高质量发展作出应有的贡献。

**中央司法警官学院教材编审委员会**

**2021年7月**

# 目 录
Contents

## 基础理论部分

## 管理实施部分

# 改造和矫正方法部分

# 基础理论部分

# 绪论　罪犯劳动改造学的范畴、研究对象和学科体系

罪犯劳动改造学是中国监狱学学科的骨干分支学科之一，是专门研究我国监狱对服刑罪犯依法进行劳动改造的现象及其发展规律的特殊学科，是一门实用性非常强的应用性学科，在建设中国监狱学学科和指导监狱罪犯劳动改造工作中发挥着独当一面的作用。对服刑罪犯实行劳动改造，是我国监狱教育和改造罪犯最重要的基本手段之一，是我国监狱工作最为显著的特色和优势，是中国特色社会主义监狱制度的本质特征之一，在我国监狱工作的历史上取得了举世瞩目的伟大成就。罪犯劳动改造学以我国近一个世纪的罪犯劳动改造实践探索和理论总结为基础，形成并较快发展于改革开放初期，随后进入了一个相当长时期的缓慢发展阶段，应当说还是一个相当年轻和不成熟的学科。我国社会主义市场经济体制改革以来，特别是中国特色社会主义进入新时代以来，监狱内外环境变化巨大，监狱体制改革不断深化，罪犯劳动改造工作不断出现新情况、新问题、新特点、新模式，罪犯劳动改造发展规律已经呈现新的态势。罪犯劳动改造学学科在新时代的研究建设任务是，必须在原有的理论和实践基础上，坚定中国特色社会主义道路自信、理论自信、制度自信、文化自信，加大创新力度，从新时代中国特色社会主义监狱工作和罪犯劳动改造实际出发，以习近平新时代中国特色社会主义思想为指导，科学健全理论体系，夯实基础理论，强化应用理论，加强理论指导特别是应用理论指导功能，早日建设成马克思主义中国化时代化视域下的新罪犯劳动改造学，以学科建设推动高等专业教育和实际工作的高质量发展。

## 第一节　罪犯劳动改造学的范畴

范畴，即基本概念，是人的思维对事物、现象的普遍本质的概括和反映。范畴涉及一门学科的最基本概念、研究对象和内容。每门科学都有自己特有的一系列

范畴,反映的是特定领域里事物的本质。研究罪犯劳动改造学,从其最基本的范畴入手,是把握罪犯劳动改造学的学科内涵和发展方向的重要前提。

## 一、劳动

劳动是人类在生产过程中所提供的劳务,可表现为脑力劳动和体力劳动。劳动的质量受到劳动者的劳动技能、受教育程度和经验积累程度等的影响,劳动的数量受劳动时间长短和劳动效率等的影响。劳动是创造价值的手段之一,每个人都希望用自己尽可能少的劳动换取别人尽可能多的劳动。在市场经济条件下,劳动者用自己的劳动换取一定的货币报酬,是市场对劳动的一种定价。

马克思曾对劳动含义作过如下的描述:"劳动首先是人和自然之间的过程,是人以自身的活动来中介、调整和控制人和自然之间的物质变换的过程。人自身作为一种自然力与自然物质相对立。为了在对自身生活有用的形式上占有自然物质,人就使他身上的自然力——臂和腿、头和手运动起来。当他通过这种运动作用于他身外的自然并改变自然时,也就同时改变他自身的自然。他使自身的自然中蕴藏着的潜力发挥出来,并且使这种力的活动受他自己控制。"①

以上马克思对劳动的描述说明劳动具有以下基本特点:第一,劳动是人的客观物质活动,"是以人自身的活动来中介、调整和控制人和自然之间的物质变换的过程"。第二,劳动是人的有目的的能动的活动,"为了在对自身生活有用的形式上占有自然物质"而"使他身上的自然力——臂和腿、头和手运动起来"。"他使自身的自然中蕴藏着的潜力发挥出来,并且使这种力的活动受他自己控制。"第三,劳动一开始就是社会活动。劳动的目的、方式和劳动能力的发挥都受到当时社会历史条件的限制。第四,人的劳动具有双重效果。"当他通过这种运动作用于他身外的自然并改变自然时,也就同时改变他自身的自然。"劳动不仅改变了劳动对象,同时在劳动中也改变了人本身及人类的社会状况。

通过以上分析可知,劳动是人类社会的特有现象,可以将劳动简单定义为:劳动是人类特有的一种有意识有目的的社会实践活动,是人用自己的体力和脑力,以自身的活动来调整和控制人与自然之间的物质、能量、信息的交换过程,是人的生存条件和存在方式,也是社会存在和发展的基础。马克思指出,劳动作为使用价值的创造者,作为有用劳动,是不以一切社会形式为转移的人类生存条件,是人和自然之间的物质变换即人类生活得以实现的永恒的自然必然性。可以从不同的标准

---

① 《马克思恩格斯选集》(第 2 卷),人民出版社 1995 年版,第 177 页。

和角度把劳动分为体力劳动和脑力劳动、物质生产劳动和精神生产劳动、简单劳动和复杂劳动、生产性劳动和服务性劳动等。

劳动是输出劳动量或劳动价值的人类运动，从哲学上看，劳动是主体、客体和意义的内涵集成体，劳动除了人维持自我生存的意义，还有着自我发展的更加高级的意义。马克思主义理论全面和科学地揭示了劳动的本质和意义，建立了马克思主义劳动学说，该学说是我国罪犯劳动改造学产生和形成的最根本的思想理论基础，决定了我国罪犯劳动改造理论和实践的本质。

### （一）马克思主义关于劳动的观点是罪犯劳动改造学的元概念和逻辑起点

马克思主义劳动学说关于劳动的科学论述，揭示了劳动在人类社会产生和发展中的重要意义和作用，其根本观点奠定了罪犯劳动改造学的基本概念、指导思想，形成了罪犯劳动改造学的理论逻辑和实践逻辑，是罪犯劳动改造学最基本的范畴。

1. 劳动创造了人，创造了人类社会及其历史。劳动是人类社会形成和发展、社会历史进步的根本原因。

2. 劳动是整个人类生活必需的第一个条件。人类为了生存，首先要从自然界取得衣食住行所需要的基本生活资料，没有劳动就没有人类生活。

3. 劳动是人的本质的体现。有否自觉的目的性和能动性是人类与动物世界的重要区别，而有目的性的、能动性的劳动决定了人的本质。

4. 劳动是人的认识和观念形成、发展、转变的最主要的源泉和动力。

5. 生产劳动是改造客观世界和改造人自身主观世界的统一的过程。马克思不仅论证了劳动对一般人的改造作用，还论证了劳动对犯了罪的人的特殊改造作用。辩证唯物主义认为，劳动是造就社会新人的重要方略，也是改造各种社会丑恶现象的有力武器。马克思曾断言，“体力劳动是防止一切社会病毒的伟大的消毒剂”①，生产劳动是罪犯“改过自新的唯一手段”②。这是我国罪犯劳动改造活动产生的最直接的思想理论来源。

正是有了马克思主义劳动学说的指导，我国罪犯劳动改造学才有了思想指南和理论基点，才建立起了罪犯劳动改造学的一整套思想和理论体系。可以说，没有马克思主义劳动学说，就没有我国的罪犯劳动改造学。

### （二）马克思主义劳动学说决定了我国罪犯劳动改造的性质

人类社会罪犯劳动由来已久，但是我国的罪犯劳动改造与其他社会制度的罪

---

① 《马克思恩格斯全集》（第 31 卷），人民出版社 1972 年版，第 538 页。

② 《马克思恩格斯全集》（第 19 卷），人民出版社 1963 年版，第 35 页。

犯劳动却有着本质的不同。从实践而言，马克思主义劳动学说是我国创建中国特色社会主义罪犯劳动改造制度的最基本的世界观和方法论。从战争年代革命根据地监所最早把劳动作为感化改造罪犯的手段，到新中国创建全国规模的罪犯劳动改造活动，我国始终把马克思主义劳动观作为罪犯劳动改造的思想指南。从理论而言，把我国的罪犯劳动改造和其他社会制度下的罪犯劳动从根本上区别开来的，正是马克思主义思想基础和理论基础。这一基础决定了我国的罪犯劳动改造是改造人、造就社会新人、改变人犯罪的本质的手段，而不是把罪犯劳动作为惩罚、苦辱、剥削、报复罪犯的手段，也不像当代资本主义国家仅仅把罪犯劳动当成教育矫正罪犯的手段。所以，马克思主义劳动学说使我国的罪犯劳动改造与我国的社会主义制度紧紧相连，决定了我国罪犯劳动改造的性质。

## 二、罪犯劳动

罪犯劳动是世界各国监狱普遍存在的现象，是现代刑事法律制度的一项重要内容。现代世界各国的罪犯劳动一般是指监狱机关组织的，以矫正或改造罪犯为目的的，有劳动能力的罪犯必须参加的生产劳动。

罪犯劳动是人类社会进入阶级社会后的一种现象。罪犯劳动是随着刑罚和行刑的产生而产生的，很早就被统治阶级用作惩罚犯罪和奴役罪犯、榨取罪犯血汗的手段。行刑者通过让罪犯从事繁重、苦辱、惨无人道的劳动，使罪犯遭受摧残、惩罚和痛苦，达到对罪犯进行报复、惩治、剥削和矫正的目的。但是随着社会的进步和刑罚制度的发展，罪犯劳动的宗旨和形式也在不断发生变化。“罪犯劳动经历了一个由单纯的惩罚价值取向的劳动到以营利为主要价值取向的劳动再到主要体现矫正或改造价值取向的劳动的历史演变过程。”①随着矫正和改造思想的产生，当今世界大多数国家把劳动放在矫正或改造罪犯的重要位置，并在法律上予以明确规定。例如，英国法规定，囚犯每天必须参加有益的劳动。意大利法规定，应以各种形式鼓励囚犯和被收容人参加劳动。西班牙法规定，劳动是犯人的权利和责任，是改善犯人的根本手段。此外，俄罗斯、巴西、波兰、德国、印度、比利时等众多国家也都通过法律明确了罪犯劳动的矫正手段地位。由于劳动在监狱矫正中越来越受到重视，联合国预防犯罪和罪犯待遇大会对罪犯劳动矫正问题也日益关注。如 1955 年在日内瓦召开的第一届联合国预防犯罪和罪犯待遇大会，除在《囚犯待遇最低限度标准规则》中对“工作”作出规定（第 71 – 76 条）外，还通过了附在该决议后的关于

---

① 贾洛川主编：《罪犯劳动改造学》，中国法制出版社 2010 年版，第 2 页。

监狱劳动的各项建议,如"凡服刑囚犯都必须参加劳动""服刑囚犯都必须工作,但以医官断定其身心俱宜为限""对于囚犯及其在职业培训方面享有益处不得单从通过监狱劳动营利的角度来考虑"等内容。另外,第11届、第17届亚太矫正管理者会议都把"罪犯劳动"作为一项重要议题,尤其是1997年在马来西亚吉隆坡召开的第17届会议,还通过了关于组织在押犯劳动的决议。亚太地区矫正官员一致认为,凡有劳动能力的在押犯都应当参加劳动,同时监狱当局应当保证他们的安全和健康,并给予适当的报酬。①

研究罪犯劳动改造学需要比较研究不同社会制度下的罪犯劳动。从实践上看,罪犯劳动随着刑罚的产生而产生,随着各种社会制度的发展而变化,有着丰富多样的历史内涵,对于研究我国社会主义制度下的罪犯劳动改造有着重要的比较和参考价值,是罪犯劳动改造学的一个基本范畴。

## 三、罪犯劳动改造

罪犯劳动改造是我国监狱机关改造罪犯的基本手段之一,是指监狱组织有劳动能力的罪犯参加生产劳动,使其在劳动中改造思想、转变观念、矫正恶习、学习职业技能、培养劳动能力,回归社会后成为自食其力的守法公民。

罪犯劳动改造是中国监狱学学科及其分支罪犯劳动改造学最重要的基本范畴之一。劳动改造,曾经是苏联监狱教育改造罪犯的手段,最终成为社会主义中国监狱改造罪犯的标志性手段,这一手段与其他社会制度国家监狱的罪犯劳动有着本质区别,已经形成了中国特色社会主义的罪犯劳动改造制度。

### (一)罪犯劳动改造含义的演变

1. 1994年《监狱法》颁布施行前"劳动改造"广义和狭义两种含义同时使用

《中国劳改学大辞典》这样解释"劳动改造"一词:"有狭义和广义两种解释。狭义指劳动改造机关,以生产劳动为手段,对罪犯实施的改造活动,是改造罪犯成为新人的一种基本手段。广义指劳动改造机关对被依法判处死缓、无期有期徒刑并具有劳动能力的罪犯实施惩罚和改造的刑罚执行制度……是一种严厉的刑事制裁措施,具有刑罚的强制性;在严格监管下,通过劳动生产、政治文化技术教育、生活卫生管理考核奖惩等手段对罪犯进行教育改造,目的是将绝大多数罪犯改造成为拥护社会主义制度的守法公民,造就成为建设社会主义的有用之才。"②《中国劳改

① 参见张金桑、张苏军主编,张晶等编译:《亚太地区当代矫正制度纵览》,南京师范大学出版社1999年版,第1页。

② 中国劳改学会编:《中国劳改学大辞典》,社会科学文献出版社1993年版,第290-291页。

学大辞典》对“劳动改造”的解释首先表明,1994 年《监狱法》颁布施行前劳动改造有着广义和狭义两种含义:一种是作为改造罪犯基本手段之一的劳动改造;另一种是作为我国整个刑罚执行制度和刑罚执行机关的劳动改造,即计划经济时期我国监狱工作制度和监狱机关统称为劳动改造制度和劳动改造机关,其中当然包括狭义的劳动改造手段。这也充分说明了劳动改造在我国监狱工作中的重要地位。

2. 1994 年《监狱法》颁布施行后,“劳动改造”回归狭义的含义

1994 年 12 月 29 日《监狱法》颁布施行,从政策和法律上取消了“劳动改造机关”“劳动改造队”“劳动改造制度”等广义的提法,“劳动改造”一词仅作为罪犯改造的一种手段的狭义解释,“劳动改造”回归为改造罪犯的基本手段之一。1994 年《监狱法》第 3 条规定:“监狱对罪犯实行惩罚和改造相结合、教育和劳动相结合的原则,将罪犯改造成为守法公民。”第 4 条规定:“监狱对罪犯应当依法监管,根据改造罪犯的需要,组织罪犯从事生产劳动,对罪犯进行思想教育、文化教育、技术教育。”1994 年《监狱法》的颁布从法律上明确规定了劳动改造、监管改造和教育改造是我国监狱改造罪犯的三大手段。

1994 年《监狱法》颁布施行后,“劳动改造”回归改造罪犯的手段,即狭义的含义,不再两种含义并行使用。这有利于中国监狱制度在称谓上的科学严谨,在实践上规范方便,在理论上有利于中国监狱学学科的系统深入研究和发展。这绝不意味着劳动改造工作本身地位的下降,反而有利于在实践中劳动改造工作的专业化,在理论研究中劳动改造理论的专门化,从而有利于劳动改造理论和实践的深入发展。

(二)罪犯劳动改造与劳动矫正的区分

劳动矫正也是罪犯劳动改造学的基本范畴之一,将其放在罪犯劳动改造学范畴之下进行介绍,既是为了厘清劳动改造和劳动矫正的区别,更是为了科学认识和处理二者的关系,指导中国监狱学及罪犯劳动改造学的创新和发展。

1. 改造与矫正的词义之分

改造的基本词义包含矫正,罪犯劳动改造也包含劳动矫正。改造的基本词义是改变和打造,有两层含义:第一层含义是从根本上改变旧的、建立新的,使之适应新的形势和需要;第二层含义是修改或变更原事物,使适合需要。这两层含义在程度上有所不同,第一层含义是从根本上改变旧的、建立新的,这和我们通常所说的改造罪犯思想、改变人的本质、改变罪犯犯罪的本质、造就社会新人的意思是一致的。第二层含义是在不要求改变事物性质的前提下进行修改和变更,这和我们通常所说的矫正罪犯恶习、矫正心理和行为的意思是一致的。矫正的含义是指纠正、

改正,最直接的意思是“把弯曲的弄直”,使之适合需要,并不改变事物的性质。可以看出,矫正的含义与改造的第二层含义是一致的,所以,改造的内涵比矫正的内涵要宽,改造包含矫正。

2. 我国的罪犯劳动改造包含劳动矫正

从法律规定来看,我国《监狱法》实际上对改造和矫正这两个概念是进行了区分和规定的,并明确了二者的关系。《监狱法》第 4 条规定:“监狱对罪犯应当依法监管,根据改造罪犯的需要,组织罪犯从事生产劳动,对罪犯进行思想教育、文化教育、技术教育。”这一规定明确了劳动改造是改造罪犯的基本手段之一。《监狱法》第 70 条则对劳动矫正进行了较为具体的规定:“监狱根据罪犯的个人情况,合理组织劳动,使其矫正恶习,养成劳动习惯,学会生产技能,并为释放后就业创造条件。”这一规定将劳动矫正置于劳动改造体系之下,说明我国的罪犯劳动改造也包含运用劳动手段矫正罪犯,即罪犯劳动改造包含劳动矫正。

从罪犯改造和罪犯劳动改造的定义来看,我国的罪犯劳动改造包含劳动改造和劳动矫正。“罪犯改造,是指监狱在执行刑罚的过程中,通过监管、教育、生产劳动等手段,使罪犯转化思想、矫正恶习、增长知识、掌握劳动技能,成为守法公民和自食其力劳动者所进行的活动。”①现在通用的罪犯劳动改造定义是,我国监狱机关通过组织有劳动能力的罪犯参加生产劳动,使其改造思想、矫正恶习、树立劳动观念、养成劳动习惯、学习职业技能、培养劳动能力、学会一技之长,回归社会后成为自食其力的守法公民。这些概念和理论中关于改造思想、转化思想、树立劳动观念的表述强调从根本上改造人,与监狱“以改造人为宗旨”的方针相一致;关于技能培养、矫正恶习、养成劳动习惯的表述则属于劳动矫正的范畴,但这些表述总体上都属于罪犯劳动改造的范畴。

从我国罪犯劳动改造的长期实践来看,我国的罪犯劳动改造工作也包括劳动矫正。虽然以往我国未使用劳动矫正的概念和提法,但是在罪犯劳动改造工作中,有很大一部分是属于劳动矫正工作的,并且颇具中国特色。我国罪犯劳动改造在组织罪犯参加生产劳动的过程中,以严格的劳动组织、劳动纪律、劳动工艺、劳动定额、劳动竞赛、计分考核、报酬奖惩等管理的和技术的强化手段,在矫正罪犯的心理和行为方面发挥了巨大的作用。这些矫正手段和实践并非来自西方矫正原理和技术,在长期的罪犯劳动改造实践中取得了非常显著的成效,具有中国特色社会主义制度的特色和优势。

---

① 夏宗素:《罪犯矫正与康复》,中国人民公安大学出版社 2005 年版,第 11 页。

3. 中国的改造制度和外国的矫正制度是两种不同的刑罚制度

上述内容可以帮助我们认识和区分现代世界的两种刑罚制度：一种是中国的改造制度；另一种是外国（主要是西方国家）的矫正制度。中国的改造制度是以改造罪犯思想为核心，通过监管、教育和劳动等手段，彻底改变罪犯犯罪的本质，矫正罪犯的心理和行为，将其改造成为守法公民的中国特色社会主义刑罚制度。外国的矫正制度是对罪犯的犯罪心理和行为恶习加以矫正和教育，并促进或帮助其回归社会的刑罚制度。根据外国比较有代表性的观点，矫正是指“法定有权对被判有罪者进行监禁或监控机构及其所实施的各种处遇措施”①，这些措施包括监禁隔离、教育感化、心理治疗和行为规训等。从对两种制度的比较来看，中国的改造制度的思想理论依据是马克思主义理论和改造罪犯的基本原理，而外国的矫正制度依据的是西方的矫正理论；中国的改造制度以改造罪犯思想为核心，以改造人为宗旨，这是与外国矫正制度的本质区别，中国的改造制度既从本质上改造罪犯，也从心理和行为上矫正罪犯，而西方的矫正制度只注重从心理和行为上矫正罪犯。中国改造制度的思想体系和制度体系都比外国的矫正制度更为系统和科学，中国的改造制度在实践上取得了明显优于外国矫正制度的成就，这一点已被事实充分证明。

4. 我国的罪犯劳动改造体现了社会主义制度的优越性和刑事执行制度的先进性

从我国罪犯劳动改造的历史经验和伟大成就来看，我国的罪犯劳动改造始终以改造人为根本宗旨，既充分发挥劳动实践是认识的源泉的作用，加以正确的思想政治教育引导，促使罪犯思想的转变，又通过严格劳动管理矫正罪犯身上的种种恶习，通过实实在在的劳动生产活动培养罪犯的劳动技能，为他们回归社会创造条件，从而达到全方位改造罪犯的目的。我国的罪犯劳动改造以马克思主义理论为思想和理论基础，是由社会主义制度所决定的，是中国特色社会主义监狱和刑罚制度的重要组成部分，无论是思想基础、理论依据、实践成就还是发展前景，都充分彰显了中国特色社会主义制度的优越性和刑事执行制度的先进性。

5. 避免对罪犯劳动改造和劳动矫正概念的误解和混淆

很多人将劳动改造和劳动矫正概念混淆使用，不加区分，也有一些人认为源于西方的矫正制度优于我国的改造制度，极力推崇西方的矫正制度，将“改造”和“矫正”相对立，有以“矫正”取代“改造”之势。这两种错误的实质是没有深入了解我国罪犯劳动改造的思想理论基础是马克思主义理论，没有深入了解我国罪犯劳动改

① 史景轩、张青主编：《外国矫正制度》，法律出版社2012年版，第13页。

造的制度基础是中国特色社会主义制度。无视罪犯劳动改造与劳动矫正的本质区别和联系,容易使我国的罪犯劳动改造丢掉宗旨和根本目标,即"改造人"的宗旨和本质。缺少了"改造人"的统领的罪犯劳动改造必将脱离正确的发展方向,从而失去我们长期形成的特色和优势。

(三)罪犯劳动和罪犯劳动改造两个范畴的比较

罪犯劳动是阶级社会各种社会制度下普遍存在的一种社会现象和刑事法律活动,罪犯劳动改造则是我国社会主义制度下监狱改造罪犯的一种基本手段和活动。罪犯劳动改造也属于罪犯劳动,但是在目的和方式方法上区别于其他社会制度的罪犯劳动。西方国家的罪犯劳动的目的是教育矫正罪犯,而我国的罪犯劳动改造的目的是改造罪犯,这在我国《监狱法》第 3 条有明确规定:"监狱对罪犯实行惩罚和改造相结合、教育和劳动相结合的原则,将罪犯改造成为守法公民。"研究和对比其他社会制度下的罪犯劳动和我国的罪犯劳动改造,有利于坚持我国罪犯劳动改造的根本宗旨,有利于认清我国罪犯劳动改造与西方国家罪犯劳动的本质区别和制度优势,有利于把握我国罪犯劳动改造的特色和发展方向,有利于创建和发展中国特色社会主义的罪犯劳动改造学理论。

## 四、罪犯劳动管理

罪犯劳动管理是监狱及其所属部门或机构在组织劳动改造过程中,为实现劳动改造的目标,对劳动改造和劳动生产实施的计划、组织、领导、控制等一系列活动的总称。罪犯劳动管理的任务是尊重劳动改造规律,科学地管理罪犯劳动改造活动,在改造与生产既对立又统一的矛盾运动中,发挥好劳动生产改造罪犯的功能,实现罪犯劳动改造的根本目的。罪犯劳动管理是罪犯劳动改造工作的主干内容,也是罪犯劳动改造学的基本范畴。

(一)罪犯劳动管理是监狱管理一项特殊的管理活动

罪犯劳动改造是我国监狱按照监狱工作方针和罪犯劳动改造政策,组织所有有劳动能力的罪犯参加的以"改造人"为宗旨的劳动生产活动,是我国监狱刑罚执行的重要内容,也是教育改造罪犯的重要手段。罪犯劳动改造活动依法在刑罚执行场所,在特殊的罪犯劳动组织机构下,由监狱警察直接管理。因此,罪犯劳动管理是监狱管理中极为特殊的一项管理活动。

(二)罪犯劳动管理是实施劳动改造工作和完成劳动改造任务的重要手段和主干活动

"劳动改造是我国监狱改造罪犯的基本手段。但是,劳动对罪犯的改造不是自然而然地实现的,并不是什么条件下的劳动都可以改造罪犯,必须对罪犯劳动进行科学有效的管理,才能达到目的”,“管理在罪犯劳动中也同劳动改造一起成为了改造罪犯的手段”。[①] 罪犯劳动是融入社会化生产的劳动,无论是从社会协作、生产成本、生产效率方面来讲,还是从产品质量和交货周期等方面来讲,都需要科学的管理。劳动改造的劳动虽然不追求利润最大化,但是科学的管理有利于劳动改造的可持续发展,有利于节约监狱的运行成本,有利于提高监狱警察的素质和管理水平,也有利于增长罪犯的生产管理知识和技能,从而有利于罪犯的成长、进步和改造。

(三)罪犯劳动管理理论是罪犯劳动改造学的重要分支学科

罪犯劳动管理随着我国劳动改造实践的发展而发展,在实践中总结、借鉴形成的罪犯劳动管理理论以应用实务理论为主,已经成为罪犯劳动改造学理论体系必不可少的骨干内容,也是中国监狱学理论的重要组成部分。

罪犯劳动管理的内容包括罪犯劳动项目管理、罪犯劳动过程管理、罪犯劳动质量管理、罪犯劳动安全管理、罪犯劳动效能管理等内容。

## 五、罪犯劳动改造学

罪犯劳动改造学是研究罪犯劳动改造现象及其规律,科学指导罪犯劳动改造活动,实现罪犯劳动改造目的的一门学科。罪犯劳动改造学是中国监狱学的骨干分支学科之一,其学科属性属于中国监狱学所属的法学类。罪犯劳动改造学是一门应用性学科,以对服刑罪犯依法进行劳动改造活动为研究对象,研究罪犯劳动改造活动的思想性、规律性、科学性、效能性,以实现对罪犯劳动改造活动的科学指导为根本任务。罪犯劳动改造学是一门交叉性学科,是由多门社会科学和自然科学交叉整合产生的一门学科。

新时期罪犯劳动改造学必须继续坚持中国监狱学学科体系下的正确发展方向,以马克思主义理论为思想理论基础,以习近平新时代中国特色社会主义思想为指导,运用马克思主义中国化时代化的世界观和方法论,坚持“以改造人为宗旨”的根本方针,坚守我国长期实践形成的历史经验和理论成果,根据罪犯劳动改造的新变化、新情况,总结新规律,创新丰富发展新概念、新理论、新成果,破解理论和实践难题,以更加科学的理论指导罪犯劳动改造实践。

罪犯劳动改造学学科创新和发展要把劳动矫正原理和方法包含在本学科范围

---

① 刘津:《论管理在劳动改造中的重要作用》,载《中国监狱学刊》2004 年第 5 期。

之内。改造和矫正是现代监狱学理论两个基本范畴,罪犯劳动改造和劳动矫正也是罪犯劳动改造学的两个基本范畴。在我国的监狱学学科建设和研究中,在罪犯劳动改造学理论研究中,要在改造思想、原理和方法的系统研究中,加强矫正原理、方法和技术的研究,既要坚持我国罪犯劳动改造和矫正的优良传统和优势,又要学习西方好的、先进的矫正原理和技术。这是建立中国特色社会主义监狱学和罪犯劳动改造学的发展方向。

## 第二节　罪犯劳动改造学的建立、发展和学科基础

罪犯劳动改造学是在我国监狱长期组织罪犯劳动改造的实践基础上,在马克思主义理论、毛泽东改造罪犯思想指导下建立和发展起来的一门社会科学。

### 一、罪犯劳动改造学的建立和发展

#### (一)中国劳改学下罪犯劳动改造学学科的创建

从新中国成立到1994年《监狱法》颁布前,我国的刑罚执行工作处于劳改工作体制下,国家以"劳改"命名刑罚机关、刑罚制度和劳改工作。作为中国监狱学前身的中国劳改学就在这一时期建立,并以"劳改"冠名基本概念和学科名称,后来被学界称为"中国传统劳改学时期",也就是广义的劳动改造和狭义的劳动改造同时使用的时期。① 这一时期可以分为以下两个阶段。

1. 第一阶段:从新中国成立到第八次全国劳改工作会议(以下简称"八劳"会议)召开前,这是罪犯劳动改造学的萌芽阶段

这一阶段经历了新中国成立初期、"文化大革命"时期、改革开放初期几个历史时期。这个阶段形成了我国罪犯劳动改造的基本思想、基本原理和方针政策,奠定了此后几十年罪犯劳动改造的实践基础,并积累了改造各类罪犯的成功经验。主要体现在以下几个方面:(1)毛泽东等党和国家领导人对劳动改造工作的指示和论述。毛泽东关于"改造客观世界,也改造自己的主观世界""一切反对改造的人们,他们的被改造,需要通过强迫的阶段,然后才能进入自觉的阶段"②等内容的论述,形成了毛泽东劳动改造思想,成为我国劳改工作甚至监狱事业长期的指导思想和

---

① 2003年由司法部法规教育司、司法部监狱管理局、中央司法警官学院共同主办的"全国监狱学学科建设与发展学术研讨会"上学者的称谓。

② 《毛泽东选集》(第1卷),人民出版社1991年版,第296页。

理论基础,成为劳改工作在困难时期实现中国特色发展和伟大成就的工作指南。(2)党和国家的系列劳改工作方针、政策和法规。这些方针、政策和法规包括"三个为了"①、"改造第一,生产第二"、"两个结合(惩罚管制与思想改造相结合,劳动生产与政治教育相结合)"以及我国第一部劳动改造工作法规《中华人民共和国劳动改造条例》(以下简称《劳改条例》,1954 年由原政务院颁布实施,已失效)等。这些方针、政策和法规是对劳动改造工作基本思想和原理进行系统研究和总结的重要结论。(3)新中国成立 30 年劳改工作的经验总结。这些经验总结是后来劳动改造理论的重要实践来源和基础。(4)初期形成的劳改工作培训讲义和高校教材。如 1957 年 3 月中央公安学院西安分院编写的《劳动改造工作讲授提纲》(油印初稿)、1959 年北京政法学院(中国政法大学的前身)刑法教研室编写的《中华人民共和国劳动改造法讲义》(初稿)、1962 年中国人民大学高铭暄等编写的《中华人民共和国劳动改造学讲义》等。② 这些讲授提纲和讲义总结了新中国成立初期近十年劳动改造罪犯工作的基本经验和伟大成就,比较系统地论述了我国劳改机关的性质、任务、机构设置,劳动改造罪犯工作的方针政策、罪犯管理、劳动生产以及党的领导和群众路线对劳改工作的保证作用等,对于研究劳动改造工作的发展和创建劳改科学理论体系,具有重要的奠基作用。但是"文化大革命"使刚刚起步的劳改培训教学以及教材编写等工作受到严重破坏甚至被迫取消和停止。③ 改革开放以后,劳改干部培训工作和部分高校的劳改专业教学工作开始恢复,以劳改教材编写为主要形式的理论工作重新启动。总的来说,这一时期的"劳动改造理论"虽然没有形成系统深入的理论成果,但是奠定了学科产生的思想基础和基本原理,属于罪犯劳动改造学学科的萌芽阶段。

2. 第二阶段:从 1981 年 8 月"八劳"会议召开到《监狱法》颁布实施前

这一阶段对中国劳改学及其分支学科进行了有组织的建设和研究,罪犯劳动改造学作为中国劳改学的分支学科正式诞生并初步建成。

在这一阶段,劳改干部教育培训有组织地开展,中国劳改学系列教材开始有组

---

① 1951 年,毛泽东亲自修改审定《第三次全国公安会议决议》时提出:"大批应当判刑的犯人,是一个很大的劳动力,为了改造他们,为了解决监狱的困难,为了不让判处徒刑的反革命分子坐吃闲饭,必须立即着手组织劳动改造的工作。"该会议决议指出,劳动改造是改造罪犯的主要手段,劳动改造罪犯的目的是"三个为了"。"三个为了"成为新中国监狱工作相当一段时期的工作方针。

② 参见劳改专业教材编辑部、《中国劳改学研究》编写组编:《中国劳改学研究》,社会科学文献出版社 1992 年版,第 39 页。

③ 参见劳改专业教材编辑部、《中国劳改学研究》编写组编:《中国劳改学研究》,社会科学文献出版社 1992 年版,第 41 页。

织地编写。"八劳"会议确定了新时期劳改工作的任务,明确提出了加强干部教育培训、提高干部素质、加强劳改理论工作的任务,因此这次会议也被称为促进中国劳改学形成和发展的一次重要会议。"八劳"会议后,各类劳改工作干部学校相继恢复和建立,形成了以公安部劳改工作干部学校为中心,各省(区、市)劳改工作警察学校为骨干,各监狱、劳改队干部培训班为基础的三级教育培训网。1982 年 9 月,公安部十一局召开了劳改干警培训工作第二次会议,提出为加强劳改干部的正规化培训,为适应劳改教育事业的发展需要,必须研究确定劳改科学的理论体系和基本内容,即创建中国劳改学各门分支学科。公安部党组于 1983 年 1 月批准成立了劳改专业教材编辑部,着手建设劳改学系列教材体系,计划编写包括《劳改学基础理论》《罪犯劳动改造学》《劳改经济管理学》等在内的 12 种教材和专著。其先后组织了中国人民大学、北京大学、中国政法大学、中国社会科学院、北京图书馆、华东政法大学、西北政法学院、公安部劳改工作干部学校等的专家、学者 80 多人,开始教材编写工作,陆续出版了一系列劳改专业教材。"系列教材的编写出版,标志着中国劳改学理论体系的初步建立,满足了劳改专业教材从无到有的需要,填补了我国劳改专业教材建设空白"①。其中,专门研究狭义的罪犯劳动改造的《罪犯劳动改造学》第一次正式将之从广义的中国劳改学中分立出来,被列为中国劳改学的骨干学科,成为最早正式组织编写的劳改专业教材之一。1989 年,兰洁主编的由社会科学文献出版社出版的《罪犯劳动改造学》成为第一本公开出版的罪犯劳动改造学教材。在《罪犯劳动改造学》出版之前,许多高校使用的都是未公开出版的自编教材,如 1982 年西南政法学院编写的《罪犯劳动改造学》《罪犯劳动学》等,中央劳改劳教管理干部学院 1985 年开始使用自编自印、没有公开出版的教材,当时后者还有个非常独特的名字——"大蓝袍",因为教材使用统一的蓝色封面。1986 年 10 月由西南政法学院劳改管理系的杨显光教授主编的《罪犯劳动学》,也是目前可以看到的一本非公开出版的罪犯劳动改造学方面的教材。②

罪犯劳动改造学的系统性教学始于劳改管理学院和劳改管理专业的建设。1985 年前,罪犯劳动改造学在西南政法学院和公安部劳改工作干部学校(中央劳改劳教管理干部学院的前身)已开始讲授。1985 年 4 月,根据国发〔1983〕87 号文件精神,司法部决定将原公安部劳改工作干部学校改建为中央劳改劳教管理干部学院,由司法部领导。1985 年 4 月,教育部批准同意西南政法学院、西北政法学院首

① 劳改专业教材编辑部、《中国劳改学研究》编写组编:《中国劳改学研究》,社会科学文献出版社 1992 年版,第 46 页。

② 参见周雨臣:《罪犯劳动专论》,浙江大学出版社 2005 年版,第 32 页。

创劳改管理专业,成立劳改管理系,并开始招生。在西南政法学院制订的劳改管理专业教学计划中,第一次正式将罪犯劳动改造学列为普通高等教育的专业必修课。与此同时,罪犯劳动改造学成为中央劳改劳教管理干部学院大专班的专业选修课程,1989 年成为该院专业证书班的专业必修课。1991 年 6 月,杜雨教授主编了该院第一本公开出版的罪犯劳动改造学教材——由群众出版社出版的《罪犯劳动改造学》。

在传统中国劳改学时期,劳动改造广义和狭义两种含义并行使用,中国劳改学及其分支学科——罪犯劳动改造学同时以“劳动改造学”命名,既说明了前几十年劳动改造在我国刑罚执行工作中的绝对主体地位,也说明了这一分支学科在中国劳改学理论体系中的骨干地位,同时形成了在同一历史时期、同一学科语境下“劳动改造”多重含义并行使用的现象,学术界也公开承认划分狭义和广义的“劳动改造”的学术语境。① 这种广义和狭义概念同时使用,往往会造成理论和实际工作中的不便,这的确是这一学科在特殊历史时期的特殊现象,这一现象在 1994 年《监狱法》颁布实施后才得以改变。

(二)中国监狱学学科下罪犯劳动改造学的发展和变化

1994 年 12 月 29 日,《监狱法》颁布实施,开启了中国监狱学新的学科语境时代,沿用了几十年的“劳改”称谓被“监狱”取代,监狱工作从理念到体系发生了深刻的变革。理论科研工作者以《监狱法》为依托,以社会主义市场经济条件下监狱工作法治化、科学化、社会化为方针,重建中国监狱学学科。中国劳改学发展为中国监狱学,罪犯劳动改造学成为中国监狱学学科下专门研究劳动改造手段的分支学科。“‘劳动改造’一词作为现代监狱学的一个概念不再广义和狭义混淆使用,非常有利于‘中国监狱学学科’下‘劳动改造分支学科’的科学分工与合理发展。”②

1. 中国监狱学学科下罪犯劳动改造学分支学科的定位

《监狱法》颁布实施后,监狱学界非常重视中国监狱学学科的重建与发展,许多学者认真研究了中国监狱学的学科体系,学界普遍认为罪犯劳动改造学是中国监狱学学科的一个重要分支学科。例如,夏宗素主编的《监狱学基础理论》、杜雨主编的《罪犯劳动改造学》(2002 年版)中关于“监狱学的学科体系”和“罪犯劳动改造学

---

① 参见夏宗素主编:《监狱学基础理论》,法律出版社 1998 年版,第 189 页。“狭义的劳动改造,是指监狱等国家刑罚机关以生产劳动为手段,对罪犯实施的改造思想、矫正恶习和学习生产技能的活动,是改造罪犯成为守法公民的基本手段。广义的劳动改造是指刑罚执行制度和刑罚执行机关,它包括对罪犯刑罚的执行、监管、教育、劳动、生活卫生等各种活动。”

② 中央司法警官学院课题组:《中国监狱学学科下罪犯劳动分支学科的建设和发展》(上),载《中国监狱学刊》2015 年第 2 期。

的学科地位”等内容对此均有明确论述。2003 年 10 月，司法部法规教育司、司法部监狱管理局、中央司法警官学院共同主办了“全国监狱学学科建设与发展学术研讨会”，其成果专辑《期待与时俱进的中国监狱学》把罪犯劳动改造学（也有的称“罪犯劳动学”）列为中国监狱学的骨干分支学科。[①] 还有一些关于探讨中国监狱学学科建设的文章，如夏宗素、赵凤桐、章恩友的《论监狱学的学科地位》[②]、王志亮的《监狱学的学科定性与定位问题》[③]、刘津主持的 2014 年度全国司法行政系统理论研究规划课题成果《中国监狱学学科下罪犯劳动分支学科的建设与发展》[④]等，都对罪犯劳动改造学分支学科的定位作出了相同或相似的论述。

2. 对罪犯劳动改造学学科命名的讨论

关于这一学科名称的讨论主要集中在 1994 年《监狱法》颁布前后的几年时间，主要观点包括：中国政法大学的兰洁教授和原中央司法警官教育学院的杜雨教授主张称“罪犯劳动改造学”，杜雨教授也曾主张称“监狱劳动学”，西南政法大学的杨显光教授主张称“罪犯劳动学”等。2000 年以后很少有人再探讨罪犯劳动改造学学科名称的问题。不过，中央司法警官学院刘津教授主持的 2014 年度全国司法行政系统理论研究规划课题成果再次探讨了该学科的命名问题，主张以“罪犯劳动学”来命名，主要观点是“随着实践的不断发展，罪犯劳动分支学科和理论也不断发展，有些内容甚至必须向罪犯劳动分支学科的二级学科拓展”，“建议以‘罪犯劳动学’这一内涵和外延更加宽泛的名称来命名罪犯劳动分支学科”[⑤]。显然，罪犯劳动学的内涵和外延比罪犯劳动改造学的内涵和外延要宽泛很多，研究领域将扩展到古今中外的罪犯劳动和罪犯劳动的方方面面，而目前我们的主要研究方向和任务是对中国特色的罪犯劳动改造学进行深入系统的研究，同时也就此进行“罪犯劳动学”的研究，从而在比较研究等的基础上把握好罪犯劳动改造学的发展方向。此外，在这里有必要说明的是，罪犯劳动改造学科不适合直接称“劳动改造学”，而应坚持“罪犯劳动改造学”的名称，主要原因是“劳动改造学”在 1994 年《监狱法》颁布施行前已经为广义的“中国劳改学”所用。为了尊重历史，也为了避免使用与历史上相同的学科名称，造成后人难以区分和辨识的困惑，使用“罪犯劳动改造学”乃科

---

① 参见中央司法警官学院编：《期待与时俱进的中国监狱学》，法律出版社 2005 年版，第 33 页。

② 参见夏宗素、赵凤桐、章恩友：《论监狱学的学科地位》，载《中国监狱学刊》1998 年第 4 期。

③ 参见王志亮：《监狱学的学科定性与定位问题》，载《上海政法学院学报(法治论丛)》2009 年第 1 期。

④ 参见中央司法警官学院课题组：《中国监狱学学科下罪犯劳动分支学科的建设与发展》（上、下），载《中国监狱学刊》2015 年第 2、3 期。

⑤ 中央司法警官学院课题组：《中国监狱学学科下罪犯劳动分支学科的建设与发展》（下），载《中国监狱学刊》2015 年第 3 期。

学的选择。

（三）罪犯劳动改造学建设的主要成就

1. 以马克思主义劳动学说和毛泽东劳动改造思想为基础，形成了罪犯劳动改造学较为成熟的基本原理和基础理论

劳动是可以改造人的，“劳动创造了人本身”是马克思主义的基本观点，也是我国监狱劳动改造罪犯的逻辑起点。毛泽东在我国最早提出了劳动改造的思想，他把马克思主义劳动学说和中国改造罪犯工作的实际有机结合起来，他关于劳动改造的一系列指示和论述在我国罪犯劳动改造的起步阶段和发展历史的重要节点上都发挥了重要作用。我国监狱学界经过对马克思主义劳动学说和毛泽东劳动改造思想长期的实践、研究和总结，形成了罪犯劳动改造学学科的重要基础指导理论。以此为基础，进一步总结了罪犯劳动改造学的研究对象、基本概念、指导思想和学科地位，研究了罪犯劳动改造的性质、目的、特点、规律、功能、作用、基本指导思想和原则，完成了罪犯劳动改造学学科基本原理的初步构建。

2. 初步搭建了罪犯劳动改造学的学科体系框架

一个包括了“基本原理”和“应用理论”两大部分的学科体系框架已经基本搭建完成，基本原理部分比较成熟，应用理论部分虽然较为粗放简单，但是也搭建了一个粗线条的框架。

3. 通过改革开放后几十年的高等教育和专业培训，积累了一定的教材建设和学科教育经验，培养了一大批应用型人才

从 20 世纪 80 年代初开始的高校内部教材编写和各类教育培训，到普通高等教育将其列入专业必修课和正式公开出版罪犯劳动改造学教材，至今我国已经进行了 40 多年罪犯劳动改造学方面的高等教育和培训，形成了一些罪犯劳动改造学方面的学术成果，积累了学科建设和教材建设经验，为监狱系统培养了几代应用型人才。

## 二、罪犯劳动改造学的学科基础

罪犯劳动改造学是一门综合性很强的应用学科，其建立和发展以马克思主义理论为指导，也借鉴和吸收了哲学、法学、教育学、管理学、社会学、生理学、心理学、经济学等多门社会科学和自然科学的理论成果。

（一）马克思主义理论是罪犯劳动改造学的思想理论根基，中国化时代化的马克思主义是推动罪犯劳动改造学科学发展的根本指导思想

1. 马克思主义理论基础

马克思主义是指导罪犯劳动改造学创建的基本原理，是罪犯劳动改造学产生

发展的思想和理论基础。“马克思主义深刻揭示了自然界、人类社会、人类思维发展的普遍规律,为人类社会发展进步指明了方向……马克思主义揭示了事物的本质、内在联系及发展规律,是‘伟大的认识工具’,是人们观察世界、分析问题的有力思想武器”①。马克思主义是我们认识罪犯劳动改造现象、研究罪犯劳动改造问题的世界观和方法论。马克思主义唯物史观、马克思主义认识论、马克思主义劳动价值论、马克思主义关于罪犯劳动改造的相关经典言论,为中国监狱学学科下的罪犯劳动改造学奠定了用劳动手段改造和造就社会新人的重要思想基础和根本理论观点,指明了罪犯劳动改造以改造人为宗旨的性质和发展方向,从而确立了罪犯劳动改造学以马克思主义为指导的、中国特色社会主义监狱学的学科性质。只有在马克思主义的指导下,罪犯劳动改造学才能坚持走正确的学科研究方向,只有以马克思主义理论为基础,才能科学地分析和解释罪犯劳动改造现象,深刻揭示罪犯劳动改造规律,创建科学的罪犯劳动改造学理论,更好地指导罪犯劳动改造实践。马克思主义理论是罪犯劳动改造学产生和发展的最根本的思想理论基础。

2. 毛泽东思想基础

毛泽东思想是马克思列宁主义在中国的运用和发展,是被实践证明了的关于中国革命和建设的正确的理论原则和经验总结,是中国共产党集体智慧的结晶。毛泽东劳动改造思想是毛泽东思想的组成部分。毛泽东结合中国国情和中国革命建设的实践,以马克思主义理论为指导,指引创建了我国新民主主义革命时期革命根据地民主政权和新中国罪犯劳动改造伟大实践,建立和发展了中国特色社会主义的罪犯劳动改造事业。毛泽东等党和国家第一代领导人在长期的劳动改造实践经验总结和理论概括的基础上,形成了一整套富有独创性的适合我国罪犯劳动改造实际情况的指导理论,建立了毛泽东思想体系中具有特殊地位的毛泽东劳动改造思想。“赋予劳动以新的含义,将劳动与改造相结合,最终将罪犯改造成为新人,其中所蕴含的基本原理是由中国共产党人所创建和实践的,是毛泽东改造罪犯理论的重要特色。”②毛泽东劳动改造思想把马克思主义理论与中国特色劳动改造实践相结合,直接指导建立了中国特色社会主义的罪犯劳动改造学,是罪犯劳动改造学产生和形成最直接的思想理论基础。

3. 习近平新时代中国特色社会主义思想基础

习近平新时代中国特色社会主义思想,继承和发展了马克思列宁主义、毛泽东

① 习近平:《在哲学社会科学工作座谈会上的讲话》(2016 年 5 月 17 日),载习近平:《论党的宣传思想工作》,中央文献出版社 2020 年版,第 219 - 220 页。

② 辛国恩等:《毛泽东改造罪犯理论研究》,人民出版社 2006 年版,第 188 页。

思想、邓小平理论、“三个代表”重要思想、科学发展观，凝结着党和人民的实践经验和集体智慧，以全新的视野深化了对共产党执政规律、社会主义建设规律、人类社会发展规律的认识，开辟了马克思主义中国化时代化新境界。习近平新时代中国特色社会主义思想是当代中国马克思主义、21世纪马克思主义，是中华文化和中国精神的时代精华，实现了马克思主义中国化时代化新的飞跃。习近平新时代中国特色社会主义思想把马克思主义基本原理同中国具体实际相结合、同中华优秀传统文化相结合，科学回答了新时代坚持和发展什么样的中国特色社会主义、怎样坚持和发展中国特色社会主义，建设什么样的社会主义现代化强国、怎样建设社会主义现代化强国等重大时代课题，是新时代中国特色社会主义建设各项事业的根本指导思想。在新时代罪犯劳动改造事业出现一系列新情况、新问题、新特点、新规律时，在罪犯劳动改造学研究困顿不前时，习近平新时代中国特色社会主义思想为罪犯劳动改造学理论研究攻坚克难、创新发展提供了强大的思想理论武器。

（二）法学基础

罪犯劳动改造学从学科性质上应随监狱学归属法学学科，法学是罪犯劳动改造学的重要学科基础。“罪犯劳动改造”是我国刑事法律的基本术语，组织罪犯劳动改造活动有着充分的法理基础。运用劳动手段改造罪犯是我国刑事法律的规定，是我国行刑制度的一项重要内容，必须依法强制执行。同时，罪犯劳动改造的过程也会涉及诸多的法律问题，如劳动合同、劳动保险、劳动纠纷、劳动报酬、罪犯劳动的权利与义务等。这些问题的研究均需要法学学科理论知识的支撑。

（三）教育学基础

教育学是研究人类教育现象和解决教育问题、揭示一般教育规律的一门社会科学。教育是广泛存在于人类生活中的社会现象，是有目的地培养社会人的活动。从劳动的作用和意义中不难发现，劳动本身就是一种教育活动，对每个人都有教育意义。把教育学和劳动相结合，形成了很多国家高度重视的劳动教育活动。《中共中央 国务院关于全面加强新时代大中小学劳动教育的意见》规定：“以习近平新时代中国特色社会主义思想为指导，全面贯彻党的教育方针，落实全国教育大会精神，坚持立德树人，坚持培育和践行社会主义核心价值观，把劳动教育纳入人才培养全过程，贯通大中小学各学段，贯穿家庭、学校、社会各方面，与德育、智育、体育、美育相融合，紧密结合经济社会发展变化和学生生活实际，积极探索具有中国特色的劳动教育模式，创新体制机制，注重教育实效，实现知行合一，促进学生形成正确的世界观、人生观、价值观。”我国的罪犯劳动改造始终注重教育与劳动的结合，劳动改造离开了教育就不能发挥其根本的作用，罪犯劳动改造学理论研究同样也离不开教育学理论。

（四）管理学基础

管理是罪犯劳动改造得以实施的主体活动，没有管理，罪犯劳动改造活动根本不可能实施，罪犯劳动改造任务根本不可能完成。罪犯劳动改造活动必须由管理来推动，罪犯劳动改造学研究和学科建设必须以管理学为指导。任何生产劳动要想实现优质、低耗、高效、安全、文明生产的目标，都离不开科学的管理；要想把罪犯劳动改造融入社会化生产活动中，实现罪犯劳动改造与生产劳动实践的有机结合、深度融合，以社会化的生产劳动达到更好地改造罪犯的目标，也离不开科学的管理；要想把文化背景复杂、业务素质参差不齐的罪犯参加的劳动组织好，更离不开科学的管理。管理对于罪犯劳动改造来说，是充分必要的条件，只有把管理学和罪犯劳动改造学相结合，才能建立罪犯劳动改造学重要的分支学科——罪犯劳动管理学。管理学是罪犯劳动改造学的一个重要的基础学科。

（五）社会学基础

社会学以人类社会生活及其发展规律为研究对象，强调以系统科学的方法对社会现象、组织体系、社会关系以及各种社会问题进行观察、分析与研究，强调以社会结构和运行机制的双重理论视角解释不同社会形态的内在规律，并以科学严谨的调查方法为正确处理社会问题提供科学依据和政策建议。社会学研究的重心很大一部分放在现代社会中的各种生活实态，研究各种具有社会性的社会事实和问题，因此，社会学以其独特的社会科学价值，成为很多社会科学的借鉴和基础。社会学与刑罚学、监狱学是有交叉的，社会学的分支有一门犯罪社会学，社会学对于监狱学及其各子学科的研究具有重要意义。马克思主义理论认为，人的本质“是一切社会关系的总和”①。从某种意义上说，罪犯是在社会关系中出现了严重问题的群体，监狱刑罚执行的主要任务是使罪犯重返社会。劳动的社会性特征是罪犯再社会化的有力保障，罪犯劳动改造是使罪犯成功回归社会的重要手段和途径。社会学与劳动学的交叉也是必然的，罪犯劳动改造学应该把社会学作为一个重要理论基础。

（六）生理学基础

从人类的产生和发展中我们知道，劳动促进了手和脚的分工，促进了语言的产生，促进了大脑和机体的进化，最终促进了人类的产生和不断进化发展，进而成为人类生命活动的基本形式。生理学研究表明，劳动对个体机能的发展有重要影响，

---

① 《马克思恩格斯选集》（第1卷），人民出版社1995年版，第56页。

劳动能促使人体机能增强，使人的内分泌系统更加完善，使人的神经系统得到发展。生理学的研究是组织罪犯劳动改造的重要科学依据，监狱根据罪犯的年龄、性别、身体情况，合理、科学地组织罪犯劳动改造。参加适当的劳动项目，能使罪犯身心得到综合性的锻炼，身体更加健康强壮、心情更加愉悦，甚至有利于某些身心疾病得到治疗。

(七)心理学基础

心理学的研究表明，劳动对人类心理的产生和发展具有重要作用。劳动促进人类心理的产生，劳动工具的使用和制造促进人类心理的发展和完善，劳动能促使人类心理产生质的变化。劳动作为一种复合性多元刺激物，作用于劳动者的各种感官，使人产生特定的劳动心理，进而使人重新认识世界、社会和他人，并深刻理解劳动的价值，体会劳动的艰辛，接受劳动纪律约束，使人们产生对客观对象的正确认识。以心理学为基础，深入研究罪犯劳动心理，指导对罪犯的劳动改造和矫正，可以更好地实现罪犯劳动改造的目的。

(八)经济学基础

罪犯劳动改造是一项由特殊劳动者参加的生产活动，有大量的生产要素的投入，也必然有一定量的劳动成果的产出，这必然要求对罪犯劳动改造从经济学的角度来评价其投入产出比。我国的罪犯劳动改造在相当长的历史时期曾经承担了解决监狱经费困难问题的重要职责，为弥补监狱经费和支援国家建设作出过重要贡献。现在国家经济发展了，绝大部分地区不再需要罪犯劳动弥补监狱经费。罪犯劳动改造以改造人为宗旨，虽然不再以经济效益为主要目标，但是也绝对不是不考虑投入产出比，必须运用经济学的原理和方法设计一个科学合理的投入产出比，这既是罪犯劳动改造合理、持续开展的需要，也是科学测算改造和矫正罪犯、预防和减少犯罪的社会成本的需要。罪犯劳动改造学离不开经济学的支持。

## 第三节　罪犯劳动改造学的研究对象和任务

### 一、罪犯劳动改造学的研究对象

罪犯劳动改造学是专门研究我国监狱改造罪犯的基本手段之一——罪犯劳动改造现象及其规律，科学指导罪犯劳动改造活动，实现罪犯劳动改造目的的一门学科。总体来说，罪犯劳动改造学的研究对象是我国社会主义监狱运用劳动手段改造罪犯、造就社会新人的活动现象及其本质。具体来讲，罪犯劳动改造学的主要研究对象包括以下几个方面。

### (一)罪犯劳动改造的思想性

罪犯劳动改造的根本宗旨是改造罪犯思想,造就社会新人,通过参加生产劳动实践活动,罪犯改变错误的世界观、人生观、价值观,培育和树立社会主义的世界观、人生观、价值观,进而转化为正确的劳动观,在回归社会后能够自觉地做一个自食其力的守法公民。这一根本宗旨来源于马克思主义唯物论、认识论和劳动观,来自毛泽东劳动改造思想。这些理论从根本上回答了劳动改造是什么、为什么、干什么。罪犯劳动改造的思想性立足于马克思主义关于人的全面发展的科学理论,决定了罪犯劳动改造学的中国特色社会主义理论的根本性质和发展方向,是罪犯劳动改造学的立学之本和首要研究内容。罪犯劳动改造的思想性是我国罪犯劳动改造活动的本质所在,使我国的罪犯劳动改造活动与其他社会制度下的罪犯劳动从根本上区别开来,能够指导我国的罪犯劳动改造在各个历史时期无论面临何种困难、曲折、困惑和复杂情况,永远朝着正确的目标和方向前进。

### (二)罪犯劳动改造的规律性

规律是指事物之间的必然联系,决定着事物发展的必然趋势,事物内在的规律性是任何学科最基本的研究对象。研究罪犯劳动改造的规律性,就是要研究罪犯劳动改造活动与外部的影响因素和内部的发展要素之间的相互关系、必然联系和相互作用,探究出罪犯劳动改造活动的发展趋势和规律,从而指导罪犯劳动改造按规律办事,因势利导、顺势而为,科学发展。20 世纪末 21 世纪初,我国的罪犯劳动改造经历了改革开放外部环境的巨大变化,经历了从社会主义计划经济体制向社会主义市场经济体制的深刻变革。罪犯劳动改造的市场环境、体制机制、法律规范、管理方式方法、产业产品结构、人员文化素质、技术设备工艺等几乎全方位地发生了改变,原有的规律已经被打破,新的规律尚在形成中。这是摆在新时代罪犯劳动改造学面前的重大历史课题,深入研究和总结新时代罪犯劳动改造的规律显得尤为紧迫、重要。

### (三)罪犯劳动改造的科学性

从罪犯劳动改造活动本身来讲,罪犯劳动改造是一种非常特殊又自成体系的社会实践活动,有其自身独特的复杂性、特殊性和发展的规律性、重要性。这就注定了罪犯劳动改造活动与生俱来的科学性,注定了罪犯劳动改造活动的科学研究价值和社会价值。从罪犯劳动改造研究的内容来看,必然离不开各种人类科学研究成果的指导。从罪犯劳动改造的对象——人的自然属性来看,必然离不开生理学、心理学的指导。从罪犯劳动改造的对象——人的社会属性来看,必然离不开哲学、法学、教育学、管理学、社会学、经济学等学科的指导。从罪犯劳动改造生产所涉及的产业产品来看,罪犯劳动改造甚至离不开自然科学的指导。从罪犯劳动改造活动的独特性和这门学科的性质来看,研究罪犯劳动改造活动的规律性必须从罪犯劳动改造活动的特殊实践出发,综合运用各种科学理论和方法,创造能够指导罪犯劳动改造实践的科学理论和方法,指导罪犯劳动改造活动的科学发展。

(四)罪犯劳动改造的效能性

效能是行为目的和手段方面的正确性和实现目标的程度。研究罪犯劳动改造活动的效能性,就是要研究以正确的方法和手段来达到预期的罪犯劳动改造目标的效果。如果说罪犯劳动改造的思想性研究的是"为什么",规律性研究的是"怎么样"科学性研究的是"怎么办",那么,罪犯劳动改造的效能性研究的就是"好不好"的问题。我国的罪犯劳动改造担负着改造犯罪人、造就社会新人、培养自食其力的守法公民的使命,要想高质量地完成这一使命,罪犯劳动改造的效能性研究就必须成为罪犯劳动改造学理论体系的重要组成部分,从而指导我国的罪犯劳动改造活动成为一个科学的闭环系统,使我国的罪犯劳动改造与时俱进、科学发展,为我国的刑事司法事业作出贡献。

## 二、罪犯劳动改造学的任务

(一)罪犯劳动改造学要为罪犯劳动改造实践提供理论依据

罪犯的劳动改造是一种改造特殊人群的特殊社会活动。罪犯为什么要改造?劳动为什么能够改造罪犯?劳动如何才能改造罪犯?罪犯劳动改造的过程如何管理?罪犯劳动改造的目的和价值体系是什么?为什么罪犯劳动改造是中国特色社会主义的刑罚执行活动和改造手段?罪犯劳动改造学必须从基本原理上研究和回答罪犯劳动改造是什么、为什么,也要在应用实践上指导劳动改造做什么、怎么做、怎样做得好。罪犯劳动改造学要以科学的理论和方法体系指导罪犯劳动改造实际工作,使罪犯劳动改造的执法者、管理者能够掌握和运用科学的、实用的理论和方法,有效地开展罪犯劳动改造工作。

(二)罪犯劳动改造学要为罪犯劳动改造提供系统解决方案

罪犯劳动改造经历了从简单到复杂的发展过程。罪犯劳动改造是生产劳动系统和刑罚执行系统等多系统组合演变形成的一个复合系统,人们对罪犯劳动改造的认识也经历了一个从简单到复杂的过程。现在我们必须认识到,罪犯劳动改造是一项复杂的系统工程,搞好罪犯劳动改造工作"必须坚持系统观念",这一被党的二十大报告确定为习近平新时代中国特色社会主义思想的世界观和方法论是罪犯劳动改造学必须坚持的立场、观点和方法。罪犯劳动改造学要从罪犯劳动改造特殊的目的和目标出发,从复杂的改造与生产既对立又统一的矛盾关系入手,系统分析刑罚执行系统、罪犯劳动改造系统、生产劳动系统、劳动管理系统、罪犯认知系统等的特征及其相互联系和规律,紧紧围绕罪犯劳动改造的目标,对罪犯劳动改造系统进行科学建造,形成罪犯劳动改造系统各相关系统和系统要素优化组合、整体优化的系统解决方案。这一系统解决方案要以罪犯劳动改造的基本原理为思想理论基础,要将目标、手段、方法技术、评估规则和反馈机制等落实到实施方案中,要彻底解决罪犯劳动改造系统均衡、有序、高效运行问题,确保实现罪犯劳动改造系统的目标。

(三)罪犯劳动改造学要不断发展和完善学科理论体系

罪犯劳动改造学作为研究和揭示罪犯劳动改造现象及其规律的应用学科,必须具有自己科学完备的理论体系。进入21世纪后,罪犯劳动改造的内外环境和条件变化巨大,罪犯劳动改造规律又呈现出新的态势,罪犯劳动改造现象和规律的深入研究和总结还不够成熟,罪犯劳动改造学的概念体系、理论框架、方法体系还不够完备,这说明罪犯劳动改造学还是一门非常年轻的学科,在很多方面亟待进一步提高和完善。所以,罪犯劳动改造学在相当一段时期内必须把发展完善自己的学科体系作为主要任务。

## 第四节　罪犯劳动改造学的学科地位和学科体系

### 一、罪犯劳动改造学的学科地位

(一)罪犯劳动改造学是中国监狱学学科的骨干学科

罪犯劳动改造学研究的罪犯劳动改造是我国监狱运用最早的并且始终是改造罪犯最重要的基本手段之一,在我国监狱事业的发展历程中发挥了巨大的作用,取得了举世瞩目的成就。罪犯劳动改造是罪犯服刑期间参与时间最长的改造活动,是改造人、教育人作用最全面的改造手段,是我国监狱必须使用且无以替代的改造罪犯的手段。罪犯劳动改造学曾经是中国监狱学的前身——中国劳改学的主体性学科内容,随着中国劳改学发展为中国监狱学,罪犯劳动改造学与狱政管理学、罪犯教育学等共同构成中国监狱学学科,肩负着把中国监狱学向纵深化、系统化、应用化发展的学科使命。因此,无论从哪个方面来说,罪犯劳动改造学都是中国监狱学学科的骨干学科。

(二)罪犯劳动改造学是专门指导罪犯劳动改造工作的应用性学科

罪犯劳动改造学是一门实践性很强的应用性学科。罪犯劳动改造学的根本任务,是在罪犯劳动改造基本原理的指导下,探索和回答罪犯劳动改造的实践应用问题,也就是进行方法论研究,专门解决罪犯劳动改造方方面面工作“怎么办”的问题。通过应用性的研究,可以更好地指导罪犯劳动改造的科学健康发展。因此,罪犯劳动改造学是专门指导罪犯劳动改造的应用性学科,其地位和作用无以替代。

## 二、罪犯劳动改造学的学科体系

罪犯劳动改造学的学科体系,是由罪犯劳动改造学的基本理论、学科层次等方面内容构成的有机联系的整体。罪犯劳动改造学的学科体系是在罪犯劳动改造实践经验总结的基础上、在劳动改造理论研究的过程中、在中国监狱学学科的建设规划下形成的。

(一)罪犯劳动改造学已有的学科体系划分方法

自20世纪80年代罪犯劳动改造学产生以来,学界基本上把罪犯劳动改造学的学科体系分为“原理部分”和“应用部分”,在此划分方法的基础上陆续产生了一些细分的方法。比如,1991年出版的杜雨主编的《罪犯劳动改造学》把罪犯劳动改造学的学科体系划分为“基础论、个性论、方法论和比较研究”四部分;[①]2008年出版的宋胜尊主编的《罪犯劳动改造学》将之划分为“基础论、本体论、方法论和比较研究”;[②]2010年出版的贾洛川主编的《罪犯劳动改造学》将之划分为“基本原理和实践运作”两部分;[③]2001年出版的王戌生主编的《罪犯劳动概论》将罪犯劳动理论划分为组织罪犯劳动的指导思想理论、劳动改造罪犯的原理性理论、罪犯劳动组织管理理论、罪犯劳动法律保障理论四部分。

(二)罪犯劳动改造学学科体系的新构建

罪犯劳动改造学是一门内容非常丰富、体系综合复杂的学科,经过我国劳动改造实践经验的积累和罪犯劳动改造学理论的发展,罪犯劳动改造学的学科内容越来越明确,学科体系也越来越成熟。为更好地实现罪犯劳动改造学的创新和发展,更好地体现和发挥罪犯劳动改造学的应用指导价值,罪犯劳动改造学的学科体系可以从基础理论部分、管理实施部分、改造和矫正方法部分三个部分去构建。

---

① 参见杜雨主编:《罪犯劳动改造学》,群众出版社1991年版,第15页。

② 参见宋胜尊主编:《罪犯劳动改造学》,法律出版社2008年版,第18页。

③ 参见贾洛川主编:《罪犯劳动改造学》,中国法制出版社2010年版,第8页。

1. 基础理论部分

本部分包括罪犯劳动改造学的基本范畴、指导思想、基本原理、比较研究、基本理论等内容。基本范畴通过运用马克思主义理论对劳动、罪犯劳动、罪犯劳动改造等基本概念进行了科学阐述，奠定了罪犯劳动改造学的思想基础、理论逻辑和概念起点；指导思想和基本原理阐述了指导我国罪犯劳动改造理论建立和实践发展的基本原理和指导思想，包括马克思主义辩证唯物论、认识论、劳动学说、毛泽东劳动改造思想和习近平新时代中国特色社会主义思想等基本原理和指导思想；比较研究通过对罪犯劳动横向、纵向的比较分析，揭示我国社会主义监狱的罪犯劳动改造与其他社会制度下罪犯劳动的本质区别和发展优势，并从历史分析中总结罪犯劳动改造的规律；基本理论阐述罪犯劳动改造的性质、目的、意义、功能、作用、特点、规律等。

2. 管理实施部分

本部分研究罪犯劳动改造的管理实施理论和方法，内容应该包括罪犯劳动管理学概论、罪犯劳动项目管理、罪犯劳动现场管理、罪犯劳动过程管理、罪犯劳动安全管理、罪犯劳动质量管理、罪犯劳动效能管理等。罪犯劳动改造的实施需要一整套系统科学的罪犯劳动管理过程，寓改造于劳动中，实现劳动与改造的有机融合。罪犯劳动管理解决的是生产劳动如何运作、如何改造罪犯、如何保证改造宗旨实现的重要实践课题。所以，管理实施部分是罪犯劳动改造学学科的骨干内容，是将一般管理理论与罪犯劳动改造实践有机结合，创建新的罪犯劳动管理理论的内容。本部分研究罪犯劳动管理的体制、机制、管理过程、方法、工具等内容，这些内容是罪犯劳动改造实际工作急需的应用理论和方法，是实际工作者必须掌握的理论和技能。

在管理实施部分的内容构建中，应该将原监狱经济管理学、监狱经济学、监狱企业管理学的内容进行取舍整合后归并到罪犯劳动改造学下面的罪犯劳动管理学，而不是将其作为监狱学的分支与罪犯劳动改造学并列，这是一项重要创新。

(1)取消监狱经济学、监狱经济管理学

随着实践的发展和理论的创新，与罪犯劳动改造相关的监狱经济实践活动已有新的变化，与监狱经济相关的概念和理论也已经不合时宜。从实践上看，监狱组织罪犯劳动改造必须以改造人为宗旨，虽然也要讲效益，但不以营利为目的。改革政策、法律规定也取消了监狱的生产和经济职能，在相关规范性工作文件中不再使用这些概念，在实际工作中也越来越少地使用这些概念。一个重要体现是，2014 年中国监狱工作协会对下属专业委员会进行了调整，将原来的监狱经济管理学专业委员会取消,新成立了监狱企业管理专业委员会和劳动改造专业委员会。监狱生产、监狱经济、监狱经济管理这些概念及其相对应的实践活动已经不再符合监狱作为刑罚执行机关的性质和宗旨,所谓的监狱经济学、监狱经济管理学已经失去了实践土壤,相关概念如监狱生产、监狱经济、监狱经济管理等在理论上是不严谨的、不科学的,因此必须摒弃。

(2)将监狱企业管理学归入罪犯劳动改造学的子学科——罪犯劳动管理学

监狱企业管理学和监狱经济管理学的命运是不一样的,监狱企业管理理论是应该保留并需进一步研究和创新的,中国监狱工作协会2014年撤销监狱经济管理学专业委员会、成立监狱企业管理专业委员会就是很好的证明。研究建立新的监狱企业管理学理论,首先要重新界定监狱企业的性质,①这是正确研究监狱企业理论和发挥监狱企业职能的基本前提。从实践和理论上溯源,监狱企业是罪犯劳动改造的组织和载体,是为了科学管理罪犯劳动、实现罪犯劳动改造的目的而成立的特殊企业。监狱企业管理本身就是罪犯劳动管理的有机组成部分,监狱企业管理与罪犯劳动管理事出同宗、理出同源,罪犯劳动管理学研究的是罪犯劳动改造的全部活动和过程的管理,监狱企业管理学的原理和方法应从属于罪犯劳动管理学的范畴。把监狱企业管理学列在罪犯劳动管理学体系内,有利于在罪犯劳动管理学下系统研究罪犯劳动改造的管理体制、机制、过程、方式、方法等,从而科学规划和建设罪犯劳动管理学的内容体系,②有利于罪犯劳动改造学学科体系的系统、科学发展,有利于中国监狱学这棵"大树"枝繁叶茂、健康成长。

3. 改造和矫正方法部分

本部分研究阐述罪犯劳动改造和矫正的方法内容,包括罪犯劳动改造中的思想改造方法、管理改造和矫正方法、劳动教育方法、心理矫正方法、行为矫正方法、罪犯回归就业与创业指导方法等。这部分内容对发展中的罪犯劳动改造工作来说非常重要,有着强烈的实践指导方面的需求,亟须加强研究、总结、创新、丰富和发展。

---

① 参见刘津:《论监狱企业的性质》,载《中国监狱学刊》2001年第2期;刘津:《再论监狱企业的性质》,载《中国监狱学刊》2010年第4期;刘津等:《监狱企业法人制度问题研究》,河北人民出版社2009年版,第1页。

② 参见中央司法警官学院课题组:《中国监狱学学科下罪犯劳动分支学科的建设与发展》(下),载《中国监狱学刊》2015年第3期。

## 三、罪犯劳动改造学的研究方法

### (一)经验总结方法

经验总结方法是指根据收集和掌握的劳动改造活动的事实材料,经过分析和概括,使之上升到理论形态的活动程序。

我国的劳动改造活动经历了半个多世纪的实践,取得了巨大的成功并积累了丰富的经验,这是我们进行研究的基础材料。经验总结方法是我们研究和认识劳动改造现象的重要途径。

经验总结的步骤包括:首先,确定研究课题。根据经验总结的目的任务,选择有代表性的单位、事件或人物,有组织、有计划地开展活动。其次,广泛搜集相关的文献资料和数据,即围绕经验总结的中心内容,大量搜集有关劳动改造的方针政策、工作文件与计划、历史资料、现实动态等,特别要注意搜集能够如实反映事物本来面目的具体事实。再次,要进行分析与综合,即要按照经验总结的目的要求,对已有的资料加以整理,使之条理化、系统化。以其现象作为入门的向导,进一步揭示内在本质联系,以便为总结提供比较可靠的论据。最后,进行论证和总结。在初步分析综合的基础上,形成经验总结的草稿,然后以经验总结者为主体,邀请有关理论工作者、实际工作者参加,召开不同类型的论证会议,对经验总结进行深入质疑、提问和辩论,作出认可或否定的结论,再反复推敲、精心修改,形成正式的经验总结报告。

经验总结的具体要求包括:第一,选择的总结对象要有一定的代表性,具有典型意义;第二,研究中要尊重客观事实,定性与定量要准确,要全面考察,注意多方面的相互关系;第三,在分析与综合中要正确区分现象与本质,寻求带有规律性的结论,积极开展争鸣,坚持真理,勇于攀登新的理论高峰。

### (二)调查研究方法

调查研究是指为了弄清罪犯劳动现象而采取的考察和探求措施,是在经验总结基础上,对命题和假设进行验证的方法之一。通过调查研究可以使研究者明了劳动改造活动的现状,掌握第一手材料和数据,发现新问题,为制定科学有效的政策提供理论依据。

调查研究的一般程序是:第一,准备阶段,应做好调查准备工作,如确定调查提纲、选择调查对象、制订调查计划等;第二,实际调查和收集数据阶段,根据要研究的问题选择合适的调查对象进行抽样、调查;第三,整理材料阶段,对收集到的数据和材料进行编码、归纳和数据处理;第四,撰写调查报告阶段,在整理资料的基础上,写出调查报告。

调查研究的方法很多,包括:一是召开调查会,采取座谈的形式了解情况,搜集材料、收集数据;二是进行访谈,即通过面谈的形式进行调查;三是问卷调查,即调查者根据调查目的编制成问卷或表格,分发给调查对象,用书面或通信的形式收集资料和征求意见;四是填表调查,即使用带有一系列调查项目的表格进行调查,着重于收集事实和数字资料。

### (三)综合研究方法

所谓综合研究方法,是指对罪犯劳动改造的研究必须采取系统剖析和全方位论证的方法。罪犯劳动改造活动是一项极为复杂的社会现象,从活动本身讲,刑罚的、改造的和劳动生产的活动交织在一起;从相关因素讲,涉及社会、家庭等诸多方面。因此只有对其进行全面的、系统的研究,才能避免片面性,揭示其整体面貌和基本发展规律。

综合研究主要采用两种方法:一是比较研究。即一方面对中外历史上各个时期的罪犯劳动的产生、发展和变化进行纵向的对比分析,以便借鉴历史经验;另一方面对当代世界各国的罪犯劳动的状态、性质、优点和弊端进行横向的对比分析。二是发展研究。研究罪犯劳动改造,不仅要在理论上揭示它的现实状态和面貌,还要在理论上论证它的发展趋势和变化轨迹,使理论研究具有超前性。总之,只有对劳动改造进行系统的、多方位的、充分的研究,才能避免实际工作中的片面性和盲目性。

### (四)抽象与概括方法

抽象与概括是形成概念的思维过程和方法。抽象是从思想中抽取事物的本质属性,撇开非本质属性。概括是从某些具有若干相同属性的事物中抽取出来其本质属性,推广到具有这些相同属性的一切事物,从而形成关于这些事物的普遍概念。

对劳动改造现象进行调查研究和经验总结,实际上就是从掌握的大量事实出发,通过分析综合,经过去粗取精、去伪存真的过程,从感性认识上升到理性认识,形成对于事物本质的认识。此外,还必须对已经取得的理性认识加以概括,使之上升为理论。

### (五)实践检验方法

所谓实践检验方法,是指经过抽象和概括,从实践中获取的理论和认识,还要用以指导劳动改造的实践活动,以验证其是不是正确的措施和程序。通过调查方法从劳动改造基层单位取得的事实,一般多属于经验形态的东西。在人们认识活动中，经验形态处于感性认识阶段，它是人们在实践活动中，通过自身的感官直接接触客观外界事物而获得的，是对各种事物表面现象的初步认识。因此，经验并不能反映罪犯劳动改造这一现象的内在本质，获取经验只是研究工作的起点。

研究劳动改造学的目的是揭示其内在本质和运动规律。因此，在感性认识的基础上，还要通过思维，将丰富的感性材料分解为各个部分、方面，逐个加以考察和剖析，如此会产生一个飞跃，上升为理性认识。只有这时，我们的认识才能反映罪犯劳动活动的本质和联系。

由感性认识发展为理性认识，然后能动地指导实践。也就是说，我们的调查和经验总结活动，抽象和概括出来的理论、观点、结论等，还要用以指导劳动改造罪犯的实践，检验其科学性、正确性和可靠性。

## 思考题

1. 简述劳动、罪犯劳动、罪犯劳动改造的概念。
2. 马克思关于劳动含义的描述说明了劳动的哪些基本特点？
3. 为什么说马克思主义劳动学说决定了我国罪犯劳动改造的性质？
4. 为什么说马克思主义关于劳动的观点是罪犯劳动改造学的元概念和逻辑起点？
5. 简述罪犯劳动改造在 1994 年《监狱法》施行前后的两种含义。
6. 简述罪犯劳动和罪犯劳动改造两个范畴的区别。
7. 论述罪犯劳动改造与劳动矫正的区分。
8. 简述罪犯劳动改造学的研究对象。
9. 简述罪犯劳动改造学的学科地位。

# 第一章　罪犯劳动改造的马克思主义理论基础

马克思主义是由马克思、恩格斯创立的，为他们的后继者所发展的，以反对资本主义、建设社会主义和共产主义为目标的科学的理论体系，是关于工人阶级和人类解放的科学。马克思主义从根本上指导人们按照世界的本来面目去认识世界，揭示自然界和人类社会发展的客观规律，并根据对客观规律的认识去能动地改造世界。马克思主义的理论本性决定了它是不断发展的理论。马克思主义在 19 世纪末 20 世纪初传入中国，在指导中国革命和建设的过程中，逐渐形成了毛泽东思想和中国特色社会主义理论体系，实现了马克思主义的中国化。在新时代，以习近平同志为主要代表的中国共产党人创立了习近平新时代中国特色社会主义思想，以全新的视野深化了对共产党执政规律的认识，开辟了马克思主义中国化时代化新境界。实践的观点是马克思主义的基本观点，是马克思主义的出发点和归宿。马克思主义认为，劳动实践是人类和人类社会产生的决定性环节，物质生产实践是人类社会得以存在的基础，实践活动是推动社会发展的动力。中国共产党人以马克思主义理论为指导，早在革命根据地时期就创建了劳动改造活动。罪犯劳动改造活动以其特殊的社会实践性和社会历史性，天然地具有马克思主义的思想品性和实践品性，从一开始就是马克思主义与中国国情密切结合的产物，革命战争年代是这样，社会主义建设的各个时期也是这样。中国化时代化的马克思主义是新时代罪犯劳动改造活动实现高质量科学发展的世界观和方法论，是罪犯劳动改造学理论创新的基本原理和科学指导。

## 第一节　罪犯劳动改造的马克思主义哲学原理

马克思主义哲学是科学的世界观和方法论，是指导罪犯劳动改造活动产生和发展的基本思想和理论依据，是组织罪犯劳动改造活动必须掌握的科学原理。

## 一、辩证唯物主义和历史唯物主义原理

辩证唯物主义的原理告诉我们,世界是物质的,物质世界处在永恒的运动、变化和发展之中,从宏观世界到微观世界,从无机界到生命有机界,直到人类社会,都没有绝对不动、不变的东西。人的思想、行为、生活方式也处在发展变化之中,罪犯也不例外。辩证唯物主义关于运动、发展的观点,是我们运用生产劳动手段改造罪犯思想,把罪犯改造成为新人的世界观和方法论。

改造罪犯最根本的是改造或消除罪犯主观方面导致犯罪的思想意识,以及产生这种思想意识的个体原因和某些基本条件。马克思主义历史唯物论在这方面为我们提供了基本的原理和理论依据。

### (一)存在决定意识的原理和罪犯犯罪意识的成因

通过改造罪犯的思想意识来实现对罪犯的改造,就不能不涉及有关人的意识(社会意识)与存在(社会存在)的基本关系问题。马克思主义历史唯物论认为,社会存在决定社会意识,社会意识反作用于社会存在,这是社会存在与社会意识的辩证关系。人的意识随着人的生活条件、人们的社会关系、人的社会存在的改变而改变,所以,意识具有社会性,即意识是社会的人对社会生活、社会关系的反映,因此人的意识也叫社会意识。在历史唯物论看来,社会意识的主体是社会的人,主体既有处于复杂社会关系中的单个的人(个体),又有以不同的社会关系联系起来的、大小不等的社会集合体(群体),因而意识又可分为个体意识与群体意识。个体意识是个人独特的社会经历与社会地位的反映,是在个人所处的环境和所受的教育的影响下,从个人在社会中与他人交往的需要中产生的,是个人实践的产物。与此同时,每个人在自己的实践中,在与他人交往中形成个体意识时,又总会受到周围人们的个体意识的影响以及有关的各种群体意识(如家庭意识、集体意识、团体意识、阶层意识、阶级意识、社会整体意识等)的影响。而在群体意识的熏陶下,形成个体意识的过程就包含着群体意识向个体意识的转化。

导致犯罪人犯罪的个体意识,即犯罪意识,是构成其犯罪原因的极为重要的方面,也是我们对罪犯实施改造的直接对象。根据以上原理可以看出,这种个人犯罪意识的形成,一方面是由其个人的社会存在、个人的实践所决定的,另一方面则是受他人(如教唆犯、主犯或其他社会不法分子)的不良个体意识的影响和不良的群体意识(如享乐主义、拜金主义、无政府主义、极端个人主义、“哥们儿义气”、不良的家庭意识等)的影响。换句话说,犯罪的个体意识的形成,既包含着个体意识(自我意识和对个人与社会关系的认识)的形成,又包含着某些群体意识向其个体意识的

转化。一定情况下，这种转化还可能是犯罪意识的主要成因。

（二）罪犯劳动改造为罪犯提供新的社会存在方式

根据社会存在决定社会意识的基本原理，改造罪犯最根本的是改变罪犯的社会存在方式，为其创造出新的个人实践的条件和新的社会关系，从而为他产生新的自我意识和个人与社会的关系的认识创造物质基础和基本条件。

罪犯被判刑入狱，处在严格的管制之下，与社会在一定程度上隔离开来，这也可以说是一种社会地位的改变，也从某些方面说明了他的社会存在关系发生了变化。但是这不过是法律地位、法律关系的改变，并没有从实质上改变他的社会存在，所以单纯实现这种改变，把罪犯关押起来、隔离起来，是达不到使罪犯改恶从善、成为新人的目的的。

历史唯物论认为，人的社会存在是指不以人的社会意识为转移的人和自然以及人和人之间的客观存在的社会物质关系，它的基础是"物质生活的生产方式"，"人们的存在就是他们的实际生活过程。"①所以，对于个人来讲，他的存在及他所处的社会物质关系，主要就看他在社会物质生活的生产方式中所处的地位和关系（如是生产者，还是寄生者、破坏者）。这种存在关系是他个人的社会存在的最核心的部分，是决定他的社会经历和社会地位的最本质的内容。因此，监狱机关为了改变罪犯的意识而改变他的社会存在，就应当首先从这一根本关系入手，即改变或确定他在社会物质生活的生产方式中所处的地位和关系。

"人们是自己的观念、思想等等的生产者，但这里所说的人们是现实的，从事活动的人们。"②正是从这些原理出发，我国监狱组织起一种属于"人类最基本的社会活动"但又十分特殊的罪犯劳动改造活动，强制罪犯参加劳动改造，使他们成为"现实的，从事活动的人们"，使他们在生产物质资料的同时，生产出"自己的观念、思想"等。罪犯在这种生产劳动过程中的社会关系，当然与社会上一般生产者的社会关系有所不同，这种不同主要体现在法律地位、法律关系等方面，不过就物质资料的生产而言，则都是相同的，即都是生产者、实践者。在这样特殊的生产活动里，对于绝大多数罪犯来说，无疑都是处于一种新的社会存在方式之中，这就为他们形成或接受先进的、正确的意识提供了基础。与此同时，监狱在组织这种生产劳动时，进行了有意识的选择和控制，以适应改造罪犯的特殊需要，有意识调动生产各环节的改造机制。这种对劳动者思想意识产生改造作用的机制，只有在社会主义的监

---

① 《马克思恩格斯选集》（第1卷），人民出版社1972年版，第30页。

② 《马克思恩格斯选集》（第1卷），人民出版社1972年版，第30页。

狱里才能建立起来,最大化地营造了社会主义社会的劳动关系,从而极大地加强了生产劳动改造人的功能。例如,监狱组织劳动技能大赛,将生产绩效与改造积极分子评选挂钩、与减刑假释挂钩,实行按劳分配等。而罪犯在被强制参加这种生产劳动的过程中,自己在劳动定额、劳动考核、劳动质量管理、分工与协作等方面的完成和表现情况,使他不断意识到自己的存在、不断产生适应这种存在的意识,虽然刚开始可能是被迫的,但是绝大多数人逐渐地就会转为自觉的,从而使罪犯渐进地发生根本性、实质性的转变,达到被改造和自我改造的目的。

总之,罪犯劳动改造即在于为罪犯提供这种物质基础和基本条件,为他们改变和建立起新的社会存在方式和关系,使他们产生和接受并且巩固新的意识,从而实现对他们的改造。

(三)马克思主义基于世界的物质观的实践观点

马克思主义对于世界本质的解释,不仅提出了正确的哲学物质观,而且从人的实践活动出发来理解人生活的世界,提出了实践的基本观点。

1. 实践是主体能动地改造和探索客体的客观物质活动的观点

马克思主义从主体与客体、主观与客观的关系把握实践的含义。马克思认为,环境的改变和人的活动的一致,只能被看作并合理地理解为革命的实践。列宁认为,实践是主体和客体、主观与客观相交互的过程,是通过这一过程人类历史得以发展和人的社会存在得以实现。毛泽东把实践规定为"主观见之于客观的东西"。①这些论述都对实践作出了科学的规定。

马克思主义认为,实践是主体能动地改造、探索客体的社会性的客观物质活动,这一基本观点指导了包括罪犯劳动改造的各种各样的人类实践。实践主体是指处于一定社会关系中的具有实践能力的人。人是实践活动中具有自主性和能动性的因素,他担负着提出实践目的、操控实践工具、改造实践客体的多种任务。实践主体可以分为个体主体、群体主体和人类主体三种类型。实践客体是主体活动指向的对象。实践客体具有客观性、对象性和社会历史性。实践客体有三种基本类型:自然客体、社会客体和精神客体。其中,社会客体是指人类社会,精神客体是指成为人的实践对象的主观精神和客体化精神。主观精神是指人们的感觉、想象、思维等心理活动,它们以表情、姿态和语言表现出来。客体化精神是指以物的形式存在的精神生产的结果,如通过图像、语言文字表达出来的文学作品、理论著作等。实践客体的三种基本类型表明,人的实践活动不仅指向物质世界,而且也以自身为

① 参见《毛泽东选集》(第2卷),人民出版社1991年版,第477页。

实践活动对象,即在改造物质世界的同时也在进行自我改造。马克思主义的这一基本观点正是罪犯劳动改造的基本理论依据,奠定了罪犯劳动改造与西方资本主义国家劳动矫正的根本区别。

马克思主义认为,实践具有三个基本特点:客观实在性、自觉能动性和社会历史性。实践的客观实在性告诉我们,改造罪犯绝离不开劳动实践。实践的自觉能动性说明,作为实践主体的人是有自己的主观世界的,人的实践都是在一定意识、目的指导下的活动。这告诉我们,实践具有能动性,罪犯劳动不仅是被动的、被强制的,在劳动改造中要充分引导、指导罪犯的主观能动性,从而更好地实现罪犯改造从被动到主动、从被强制到自觉自我改造的转变。同时,要认识到通过对罪犯在劳动改造中主观能动性的调动,罪犯本人一定能实现从实践的主体向自我改造的主体的真正转变。实践的社会历史性认为,作为实践主体的人,是处于一定社会关系中的人,总是在一定的社会关系中进行实践活动,尽管实践可以表现为单个人的个体活动,但这种个体活动总是与社会中的其他人的活动联系在一起的。比如,人借助于工具同自然界相接触,而工具是他人过去劳动的成果。人们在一定社会条件下进行的实践活动都是受社会条件限制的,并且是随着社会条件发展而发展的,绝不会永远处于同一水平上,因此实践又具有历史性。实践的社会历史性告诉我们,罪犯劳动也必然会受到社会历史条件的制约,受到一定的社会关系的影响。而我国社会主义国家的罪犯劳动改造也因此具有了自己的社会历史特征,并和资本主义国家的劳动矫正有着本质的区别。只有在马克思主义的实践观点指导下,才能真正发挥好劳动改造的社会主义制度的特色和优势。

马克思主义将实践分为三种基本形式:一是物质生产实践,是处理人与自然关系的活动,是最基本的实践活动。物质生产实践解决人类生存和发展所必需的衣食住行的问题,是其他一切实践活动产生和发展的前提。二是社会政治实践,是处理人与人之间关系的活动,是为了配合物质生产实践所进行的活动。处理社会关系的实践主要表现为社会管理、阶级斗争、社会改革等。三是科学文化实践,是从物质生产实践中分化出来的尝试性、探索性实践活动。科学文化实践的目的不是直接改造世界,而是为成功地改造世界提供必要的知识。随着社会实践的发展,科学文化实践的作用也会越来越大。值得注意的是,物质生产实践是人的最基本的实践活动,从生存和发展的角度来看,个体的人和群体的人类都离不开生产劳动;从人的基本社会属性和生产实践的社会性来看,生产实践对于每一个人的成长来说都具有重要社会意义。此外,生产实践也是每一个人成为正常社会公民的基本条件,比如对于犯了罪在监狱服刑、接受劳动改造的罪犯来说,生产实践是他们重返社会、重新成为社会守法公民的基本手段。

2. 社会生活在本质上是实践的观点

马克思主义认为,实践是人类社会产生、存在和发展的基础,是人类社会生活的本质。主要观点有:劳动实践是人类和人类社会产生的决定性环节;物质生产实践是人类社会得以存在的基础;社会历史是人们的实践活动创造的;实践是人的存在方式;实践活动是推动社会发展的动力。这些观点和基本原理对罪犯劳动改造工作具有重要的指导意义。

第一,罪犯劳动改造是按照马克思主义的实践观点开展的改造人的实践活动。根据马克思主义的观点,人类通过实践来改造世界、认识世界和提高自身。罪犯劳动改造正是一种具体的实践活动,通过参与劳动,罪犯可以积极投入到社会生产中去,增加对社会的贡献,也能改变自身的认识和行为。

第二,罪犯劳动改造促进罪犯接受和树立社会主义的价值观。马克思主义强调人的社会性和个人的全面发展,主张社会主义的价值观念。罪犯劳动改造提供了一个培育社会主义价值观念的机会,罪犯在监狱按照社会主义经济关系营造的劳动组织中,参加社会化的生产劳动,接受社会主义的思想和道德规范,并逐渐形成符合社会主义价值观的行为习惯。

第三,罪犯劳动改造促进个体的自我救赎和社会融入。马克思主义认为,人是社会关系的总和,个体的解放与社会的解放相互依存。通过参与劳动改造,罪犯可以逐渐改变自身的思想和行为,实现对错误的认识、对犯罪的悔过以及对自我的救赎。同时,罪犯劳动改造也有助于恢复罪犯对社会的信任,使其积极回归社会,并融入正常的社会生活。

第四,罪犯劳动改造创造一定的经济收益和物质基础。马克思主义认为,劳动是创造社会财富的基本手段,也是人类生存和发展的重要条件。罪犯劳动改造既可以创造一定的经济效益,又能够培养罪犯的劳动技能,提高其就业竞争力,为其未来的生活和社会融入打下物质基础。

## 二、马克思主义认识论原理

马克思主义认识论原理最主要地体现在实践性原则:马克思主义强调实践在认识过程中的基础地位,人们通过实践与客观世界进行直接的接触和改造,从而获取对事物本质的认识。实践是认识的源泉和检验的标准,只有通过实践才能不断深化和发展认识。对罪犯的改造过程,实质上是改变罪犯头脑中对客观世界认识的过程。也就是说,要去掉他的旧的、不正确的认识,代之以新的、正确的认识。通过劳动改造罪犯,就是在生产劳动的反复实践中,经过实践、认识、再实践、再认识的反复过程,促进其思想认识从渐变到质变。

(一)改造罪犯思想必须依赖于实践

按照马克思主义认识论的观点,人的正确认识来源于实践,这是马克思主义认识论——辩证唯物主义的反映论——“首先的和基本的观点”。正如毛泽东所说:“人的正确思想是从哪里来的?是从天上掉下来的吗?不是。是自己头脑里固有的吗?不是。人的正确思想,只能从社会实践中来,只能从社会的生产斗争、阶级斗争和科学实验这三项实践中来。”①因此,对罪犯的改造必须紧紧依赖于实践,必须通过一定的社会实践来达到获得正确认识、实现改造罪犯的目的。

(二)实践的能动性是罪犯思想转变的直接的、现实的动力

实践是一种同主观相联系的、主观见之于客观的活动,也就是能动的活动。实践的能动性表现为两个方面:一是通过实践活动能动地改造世界;二是通过实践能动地推动认识的产生和发展。生产劳动实践的现代化,越来越要求每一个劳动者有更多的自然和社会的知识以及更强的理论思维,并在实践过程中有高度集中的意志和注意力、高度的集体主义和责任心。也就是说,在实践的发展中,对实践者主观因素的要求越来越严格,要求实践者的主观状态能适合于实践发展本身的客观需要。实践产生了认识的需要,只有实践才是认识发展的直接的、现实的动力。所有这些都是我们要以实践的途径来改造罪犯的基本依据。譬如,罪犯在社会化大生产过程中,要完成一定的劳动定额,要保证一定的劳动质量等。要求他们必须掌握一定的生产技能和科学文化知识,而且要求他们服从劳动组织、遵守劳动纪律、参与劳动协作等,否则就不能完成劳动任务。于是,实践的需要促使他们去认识物质资料生产的规律,去掌握生产劳动的本领,去认识人与人的关系,去认识人与社会的关系,去服从集体主义等。正是这些直接的、现实的实践需要,客观地、有力地促进了罪犯的认识的改变和发展。

(三)实践为罪犯获得正确认识提供了现实可能性和基本条件

罪犯之所以犯罪,是因为其社会存在以及以此为基础的个人实践出现了问题,使他们产生了错误的认识,形成了错误的人生观、价值观、生存观,很多罪犯因此形成个人行为和观念的恶性循环,如好逸恶劳、好吃懒做、不热爱劳动、不尊重他人的劳动成果、不自食其力。人类的认识史表明,实践提出的问题只有通过实践才能解决,客观事物由于实践的作用才暴露它的本质和现象,认识的任务只有在实践中才

① 《毛泽东文集》(第8卷),人民出版社1999年版,第320页。

能完成，实践提供了认识的可能性和实现这种可能性的必要条件。要把罪犯改造成为守法公民，化消极因素为积极因素，不通过实践是不可能的。没有实践，罪犯学不会劳动技能，养不成劳动习惯，形不成正确的劳动观念，理解不了劳动的社会意义和人生意义，树立不起集体主义和组织纪律的观念，改变不了资产阶级享乐主义、极端个人主义、不劳而获的生活方式，更不能树立起遵守法纪的意识，这样不仅难以改造他们，还会使他们在重新犯罪道路上恶性循环。只有通过实践，才能为罪犯获得正确的认识提供现实可能性和基本条件。

(四)生产实践是改造罪犯思想最现实的、最基本的手段

改造自然、征服自然的生产活动是人类和人类社会赖以产生、存在和发展的基础，是人类最基本的、决定其他一切活动的实践活动。人类的认识主要来源于变革自然的生产劳动实践，生产劳动是人的认识、观念形成、发展和转变的源泉和动力。所以，监狱机关组织的用来改造罪犯认识的实践活动，理所当然的首先是生产劳动实践，是物质产品生产活动。

## 第二节　罪犯劳动改造的马克思主义劳动观

马克思主义劳动观理论博大精深，在马克思主义理论体系中占有重要地位。在马克思、恩格斯看来，人不仅凭借劳动满足最基本的生存需要，实现社会财富的创造和积累，最终也要通过劳动来实现人之为人的自由本质。劳动不但创造了人类的物质生活，也充盈着人的精神世界，使人得以成长。马克思把劳动比喻成整个社会为之旋转的太阳，人类的发展过程就是劳动的发展史。马克思从哲学出发揭示劳动的本质，基于政治经济学探讨人改造自然和创造价值的活动，以科学社会主义视野阐述人的自由全面发展。这三者是马克思主义劳动观在哲学、政治经济学与科学社会主义方面的具体体现。① 就劳动的哲学解释模式而言，马克思强调劳动是人的本质，是自由自觉的劳动，是人实现自我的方式。就劳动的政治经济学解释模式而言，马克思强调劳动是改造物质世界的活动，在改造物质世界的同时改造自身，创造物质价值。② 马克思主义劳动观包含三部分：一是劳动创造了人和人类社

① 参见高耀芳：《马克思劳动观及当代价值》，载《中共云南省委党校学报》2016年第3期。

② 参见唐爱军：《马克思劳动观及其现实意义》，载《毛泽东邓小平理论研究》2014年第3期。

会;二是劳动促进人的自由全面发展;三是劳动是衡量人生价值的尺度。[①] 马克思主义劳动观有助于促进人的全面发展和社会和谐,有利于培育和践行社会主义核心价值观,并为劳动教育提供理论指导。[②] 马克思主义劳动观是罪犯劳动改造最基本的指导思想。

## 一、劳动创造了人类

劳动对人的第一个作用,就是在从猿到人的演变过程中发挥了创造性作用。19 世纪中后期,达尔文创立了进化论,论证并提出了人是由猿进化来的,但他没有解答猿是怎么变成人的。恩格斯运用辩证唯物主义的方法论,撰写了《劳动在从猿到人转变过程中的作用》一文,对劳动在人类起源中的作用进行了深入研究和详细阐述,得出了著名的科学论断:劳动"是整个人类生活的第一个基本条件,而且达到这样的程度,以致我们在某种意义上不得不说:劳动创造了人本身"[③]。

### (一)劳动创造了人类灵巧的双手

人的双手是在劳动中从猿的手演化而来的,这一演化过程是从猿到人的重要环节。猿的手和下肢相配合,十分适合于在茂密的丛林地带攀援、跳跃。它们用双手抓住树枝,摆动身体,从一棵树荡到另一棵树,这种行动方式叫臂行。臂行使猿手的四指很长,形成弯曲的钩状,极利于攀住树枝;大拇指很短,可以配合其他四指握住物体,但不能与其他四指对握捏拢。这就使猿手难以像人手那样可以拿住各种形状的东西。猿在行走时采取半直立姿势,这也需要上肢的帮助。

古猿从树上下到地面,逐步改变了自己的生活方式,它们的身体结构同时开始变化。直立行走,使猿手从辅助行走的负担中解放出来,从事与脚根本不同的许多事情:抓取食物,擎起木棒、石块,加工和使用原始的工具。这样,猿手变得越来越灵巧了。当制造出第一件工具时,作为运动器官的猿手就被改造成为劳动器官,成为人手了。

劳动使人手和猿手有很大的差别:(1)人的双手十分宽大,手指较短,有很发达的拇指。拇指基部与手腕间的关节十分灵活,使它可以做出外展、内旋和弯曲的动作,与其他四指的动作十分协调,可以对握,能精准、灵敏地抓住任何细小的东西。

---

① 参见季爱民、蔡欢:《马克思主义劳动观下的大学生劳动观调查分析》,载《学校党建与思想教育》2015 年第 3 期。

② 参见庞瑞华:《改革开放以来国内马克思主义劳动观研究述评》,载《大连海事大学学报(社会科学版)》2021 年第 3 期。

③ 《马克思恩格斯选集》(第 3 卷),人民出版社 1972 年版,第 508 页。

(2)手指上皮纹变得很细腻和紧密,触感的可靠性更高。(3)指骨变直,末端指节变宽,这是由于人手不仅是抓握树枝的运动器官,而且是主要从事创造、劳动的器官。所以,恩格斯指出:“手不仅是劳动器官,它还是劳动的产物。”①

(二)劳动创造了人类发达的大脑

人脑是动物界高度发达的产物,任何动物的脑都不能与人脑相比。人脑在每秒钟内会形成约10万种不同的化学反应,形成思想、感情和行动。人脑中的1亿个神经细胞,每天可记录约8600个资料。人类的大脑之所以有这样高度的发展,与猿脑到人脑的发展进化的漫长历史过程是有关的,而劳动是其中主要的原因。古猿从树上下到地面以后,取食、防御敌害等行为方式都发生了较大的变化。当他们逐步掌握了制造工具的手段,即从事劳动以后,行为方式更为复杂,大脑接受外界事物刺激的信号也越来越多,判断分析综合的能力也越强,这样大脑也越来越发展起来。从有关研究资料可知,具体的脑量发展与劳动的关系密切。猿猴到黑猩猩经历了2000万年,脑量依然为400毫升,原因便是不会劳动;而类人猿的脑量之所以能从400毫升发展到早期智人的1400毫升,主要原因是其从使用天然工具发展到制造工具,并从事着越来越复杂的劳动。说明正是劳动使猿的脑量不断增大,直到发展成现代人的大脑,是劳动创造了人类发达的大脑。

(三)劳动产生了人类奥妙的语言

语言是人类思维和表达思想的手段,是人类最重要的交际工具,也是人类区别于其他动物的本质特征之一。其他动物只能使用简单的发音和动作进行交流,然而人类的语言正是在这种简单音节的基础上,在共同劳动的过程中产生的。在从猿到人的进化过程中,在共同的劳动和生活中,人们相互之间的沟通需要日益增强,在这种情况下,简单的音节已不能很好地、很准确地表达思想和进行交流,于是多频率、多音节的语言也就逐渐产生。同时,人的发音器官和接受器官、理解器官的机能也日趋成熟。人的这种社会性和机能的进化与人类劳动有紧密的联系,所以劳动是语言产生和发展的动力之一。同时,语言使大脑的抽象思维能力不断发达,这也是猿脑发展为人脑的一个重要因素。

(四)劳动产生了人类特有的意识

猿人由于经常使用工具,从而学会了制造工具。猿人在制造和使用工具的过程中,不断认识到工具的作用及其与自己生活的关系,懂得了什么样的工具用起来效果好,从而按照自己的愿望去制造工具。这样,古猿本能的意愿便产生了飞跃,

---

① 《马克思恩格斯选集》(第3卷),人民出版社1972年版,第509页。

并不断发生质变，产生了人类特有的意识，即把客观事物的性质、彼此之间的联系转化成主观的东西，并付之于行动，产生了人类特有的自觉能动性。

（五）劳动是人的本质的体现

马克思在《1844年经济学——哲学手稿》中指出：“一个种的全部特性、种的类特性就在于生命活动的性质，而人的类特性恰恰就是自由的自觉的活动。”①这里的“自由的、有意识的活动”就是人类社会的劳动，即人的类本质在于自由的、有意识的劳动。有无自觉的目的性和能动性是人类与动物世界的重要区别，这是马克思将人类的生活与动物的生活相比较而得出来的人类的活动——人类劳动的本质特征。正如马克思所说：“蜘蛛的活动与织工的活动相似，蜜蜂建筑蜂房的本领使人间的许多建筑师感到惭愧。但是，最蹩脚的建筑师从一开始就比最灵巧的蜜蜂高明的地方，是他在用蜂蜡建筑蜂房以前，已经在自己的头脑中把它建成了。”②

人的类本质体现在人与对象的对象性关系之中，人与对象的对象性关系的实现具有特殊形式，这种形式就是对象化劳动。对象化劳动发挥人的本质力量，在对象身上打上人的烙印，对象因此而成为对象，人也因为这一过程而确证了自己的存在，成为真正意义上的人。对象化劳动不仅产生了人的自然界，而且产生了人类社会。一方面人的对象化劳动具有广泛的社会性，对象化劳动一方面产生出人与人之间的社会关系；另一方面所有的对象化劳动又都是在一定的社会关系的前提下进行的。人类由于对象化劳动而结成社会，对象化劳动也由于其社会性而包含着丰富的个别性，对象化劳动因此克服了所谓单纯的类本质的抽象性，成为人的现实的本质。

对象化劳动不仅具有社会性，还具有历史性。人的对象化劳动不是在理想状态下进行的，而是在具体的现实状态下进行的，是在人类历史发展到某一阶段上进行的，是在既定的社会关系下进行的。当然这种既定的社会关系和文明发展水平本身也是对象化劳动的结果。人作为现实的人，作为社会实践的主体，其本质的现实性就体现在既定的文明基础和既定的社会关系条件下的对象化劳动之中。所以，马克思又在《关于费尔巴哈的提纲》中提出了“人的本质不是单个人所固有的抽象物，在其现实性上，它是一切社会关系的总和”的论断。

辩证唯物主义认为，人是自然的一部分，是从动物中分化发展而来的。通过马克思主义的理论，我们认识到，劳动不仅创造了自然意义的人，还创造了社会意义

---

① 《马克思恩格斯全集》（第42卷），人民出版社1979年版，第96页。

② 《马克思恩格斯全集》（第23卷），人民出版社1972年版，第202页。

的人,使人成为本质意义上的人。人脱离动物、高于动物的决定性因素是劳动,是“劳动创造了人本身”。

## 二、劳动促进人的全面发展

### (一)马克思主义关于人的全面发展理论

人的全面发展是马克思主义的最高目标和根本价值取向,马克思称之为“每个人的全面而自由的发展”。马克思和恩格斯在《德意志意识形态》中第一次正式使用“个人的全面发展”这一概念,明确地提出关于人的全面发展的思想。马克思和恩格斯在《共产党宣言》中指出,人的全面发展是共产主义者的理想目标和共产主义社会的基本原则,这为他们关于人的全面发展思想走向成熟奠定了坚实的基础。《政治经济学批判大纲》和《资本论》的出版,标志着马克思主义关于人的全面发展思想更加成熟。在这里,马克思、恩格斯全面揭示了人的全面发展的科学内涵和历史性、必然性,论证了人的全面发展的途径和条件,确立了人的全面发展学说的科学体系。马克思主义关于人的全面发展理论内涵十分丰富。概括起来,主要包括以下几个方面的内容。

1. 人的各种能力的充分发展

人的能力既包括体力,又包括智力;既包括从事精神生产的能力,又包括从事物质生产的能力;既包括社会交往的能力,又包括道德修养的能力和审美能力等。

2. 人的社会关系的全面发展

社会关系是相对于自然关系而言的,指的是一定的生产方式所决定的生产关系的总和。马克思认为,“社会关系实际上决定着一个人能够发展到什么程度”①,“一个人的发展取决于和他直接和间接进行交往的其他一切人的发展”②,也就是说,人的全面发展只有在社会关系中才能实现。

3. 人的个性的全面发展

人的个性,是个人的自我意识及由此形成的个人特有素质、品格、气质、性格、爱好、兴趣、特长、情感等的总和。马克思指出,个性的充分发展就是“一切天赋得到充分发展”。

4. 人的需要的全面发展

在人类社会初期,由于生产力水平低下,社会产品极其匮乏,人的需要只能在

---

① 《马克思恩格斯全集》(第3卷),人民出版社1960年版,第295页。

② 《马克思恩格斯全集》(第3卷),人民出版社1960年版,第515页。

一个极其低下的层次上得到满足。资本主义生产方式的建立和发展,使人的需要有可能向多方面发展。到了社会主义和共产主义社会,剥削制度被消灭,生产力高度发展,社会产品极大丰富,人的需要将呈现丰富性和多面性。党的十九大报告指出:“中国特色社会主义进入新时代,我国社会主要矛盾已经转化为人民日益增长的美好生活需要和不平衡不充分的发展之间的矛盾。”这是党根据我国社会主义初级阶段不断变化的新特点作出的重大战略判断,反映了我国社会发展的客观实际,明确了解决当代中国发展主要问题的主要着力点,也充分体现了党和国家对人民的需要全面发展的高度重视。

(二)社会主义经济关系及这种关系下的劳动是促进和实现人的全面发展的社会基础

在马克思和恩格斯看来,人的发展问题,不仅应该从现实的生产力的发展状况上去理解,而且应该从现实的社会经济关系性质上去理解。马克思在《1857—1858年经济学手稿》中把人的发展的全面性概括为人的“现实关系和观念关系的全面性”。[①] 他们在《德意志意识形态》(写于1845—1846年)中曾经指出,人们自己的生活怎么样,“这同他们的生产是一致的——既和他们生产什么一致,又和他们怎样生产一致。因而,个人是什么样的,这取决于他们进行生产的物质条件”[②]。也就是说,一定社会的人的发展的现状和趋势,既取决于那一社会的生产发展的水平,也取决于甚至可以说更取决于那一社会的经济关系的性质。这是因为,高度发展的社会生产力,只为人的发展提供了可能的、工艺的、技术的手段以及必要的物质条件,而社会经济关系的性质则决定了社会生产的目的,从而决定了人的发展所需要的物质条件的生产方式和交换方式、分配方式等,并最终决定了人的观念发展的性质和导向。基于此,恩格斯在写于1847年的《共产主义原理》中认为,“使社会全体成员的才能得到全面的发展”,将是废除资本主义私有制的“主要结果”之一。[③] 马克思曾深信不疑地认为,在建立新的社会经济关系的过程中,在这一新社会的“再生产的行为本身中,不但客观条件改变着……而且生产者也改变着,炼出新的品质,通过生产而发展和改造着自身,造成新的力量和新的观念,造成新的交往方式,新的需要和新的语言”[④]。造就与社会主义经济关系相适应的“新的观念”“新的交往方式”“新的需要和新的语言”,无疑是社会主义社会的人的全面发展的重要

① 参见《马克思恩格斯全集》(第46卷)(下册),人民出版社1980年版,第36页。

② 《马克思恩格斯选集》(第1卷),人民出版社1972年版,第25页。

③ 参见《马克思恩格斯选集》(第1卷),人民出版社1995年版,第243页。

④ 《马克思恩格斯全集》(第46卷)(上册),人民出版社1979年版,第494页。

主题。马克思主义的这一基本原理是我们组织罪犯劳动改造的重要理论基石,是中国特色社会主义监狱罪犯劳动改造从本质上区别于资本主义国家罪犯劳动的思想基础。在罪犯劳动管理体制变革中,特别需要注重社会主义经济关系在罪犯劳动改造和管理体制机制中的体现和运用,这也是马克思主义关于人的社会存在决定人的意识的基本原理所要求的。

(三)劳动是促进和实现人的全面发展的重要方法

马克思在关于人的全面发展的理论中特别强调了劳动是实现人的全面发展的重要方法。他在《资本论》中指出:"未来教育对所有已满一定年龄的儿童来说,就是生产劳动同智育和体育相结合,它不仅是提高社会生产力的一种方法,而且是造就全面发展的人的唯一方法。"①

1. 劳动是优良思想和道德的"播种机"

人的正确思想,只能从社会实践中来,从生产劳动这项最基本的社会实践中来。劳动使人树立了"不劳动者不得食"的观念;劳动使人养成了艰苦奋斗和勤俭节约的作风;劳动使人懂得理解和尊重他人;劳动使人培养责任感、自尊心、自信心、独立自主和自律意识;劳动使人学会团结和协作;劳动使人培养奉献精神;劳动使人热爱和尊重自然、关注和关心社会;劳动使人懂得父母的养育之恩和孝敬父母。劳动,就像一台功能强大的播种机,把优良的思想、道德观念播种在人的头脑中。同课堂教育等各种讲解灌输性的教育手段相比,劳动的实践和体验功能更加强大,是一种无以替代的自我教育,它把这些优良的思想、道德观念深深地、牢固地植入人的思想中。高尔基说:"在重视劳动和尊重劳动者的基础上,我们有可能来创造自己的新的道德。"意大利民族复兴时期的爱国志士、优秀的历史学家、作家和文艺评论家拉·乔乃尼奥里有一句名言:"劳动却是产生一切力量、一切道德和一切幸福的威力无比的源泉。"

2. 劳动是启迪智慧的"金钥匙"

我们知道,作为人类智慧器官的大脑是在劳动中产生的。在从猿到人的转变过程中,劳动和语言交流推动了脑髓的发展,从而使猿的脑髓逐渐变成人的脑髓。在脑髓发展的同时,感觉和知觉器官也越来越灵敏和发达,区别于动物的人类智慧就这样产生了。接下来,人类从事的劳动由简单到复杂,人们制造的劳动工具越来越复杂,人们生产的产品也越来越丰富多样,人类的智慧也就越来越高。

劳动对任何时代的人的智力的开发和提高都是至关重要的。劳动使人开阔眼

---

① 《马克思恩格斯全集》(第23卷),人民出版社1972年版,第530页。

界、增长知识、积累经验,深入地认识和掌握自然规律。劳动可以促进血液循环,使心、脑和整个循环系统功能处于较高的水平,并反馈性地增强了神经系统的调节功能,这使人的思维更敏捷、反应更灵活、智力更发达。苏联著名教育实践家和教育理论家苏霍姆林斯基的一个重要教育信条是“孩子的智慧出在他的手指尖上”,他坚信,要使人的个性得到充分的发挥,就要让他从事他喜爱的劳动,而且,他越深入到这种劳动中去,他的能力和天资就会得到更好的发展。中国古代的四大发明一直是中华民族的骄傲,而它们都是劳动人民智慧的结晶。正如高尔基说的:“热爱劳动吧!没有一种力量能像劳动,即集体、友爱、自由的劳动的力量那样使人成为伟大和聪明的人。”

3. 劳动是健康的源泉

所谓“动则不衰,用则不退”,劳动可以使人筋骨强健、肌肉发达、关节灵活、反应灵敏、动作迅速。劳动能让人百脉通畅,五脏气血供应充足,可使冠状动脉血流量增加,改善心肌的营养和代谢;劳动还能抑制胆固醇的合成,防止心脑血管疾病的发生;劳动还有延缓衰老的作用,人在持续的劳动过程中,心肺和血管的功能会大大增强,这会对氧气和营养物的分配、体内垃圾的清除产生重要作用,能够阻止或减慢肌肉的生理性萎缩,从而有效地延缓机体衰老的速度。劳动虽然让我们付出了一定的辛苦,但是劳动创造的成果能使我们精神愉快、心情舒畅,增强对生活的热爱和情趣,为我们的健康长寿打下良好的基础。因而古今养生学家认为,劳动是最重要的养生方法之一,正如中国古代名医华佗所说:“人体欲得劳动,但不当使极耳。动摇则谷气得消,血脉流通,病不得生。”英国谚语也说:“长寿的秘诀在于劳动。”

随着现代科学技术的迅速发展,人们的体力劳动逐渐减少,劳动强度大大降低。看似现代人比过去舒适多了,殊不知疏于劳作会使身体各器官的功能降低,免疫力下降,身体素质越来越差。对此,专家称之为“现代闲逸病”,这种“现代闲逸病”患者多表现为思维迟钝、体态肥胖、四肢软懒、体质虚弱、消化不良,易患各种身心疾病。治疗“现代闲逸病”最好的方法就是劳动。马克思在《资本论》注释中引用了英国经济学家贝勒斯的话:“劳动对于身体健康犹如吃饭对于生命那样必要”“劳动给生命之灯添油”。① 他认为贝勒斯说得很好。

马克思主义提出了人的全面发展的崇高理想和目标。我国提出并奉行了“以改造人为宗旨”的监狱工作方针,党和国家非常重视运用和发挥劳动手段促进罪犯

① 参见[德]马克思:《资本论》(第1卷),人民出版社1975年版,第535页。

全面改造和发展的强大功能，罪犯劳动改造必将在监狱机关改造罪犯的工作中，为提高罪犯改造质量发挥重要的作用。

## 三、劳动促进社会的发展

### (一)劳动创造社会财富

马克思主义充分肯定了劳动对人类发展和社会进步的决定性作用，肯定了劳动在具备劳动对象和劳动资料的条件下是一切社会财富的源泉的论断的正确性，深刻分析了劳动的二重性，创立了劳动创造价值的理论，阐明了具体劳动创造商品的使用价值、抽象劳动创造商品的价值，劳动所投入的时间、技能和付出的努力等因素决定了产品或服务的价值等内容。马克思主义的劳动创造价值理论也为人类社会的发展所印证。人类社会除自然资源外的物质财富都是劳动创造的。中国古代的万里长城和京杭大运河，古埃及的金字塔，现代社会的高楼大厦、道路桥梁、汽车、高铁、飞船及各类商品等，都是人类劳动的伟大创造。马克思、恩格斯曾指出："人们为了能够'创造历史'，必须能够生活。但是为了生活，首先就需要衣、食、住以及其他东西。因此第一个历史活动就是生产满足这些需要的材料，即生产物质生活本身。"①一切原始的物质条件都是自然提供的，自然界是这些物质条件的第一源泉。自然界为劳动提供材料，劳动把材料变成财富。人类社会的精神财富也是劳动创造的。人类一切精神财富，包括思想的、文化的创造，首先要以劳动所创造的物质财富为基础。各种精神财富，如道德、法律、哲学、自然科学、文化、艺术等，离不开以生产劳动为基本形式的社会实践的总结，且又反过来为指导社会实践服务，生产劳动既是科学、文化、艺术的源泉，又是他们发展的动力。精神财富都是杰出的思想家、科学家、艺术家等长期艰苦劳动的结晶，离开劳动，不可能有精神产品、精神财富。

### (二)劳动创造了人类社会及其历史

劳动是人类社会形成和发展、社会历史进步的根本原因。马克思指出，"整个所谓世界历史不外是人通过人的劳动而诞生的过程，是自然界对人说来的生成过程"②。"历史不过是追求着自己目的的人的活动而已。"③

1. 劳动是整个人类生活必需的第一个条件

人类为了生存，首先要从自然界取得衣食住行所需要的基本生活资料，没有劳

① 《马克思恩格斯选集》(第1卷)，人民出版社1972年版，第32页。

② 《马克思恩格斯全集》(第42卷)，人民出版社1979年版，第131页。

③ 《马克思恩格斯全集》(第2卷)，人民出版社1957年版，第118－119页。

动就没有人类生活。正如马克思所说："任何一个民族，如果停止劳动，不用说一年，就是几个星期，也要灭亡，这是每一个小孩都知道的。"①"劳动作为使用价值的创造者，作为有用劳动，是不以一切社会形式为转移的人类生存条件，是人和自然之间的物质变换即人类生活得以实现的永恒的自然必然性。"②在人类社会中，不管是什么时期、什么社会制度，都需要劳动。

2. 劳动是人类社会传承和发展的重要条件

人以外的生物界，其特性、生活经验和技能的积累与传承的局限很大，因此，很多东西中途遗失，难以继承。而智慧的人类克服了生物界的这种局限，人类因为劳动，并在生产劳动的基础上形成了语言、思想、科学、文化、传统，所以，人类的社会生活经验、劳动技能等得以用语言、思想、科学、文化、传统的形式一代一代传下去。于是，人类劳动创造的物质文明和精神文明在流传、积累中不断向更高阶段发展。人类历史文明这种连续性的实现完全依赖于人类的劳动，具有连续性的人类历史是通过劳动创造出来的。

### 四、劳动是改造人的手段

（一）罪犯劳动改造是无产阶级改造人类、改造社会的重要组成部分

马克思谈到无产阶级改造人类、改造社会的历史进程时指出："必须经过一系列将把环境和人都完全改变的历史进程。"③对社会上犯了罪的人进行劳动改造，就是这个历史进程中的重要组成部分。马克思主义关于无产阶级改造人类、改造社会的理论，是研究罪犯劳动改造学的基本理论依据。在社会主义国家，对于一切犯罪分子既不能像历史上的剥削阶级专政国家的监狱一样采取野蛮的办法，把他们通通从肉体上加以消灭，或者把惩罚他们作为宗旨；也不能像当代资本主义国家的监狱那样，仅仅停留在矫正心理和行为、培养职业技能上。我们的宗旨是改造罪犯犯罪的思想根源，通过罪犯劳动改造，促使他们树立正确的世界观、人生观、价值观，转变思想，重新做人，成为自食其力的劳动者和守法公民。这是预防犯罪、减少犯罪以至最终消灭犯罪的战略措施之一，是无产阶级改造人类、改造社会、实现共产主义理想的一个有机组成部分。

（二）生产劳动是改造客观世界和改造自身主观世界的统一的过程

马克思主义劳动观除论证了劳动创造了人和人类社会，还详细论证了劳动改

① 《马克思恩格斯选集》（第4卷），人民出版社1972年版，第368页。

② ［德］马克思：《资本论》（第1卷），人民出版社1975年版，第56页。

③ 《马克思恩格斯选集》（第2卷），人民出版社1972年版，第379页。

造人的作用机理。马克思说:“劳动首先是人和自然之间的过程,是人以自身的活动来引起、调整和控制人和自然之间的物质变换的过程。人自身作为一种自然力与自然物质相对立。为了在对自身生活有用的形式上占有自然物质,人就使他身上的自然力——臂和腿、头和手运动起来。当他通过这种运动作用于他身外的自然并改造自然时,也就同时改变他自身的自然。他使自身的自然中沉睡着的潜力发挥出来,并且使这种力的活动受他自己控制。”①他还指出:“在再生产的行为本身中,不但客观条件改变着,例如乡村变为城市,荒野变为清除了林木耕地等等,而且生产者也改变着,炼出新的品质,通过生产而发展和改造着自身,造成新的力量和新的观念,造成新的交往方式,新的需要和新的语言。”②这些论述表明,人类的劳动既是改造客观世界的过程,同时也是改造劳动者主观世界的过程,劳动既创造了人类社会的物质文明,也不断创造着人类社会的精神文明。

(三)马克思、列宁对劳动改造人的直接论述

马克思主义认为,劳动是改造人特别是改造犯了罪的人的重要手段,劳动对世界观和价值观出现问题的人,有着改造其错误观念的作用。马克思曾断言:“体力劳动是防止一切社会病毒的伟大的消毒剂。”③马克思在《哥达纲领批判》中,针对拉萨尔在资本主义制度下提出的“调整监狱劳动”的观点,提出进行生产劳动是囚犯改头换面的最得力办法,明确指出,“在一个一般性的工人纲领里面,这是一种微不足道的要求。无论如何应该明白说出,工人们完全不愿意由于担心竞争而让一般犯人受到牲畜一样的待遇,特别是不愿意使他们失掉改过自新的唯一手段即生产劳动。这是应当期待于社会主义者的最低限度的东西”④。

俄国十月革命后,列宁深刻阐明了无产阶级应该对犯人实行劳动改造的政策。他指出,地主阶级对待犯人,是报复性身心摧残政策,他们不讲什么改造;资产阶级对待犯人折磨式的精神感化政策,就是榨取犯人的全部劳动;无产阶级对待犯人的监管政策,同地主、资本家都有原则的不同,是实行生产劳动和思想教育相结合的劳动改造政策。⑤

马克思主义关于劳动的观点使我们确立了这样的观点,即劳动是改造罪犯的重要手段,并一直指导我们深入研究如何更好地发挥劳动在改造罪犯中的作用,特

① 《马克思恩格斯全集》(第23卷),人民出版社1972年版,第201－202页。
② 《马克思恩格斯全集》(第46卷)(上册),人民出版社1972年版,第494页。
③ 《马克思恩格斯全集》(第31卷),人民出版社1972年版,第538页。
④ [德]马克思:《歌达纲领批判》,人民出版社1992年版,第25页。
⑤ 转引自宋胜尊主编:《罪犯劳动改造学》(2008年版),法律出版社2008年版,第46页。

别是在社会主义市场经济条件下罪犯劳动改造出现各种各样的新问题、新情况时，这种研究更需要深入下去。

## 第三节 毛泽东劳动改造思想

毛泽东劳动改造思想是毛泽东改造罪犯思想的有机组成部分，毛泽东改造罪犯思想又是毛泽东思想的有机组成部分，是以毛泽东为核心的党和国家第一代中央领导集体智慧的结晶。毛泽东劳动改造思想是指毛泽东、刘少奇等人以马克思主义理论为指导，在各个历史时期，以著作、讲话、批示、指示、谈话等形式，提出了一系列关于罪犯劳动改造的思想、观点和论述，所形成的符合中国实际的罪犯劳动改造方面的思想。

### 一、毛泽东劳动改造思想的形成

毛泽东在井冈山革命根据地建立初期做了一系列深入的社会调查工作，他在对衡山县一个狱吏进行调查后写道，“使我第一次懂得中国监狱全部腐败情形的，是在湖南衡山县作调查时该县的一个小狱吏。”①“这是毛泽东彻底否定旧的监狱制度、创立新的劳动改造制度迈出的第一步。”②1930 年毛泽东作了寻乌调查，提出：“假若对地主一点土地也不分，叫他们去喝西北风，对富农也只给一些坏田，使他们半饥半饱，逼得富农造反，贫农、雇农一定陷于孤立。当时有人骂我是富农路线，我看在当时只有我这办法是正确的。”③从中不难看出，毛泽东对反动阶级也给土地、让其劳动和自食其力的思想，是毛泽东劳动改造思想的萌芽。

毛泽东早期首次把马克思主义基本原理和中华苏维埃共和国监狱的改造罪犯实践相结合，提出了工农民主政府劳动改造的方针和政策。1931 年，中华苏维埃共和国建立，毛泽东出任主席，逐渐地涉及监狱和罪犯改造工作。他明确提出了工农民主政府的狱政方针：“苏维埃的监狱对于死刑以外的罪犯是采取感化主义，即用共产主义的精神与劳动纪律去教育犯人，改变犯人犯罪的本质。”④这是毛泽东劳动

---

① 《毛泽东农村调查文集》，人民出版社 1982 年版，第 16 页。

② 辛国恩等：《毛泽东改造罪犯理论研究》，人民出版社 2006 年版，第 21 页。

③ 《毛泽东农村调查文集》，人民出版社 1982 年版，第 22 页。

④ 转引自中国监狱工作协会编：《新中国监狱工作五十年》（1949. 10—2000），法律出版社 2019 年版，第 15 页。

改造思想产生的主要标志。

抗日战争时期毛泽东思想逐步成熟，毛泽东在1937年7月撰写的《实践论》中详细论述了生产劳动对人的观念的形成、人的正确思想、伦理的形成和发展的重要作用，提出了无产阶级及其政党改造世界的任务，阐明了由强迫到自觉的改造规律。毛泽东关于改造世界、改造剥削阶级的理论为毛泽东劳动改造思想奠定了坚实的思想基础和理论基础。

解放战争时期，毛泽东提出对地主阶级成员进行劳动改造的思想，使毛泽东在《实践论》中提出的"改造反对改造的人们的思想"更加具体化。对于反革命分子、地主，毛泽东提出通过劳动改造他们，可以化消极因素为积极因素。1949年6月30日，毛泽东发表了著名的《论人民民主专政》，在该文中，毛泽东明确提出了对反动阶级和反动派进行劳动改造的思想，也强调了改造的条件是共产党领导的人民民主专政，并提出改造的手段即以劳动改造为主，同时包括耐心细致的思想教育工作，这是毛泽东劳动改造思想的精髓。《论人民民主专政》的发表，标志着毛泽东人民民主专政理论的完全形成，这也是毛泽东改造罪犯理论形成的重要标志，①同时也是毛泽东劳动改造思想形成的重要标志，并说明了毛泽东劳动改造思想在"毛泽东改造罪犯理论"中的重要地位和所起的重要作用。②

## 二、毛泽东劳动改造思想的主要内容

### （一）造就新人、改变犯人犯罪的本质的思想

1934年1月，毛泽东在第二次全国苏维埃代表大会的报告中指出："苏维埃的监狱对于死刑以外的罪犯是采取感化主义，即用共产主义的精神与劳动纪律去教育犯人，改变犯人犯罪的本质，而国民党监狱则是纯粹的封建野蛮的虐杀，法西斯的酷刑，劳动群众与革命者的人间地狱。"③通过劳动改造罪犯错误的思想使其树立正确的观念，成为毛泽东劳动改造思想的一条主线。毛泽东的这一思想是基于马克思主义关于无产阶级改造主客观世界（包括改造社会、改造人类）的伟大任务的理论。这种理论后来在毛泽东的《实践论》中得到了系统性的论述，从而成为革命民主政府确立监狱工作方针政策和原则的全新指导思想，也成为后来我国监狱改造罪犯根本的方针和政策。例如，1954年9月原政务院颁布的《劳改条例》第1条

---

① 参见辛国恩等：《毛泽东改造罪犯理论研究》，人民出版社2006年版，第28页。

② 参见辛国恩等：《毛泽东改造罪犯理论研究》，人民出版社2006年版，第2页。

③ 转引自中国监狱工作协会编：《新中国监狱工作五十年》（1949.10—2000），法律出版社2019年版，第15页。

明确规定了改造犯人成为新人是新中国劳动改造工作的根本任务;1995 年制定的现行监狱工作方针是“惩罚与改造相结合,以改造人为宗旨”。

毛泽东在《实践论》中指出:“无产阶级和革命人民改造世界的斗争,包括实现下述的任务:改造客观世界,也改造自己的主观世界——改造自己的认识能力,改造主观世界同客观世界的关系。”①他进一步指出:“所谓被改造的客观世界,其中包括了一切反对改造的人们,他们的被改造,须要通过强迫的阶段,然后才能进入自觉的阶段。”②“毛泽东关于对主客观世界进行改造的思想,为对罪犯实施改造提供了直接理论依据。”③

毛泽东在《实践论》中详细论述了生产劳动对人的观念的形成、人的正确思想、伦理的形成和发展的重要作用,从而使罪犯劳动改造有了与马克思主义一脉相承的指导思想。毛泽东在《实践论》中说:“马克思主义者认为人类的生产活动是最基本的实践活动,是决定其他一切活动的东西。人的认识,主要地依赖于物质的生产活动,逐渐地了解自然的现象、自然的性质、自然的规律性、人和自然的关系;而且经过生产活动,也在各种不同程度上逐渐地认识了人和人的一定的相互关系。一切这些知识,离开生产活动是不能得到的。”④“马克思主义者认为人类社会的生产活动,是一步又一步地由低级向高级发展,因此,人们的认识,不论对于自然界方面,对于社会方面,也都是一步又一步地由低级向高级发展,即由浅入深,由片面到更多的方面。”⑤“马克思主义者认为,只有人们的社会实践,才是人们对于外界认识的真理性的标准。实际的情形是这样的,只有在社会实践过程中(物质生产过程中,阶级斗争过程中,科学实验过程中),人们达到了思想中所预想的结果时,人们的认识才被证实了。”⑥毛泽东指出,正确的认识来自全面的社会实践,“社会实践的继续,使人们在实践中引起感觉和印象的东西反复了多次,于是在人们的脑子里生起了一个认识过程中的突变(即飞跃),产生了概念。概念这种东西已经不是事物的现象,不是事物的各个片面,不是它们的外部联系,而是抓着了事物的本质,事物的全体,事物的内部联系了。概念同感觉,不但是数量上的差别,而且有了性质上的差别。循此继进,使用判断和推理的方法,就可产生出合乎论理的结论来”⑦。毛

---

① 《毛泽东选集》(第 1 卷),人民出版社 1991 年版,第 296 页。
② 《毛泽东选集》(第 1 卷),人民出版社 1991 年版,第 296 页。
③ 辛国恩等:《毛泽东改造罪犯理论研究》,人民出版社 2006 年版,第 24 页。
④ 《毛泽东选集》(第 1 卷),人民出版社 1991 年版,第 282 - 283 页。
⑤ 《毛泽东选集》(第 1 卷),人民出版社 1991 年版,第 283 页。
⑥ 《毛泽东选集》(第 1 卷),人民出版社 1991 年版,第 284 页。
⑦ 《毛泽东选集》(第 1 卷),人民出版社 1991 年版,第 285 页。

泽东总结说："我们的实践证明：感觉到了的东西，我们不能立刻理解它，只有理解了的东西才更深刻地感觉它。感觉只解决现象问题，理论才解决本质问题。这些问题的解决，一点也不能离开实践。"①

（二）化消极因素为积极因素的思想

罪犯是消极因素和破坏因素，但罪犯又是社会重要的劳动力，组织罪犯参加劳动改造是化消极因素为积极因素、为社会主义建设服务的重要形式。

毛泽东在井冈山革命根据地建立初期通过深入的社会调查工作，了解到"中国监狱全部腐败情形"②，从而彻底否定旧监狱制度。在土地革命中，毛泽东主张按人口分田，也给予地主一份不好于贫民的田地。反映出早期毛泽东对反动阶级也给土地、让其自食其力，化消极因素为积极因素的思想，是早期毛泽东最朴素的劳动改造思想。

随着毛泽东劳动改造思想的逐渐形成，化消极因素为积极因素的思想越来越清晰，并成为毛泽东劳动改造思想的重要组成部分。对于反革命、地主不杀，毛泽东提出一个重要理由，即保存劳动力，并将劳动作为对其改造的重要手段。毛泽东在《论人民民主专政》中明确指出："对于反动阶级和反动派的人们，在他们的政权被推翻以后，只要他们不造反，不破坏，不捣乱，也给土地，给工作，让他们活下去，让他们在劳动中改造自己，成为新人。他们如果不愿意劳动，人民的国家就要强迫他们劳动，也对他们做宣传教育工作，并且做得很用心，很充分，像我们对待俘虏军官们已经做过的那样。"③

（三）把犯人当人看、给犯人以出路的思想

革命根据地监所改造犯人的基点是"把犯人当人看"。这与以往奴隶主、封建地主阶级视犯人为罪奴、非人，把刑徒作为祭坛牺牲品的思想截然不同。毛泽东关于改造犯人的思想首先是承认犯人是人，是客观世界中可以改造的那一部分人。"把犯人当人看"的观点在革命监所的发展中逐步成熟，在理论上不断丰富。1941年5月，陕甘宁边区主席林伯渠指明："犯人之所以甘为犯人，主要是由于社会不把他当人，要恢复他的人格，必自尊重他是一个'人'始。"④边区高等法院代院长王子宜认为："犯人也是人，我们司法工作者，不能把犯人不当人看待。"边区高等法院院

---

① 《毛泽东选集》（第1卷），人民出版社1991年版，第286页。

② 《毛泽东农村调查文集》，人民出版社1982年版，第16页。

③ 《毛泽东选集》（第4卷），人民出版社1991年版，第1476－1477页。

④ 林伯渠：《陕甘宁边区政府工作报告》（1939—1941）。转引自杨永华、方克勤：《陕甘宁边区法制史稿（诉讼狱政篇）》，法律出版社1987年版。

长马锡五认为:"把犯人看成人,是一件很重要的思想问题。""把犯人当人看"成为革命根据地监所工作的重要指导思想,"是古往今来监所对待犯人划时代的崭新观念"①。

通过劳动给犯人以出路是毛泽东劳动改造思想一贯的主张。毛泽东在1956年指出:"对一切反革命分子,都应当给以生活出路,使他们有自新的机会。"②他多次指出,要对罪犯实行革命人道主义,贯彻惩办与宽大相结合、劳动改造与思想教育相结合的政策。他提出"禁止一切不人道主义的待遇"。他赞扬:"苏维埃中央政府已经明令宣布废止肉刑,这亦是历史上的绝大的改革"。民主政府对犯人实行劳动改造本身就是给其出路,使其改过向善。在劳动改造过程中,犯人学会生产技能,获得奖励或减刑,出狱后得以自谋生计或安置就业。《陕甘宁边区施政纲领》第7条规定,"除绝对坚决不愿改悔者外,不问其过去行为如何,一律实行宽大政策,争取感化转变,以给政治上与生活上之出路"。这种给犯人出路的政策是人道主义精神的体现,也成为新中国成立后罪犯劳动改造的重要精神实质。新中国成立后毛泽东劳动改造思想首先体现在《中国人民政治协商会议共同纲领》中,该共同纲领第7条规定:"……对于一般的反动分子、封建地主、官僚资本家,在解除其武装、消灭其特殊势力后,仍须依法在必要时期内剥夺他们的政治权利,但同时给以生活出路,并强迫他们在劳动中改造自己,成为新人……"

(四)关于劳动改造的重要政治、经济和社会意义的思想

新中国成立以后,毛泽东多次对劳动改造工作作出重要指示、批示,揭示了劳动改造重要的政治、经济和社会意义,成为社会主义革命和建设时期我国监狱工作的指导思想和制定监狱工作方针、政策和法律的依据。新中国成立之初,在新中国监狱工作一穷二白、困难重重的局面下,1951年毛泽东亲自修改审定《第三次全国公安会议决议》时提出:"大批应叛徒刑的犯人是一个很大的劳动力,为了改造他们,为了解决监狱的困难,为了不让判处徒刑的反革命分子坐吃闲饭,必须立即着手组织劳动改造的工作。""三个为了"是毛泽东为新中国的监狱工作作出的第一个重要决策。该会议决议指出,劳动改造是改造罪犯的主要手段,劳动改造罪犯的目的是"三个为了"。1951年罗瑞卿在第四次全国公安工作会议的报告中指出:强迫罪犯劳动改造是消灭反革命阶级的一个重要手段,也是彻底改造犯人成为新人的

---

① 中国监狱工作协会编:《新中国监狱工作五十年》(1949.10—2000),法律出版社2019年版,第15页。

② 《毛泽东文集》(第7卷),人民出版社1999年版,第39页。转引自辛国恩等:《毛泽东改造罪犯理论研究》,人民出版社2006年版,第147页。

一项基本政策,并科学地说明劳动改造罪犯工作包含着极端重要的政治、经济意义。

### 三、毛泽东劳动改造思想的重要贡献

#### (一)毛泽东劳动改造思想开创了中国特色社会主义的罪犯劳动改造理论

毛泽东的劳动改造思想具有独创性,对中国的罪犯劳动改造理论来说是开创性的。虽然罪犯劳动作为一种行刑活动在古今中外由来已久,但是,“赋予劳动以新的含义,将劳动与改造相结合,最终将罪犯改造成为新人,其中所蕴含的基本原理是由中国共产党人所创建和实践的,是毛泽东改造罪犯理论的重要特色”①。最难能可贵的是,毛泽东劳动改造思想是在中国革命开始的过程中,在革命战争年代,在旧的监狱制度没有消灭、新的社会主义监狱制度没有产生的条件下提出来的,他直接缔造了中国的罪犯劳动改造理论。毛泽东劳动改造思想是毛泽东改造罪犯理论的一条主线,直接指引了中国的罪犯改造工作的实践和理论的产生与发展。

#### (二)毛泽东劳动改造思想是最适合中国国情的改造罪犯的指导思想和理论

“刑罚的内在内容与它的外在表达一样,随着经济基础社会关系和上层建筑社会关系的变化而变化。社会经济形态的性质,社会的、政治的、文化的和道德的观点决定着刑罚的内容,而这意味着,刑罚的目的及其相应的内容应该有多种多样的变化,就像社会生活的具体案件发生的变化一样。每个时代,每个国家都按自己的方式组织刑罚,追求某些专门的目的,选择达到目的的手段。因此,刑罚的内容不取决于立法者在法律中做出的规定,而是取决于客观社会生活的条件和刑罚所面临的任务。”②毛泽东无论是在革命战争年代对劳动改造罪犯思想的提出,还是在新中国成立后对劳动改造罪犯理论的运用和发展,始终扎根于中国的国情,始终坚持把马克思主义基本原理同中国的实际相结合。事实证明,每每在中国监狱事业发展的关键时期,毛泽东劳动改造思想都起了非常重要的指引作用,我国的罪犯劳动改造工作在这一思想的指引下,战胜了无数次困难,取得了举世瞩目的成就。

#### (三)毛泽东劳动改造思想是对马克思主义理论的继承和发展

在毛泽东思想形成的过程中,毛泽东始终能够灵活地、创造性地把马克思主义和中国的具体实践相结合,从而不断实现了马克思主义在中国革命和建设中的继

---

① 辛国恩等:《毛泽东改造罪犯理论研究》,人民出版社2006年版,第188页。

② [苏]H. M. 拉吉莫夫:《劳动改造感化的理论与实践问题》,周兴泉、杨巍译,社会科学文献出版社1987年版,第18页。

承和发展。罪犯劳动改造的提出是对马克思主义关于劳动创造了人类、创造了社会的观点的创造性运用和发展。毛泽东对劳动的认识、对人的认识、对实践和认识的关系的观点和马克思主义的基本原理是一脉相承的。毛泽东劳动改造思想最早把马克思主义基本原理和中国的改造罪犯实践相结合,把马克思主义劳动观和中国监狱工作的实际相结合,为中国的罪犯劳动改造理论研究奠定了一个很好的思想基础和理论基础,对中国的罪犯劳动改造理论研究起了直接的创造、指引和推动作用。

## 第四节　习近平新时代中国特色社会主义思想对罪犯劳动改造的指导

习近平新时代中国特色社会主义思想是当代中国马克思主义、21 世纪马克思主义,植根于新时代中国特色社会主义的伟大实践,是指导中国式现代化建设各项事业强大的思想和理论武器。在新时代的罪犯劳动改造理论和实践工作中,只有在习近平新时代中国特色社会主义思想指导下,才能坚定正确方向,实现内涵式高质量发展。

### 一、习近平新时代中国特色社会主义思想对罪犯劳动改造的方向指引

#### (一)坚持中国共产党领导是罪犯劳动改造的本质特征和政治优势

习近平指出:“中国特色社会主义最本质的特征是中国共产党领导,中国特色社会主义制度的最大优势是中国共产党领导。”①中国共产党是中国特色社会主义各项事业的领导核心。罪犯劳动改造是政治性、思想性非常强的一项工作,是在马克思主义理论指导下的,以改造犯罪人思想、品德和行为为根本任务的一项重要活动,是我国监狱机关完成国家机器的职能、实现改造人根本目标的一种基本手段。坚持中国共产党的领导,是中国特色社会主义罪犯劳动改造工作的本质特征,是中国特色社会主义罪犯劳动改造工作的政治和制度优势。

#### (二)坚持和完善党的领导制度是罪犯劳动改造工作方向正确的根本保证

习近平指出:“党的领导制度在中国特色社会主义制度体系中居于统领地位。

① 中共中央宣传部:《习近平新时代中国特色社会主义思想学习纲要》(2023 年版),学习出版社、人民出版社 2023 年版,第 16 页。

中国特色社会主义制度的优势能不能发挥好，关键在党的领导制度能不能执行好。”[①]党的领导是全面的、系统的、整体的，健全党的全面领导制度，必须完善党领导各项事业的具体制度。坚持和完善党的领导制度，事关国家治理的根本。罪犯劳动改造工作虽然是基层的一项具体工作，却是中国特色社会主义法治体系重要的“神经末梢”，坚持和完善党的领导制度，是确保罪犯劳动改造工作不忘初心、牢记使命、健康发展的根本保证。

### （三）坚定道路自信、理论自信、制度自信、文化自信是罪犯劳动改造长足发展的基本前提

在罪犯劳动改造工作中，坚持习近平新时代中国特色社会主义思想的指引，必须坚定地走中国特色社会主义的罪犯劳动改造发展之路，必须坚定罪犯劳动改造工作的道路自信、理论自信、制度自信、文化自信。习近平指出，只有社会主义才能救中国，只有中国特色社会主义才能发展中国，只有坚持和发展中国特色社会主义才能实现中华民族伟大复兴。改革开放以来，我国取得的一切成绩和进步的根本原因是开辟了中国特色社会主义道路，形成了中国特色社会主义理论体系，确立了中国特色社会主义制度，发展了中国特色社会主义文化。中国特色社会主义道路是实现途径，中国特色社会主义理论体系是行动指南，中国特色社会主义制度是根本保障，中国特色社会主义文化是精神力量，四者统一于中国特色社会主义伟大实践。我国的罪犯劳动改造工作走过了一条中国特色社会主义的创建、发展之路，取得了举世瞩目的伟大成就。但是，自改革开放以来，特别是社会主义市场经济体制改革以来，罪犯劳动改造工作遇到了很多困难和挫折，出现了很多问题，有人开始怀疑甚至否定我国的罪犯改造制度。在这种情况下，只有坚持以习近平新时代中国特色社会主义思想为指导，坚持中国特色社会主义罪犯劳动改造的道路自信、理论自信、制度自信、文化自信，才能更加自信我国罪犯劳动改造的方向和道路是正确的，才能不断战胜困难，不断创新，破解体制机制难题，才能真正实现中国特色社会主义罪犯劳动改造的内涵式、高质量发展。

## 二、习近平新时代中国特色社会主义思想对罪犯劳动改造的工作指导

### （一）全方位强调劳动的价值

习近平新时代中国特色社会主义思想强调劳动的价值和作用，将劳动视为人

---

① 中共中央宣传部：《习近平新时代中国特色社会主义思想学习纲要》（2023年版），学习出版社、人民出版社2023年版，第22页。

们实现自我价值、促进社会发展的重要手段。习近平关于劳动的重要论述多有体现，成为习近平新时代中国特色社会主义思想的重要内容，也是对马克思主义劳动观的重要发展，对倡导全社会热爱劳动、尊重劳动具有重要教育意义，对罪犯树立正确劳动观念也具有重要的指导意义。例如，2015 年 4 月 28 日，习近平在庆祝"五一"国际劳动节暨表彰全国劳动模范和先进工作者大会上的讲话中讲道："在我们社会主义国家，一切劳动，无论是体力劳动还是脑力劳动，都值得尊重和鼓励；一切创造，无论是个人创造还是集体创造，也都值得尊重和鼓励。""全社会都要贯彻尊重劳动、尊重知识、尊重人才、尊重创造的重大方针，全社会都要以辛勤劳动为荣、以好逸恶劳为耻，任何时候任何人都不能看不起普通劳动者，都不能贪图不劳而获的生活。"习近平指出："劳动是财富的源泉，也是幸福的源泉。人世间的美好梦想，只有通过诚实劳动才能实现；发展中的各种难题，只有通过诚实劳动才能破解；生命里的一切辉煌，只有通过诚实劳动才能铸就。"①在组织罪犯劳动改造中，要结合实践落实习近平关于劳动的重要论述，使罪犯认识到劳动重要、劳动光荣、劳动者受人尊重，增强罪犯的劳动积极性，使其树立正确的世界观、人生观、价值观和劳动观。

### （二）全面推动社会再教育和人的全面发展理念

习近平新时代中国特色社会主义思想强调推动全民教育和全面发展，这里面当然包括特殊公民的教育和全面发展。罪犯劳动改造不仅是为了使罪犯得到体力上的锻炼和技能培训，更重要的是通过劳动改造提高罪犯的文化素质、道德修养和职业技能，实现全面发展和社会再教育。中国共产党把马克思主义人的全面发展理论与中国社会具体实践相结合，继承和发展了马克思主义关于人的全面发展理论，这在党的历次重要会议文献中都有充分体现。2002 年，党的十六大报告首次以党的代表大会文献的形式把人的全面发展规定为党的奋斗目标，并再一次强调了"促进人的全面发展"是社会主义本质的要求。在党的十九大报告中，习近平强调"必须坚持以人民为中心的发展思想，不断促进人的全面发展、全体人民共同富裕"，赋予了人的全面发展理论新的内涵，实现了马克思主义人的全面发展理论在新时代中国特色社会主义更加深入的实践和发展。习近平新时代中国特色社会主义思想强调以人为本，关注每个个体的全面发展和幸福。对此，在罪犯劳动改造工作中，要注意对这一思想的研究和落实，发挥罪犯劳动改造教育和改造罪犯的强大

---

① 习近平：《实干才能梦想成真》（2013 年 4 月 28 日），载《习近平著作选读》第 1 卷，人民出版社 2023 年版，第 118 页。

立体功能，调动罪犯劳动改造的积极性，帮助其消除消极思想，使其下定改造自己和自我发展的决心，帮助罪犯在劳动改造中实现全面改造和发展的效果。

### （三）培养罪犯的社会责任感

习近平新时代中国特色社会主义思想强调个人与社会的关系，提倡每个人都应当担负起属于自己的社会责任。在罪犯劳动改造中，可以通过组织罪犯参加社会化的劳动，让罪犯认识到劳动的价值和意义，理解劳动对个人和社会的重要性，意识到自己的犯罪行为对社会和他人的伤害。可以通过协作劳动，让罪犯认识到每个人只有做好本职分工，才能完成整个生产任务；可以通过依法依规加强劳动管理，建立劳动奖惩机制，对罪犯在劳动中表现出的积极负责和取得的劳动成效进行表彰和奖励；同时对不负责任、不遵守规定的行为进行相应处罚，让罪犯明白劳动对一个人来说也是一种必须履行的责任；等等。罪犯劳动改造活动要通过各种活动着力培养罪犯的社会责任感。

### （四）促进法治精神的传承和促使罪犯树立法治观念

习近平新时代中国特色社会主义思想强调法治建设和法治精神的传承。在罪犯劳动改造中，通过严格的法律管理和规范化的劳动操作，使罪犯深刻认识到违法犯罪的后果，并通过劳动改造引导罪犯树立正确的法律意识和法治观念。

## 三、马克思主义的社会理想在罪犯劳动改造中的运用

### （一）马克思主义的社会理想的基本内涵

社会理想是人们对未来社会制度、社会风貌的期望和追求，马克思主义社会理想的最高理想是推翻资本主义、实现社会主义和共产主义。而在社会主义运动的不同时期，我国的社会理想则是通过长期的远大理想和近期的具体理想，来统领人民为实现目标而奋斗。中国共产党第二十次全国代表大会报告指出，团结带领全国各族人民全面建成社会主义现代化强国、实现第二个百年奋斗目标，以中国式现代化全面推进中华民族伟大复兴，就是中国人民近期的共同理想和具体理想。党的二十大报告对中国式现代化进行了全面、系统的擘画和描述，其中既有中华民族伟大复兴的社会理想，也有关于人民幸福和人的全面发展的具体理想。例如，中国式现代化是全体人民共同富裕的现代化，让现代化建设成果惠及全体人民。“中国式现代化是物质文明和精神文明相协调的现代化。物质富足、精神富有是社会主义现代化的根本要求。物质贫困不是社会主义，精神贫乏也不是社会主义。我们不断厚植现代化的物质基础，不断夯实人民幸福生活的物质条件，同时大力发展社会主义先进文化，加强理想信念教育，传承中华文明，促进物的全面丰富和人的全

面发展。"[①]中国共产党正是靠远大的理想和坚定的信念,带领中国人民战胜了一个又一个困难,实现了一个又一个目标。正如习近平指出的:"人民有信仰,民族有希望,国家有力量。实现中华民族伟大复兴的中国梦,物质财富要极大丰富,精神财富也要极大丰富。我们要继续锲而不舍、一以贯之抓好社会主义精神文明建设,为全国各族人民不断前进提供坚强的思想保证、强大的精神力量、丰润的道德滋养。"[②]总之,为人民谋幸福,为民族谋复兴,是党的初心使命,是党和政府的社会理想,也是中国共产党带领全国人民为之奋斗的强大动力。

(二)人生理想的重大指导和推动作用

社会理想贯穿于人的人生理想(包括生活理想、职业理想和道德理想)之中,人生理想的正确确立对于一个人的人生来说非常重要。习近平指出:"广大青年一定要坚定理想信念。'功崇惟志,业广惟勤。'理想指引人生方向,信念决定事业成败。没有理想信念,就会导致精神上'缺钙'。中国梦是全国各族人民的共同理想,也是青年一代应该牢固树立的远大理想。中国特色社会主义是我们党带领人民历经千辛万苦找到的实现中国梦的正确道路,也是广大青年应该牢固树立的人生信念。"[③]合理地将社会理想融入个人的生活理想、职业理想和道德理想才是好的人生理想,好的人生理想对人生发展具有重大的指导和推动作用。

1. 理想是人生航程的灯塔

理想作为人生向往和奋斗的目标,指引着人生前进的方向,特别是在人生的关键时刻,理想就像灯塔的光芒一样指引着前进的航向。

2. 理想是人生前进的动力

理想作为人生向往和追求的目标,可以构成人们自觉行动的动机,成为实践活动的动力。理想在人们认识世界和改造世界的实践活动中,是一种极其强大的推动力量。

3. 理想是人生的精神支柱

人们的生活可以划分为物质生活和精神生活两大方面。物质生活对人的生存和发展固然重要,健康充实的精神生活同样不可缺少,而理想便是精神生活的支

---

① 习近平:《高举中国特色社会主义伟大旗帜　为全面建设社会主义现代化国家而团结奋斗——在中国共产党第二十次全国代表大会上的报告》(2022年10月16日),人民出版社2022年版,第22-23页。

② 习近平:《人民有信仰,民族有希望,国家有力量》(2015年2月28日),载《习近平谈治国理政》第2卷,外文出版社2017年版,第323页。

③ 习近平:《在实现中国梦的生动实践中放飞青春梦想》(2013年5月4日),载《习近平谈治国理政》,外文出版社2014年版,第50页。

柱。一个人的精神生活如果没有理想的支撑,就会空虚、萎靡乃至崩溃。一个人有高尚的理想这个精神支柱,就可以使人生更充实,能在顺境中不骄不躁,在逆境中乐观豁达、不畏艰险、勇往直前。

(三)在罪犯劳动改造中加强理想信念教育的重要意义

罪犯是在监狱中服刑的特殊公民,对他们的改造,加强理想信念教育同样尤为重要:一方面,实现我国的社会理想,以中国式现代化推进中华民族伟大复兴,建设社会主义法治国家,推进社会治理现代化,离不开对这一特殊群体的成功改造,即使他们顺利回归社会,成为自食其力的守法公民;另一方面,教育帮助罪犯重新树立合理正确的人生理想,也是改造他们的人生观、价值观和世界观的重要步骤。因此,习近平新时代中国特色社会主义思想关于我国人民共同理想的理念和构想,同样适用于对罪犯的教育和改造,要在罪犯劳动改造工作中加以很好地运用。

1. 理想信念教育可以引导罪犯树立正确的世界观、人生观和价值观

理想信念教育能够激发罪犯积极向上的动力,帮助他们认识到自己的错误,并为他们改过自新提供方向和动力,让他们认识到犯罪行为的错误性与危害性,从而增强对正义、法律和社会秩序的敬畏感。通过深入了解社会主义核心价值观和积极向上的思想理念,罪犯可以培养道德修养、追求美好生活、实现自我价值。

2. 理想信念教育可以帮助罪犯明确自己的人生目标和追求

通过理想信念教育,可以培养罪犯良好的职业道德,可以使他们了解合法劳动的重要性并养成尊重劳动的态度,可以激发罪犯的内在动力和创造力,使他们积极学习各种知识和技能,引导他们发展自己的才能,提高自身素质。同时,理想信念教育还可以帮助罪犯正确地建立人际关系,培养合作意识和团队精神。这样,罪犯在劳动改造中能够更好地融入社会,为自己的未来打下坚实的基础。

3. 理想信念教育可以帮助罪犯重建自我认同和自尊

通过积极引导罪犯认识到自身的优点和潜力,可以让他们相信自己可以改过自新、重返社会,从而树立起积极向上的心态;可以让他们相信自己有能力改变自己的生活,从而有助于提高罪犯的心理素质和抵御重新犯罪的能力。这样,罪犯就可以在劳动改造中更加坚定地走上正途,为他们出狱后更好地融入社会提供思想保障,进而为他们的未来奠定良好的基础。

总之,重视理想信念教育对于罪犯劳动改造的效果至关重要,对于罪犯的全面成长和重新融入社会至关重要。

## 四、全面推进依法治国方略在罪犯劳动改造中的落实

党的十八届四中全会对全面依法治国作出了顶层设计和重大部署,明确全面

推进依法治国总目标是建设中国特色社会主义法治体系、建设社会主义法治国家；党的十九大提出到2035年基本建成法治国家、法治政府、法治社会；党的二十大强调在法治轨道上全面建设社会主义现代化国家。监狱是我国的刑罚执行机关，罪犯劳动改造是监狱执行刑罚的一项重要工作。罪犯劳动改造工作与全面推进依法治国有着密切的关系，应该从以下几个方面注重落实和讲求效果。

（一）法律规范的约束

依法治国意味着将法律作为治理国家的基本原则。在罪犯劳动改造中，依法治国起了明确规定罪犯行为的界限和准则的作用。法律规定了罪犯必须参与劳动改造，并规定了劳动改造的具体要求和程序。依法治国使罪犯劳动改造工作更具合法性和公正性。

（二）重塑社会秩序意识

依法治国使社会更加健康有序，有利于实现社会公平正义，习近平新时代中国特色社会主义思想倡导建设一个公平正义的社会。通过罪犯劳动改造工作，可以帮助罪犯重新适应社会规范和价值体系，重新认识并体验社会的公平与正义，树立正确的人生观和价值观，促使他们积极融入社会。这有助于维护社会的稳定，增强社会安全感。

（三）增强罪犯法治意识

罪犯劳动改造依据法律规定、通过合法手段对罪犯进行改造和教育，使其意识到自身行为的错误，为他们提供改过自新的机会。在罪犯劳动改造工作中，通过法律教育和法治宣传，提高罪犯的法治意识，使其了解法律的约束和法律权益，能够自觉遵守法律，有助于培养罪犯的公民意识和法治观念。

（四）加大社会监督和执法力度

依法治国要求加强对罪犯劳动改造工作的监督和管理，确保工作的合规性和合法性。通过加强执法力度，及时发现和纠正违法行为，保证罪犯劳动改造工作的效果和质量。

（五）推动罪犯回归社会法治化

依法治国要求依照法律规定和程序进行决策、管理和执行，推动罪犯社会回归法治化，在罪犯劳动改造和回归社会过程中，必须依法依规进行，这需要不断完善和严格执行相关法律，依法规范罪犯劳动改造的目标、原则和程序，规范罪犯的职业技能教育培训、规范罪犯社会回归的支持和帮扶工作。

## 五、党的二十大精神在罪犯劳动改造中的落实

习近平在党的二十大报告中提出了开辟马克思主义中国化时代化新境界，指

出中国共产党为什么能,中国特色社会主义为什么好,归根结底是马克思主义行,是中国化时代化的马克思主义行;提出只有把马克思主义基本原理同中国具体实际相结合、同中华优秀传统文化相结合,坚持运用辩证唯物主义和历史唯物主义,才能正确回答时代和实践提出的重大问题,才能始终保持马克思主义的蓬勃生机和旺盛活力。党的二十大报告进一步丰富和发展了习近平新时代中国特色社会主义思想的世界观和方法论。在罪犯劳动改造中,坚持好、运用好其中的立场、观点、方法,是做好新时代罪犯劳动改造工作的强大思想武器。

(一)必须坚持正确的方向引领

在罪犯劳动改造中必须落实好以改造人为宗旨的监狱工作方针,为此,必须坚持习近平新时代中国特色社会主义思想的根本指导,坚持以改造罪犯思想为统领开展罪犯劳动改造工作;必须坚持中国式现代化的本质要求,不断发展和完善中国特色社会主义的罪犯劳动改造制度,把罪犯劳动改造工作纳入中国特色社会主义法治体系中,纳入推进国家治理体系和治理能力现代化进程中,追求罪犯劳动改造工作的高质量发展。

(二)必须坚持把人民至上和人的全面发展的思想运用到罪犯劳动改造中去

在坚持人民至上这一根本价值取向的基础上进行理论创新和实践创新,既要认识到改造好罪犯、预防和减少犯罪、实现社会的安全稳定是广大人民的立场和愿望,也要认识到改造世界和改造人都是发展。注重人的全面发展并没有把监狱里的罪犯排除在外,我国的罪犯劳动改造以思想改造为宗旨,矫正其恶习,培养劳动技能,使其顺利回归社会,成为自食其力的守法公民和劳动者,正是马克思主义关于人的全面发展思想的充分体现。

(三)必须坚持中国特色社会主义罪犯劳动改造理论的自信自立

在我国监狱工作中,首先产生了中国特色社会主义的罪犯劳动改造实践,取得了举世瞩目的伟大成就,彰显了中国特色社会主义制度的特色和优势,然后才有了中国特色社会主义的罪犯劳动改造学理论。这些成就归根结底都来源于马列主义、毛泽东思想的根本指引,来源于指导思想和理论的正确。然而近年来,在理论和实践中产生了一些对我国罪犯劳动改造的消极的甚至是错误的认识,为此必须在罪犯劳动改造工作中坚持道路自信、理论自信、制度自信、文化自信,特别要牢固树立以习近平新时代中国特色社会主义思想为指导的理论自信,创建好中国特色社会主义的罪犯劳动改造学理论。

(四)必须坚持马克思主义中国化时代化视域下的守正创新

守正就是要始终坚持将马克思主义作为罪犯劳动改造学的根本指导思想,始终把握好习近平新时代中国特色社会主义思想的世界观和方法论，始终坚持好贯彻其中的立场观点方法，始终坚守住以改造人为宗旨的初心，这是我国罪犯劳动改造与西方资本主义国家罪犯劳动的本质区别。以守正为前提的创新方向才正确，才能在正确的道路上对罪犯劳动改造基本理论、管理体制机制、改造和矫正方式方法进行一系列创新，才能为罪犯劳动改造的发展提供源源不断的源泉和动力。

（五）必须坚持以问题为导向，以理论创新推动破解改革和实践发展的难题

习近平指出："每个时代总有属于它自己的问题，只要科学地认识、准确地把握、正确地解决这些问题，就能够把我们的社会不断推向前进。"[①]目前的罪犯劳动改造理论和实践的确存在许多问题，有的问题很复杂，解决难度大，长时间得不到解决，理论和实践层面都存在畏难情绪，组织调动不够，研究改进的实际行动不多。必须增强问题意识，聚焦各种老问题、新问题和深层次问题，加大罪犯劳动改造理论创新力度，正像习近平所说的，"不断提出真正解决问题的新理念新思路新办法"[②]。

（六）必须坚持系统观念，运用好系统科学的理论和方法

罪犯劳动改造工作是一项由生产劳动系统和罪犯改造系统有机结合形成的复杂系统，这一系统又是我国社会主义市场经济体制和依法治国体系下的一个小小的子系统。罪犯劳动改造系统有着非常独特的系统特性，以往的理论更多注重了罪犯劳动改造学的指导思想和基本原理研究，对罪犯劳动改造的管理体制机制、管理方式方法研究不够，对罪犯劳动改造的实践指导能力不足，一个重要的原因就是没有树立系统观念，没有或很少运用系统科学的理论和方法研究解决罪犯劳动改造的实践问题，导致实际工作中劳动改造与其他改造手段的矛盾得不到很好的解决，导致罪犯劳动改造的很多问题长期得不到解决，若运用好系统理论和方法，有些问题就不会出现，有些问题解决起来并没有那么难。习近平指出，"万事万物是相互联系、相互依存的。只有用普遍联系的、全面系统的、发展变化的观点观察事物，才能把握事物发展规律"[③]，"要善于通过历史看现实、透过现象看本质，把握好全局和局部、当前和长远、宏观和微观、主要矛盾和次要矛盾、特殊和一般的关系，

---

① 中共中央宣传部：《习近平新时代中国特色社会主义思想学习纲要》（2023 年版），学习出版社、人民出版社 2023 年版，第 300 页。

② 中共中央宣传部：《习近平新时代中国特色社会主义思想学习纲要》（2023 年版），学习出版社、人民出版社 2023 年版，第 301 页。

③ 习近平：《高举中国特色社会主义伟大旗帜　为全面建设社会主义现代化国家而团结奋斗——在中国共产党第二十次全国代表大会上的报告》（2022 年 10 月 16 日），人民出版社 2022 年版，第 20 页。

不断提高战略思维、历史思维、辩证思维、系统思维、创新思维、法治思维、底线思维能力"①。按照习近平新时代中国特色社会主义思想的指引，要运用系统科学研究罪犯劳动改造系统的组成、功能、特点和规律等基本理论和应用理论，创新指导罪犯劳动改造实践的科学理论；要从监狱系统整体出发，进行系统性谋划，整体设计，处理好罪犯劳动改造与监狱整体工作和其他改造手段的关系，按照罪犯劳动改造规律办事，系统推进罪犯劳动改造工作科学发展。

## 思考题

1. 简述马克思主义基于世界的物质观的实践观点的主要内容。
2. 马克思主义将实践分为哪三种基本形式？
3. 简述马克思主义认识论原理在罪犯劳动改造中的运用。
4. 简述马克思主义劳动观三部分内容。
5. 简述马克思主义关于人的全面发展理论的内容。
6. 简述劳动促进和实现人的全面发展的重要方法。
7. 简述毛泽东劳动改造思想的主要内容。
8. 简述毛泽东劳动改造思想的重要贡献。
9. 简述习近平新时代中国特色社会主义思想对罪犯劳动改造的方向指引。
10. 简述在罪犯劳动改造中加强理想信念教育的重要意义。
11. 如何在罪犯劳动改造中落实好党的二十大精神？
12. 论述马克思主义关于社会生活在本质上是实践的观点指导罪犯劳动改造的基本原理。
13. 论述习近平新时代中国特色社会主义思想对罪犯劳动改造工作的指导。
14. 简述全面推进依法治国方略在罪犯劳动改造中的落实。

① 习近平：《高举中国特色社会主义伟大旗帜　为全面建设社会主义现代化国家而团结奋斗——在中国共产党第二十次全国代表大会上的报告》（2022 年 10 月 16 日），人民出版社 2022 年版，第 21 页。

# 第二章 罪犯劳动的历史演进

罪犯劳动在人类社会历史上由来已久,并不断演变和发展。了解罪犯劳动产生和发展的历史及其规律,是研究中国特色社会主义的罪犯劳动改造理论和实践的重要历史背景资料,对概括和提炼我国罪犯劳动改造的本质、特征和规律,对指导我国的罪犯劳动改造工作、实现罪犯劳动改造在正确道路上科学发展,具有重要意义。

## 第一节 罪犯劳动的起源和非教育刑主义下的罪犯劳动

### 一、罪犯劳动的起源

原始社会是人类历史上第一个社会形态,它存在了二三百万年,是截至目前人类历史上最长的一个社会发展阶段。生产力极其低下是原始社会发展缓慢的根本原因。社会生产力的主要标志是使用石器工具。劳动的结合方式主要是简单协作,人们之间的分工主要是按性别、年龄实行的自然分工。单个人的力量无力同自然界抗争,为谋取生活资料必须共同劳动,从而决定了生产资料的共同占有和平均分配。

原始社会后期,随着石器向金属工具过渡,生产工具和生产技术得到了极大发展,社会发生了深刻变化。氏族之间为争夺领地和生活资源的冲突不断、战争频发,而人类社会刑的起源与氏族战争有极为密切的关系。中国自古以来就有"兵刑同一"和"刑始于兵"的说法,所谓"兵刑同一",是说战争与刑罚或刑法是一回事,二者在本质上相同;所谓"刑始于兵",是说刑罚起源于远古的氏族战争。"刑也者,始于兵而终于礼者也。"①上古的氏族战争是一氏族对另一氏族或一部族对另一部族

① 《辽史·刑法志上》。

的战争,是一氏族对另一氏族的杀戮。同样,起源于氏族战争的刑也是针对异族而非本族的。“大刑用甲兵”“大者陈诸原野”,称为“大刑”,“陈诸原野”的战争就是针对异族的。文献记载,上古时期针对异族的刑主要有死刑和肉刑。

五帝时期上古国家形态的形成过程中,逐渐建立了以五刑为标志的刑罚制度,是中国监狱的起源。“象以典刑,流宥五刑,鞭作官刑,扑作教刑,金作赎刑。眚灾肆赦,怙终贼刑。钦哉,钦哉,惟刑之恤哉!”①这是说,画像作为制裁,犯五刑罪的人从宽处以流放,轻罪处以鞭笞,杖打作为教训,黄金可以赎罪,过失犯罪要赦免,故意犯罪要处罚。随着时间的推移和氏族界限的泯灭,刑罚制度的对象也不再区分本族犯罪者和异族俘虏。

在原始社会后期,对待氏族战争中俘虏的方式取决于生产力的发展水平。起初人们获取的生活资料不够或者仅够维持自我生存,对待俘虏的方式只有一种,就是消灭。后来人们所获取的生活资料除了维持自身生存还有剩余,对待俘虏的方式也发生了根本变化,即把俘虏变成奴隶,用强制劳动取代肉体消灭方式,人类历史上早期的罪犯(俘虏变成的奴隶和罪犯)劳动就产生了。马克思在《摩尔根〈古代社会〉一书摘要》中说,关于俘虏的处理经过了野蛮时期三个连贯的阶段:野蛮的第一个时期,俘虏被处以火刑;第二个时期,作为贡献神灵的牺牲;第三个时期,转变为奴隶。同样,危害氏族整体利益者——犯罪的氏族内部成员也成为奴隶,需要从事繁重的体力劳动。②

### 二、非教育刑主义下的罪犯劳动

#### (一)奴隶制社会,报复刑主义下的惩罚性、残酷性、补偿性的囚犯劳动

人类社会形成的第一个国家类型是奴隶制国家,奴隶制国家普遍奉行报复刑主义。报复刑主义下,刑罚是对犯罪人的报复、惩罚,极其野蛮、残酷,刑罚体系中占主导地位的是生命刑和肉体刑。报复刑时期,刑罚体系是由生命刑、肉体刑、耻辱刑、财产刑和自由刑构成的,其中生命刑、肉体刑、耻辱刑占绝对支配地位,自由刑无足轻重。因为奴隶制社会整体上就是奴隶没有自由的社会,把剥夺或限制自由作为对犯罪人的惩罚意义不大,而奴隶本身就必须从事繁重的体力劳动,所以让没有处以生命刑和肉体刑的、具有罪犯和奴隶双重身份的人从事繁重的体力劳动,就成为统治者必然的选择。这种劳动也充分反映了奴隶制社会罪犯劳动的报复

---

① 《尚书·舜典》。

② 参见马克思:《摩尔根〈古代社会〉一书摘要》,人民出版社 1978 年版,第 151 页。

性、惩罚性、剥削性和残忍性。

我国历史上的奴隶制商朝创建了“苦役惩罚”思想，有了束缚自由的劳役刑的记载。例如，商纣王不听箕子正谏而把他囚禁为奴，强迫其劳动；奴隶傅说“衣褐带索，佣筑于傅岩之城”①，意思是戴着索之类的刑具参加筑城劳动，以防其逃跑。西周的“圜土之制”和“嘉石之制”对罪犯劳动还有各种详尽的规定。圜土是周朝时期对监狱的一种称谓，具有拘禁教化和苦役惩罚两种功能。《周礼》载：“以圜土聚教罢民，凡害人者，置之圜土而施职事焉，以明刑耻之，其能改过，反于中国，不齿三年，其不能改而出圜土者，杀。”②“施职事”就是在监狱内强制服劳役，如果能够改过，释放以后可以往来于国中。“圜土之制”体现了西周时期“幽闭思愆，苦役惩罚”的刑罚思想，虽然不失奴隶制监狱的野蛮、报复和对人格尊严的践踏的特性，但其所包含的教化思想相较于夏商时期的残害肉体、斩尽杀绝的刑罚制度无疑是一个巨大的进步，其创制的劳役制度开启了苦役惩治囚犯的先河。西周时期肉刑犯必须参加劳动。《周礼·秋官·掌戮》记载：“墨者使守门，劓者使守关，宫者使守内，刖者使守囿，髡者使守积。”③意思是说，处以墨刑者把守城门，处以劓刑者去戍守边关，处以宫刑者到王宫内服务，处以刖刑者去看守王的禁苑，处以髡刑者去看守粮草仓库。春秋时期，战争频发、社会动荡，各国诸侯急需兵源与劳动力，众多囚犯便成为劳动力的主要来源。战国时期把刑徒同奴隶一样对待，让刑徒从事各种艰苦繁重的体力劳动，如修城、筑路，甚至一些“辱事”的低贱劳动，如清扫厕所之类的劳动。此外，除了苦辱劳动，刑徒还要受到髡、钳、黥、劓等残酷刑罚。无论是在服刑期间还是被释放之后，他们的身份都是很低贱的。奴隶制社会，一般情况囚犯劳动直接由官方甚至军队组织管理，囚犯劳动产品也由官方或者军队直接控制并且消费，有些情况下则交给被害人作为补偿。

奴隶制社会的囚犯劳动都是无偿的、带有惩罚性的，奴隶主阶级的本质决定了其是一种由报复主义的刑罚观和苦辱主义、奴役主义的劳动观合而为一的劳役制，是极其残酷、野蛮的，这也是世界范围内奴隶制建立时期的共同特征。西周时期的“圜土之制”带有一定的仁政感化色彩，但也是统治阶级统治术的高级化而已。况且从“五刑不入圜土”可知，真正危害统治阶级利益的重罪是连形式上的仁政和感化都没有的。西周对罪犯行刑的“圜土之制”较西欧惩治监的出现早2650年，这是

---

① 《墨子·尚贤下》。

② 《周礼·秋官·大司寇》。

③ 转引自薛梅卿主编：《中国监狱史》，群众出版社1986年版，第15页。

中国文明史上的重要证据，对后世中外监狱学的研究都有着不可低估的借鉴意义。①

（二）封建社会，威慑刑主义下的惩罚性、折磨性的囚犯劳动

人类进入阶级社会发展进程中的第二个国家类型是封建制国家，封建制国家普遍奉行威慑刑主义。在威慑刑主义下，刑罚是对犯罪人进行惩罚、威慑，极其野蛮残酷，刑罚体系中占主导地位的是生命刑、肉体刑、自由刑。

1. 我国封建制罪犯劳动指导思想的演进

我国战国时期基本完成了由奴隶制向封建制的过渡，封建制经历了秦、汉、三国、两晋、南北朝时期的发展，隋、唐、宋、辽、金、元时期的完善，明、清时期的衰落。我国封建制社会逐渐形成了笞（chī，用鞭杖或竹板打）、杖、徒、流、死的封建五刑，沿用至清朝。封建制的罪犯劳动也呈现了演变和持续发展的特色。

秦朝自商鞅变法后推崇法家思想，在指导罪犯劳动中也明显地贯彻了重刑主义的理念。由于连坐、族诛两种“以有罪诛及无罪”重刑的实行，参加劳动的罪犯超过百万，万里长城的修建就是典型的事例。汉朝是我国儒家思想定于一尊的时代，鉴于“天下苦秦酷法久矣”，提出了“德主刑辅”“宽缓刑狱”的法律思想，公布废止了残害肢体的肉刑，改为“身体刑”，使罪犯劳动大规模增加。唐朝是我国封建社会各项制度趋于成熟的历史时期，唐代的监狱刑罚和监狱管理方面，坚持“德主刑辅，礼法并用”，制定了许多较为宽简的政策法规，②确立了“德礼为政教之本，刑罚为政教之用”的狱政思想，从组织犯人劳动的做法中，也充分体现了这种维礼护法、礼刑合一的思想。③ 宋朝经历了五代的战乱，自身进程中也战火不断，因此其罪犯劳动与军事密切联系，带有军事化的意味。元朝作为我国历史上第一个少数民族贵族占统治地位的统一的多民族国家，对罪犯劳动的指导体现出强烈的民族优越感和狭隘的民族偏见。清朝前中期是统治阶级法治思想经长期发展后的完善时期，其狱政思想主要体现在民族性和封建性上，“民族性一方面表现为满人尤其是旗人的刑罚特权，另一方面表现为民族的差异，不同的民族在刑罚和监狱管理方面有不同的规定”④；封建性“一方面在刑罚和监禁上表现为封建等级的差异，另一方面则体现了统治毂地下层被统治者体恤的一面”⑤，如表现在严格治理狱吏、宽仁对待狱囚

---

① 参见杜雨主编：《罪犯劳动改造学》，法律出版社 2002 年版，第 349 – 350 页。

② 参见白焕然等：《中国古代监狱制度》，新华出版社 2007 年版，第 307 页。

③ 参见白焕然等：《中国古代监狱制度》，新华出版社 2007 年版，第 310 页。

④ 白焕然等：《中国古代监狱制度》，新华出版社 2007 年版，第 456 页。

⑤ 白焕然等：《中国古代监狱制度》，新华出版社 2007 年版，第 458 页。

的制度上。

2. 我国封建制罪犯劳动的组织

我国封建制罪犯劳动的组织源于刑徒制。在封建社会的发展过程中，新兴地主阶级认识到，既使犯罪者受到惩罚，又使其保持完整的身体能力，比单纯地施以肉刑更为有利，而且能为社会尽力。因此，封建社会刑罚的执行就以让囚犯在监管下劳动为主，这样一来劳役为主的徒刑、流刑便占据了刑罚执行的主导地位。刑徒制是西周“圜土制”、秦朝“刑徒制”发展演变的结果，是既禁其人，又役其身，是拘禁和劳役相结合的刑罚制度。刑徒制的兴起，是刑罚执行制度发展的反映，是人类社会文明进步的表现，对统治阶级的利益也有益，是封建制生产关系的要求。民国时期监狱学者孙雄在其所著的《监狱学》中概括了这种进步：“有犯罪之人，即从而杀戮之，或有不当杀戮者，亦必截手刖足，使成废人，不销顾恤，然杀戮有罪，究于国家社会，有何利益乎？况截手刖足，使成废人，不惟无益，且坐耗衣食，于社会经济，更为有损，国家又何出此手段乎？由斯言之，与其杀戮废弃有用之人，减少其生产能力，以竭经济之源，曷著不杀戮，不废弃，而剥夺其自由，使服国家劳役，以生易死，以劳偿罪，在人民可受宽刑之福，在国家亦可收劳役之利。”

春秋、战国时期兴起的刑徒制，到了秦朝已有了很大的发展，并形成了较为完整的管理制度，为以后的朝代所沿用。刑徒制罪犯劳动的方式多是修城筑路、冶铜冶铁等，且刑徒制是带“钳钛”（中国古代铁制刑具）劳动，受司空管理和监督。秦朝罪犯劳动规模空前发展，北筑长城40万人，南戍五岭50万人，造阿房宫和骊山墓各70余万人，加上在官营手工业作坊、各地官府服各种杂役者，服劳役的人数在300万人左右。在这300万人当中，绝大多数是因犯罪而被判服劳役的刑徒，这使本来要由农民承担的劳作改由刑徒这种无偿劳动力来承担。

汉朝因其罪犯劳动指导思想的转化而成为罪犯劳动制度趋于完善的一朝，体现为劳动内容的扩大化、劳动保护产生、组织管理制度化，且录囚、悯囚制度在罪犯中普遍实现，罪犯劳动出现了某种意义上的积极性。汉朝吸取秦朝速亡的历史教训，为加强和巩固中央集权君主专制的统治，提出了“德主刑辅”“宽缓刑狱”的法律思想，初步废除残人肢体的肉刑，发展了劳役监，刑徒有服刑、生产、戍边三重任务。

唐朝罪犯劳动组织更加严密，徒刑和流刑是唐朝五刑中的重要刑种。就徒刑而言，建立了比较完备的徒刑制。唐朝的徒刑以时间长短区分等级，共分五等：徒一年、徒一年半、徒二年、徒二年半、徒三年。据唐《狱官令》，犯徒应配居作。居作就是强制劳动，居作时间与徒刑期限是相等的。就流刑而言，作为仅次于死刑的严厉刑罚，不但要流放罪犯于荒原远僻之处，使罪犯遭受流离之苦，而且均加居作，即都要强制劳动。关于居作的年限,徒刑与刑期一样,流刑则有所不同。流刑分为三等,即流放二千里、二千五百里、三千里,均居作一年。囚徒劳动时要戴上钳或木枷等械具,但已经有了具体的劳动保护规定,如旬给假一日,但不准离开役所,有病可卸去械具,得到治疗,但病愈后仍要补上因病所耽误的劳役时间。此外,也对违反劳动组织规定给予严厉的惩罚:劳役期间逃亡的,一日笞四十,三日加一等……劳役余日不满半年,不计逃日,而依逃之人数量刑。同时,唐朝也对管理罪犯的官吏设立了严格的管理制度,规定了"应禁而不禁""应役而不役"方面的具体惩罚条款。[①] 在管理犯人从事劳动的项目上,体现因人而异、因材而用的原则,凡有一技之长的都被安排到尚书省的九寺五监中,发挥其技艺,同时也教其他犯人学习技艺,对没有技艺的犯人,大都配送到司家寺、将作监等从事农牧和修建等的劳役。这种做法,不失为后人所借鉴。[②]

宋朝罪犯劳动最有特色的是其刺配刑罚中的军事性组织方式。宋朝罪犯劳动直接由军事官吏管理,包括囚粮的配给等。所谓囚犯配地的本城和牢城,实际上是各州地方上的杂役厢军的一部分,即厢军中的一种兵营。

明清时期的罪犯劳动更加普遍。明朝在五刑之外增加了充军之刑,实际上是一种重刑苦役,这种罪犯劳动分为终身(犯人终身劳役)和永远(本人死后由子孙亲属接替)两种。明朝时期罪犯劳动普遍性还体现在,参加劳动的对象不仅限于徒刑犯,而允许杂犯死罪及笞杖以劳役抵刑,为清朝向自由刑转变奠定了基础。清前中期罪犯劳动一如明朝,有一点不同的是清朝罪犯劳动的优待满族制度,体现了清朝罪犯劳动具有阶级、民族双重压迫的本质。

3. 我国封建制罪犯劳动的意义

综观中国整个封建社会囚犯劳动,可以看出:一方面,统治阶级一直把劳动作为卑贱和低下的一种活动,因而统治阶级把劳动作为对罪犯进行惩罚、折磨的一种手段,从而达到巩固统治秩序的根本目的,这是封建制度生产关系的重要体现;另一方面,随着政治、文化和法律制度的不断发展,以及社会文明的不断进步,统治阶级又认识到"杀之不如役之",便通过强制苦役无偿劳动,为封建统治阶级创造了大量经济价值和社会财富,也实现了对刑罚制度、罪犯劳动制度的促进和发展。我国封建制罪犯劳动的意义可概括为:(1)劳役和教化等罪犯劳动指导思想的提出,是中国监狱发展史上的进步,也是日后资产阶级监狱改良的前兆和准备。(2)参加劳动的罪犯人数增多,创造了巨大的社会财富,从某种意义上说推动了封建制的发

---

① 参见杜雨主编:《罪犯劳动改造学》,法律出版社2002年版,第351页。

② 参见白焕然等:《中国古代监狱制度》,新华出版社2007年版,第330页。

展。(3)罪犯劳动的组织也因人数更多而更加系统化、制度化,由此开创了严密的居作制度、劳动保护制度、狱吏养成制度等,为后世罪犯劳动组织提供了丰富经验。

尽管封建社会罪犯劳动有诸多意义,但封建制罪犯劳动无论如何仍体现了统治阶级的刑以弼教及感化主义的思想,其实质仍是统治阶级维护统治的一种花样手段,罪犯受剥削、威慑的历史地位没变,因而封建制罪犯劳动仍是揭露封建社会阶级实质的重要素材。

4. 外国封建制惩罚性、折磨性的囚犯劳动

从国外来看,早在13世纪,英国政府就使用可想象的各种野蛮刑罚方法来应对贫民实施的犯罪,监狱里很少实施劳动计划。然而,从16世纪中期到后期,英国建起了贫民习艺所,开始将苦力劳动作为监禁囚犯的一种形式。随着生产力的发展和资产阶级启蒙思想的传播,西方一些法学家在抨击旧刑罚思想及行刑制度的同时,倡导人道主义、天赋人权主义,反对残酷至极的生命刑和肉体刑,主张罪刑法定、罪刑相适应,主张对犯罪人施以限制其自由的监禁。这些主张在许多国家的刑事法典中得到了体现,这样,以限制人身自由为目标的自由刑占主导地位的刑罚体系出现了。这一时期的自由刑分为惩役刑和禁锢刑两种,囚犯也相应地分为惩役犯和禁锢犯。禁锢犯只是单纯被关押,只有惩役犯才进行劳动,而这种劳动经常是一种无社会效益和经济效益的无效劳动,目的就是惩罚罪犯。英国议会1791年颁布的《国家教养法》规定,劳动是惩罚犯人的一种手段。在教养所中,无论是男性或女性、年老体弱或身体强壮,都必须以自己体力所能及的最大限度,从事最艰苦、最具有奴役性的非生产劳动,如反复蹬踩转轮、推转磨盘、滚动石块、垒推墙壁等。

法国、德国及欧洲的许多国家在这一时期,也都有这种成文或不成文的规定。这一时期的罪犯劳动,以其艰苦性和奴役性使囚犯感受到劳动的威慑作用。同时,这一时期被判处惩役刑的罪犯在狱中的绝大部分时间是从事这种基本不创造经济价值的劳动,也使苦役劳动成为对这类犯人刑罚的核心内容。

在美国,监狱的架构和起始功能是一批具有改革思想的法学家们努力贡献的结果,这些法学家如威廉·佩恩、切希尔、贝卡利亚、约翰·霍华德、查尔斯·孟德斯鸠和弗兰科伊斯等。当美国脱离英国获得独立的时候,宾夕法尼亚州教友派信徒建起了行刑机关,如1790年的沃尔纳特街看守所,该行刑机关的劳动计划以苦力劳动为核心。本质上,死刑让位给了苦力劳动方式。

5. 封建制威慑刑主义下我国罪犯劳动与外国罪犯劳动的异同

威慑刑主义下我国历史上的罪犯劳动与外国历史上的罪犯劳动,既有共同点也有区别之处。共同点在于都把劳动作为对罪犯进行惩罚、折磨、威慑的一种手

段，从而达到巩固统治秩序的根本目的；区别在于我国历史上的各个朝代都比较重视利用和发挥罪犯劳动力资源的作用，如囚犯劳动由官府的相关衙门或者军队组织管理，囚犯劳动产品直接收归国有或收归官府的相关衙门，或者军队直接控制并且消费，不存在产品进入市场的问题。而在西方的封建国家里，普遍不重视利用和开发罪犯劳动力资源，罪犯劳动基本属于不创造经济价值的无效劳动，刑罚只是一味地追求威慑效能。

## 第二节　教育刑主义下的罪犯劳动

### 一、教育刑主义下第一阶段的罪犯劳动

#### （一）外国以矫正教育为目的的罪犯劳动的兴起

随着时代的发展，人类对刑罚的认识逐渐由经验过渡到了理性，对生命刑、肉体刑的负面作用有了较为深刻的认识。刑罚观念开始建立在人性基础之上，不断更新和发展，刑罚措施逐渐从惩罚性过渡到矫正性，通过矫正的手段，使罪犯不再犯罪。刑罚科学研究也突破了原有的狭窄视角，提出刑罚不再是对犯罪的机械式的法律规定，而是抗制犯罪，尤其是矫正罪犯的一种手段。随着刑罚指导思想的变革和推动、刑罚立法和实践的不断发展，自由刑逐渐居于刑罚体系的主导地位，并构成教育刑的基本框架，矫正和教育开始成为自由刑、教育刑主义下的主导思想。

16 世纪（零星出现）至 20 世纪 50 年代，教育刑主义逐渐在世界范围内被采用，这是教育刑主义下罪犯劳动的第一个阶段。教育刑主义指导监狱把罪犯劳动视为矫正教育罪犯的基本手段之一，并辅之以文化教育、职业培训等一系列矫正活动。西方国家的自由刑起源于 1595 年在荷兰阿姆斯特丹设立的第一个收容男犯的劳役场，以及第二年设立的女监（以纺织为生，兼作织布、缝纫）。这在西方刑罚执行史上被认为是开辟了一代新风，是“以劳动疗法使犯人回归社会”的第一批现代监狱，是“首先实现现代自由刑思想”的先驱。但是这种现代自由刑思想的真正实现并非一帆风顺，而是经历了一个漫长曲折的历史过程，所谓的现代监狱其实经历了近 300 年的历史过渡才真正走上了教育刑的道路。

1. 劳役刑的漫长过渡

当时的自由刑主要包括苦役刑、监禁型和劳役刑。苦役刑又分为流放刑、修建城堡刑、舰船摇橹刑和推车运输刑，其实是将社会上最苦、最累、风险最大的事分配给罪犯去做，绝大多数罪犯由于劳累过度而死亡。美国在独立前一直沿用英国血

腥的法律,即使是建于1773年的康涅狄格监狱,其罪犯在劳动的时候都要用铁链锁起来,头上戴着铁项圈。古代日本的律令中规定刑罚的种类和徒刑,实际上也是劳役刑。例如,男犯在带刑具的情况下进行修路、架桥,女犯则进行裁缝、舂米。在驱逐刑中,犯人被送到偏远的乡村收容所开垦荒地。法国近代意义上的自由刑出现在1810年《法国刑法典》中,判处徒刑的罪犯被送到沿海的船上服苦役,而惩役也是5年至20年不等的苦役。总之,在近代以前的外国监狱制度中,虽然有的也提出了对罪犯通过劳动加以矫正教育的积极主张,法国甚至实行了工资制,但从总体上看,罪犯劳动大都是劳役性质的。

2. 以追求经济利益为目的的罪犯劳动的发展

以营利为目的的罪犯劳动,其中不乏对罪犯矫正进行评价的思想,但其主要价值倾向是追求罪犯劳动的营利性。英国近代监狱史上,在对罪犯实行苦役制时,开始注意到罪犯劳动应该是创造价值的劳动,罪犯劳动必须为社会创造财富。早在1868年,英国贝德福德监狱的罪犯劳动利润就达到600磅,比1864年增加250磅。这时的罪犯劳动除"第一等级"苦役外,其他完全是赚钱的劳动。至19世纪末,美国的监狱深受欧洲影响,罪犯劳动也为其带来了较好的经济效益。纽约新门监狱从1797年建成后的5年里,所有的开支都是用罪犯劳动的收入支付的。19世纪20年代美国纽约州奥本监狱实行奥本制,又称"沉默制",犯人夜晚单独监禁,白天在狱内或场地上集中劳动,在劳动中,要保持绝对沉默,不准交谈,即使是以姿势、手势或眼神交谈也在禁止之列。① "奥本制以为监狱经费可取之于犯人之劳役,比较单纯地盯在劳役的收入上,甚至与资本家订立契约,采取出租制度、契约制度等办法,将犯人劳动力出卖给资本家,从中取得监狱经费。"②1828年至1833年,奥本监狱获得收入25万美元。因此,19世纪监狱管理者最关心的是监狱安全和经济效益,各州政府注重利润,缺少罪犯矫正计划。20世纪初,美国监狱的罪犯还生产了大量的军事物品。此外,还建立了许多监狱农场,其中罪犯劳动包括犁地、除草等。第二次世界大战期间,监狱又变成了军工生产车间,给监狱当局带来了巨额利润。此后,美国监狱工业持续发展。美国联邦监狱工业公司1935—1970年共创收8.96亿美元,1983年销售额达15.3亿美元。从1984年开始,美国出现监狱私营化趋势,私营化监狱的营利目的更为直接。德国近代监狱也把追求利润摆在重要的位置,监狱与私人厂商签订合同,其高度一致的目标,是用丰富而又廉价的罪犯劳动力获得高额利润。

---

① 参见史景轩、张青主编:《外国矫正制度》,法律出版社2012年版,第185页。

② 邵名正主编:《劳改法学概论》,中国政法大学出版社1987年版,第276页。

3. 以矫正教育为宗旨的罪犯劳动的兴起

英国是老牌的资本主义国家，资产阶级革命胜利后，18 世纪下半叶后期，英国学者边沁主张通过劳动对囚犯进行矫正和教育，达到矫正罪犯、预防犯罪的目的。19 世纪中期首创于澳大利亚的累进制，将罪犯劳动情况作为考察矫正表现的内容。19 世纪末 20 世纪初，资本主义国家发展到垄断阶段，犯罪率急剧增加。为此，刑事社会学派兴起，并引起了行刑目的向罪犯重返社会转变，罪犯处遇个别化、社会化趋向明显。从此开始，各个资本主义国家更加强调罪犯劳动的矫正作用，并通过劳动使罪犯掌握必要的技术，为其重返社会做准备。劳动与教育成为被普遍采用的矫正罪犯恶习、使罪犯重返社会的两项重要措施。

以矫正教育为宗旨的罪犯劳动的兴起，越来越使人们对罪犯劳动过度追求利润产生怀疑。美国的罪犯劳动曾一度繁荣，1935 年达到最高峰。20 世纪初，监狱劳动受到了劳工组织的强烈反对，为此美国国会通过了控制和限制监狱生产的法律。到 1940 年，美国 33 个州通过法律，禁止监狱产品在市场上销售，罪犯劳动的生产价值从 1923 年至 1940 年也降低了 33%。加之矫正领域中“医学模式”的兴起，罪犯生产出现衰退，一度只有 10% －20% 的罪犯参加劳动。

日本明治五年《监狱规则》称罪犯劳动为“勉励营生之业”，规定让轻刑罪犯掌握“工业技术”，职业技能使罪犯有效掌握社会复归能力和环境适应能力。监狱的罪犯劳动指导思想更明显地指向为罪犯更生改善和重返社会的一种处遇措施，主要有产业劳动、职业培训及个体经营的劳动。1984 年 3 月，自愿劳动的监禁罪犯占比为 84.6%，还允许罪犯在一定条件下，利用业余时间做收入归己的劳动。

（二）我国半殖民地半封建社会罪犯劳动矫正职能的产生

从 1840 年鸦片战争开始，中国进入了半殖民地半封建社会，中国出现了早期资产阶级思想家、法学家，适应统治阶级需要的“中学为体、西学为用”的政治法律观占据了清末政府监狱改良的统治地位，由此提出的自由刑的行刑目的论，即自由刑行刑的宗旨，非苦人辱人，而是感化人，成为指导清末罪犯劳动的核心思想。资产阶级革命胜利后，为了适应政治、经济、文化的需要，清末监狱改良的思想被推向高潮，罪犯劳动得到了强化，提出了罪犯劳动的教育论，即罪犯劳动应以强调对犯人的教育、矫正，注重行刑合理化为核心指导。

拟就于 1910 年的《大清监狱律草案》是中国历史上第一部监狱法典草案，也是中国近代改良监狱的第一张蓝图。该草案提出了教育刑思想并赋予罪犯劳动矫正的职能，规定了详细的罪犯作业制度，其虽没有被清朝政府颁布实施，却被以后的北洋政府、国民党政府颁布的有关法律法规沿用。自由刑的执行以劳动或称作业制度为内容之一，作业收入均归国库。监狱作业既可以教育罪犯，也可以为国家财政创造收入，解决监狱经费的来源问题。

半殖民地半封建社会的罪犯劳动在观念上比封建社会有重大历史进步，注重自由刑的执行，赋予劳动矫正的职能。但是资产阶级在举起人道主义、经济主义两面大旗，猛烈抨击封建狱制的残酷和人力资源浪费的同时，实质仍将强迫劳动作为惩役、苦辱罪犯的主要手段，所谓"矫正""教化"往往名不副实。这也是资产阶级300年来狱制改良屡改屡败的根源之一，也表明了资产阶级是不能挽救中国狱制、使之走向光明和进步的。

## 二、教育刑主义下第二阶段的罪犯劳动

### （一）监狱改良运动和行刑理论体系的探讨和重建

教育刑主义第二个阶段是从20世纪50年代至今。在世界范围内的监狱改良运动中，各国普遍确立了监狱行刑教育的理论并付诸实践，认为以此就可收到预防犯罪的最佳效果。然而，实际上累犯率不但没有下降，反而成倍增长。严酷的现实说明犯罪原因不仅包括犯罪人的主观因素，还有社会客观原因，由此人们认识到教育刑或者只有监狱的力量去预防犯罪是不够的，人们力图重建行刑理论体系，综合刑理论应运而生。综合刑理论即社会与监狱行刑教育综合论，又称作一体论、折中理论，是在教育刑范畴内提出的，吸收了历史上的刑罚理论与实践的合理因素，有意识地对刑罚理论研究的走向给予行政干预，主张在刑罚剥夺、威慑、教育功能的基础上把行刑矫正罪犯与社会参与结合起来。正如德国刑事社会学派的代表人物李斯特所说的，"最好的社会政策，也就是最好的刑事政策"。因此，20世纪进入了监狱行刑矫正罪犯与社会参与的时代，监狱的开放式处遇、开放式监狱、社区矫正等取代了监狱行刑矫正罪犯的单一教育手段。一方面，基于已然的犯罪，根据罪犯所犯罪恶对犯人执行刑罚，并求得社会合作，使罪犯重返社会而不再犯罪；另一方面，通过刑罚执行、威慑潜在的犯罪人而预防犯罪。这一时期，国家要求淡化组织罪犯劳动的谋利功能，着重于发挥组织罪犯劳动的矫治教育功能。

### （二）教育刑主义对罪犯劳动性质、目的的认定

目的刑或教育刑思想成为占统治地位的行刑思想后，资产阶级刑罚学家对监狱犯人劳动问题进行了有益的探讨，认为现在的刑罚是教育刑，行刑的宗旨在于教育矫正罪犯，应注意行刑的人道化、合理化、教育化。资产阶级刑罚学家的探讨形成了对罪犯劳动的一个共识：监狱罪犯劳动是教育罪犯的基本手段之一，罪犯劳动是教育刑的本质要求。罪犯劳动可以培养犯人的劳动技能、职业技术，强化罪犯自

食其力的观念,为其释放后谋生提供一技之长。监狱里犯人劳动是其最好的活动形式,不劳动则无事生非,导致道德的堕落、生理的衰弱和监狱秩序的败坏。

1955年联合国预防犯罪和罪犯待遇大会在《囚犯待遇最低限度标准规则》《监狱劳动》等文件中规定:"监狱的犯人劳动,不得具折磨性质,不应被视为附加刑罚,而是一种有利于恢复囚犯适应能力、为其从事某种职业做准备、培育他们良好的劳动习惯、防止游手好闲和放荡不羁的措施。"①

在联合国的大力倡导下,各国纷纷以立法的形式对罪犯劳动的性质、目的、组织方式等进行了详细的规定。例如,阿根廷1958年《监所法》规定:"监所的犯人劳动是一种处遇,而不是附加的惩罚。"②意大利1977年《监狱法》及《监狱法执行细则》规定:"监狱的犯人劳动不具有惩罚性并支付报酬,犯人劳动的组织和方式应采取自由社会的劳动组织和方式,使劳动者能够得到符合正规劳动条件的职业训练,以帮助他们掌握重返社会所需要的谋生技能。"③英国《监狱法规》规定:"犯人得从事身体力行的劳动,但目的不是惩罚。"④日本《监狱法执行规则》也把劳动作为囚犯日常生活中的一项重要内容加以规定。美国《模范刑法典》规定:"为有助于养成劳动习惯和责任感,应尽可能使受刑人从事积极多样的生产劳动。"⑤1982年波兰《刑事执行法》规定:"劳动是使被判刑人作出社会所希望的行为、养成从事社会公益劳动的习惯,从而阻止其重新犯罪的改造手段之一,旨在使其养成劳动习惯、学会专业技能、为获释后开始正当生活做准备,同时也为了保持和发展其体力和智力。"⑥西班牙《监狱组织法》的规定最有特色:"劳动是犯人的权利和责任,是改造犯人的根本手段,劳动不得作为折磨和惩罚犯人的手段,不得作为侵犯犯人人格的手段,而应使犯人养成和保持犯人的人格。"⑦

---

① 中华人民共和国司法部编:《外国监狱法规汇编》(一),社会科学文献出版社1988年版,第41页。

② 中华人民共和国司法部编:《外国监狱法规条文分解》(下),社会科学文献出版社1990年版,第368页。

③ 中华人民共和国司法部编:《外国监狱法规条文分解》(下),社会科学文献出版社1990年版,第337页。

④ 中华人民共和国司法部编:《外国监狱法规汇编》(二),社会科学文献出版社1988年版,第130页。

⑤ 中华人民共和国司法部编:《外国监狱法规汇编》(二),社会科学文献出版社1988年版,第11页。

⑥ 中华人民共和国司法部编:《外国监狱法规条文分解》(下),社会科学文献出版社1990年版,第321页。

⑦ 中华人民共和国司法部编:《外国监狱法规条文分解》(下),社会科学文献出版社1990年版,第378－379页。

（三）罪犯劳动制度的完善和发展

1955年联合国预防犯罪和罪犯待遇大会在《囚犯待遇最低限度标准规则》《监狱劳动》《关于监狱劳动的建议》等文件中对罪犯劳动制度规定了以下内容。

1. 罪犯劳动的义务。凡服刑囚犯都必须参加劳动，但要以医生开具的体质和神经状况证明为度；对于不能依法强迫参加劳动的，组织应当允许和鼓励他们从事劳动；在符合正当选择职业方式和监所管理及纪律要求限度内，囚犯可选择愿意从事的工作种类。

2. 罪犯劳动的组织。罪犯劳动应在提高对劳动的安全和兴趣的条件下或环境中进行；监所内工作组织与方法尽量接近监所外类似工作的组织和方法，使囚犯对正常职业生活状况有所准备；在罪犯劳动安排上，应特别注意对那些能够有效接受职业培训的囚犯，尤其是青年罪犯进行职业培训。

3. 罪犯劳动的公平报酬制度。应对罪犯劳动支付报酬，罪犯对劳动报酬应合理使用。囚犯可以花费部分收入购买核定的物品以供日用，并将部分收入交付家用；监狱应扣除部分收入，设立一项储蓄基金，在囚犯出狱时交给囚犯。

4. 罪犯劳动方式的探讨。应考虑建立或者在已经存在的情况下，发展选择一种制度：允许经过挑选的囚犯，尤其是被判处长期监禁的囚犯，在出狱前几个月，每天离所去私人雇主处或公共企业工作，最好是从事其在判刑前已经掌握或是在监禁期间学会的职业。

在此会议精神影响下，资本主义国家纷纷建立了罪犯劳动制度。

1. 英国。无偿劳动作为一种刑罚，是监禁刑的替代形式。1972年的《刑事审判法》规定，无偿劳动的对象是17岁以下应被判处监禁的犯人；无偿劳动的组织方法是，罪犯在有关人员的监督下，12个月内应完成40小时至240小时不等的无偿劳动，时间长短依罪犯所犯罪行轻重而定；如果犯人违反规定，可处以罚金或延长劳动时间，也可改判监禁；劳动的情况以分数的形式记载，以便在实行累进制中升级和减刑。英国的罪犯劳动分为工业性劳动、农业性劳动、手工劳动、杂务劳动、监外劳动和全日制教育（包括职业训练）。

2. 法国。按照《刑事诉讼法》的规定，只对判罪的犯人实行强制劳动，但也逐步地过渡到临时在押被告也要参加劳动。罪犯劳动分为两种制度：一种是由政府直接管理，犯人直接受政府机关雇用；另一种是特许制度，由某私人雇主为某个监狱的在押人犯提供工作。这种劳动报酬一般比政府高，但总体收入甚微。未决犯的工资30%应上交国家，已决犯人工资50%上交国家；至于给犯人留下的部分还被分为三部分：犯人可以自由使用的劳役金，作为司法费用和受害人赔偿金的保证劳役金，以及留作释放后使用所储蓄的劳役金。

3. 美国。美国罪犯劳动制度种类较多，19 世纪末 20 世纪初较为普遍的是合同制，即国家按合同将罪犯交给私人雇用，罪犯的衣、食、住等由雇佣者负责，强迫罪犯从事繁重的劳动。合同制后来逐渐被租用制代替，即出租被监禁者，国家负责监禁罪犯，负责其衣、食、住，租用者给国家租金，犯人使用租用者的生产工具为其劳动。这也是一种野蛮、残酷的劳动组织形式。经济核算制也是美国通常使用的一种制度，全部罪犯劳动由国家按经济核算制进行，在 20 世纪初相当盛行。计件劳动制，即企业以劳动报酬获取监禁者的劳动，以提供一切生产资料换回成品。国家使用制度，即被监禁者的产品只在国家机关中使用。公用事业使用制度，被监禁者被使用于修筑道路或其他公共建设工程。

4. 日本。日本罪犯劳动是为求得犯人更生、改善和重返社会的一种处遇措施。按性质和目的，犯人劳动可分为产业劳动、职业培训以及个体经营劳动。工种有木工、印刷、制革、裁缝、金属机械加工等 20 多种，监外劳动分监外住宿的"外宿劳动"和在监内住宿的"通勤劳动"。罪犯劳动条件规定，每周工作 14 小时，周日休息，劳动中有休息时间。关于劳动环境、安全、卫生问题，均执行《劳动法》和《劳动保护法》规定精神。犯人劳动收入全归国库，但对从事劳动的犯人发给奖金。另外，还允许犯人在一定条件下，利用业余时间做收入归己的劳动。

当代资本主义国家企图以组织罪犯劳动来解决罪犯无所事事的问题及其出狱后的职业问题，然而从一开始，资本主义社会制度就决定了这种罪犯劳动极其有限的范围和作用。资本主义国家的监狱仍然面临人满为患、监狱经费庞大、狱内犯罪严重等问题。

（四）现代教育刑主义下罪犯劳动的生产经营

由于世界范围的市场经济的发展与困扰，各国政策与法律对罪犯劳动的限制，许多国家监狱的生产经营都面临着市场受限、技术缺乏、设备落后、资金不足、罪犯劳动力过剩的局面。政府和监狱当局不得不总结经验教训，改变监狱生产经营战略。其中，美国监狱的生产经营战略尤为突出：生产经营多样化，尽量减少与社会行业的竞争；监狱生产经营有独特的经营目的，要为监狱实现犯人复归社会的使命服务、负责监狱犯人的消费、维护社会的安全、资助将要释放的罪犯，完成生产任务、提高经济效益以减少或弥补政府对监狱经费的开支；监狱生产经营制定长、中、短期计划目标，充分考虑个人的技术专长，尽可能发挥犯人劳动力的作用，以实现经营目的。从国外监狱组织罪犯劳动生产经营的情况来看，监狱生产经营可大致分为狱内生产经营制和狱外生产经营制。

1. 狱内生产经营制

狱内生产经营制主要有三种形式:第一种是行政式,对监狱当局开办、设在监狱内的劳动生产单位的劳动生产进行组织经营,如意大利、日本、德国、阿尔及利亚、美国、英国、俄罗斯等国采取该形式;第二种是合作式,对社会设在狱内的车间的劳动生产进行组织经营,如德国、土耳其等国采取该形式;第三种是混合式,这是前两种形式的混合形式,对囚犯给监狱当局或给社会企业提供劳务进行组织经营。在狱内生产经营的经济问题上,1955 年联合国《囚犯待遇最低限度标准规则》指出:"对于囚犯及其在职业培训方面享有的益处,不得单从通过监狱劳动营利的角度来考虑。国家有责任使每个囚犯都有充分的适当的工作可做。最好通过国家的安排,在官方规定的市场上推销监狱劳动的产品。如有正当理由,亦可通过私营企业推销产品,但必须谨慎行事,勿使这种制度导致剥削犯人的劳动。同时要保护私营企业和自由劳动者的利益。"①这对世界各国监狱的生产经营以及制定相应的规定起了指引示范作用。美国的法律规定,由联邦政府及州政府机关购买监狱犯人的劳动产品,并实行专卖制度。② 意大利《监狱法》规定,监狱犯人的劳动产品按顺序满足监狱系统、其他国家行政机关、公共或私人组织的订货需要,在订货不足的情况下可自由销售,也可通过公共企业销售。③ 西班牙《监狱组织法》规定:"安排罪犯劳动,不得从经济利益上考虑,劳动应与改造罪犯的目的相符。"④

2. 狱外生产经营制

狱外生产经营制主要有五种形式:第一种为合作式,监狱与当地劳、工、商、农、手工业管理机构取得联系并征得同意,可与公共企业进行合作,如意大利、德国、阿根廷和西班牙等国采取该形式,其特色在于产品由公共企业负责销售。第二种为行政式,监狱领导机构在农业、水产、建筑等行业内设立劳动单位,给囚犯提供劳动机会,如土耳其等国采取该形式,其特色在于监狱只负责按计划完成任务。第三种为雇佣式,雇主企业与监狱建立雇佣法律关系,雇佣囚犯劳动,其特色在于监狱只负责提供罪犯劳动力。第四种为自谋式,监狱允许囚犯到狱外自谋职业,如德国、

---

① 中华人民共和国司法部编:《外国监狱法规汇编》(一),社会科学文献出版社 1988 年版,第 41 页。

② 参见中华人民共和国司法部编:《外国监狱法规条文分解》(下),社会科学文献出版社 1990 年版,第 328 页。

③ 参见中华人民共和国司法部编:《外国监狱法规条文分解》(下),社会科学文献出版社 1990 年版,第 339 页。

④ 中华人民共和国司法部编:《外国监狱法规条文分解》(下),社会科学文献出版社 1990 年版,第 378 页。

美国等国采取该形式,其特色在于监狱毫无生产经营的压力,但自谋式并不普遍且只限于少数特定的囚犯。第五种为保留公职式,即服刑人在原单位劳动,如俄罗斯等国采取该形式,同样,保留公职式并不普遍且只限于少数特定的囚犯。除了自谋式、保留公职式,狱外生产经营模式大体上属于合作经营,基本上不存在产品销售问题,监狱当局摆脱了市场的角逐与风险,可集中精力抓行刑矫正工作,达到了开发培养罪犯劳动力、减少国家对监狱财政开支的效果。

究竟采取何种经营制,各国都根据本国的国情而定,一般需要考虑经济形势、囚犯素质、国民素质、社会态度、就业形势、社会治安形势等因素,无论采取何种经营制都与国家的大力扶持是分不开的。国外大多数监狱在生产经营方面,由于自由市场的排斥,实施的是回避市场的战略,即在政府的扶持下采取多种经营方式,其产品不直接进入市场,由合作经营者解决产品进入市场的流通事宜,这已成为监狱生产经营的世界性趋势。

从监狱生产经营的发展历程及现状与市场的关系来看,资本主义国家在处理监狱生产经营与市场的关系问题上,犹如治水一样既不完全堵又不完全放,而是采取堵疏结合的措施。基于不能放弃的理由,监狱生产经营不能禁止,鉴于监狱的性质及状况,监狱生产经营不能进入市场,因此国家必须给予调节扶持已成为实行市场经济的资本主义国家监狱生产经营的定式。我国在社会主义市场经济条件下,处理罪犯劳动与市场的关系问题时,可以借鉴资本主义国家的做法。

教育刑主义第二阶段的开始,正好和新中国监狱工作的建立同步。此时,世界范围的监狱改良运动风起云涌,而新中国社会主义监狱制度一经建立,就组织了全国范围大规模的劳动改造工作。但是,新中国和资本主义国家组织的罪犯劳动却有着根本的不同:资本主义国家称罪犯劳动是一种“矫正活动”,是“矫正教育罪犯的基本手段之一”,重于发挥罪犯劳动的“矫治教育功能”,“罪犯劳动”的目的和功能是“矫正教育”“矫治教育”;新中国提出了劳动改造的根本宗旨是“把罪犯改造成为新人”,实行“惩罚管制与思想改造相结合,劳动生产与政治教育相结合”“改造第一,生产第二”的方针。因此,把劳动作为改造罪犯的重要手段,根本宗旨是改造罪犯的思想和犯罪的本质,这是社会主义中国与旧中国乃至资本主义国家在罪犯劳动方针、政策、手段上的本质区别。历史的检验证明了中国社会主义监狱制度罪犯劳动改造的特色和优势,从而验证了我国监狱改造罪犯以马克思主义基本原理为指导的正确性和我国监狱罪犯劳动改造宗旨的正确性。

## 思考题

1. 简述封建制威慑刑主义下我国罪犯劳动与外国罪犯劳动的异同。
2. 简述我国封建制罪犯劳动的意义。
3. 简述教育刑主义对罪犯劳动性质、目的的认定。
4. 教育刑主义下第二阶段罪犯劳动制度的完善和发展体现在哪些方面?
5. 简述现代教育刑主义下外国监狱罪犯劳动的生产经营形式。

# 第三章　我国罪犯劳动改造的历史沿革

我国的罪犯劳动改造从中国共产党领导的革命根据地民主政权的监所中萌芽,新中国成立后,经历了社会主义监狱制度的创建、发展和改革,有一个漫长而又艰难曲折的发展历程。纵观其发展历史,既可以清晰地看到我国监狱劳动改造罪犯的初心使命,又可以分析总结我国罪犯劳动改造发展变化的规律,从而科学研判和把握罪犯劳动改造发展的方向。我国罪犯劳动改造的历史沿革可以分为新民主主义革命时期罪犯劳动改造的萌芽、新中国成立初期罪犯劳动改造的创建、改革开放前的计划经济体制下罪犯劳动改造的曲折发展、改革开放时期和社会主义市场经济体制下罪犯劳动改造的改革和发展几个历史阶段。之所以对新中国成立后罪犯劳动改造的历史沿革按照国家经济体制的不同和改革前后来划分,是因为罪犯劳动改造深受国家经济体制改革影响,与社会经济发展规律存在紧密联系,是总结罪犯劳动改造规律的关键因素。

## 第一节　新民主主义革命时期罪犯劳动改造的萌芽

研究社会主义中国罪犯劳动改造的历史,必须追溯到新民主主义革命时期,因为"20 世纪中国新型狱制的产生和演进……其间经过了两个历史进程:1927 年至 1949 年,是革命根据地民主政权监狱制度的萌芽期;1949 年迄今,是中华人民共和国监狱制度的创建和发展期。历史的承前启后决定了这两个时期不可分割,中华人民共和国的监狱工作、体系、制度,乃至事业的开展、前进,正是革命根据地孕育的胚胎为之奠定了性质和方向,提供了原则和经验"①。历史证明,我国的罪犯劳动改造是随着新民主主义革命政权的革命监所的建立而产生的。

① 中国监狱工作协会编:《新中国监狱工作五十年》(1949.10—2000),法律出版社 2019 年版,第 3 页。

## 一、革命监所罪犯劳动改造的产生

### (一)劳动感化院是革命监所的最初形式

第二次国内革命战争时期,中华苏维埃政权最早的革命监所是以劳动感化院的形式出现的。1928 年初夏,赣东北革命根据地创建者方志敏领导、建立了弋阳县苏维埃政权,设立了"弋阳县劳动感化院",主要收押妨害苏维埃政权的被判徒刑的土豪劣绅、坏分子,"集中在一起劳动改造,使他们悔过自新、重新做人"。[①] 这是革命根据地民主政权建立的最早的革命监所,也是苏维埃政权首创的第一所劳改农场。1932 年,中华苏维埃共和国中央人民委员会常委会通过了梁柏台提出的创办劳动感化院、对犯人实行感化政策的决议案和《劳动感化院组织法》,这是中华苏维埃共和国中央人民委员会正式创办劳动感化院、实行教育感化犯人政策的开始,并首次上升为法律,是苏维埃法制的一项创新。随后中央司法人民委员部在中央苏区陆续开办了多个直属感化院,其中第一劳动感化院创办于 1932 年夏,内设总务、劳动管理、文化等科,分为反革命犯、重刑犯、普通轻刑犯 3 个关押点,面积最大时约 3000 平方米、145 间房,最高时共关押罪犯 500 多名。1933 年 5 月 30 日,中央司法人民委员部在《对裁判机关工作的指示》中指出:"对于劳动感化院的工作,特别要注意生产与感化。感化犯人的工作,是劳动感化院的主要部分,应当要特别注意。"从 1927 年至 1949 年,从第二次国内革命战争,到抗日战争、解放战争,在艰苦的革命战争年代,革命根据地民主政权建立的革命监所形式还有自新学艺所、看守所及拘留所、监狱及监所、苦工队、回村执行、管训队、劳改队、劳动教育所等。[②] 可以看出,劳动感化院是后来人民民主专政的劳动改造机关和新中国监狱的雏形。

### (二)生产劳动是革命监所改造犯人最基本的方法并制定了相关政策

革命监所从劳动感化院、自新学艺所、劳动生产所,直到苦工队、劳改队乃至回村执行,还有监狱和看守所,无一不强调犯人必须参加劳动生产,将其作为他们学习和改造的过程与手段。[③] 1934 年 1 月,毛泽东在中华苏维埃共和国工农兵代表大会上的报告中确定了犯人必须参加强制性的生产劳动的原则,赞扬了劳动感化院的教育和感

---

① 转引自中国监狱工作协会编:《新中国监狱工作五十年》(1949. 10—2000),法律出版社 2019 年版,第 4 页。杨云:《方志敏创办的我党第一个劳改农场》,载《历史大观园》1994 年第 11 期。

② 参见中国监狱工作协会编:《新中国监狱工作五十年》(1949. 10—2000),法律出版社 2019 年版,第 11 页。

③ 参见中国监狱工作协会编:《新中国监狱工作五十年》(1949. 10—2000),法律出版社 2019 年版,第 13 页。

化,并指出“苏维埃的监狱对于死刑以外的罪犯是采取感化主义,即是用共产主义的精神与劳动纪律去教育犯人,改变犯人犯罪的本质”①。1939年以后,在陕甘宁边区军民开展的大生产运动中,陕甘宁边区高等法院发布了第1号通令:为了克服抗战困难,也给犯人表现转变思想的机会,“全边区各县已判决人犯,均一致参加生产工作……并随时注意加紧教育”。1945年陕甘宁边区司法会议报告具体规定了劳动和教育时间之比是“二流子犯,生产占百分之七十五,教育占百分之二十五;其他犯人,生产占百分之六十,教育占百分之四十”②。显然,组织犯人参加生产劳动是根据地监所的重要工作,并在实践中积累了丰富经验,取得了良好效果。民主政府的工作总结中,肯定了犯人参加生产劳动是改善犯人生活、减轻人民负担、改造犯人思想意识、减少社会犯罪行为的好方法;认为通过生产劳动教育可以取得改造犯人品质并使其树立劳动观点,养成劳动习惯,学得劳动技术,出狱后能成为自谋生计的健全公民的成效。③

(三)生产劳动成为革命监所的“三大手段”和“三大教育”之一

随着监所工作实践成效和经验的逐步积累,革命监所基本形成了管理、教育和生产三结合的工作体系,这种体系到了抗日根据地和解放区民主政权阶段,被总结为监所改造犯人的紧密结合的“三大手段”,其中教育又是改变犯人思想的根本,因而初步构建了政治教育、文化教育、劳动教育“三大教育”机制,逐步孕育出监所改造罪犯重在教育的理念,这是“特种教育的学校”理念的最早萌生。从“三大手段”和“三大教育”来看,教育被放在最重要的位置,毛泽东曾指出用共产主义精神和劳动纪律去教育犯人,着重强调的也是“教育”。监所无论是执行刑罚、管教犯人,还是强迫其劳动,都要通过思想教育去改造犯人。陕甘宁边区在1940年至1944年,就已提出“在生产中进行教育”“寓教育于生产之中”,并提出了“生产劳动与教育相结合”的方针。④ 1946年太行区的司法工作报告指出,“有些地方曾把这三个工作并列起来,结果是生产、管理与教育脱节,工作上受到一些影响”,“应该明确,坚持生产、管理都是为了教育”,“进行思想的感化教育是监狱看守所工作的中心一环”。⑤

---

① 中国现代史资料编辑委员会:《苏维埃中国》,苏联外国工人出版社1933年版,1935年翻印,中国现代史资料编辑委员会1957年版,第266页。

② 王子宜:《在边区第二届司法会议上的总结报告》(1945年12月29日)。

③ 参见中国监狱工作协会编:《新中国监狱工作五十年》(1949.10—2000),法律出版社2019年版,第19页。

④ 参见中国监狱工作协会编:《新中国监狱工作五十年》(1949.10—2000),法律出版社2019年版,第17-18页。

⑤ 参见《太行区司法工作概况》(1946年),载中华人民共和国司法部编:《中国监狱史料汇编》(下册),群众出版社1988年版。

太行区政府工作报告也明确指出:“过去有些地方把生产放在第一位,或把生产和教育平列并重,都是不对的。”1948年中共中央社会部颁布的《监狱管理》规定监所要“积极组织犯人生产,解决犯人生活需要,减轻公家负担(生产好的并可分红),建立犯人劳动观念”,通过劳动对犯人进行教育改造。从“三大手段”和“三大教育”不难看出,革命监所自将劳动生产确定为改造罪犯的手段之一开始,始终以教育和改造犯人为根本宗旨;管理、教育和生产三大手段很早就成了革命监所的工作体系,为我国监狱“三大改造”手段的形成奠定了基础。

(四)革命监所的劳动改造政策

一是反对单纯经济观点,不许把增加经济收入作为主要目的。1944年,陕甘宁边区政府秘书处给陕甘宁边区高等法院院长的信函就批评了“各界只注意经济利益,不兼给以政治上文化上的教育……违背了新的司法精神”。1946年太行区司法会议更明确指出,“做投机买卖,单纯以营利为目的,发展各种投机营业,对自新人的教育上,不仅无从考验自新人的思想,锻炼其劳动观念,而且相反的会助长其投机思想”,因此,要求在犯人参加的劳动生产中必须取消投机性营业。①

二是给犯人以出路的政策。民主政府对犯人实行劳动改造本身就是给其出路,使其改过向善。在劳动改造过程中,犯人学会生产技能,获得奖励或减刑,出狱后得以自谋生计或安置就业。根据《陕甘宁边区施政纲领》第7条的规定,除坚决不愿悔改者外,一律实行宽大政策,争取感化转变,给以政治上与生活上之出路。这种对犯人给予出路的政策,是富有人道主义精神的体现,也成为新中国成立后罪犯劳动改造的重要精神实质。

## 二、劳动改造概念的提出

劳动改造首先出现在苏联,然后传到东欧并获得了一定发展,通过早年留苏的共产党人带入中国。梁柏台在1921年曾与刘少奇、任弼时等人在莫斯科东方大学学习,正是他提议创办劳动感化院,并起草劳动感化院章程,其内容很多是对苏联模式的学习和照搬。由于主客观等条件的制约,劳动改造并没有被广泛使用,大家对劳动改造的认识也不够深刻。当时组织犯人劳动的惩罚和经济目的十分明显,劳动改造的概念并没有明确提出。

中国共产党领导的革命政府最早正式使用“劳动改造”概念是在1946年。

① 参见《太行区司法工作概况》(1946年),载中华人民共和国司法部编:《中国监狱史料汇编》(下册),群众出版社1988年版。

1946年年初，太行区司法会议总结出“劳动生产是对自新人的一种改造教育”。同年，新解放地区为了缓解犯罪分子的增多或趋于复杂，以及羁管教育任务已超出监所承受能力范围，一方面吸取早年边区劳动生产所和自新学艺所组织犯人生产劳动的经验，另一方面借鉴苏联“劳动改造”的理念和制度，创建了“劳改队”这一新形式，在1946年年底在灵寿县山村建立了“劳动改造基地”。①

1949年1月，关东高等法院制定了《犯人劳动改造委员会组织条例》，这是我国最早建立的劳动改造的地方性法规。陕甘宁边区《1949年下半年边区监狱工作总结》提道：“对犯人进行劳动改造，是改造犯人最有效的方法之一。”

这样，“劳动改造”成了中国监狱史和监狱学新生的专用术语，也是沿用至新中国成立后的具有中国特色的“劳动改造工作”之滥觞。②

中国监狱工作协会编的《新中国监狱工作五十年》这样总结劳动改造在革命根据地监所的起源：“索之渊源：一是马克思主义关于劳动创造世界、劳动是人类之必需、劳动是人的权利的理论；二是根据地监所80%以上的在押犯原本是流氓、无赖、二流子、懒汉等各种寄生堕落分子，对他们采取劳动改造手段，使之转变人生意识、脱胎换骨，那是民主革命任务的目标和实际需要；三是开展大规模生产运动，干群上下一律‘发展自给经济’以解决困难，监所组织犯人参加生产劳动就是一项重要的政治任务；四是国际共产主义运动的影响和俄国十月革命的经验，如《俄罗斯苏维埃联邦社会主义共和国劳动改造法典》中系统性的劳动改造机构和监管原则、制度等，为根据地监所工作提供了借鉴。”③

### 三、革命监所的生产经营和管理

#### （一）生产经营情况

革命监所在极其困难的情况下，从现实情况出发，克服根据地困难，打破敌人经济封锁，组织犯人生产，自给自足，支援前线，做到了改造犯人和发展生产两不误。劳动感化院组织犯人从事的生产项目从简单的农业、手工业发展到后期的一些工矿生产，如垦荒、种菜、砍柴、打草鞋、烧石灰，做缝工、篾工、木工，制香糊、信封、粉笔、毛笔、油墨等。按规定，劳动器具、原材料的购置，产品的出售都纳入感化院生产计划，并设有

① 参见中国监狱工作协会编：《新中国监狱工作五十年》(1949.10—2000)，法律出版社2019年版，第10页。

② 参见中国监狱工作协会编：《新中国监狱工作五十年》(1949.10—2000)，法律出版社2019年版，第19页。

③ 中国监狱工作协会编：《新中国监狱工作五十年》(1949.10—2000)，法律出版社2019年版，第20页。

店铺经营犯人的产品。1939年以后抗日政权监所实行犯人大生产和外役的劳动方式,总的是以农业生产为主,因地制宜,靠山吃山,靠水修滩。经过艰苦创业,农业生产基地初步形成,如太行区34个县监所,从一无所有到1946年年初拥有土地2000余亩,生产资金141万余元。1941年成立的晋绥边区监狱,次年就开荒30亩,还成立了铁工组、缝纫组、织布组、瓦木工组、粉房、库房等,3年内就拥有纺纱机97部、弹花机5部、打花机2部、打捻机2部,还开有毛织厂、炭厂、木板厂、畜牧场、农场等。解放区的监所除了以上农业等生产项目,还增加了矿井生产劳动。1948年哈尔滨市监狱参加矿山劳动的犯人占在押犯的55.75%,前后建立的双鸭子矿、岭东矿和松哈犯人劳改队等都从事矿井劳动,弓长岭劳改队的犯人生产也由矿务局直接安排指导。

(二)生产劳动制度

革命监所在组织犯人生产劳动过程中摸索出一些适宜的管理办法和措施,并逐步形成制度,较为重要的生产劳动制度如下:

1. 企管会制

1933年夏,中华苏维埃共和国临时中央政府为了加强劳动感化院生产的领导,将其纳入国民经济计划轨道,以发挥补充苏区物资供应的作用,设立劳动感化院企业管理委员会,由中央国民经济部直接领导,管理劳动感化院生产和销售事宜。

2. 奖惩制

苏区劳动感化院对犯人实行平时考核,每月总评一次,每半年院部召开全体大会一次,依据累计分数作出加刑或减刑的决定。累计分数是以犯人学习、生产、生活等方面的表现为准,评为甲、乙、丙、丁,即最好、较好、不积极、抗拒改造4等,分别给予奖励或惩罚。抗日根据地和解放区监所在生产管理中,制定了生产奖惩的具体办法,建立了较严格的奖惩制度,定期检查评定,普遍进行了评选生产积极分子、劳动模范、模范班、模范组及评定应奖励人员的活动。陕甘宁边区高等法院曾先后公布《陕甘宁边区监狱劳动生产第一所(工业)奖惩办法》和《陕甘宁边区高等法院在押人犯服役奖惩暂行办法》(1942年),规定按服役成品纯收益比例给予5%－10%、20%－40%的奖金;对生产技术有所创造、使生产得到较好发展的,可奖给100元以上3000元以下的特别奖金,直至减刑、提前假释;惩罚则有批评、全体讨论斗争、停止或撤销奖金之一部或全部,还有打扫公共卫生、加班苦工或刑事处分。晋察冀边区行政委员会还制定将功折罪制:犯人在改造期间考试优良者,“记功一次可抵徒刑1个月,连记三功者可抵徒刑6个月,无期徒刑的改为有期徒刑8年”①。这

① 《晋察冀边委会规定囚犯参加生产成绩优良者将功折罪》,载《解放日报》1942年5月7日,第3版。

种奖惩制度和办法把犯人的劳动态度、生产成绩与物质利益紧密结合起来，对犯人起了重要的鞭策作用。

3. 分红制

抗日民主政府总结了各地经验，实行了“分红制”，即其收入分配权由政府掌握，其生产收入主要归政府和监所支配，参加生产的犯人可按劳“分红”，也就是以监所开支为主、犯人“分红”为辅的分配办法，晋察冀边区又叫作“公私兼顾的分红制”。这种分配办法取得了良好效果。首先，分红制大大激发了犯人的生产积极性和劳动光荣感，如陕甘宁边区高等法院监狱木板厂实行分红前，每两人每月锯木板8丈，实行分红后，剧增到85丈；晋察冀边区平山县犯人韩某，分红制激励他成了劳动先锋，在监所的费用无须家中供给，在回村执行时还驮走了100多斤小米。其次，分红制使贫困的犯人积累了一定的生产资金，获释后走上了以劳动为生的道路。最后，分红制减轻了人民负担和政府的财政开支，改善了监所条件和犯人生活。

4. 安置制

革命根据地监所认真执行给出路的政策，对刑满释放人员的安置主要采取三种措施：一是留狱生产，如赣东北劳动总院曾将不能回家的刑释人员安排在总院劳动就业，陕甘宁边区高等法院监狱也根据刑释人员要求，将其留在狱内继续生产；二是地方安置，边区监狱把刑释人员介绍给当地政府，由当地安排就业或在家种地务农，也可到机关从事伙夫等勤杂工；三是自行就业。

## 四、革命监所罪犯劳动改造的主要成就

### （一）确立了罪犯劳动改造的宗旨和指导思想

革命根据地政权一开始就从根本上确立了通过生产劳动改造犯人思想、改变其犯罪的本质的指导思想。“革命战争时期的各根据地、解放区民主政权也制定了一些监所工作法规制度和规范性文件，特别是在监所工作实践中逐渐确立了的罪犯劳动改造的指导思想，都是早期法治建设的初步成果。”①

### （二）形成了我国罪犯劳动改造工作的雏形

革命监所虽然条件简陋，困难重重，但是却创建并逐渐形成了一整套罪犯劳动改造的工作体系，这套体系从一开始就彰显了我国罪犯劳动改造的性质。在指导思想上，以马列主义和毛泽东劳动改造思想为指导，明确了改造犯人思想的主旨；

① 中国监狱工作协会编：《新中国监狱工作五十年》（1949.10—2000），法律出版社2019年版，第86页。

在方针政策上，制定了劳动感化和教育、反对单纯经济观点和给犯人以出路的政策；在立法上，出台了《劳动感化院组织法》，这是我国最早的劳动改造方面的法律；在工作体系上，形成了管理、教育和生产三大教育和三大手段，为我国监狱"三大改造"手段的形成奠定了基础；在生产经营和罪犯劳动制度上，形成了从实际出发、切实可行的罪犯劳动管理模式。所以，革命监所的罪犯劳动改造工作是我国社会主义性质的罪犯劳动改造的渊源，是我国社会主义制度下罪犯劳动改造工作的雏形。

（三）证明了劳动改造是中国共产党的伟大创造

虽然早期的中国共产党人从苏联学习并借鉴了劳动改造的经验，但是由于各方面条件的局限，起初并未得到很好实施。实际情况是毛泽东考察了中国旧监狱的各种腐败情形，把马克思主义与中国实际相结合，提出了符合当时情况的感化和教育罪犯及反动阶级的劳动改造思想和方针。各个时期革命政府在司法工作实践中，以马列主义和毛泽东思想为指导，从实际出发，因陋就简，因地制宜，创建了符合中国革命和国情的劳动改造工作，积累了许多宝贵的劳动改造和管理经验，为新中国成立后开展社会主义罪犯劳动改造工作奠定了基础。历史充分证明，劳动改造是中国共产党在革命战争年代，领导中国革命的过程中成功创造的符合中国国情的改造罪犯的重要手段，这应该成为我国在罪犯劳动改造中坚定"四个自信"的历史根源。

## 第二节　新中国成立初期罪犯劳动改造的创建

新中国成立初期，在接管改造旧监狱的同时，就开始了新型罪犯劳动改造和场所的建设工作。1951 年 5 月，中国共产党作出第一个关于监狱工作的重大决策，就是大规模地组织罪犯劳动改造工作。

### 一、组织劳动改造[①]的决策

（一）劳动改造决策提出的背景

新中国成立后，中央人民政府面临旧中国残留下来的国民党匪特、娼妓烟毒、

---

① 本章关于《监狱法》颁布施行前主要使用"劳动改造"的称谓，而非使用"罪犯劳动改造"的称谓，是为了与当时的语境和史料保持一致，是与《监狱法》颁布前广义的"劳动改造"和狭义的"劳动改造"并行使用的情形相适应的需要。其实《监狱法》颁布前理论上就已经对广义的"劳动改造"和狭义的"劳动改造"进行了区分。1983 年 1 月公安部批准成立劳改专业教材编辑部，该编辑部着手建设劳改学系列教材，其中就有专门研究狭义"劳动改造"的《罪犯劳动改造学》，"罪犯劳动改造学"第一次正式从广义的"中国劳改学"中分立出来，被列为"中国劳改学的骨干学科"。

地痞流氓等罪恶势力和各种遗毒,在全国范围内大张旗鼓地开展了镇压反革命运动和反贪污、反浪费、反官僚主义的斗争,开展了反对行贿、反对偷税漏税、反对盗骗国家财产、反对偷工减料、反对盗窃国家经济情报运动。由于上述运动的开展,中央人民政府抓捕了大批反革命分子和刑事犯罪分子,除了因不杀不足以平民愤被判处死刑者,大部分犯罪分子被依法判处死刑缓期二年执行、无期徒刑或有期徒刑,监狱押犯从1949年的6万余名激增至1952年的100万名以上。中央人民政府接管过来的旧监狱本身就困难重重,特别是当时外要进行抗美援朝,内要稳定政治财经局面,不可能拿出更多的财力建造大批关押犯人的监狱。因此,如何解决百万犯人的关押改造问题,就成为摆在新成立的中华人民共和国面前一个必须迅速解决的紧迫问题。

1949年10月1日中央人民政府委员会颁布了《中国人民政治协商会议共同纲领》,该纲领第7条规定:"中华人民共和国必须镇压一切反革命活动,严厉惩罚一切勾结帝国主义、背叛祖国、反对人民民主事业的国民党反革命战争罪犯和其他怙恶不悛的反革命首要分子。对于一般的反动分子、封建地主、官僚资本家,在解除其武装,消灭其特殊势力后,仍须依法在必要时期内剥夺他们的政治权利,但同时给以生活出路,并强迫他们在劳动中改造自己,成为新人。假如他们继续进行反革命活动,必须进行严厉的制裁。"这条规定实际上从国家层面上确定了中国监狱或徒刑制度是劳动改造制度。①

(二)劳动改造决策的提出

基于上述历史背景、现实状况和国家政策,吸取根据地和苏联劳动改造罪犯的经验,大规模组织劳动改造的决策就孕育而出了。

1951年5月10日至15日,在毛泽东主席和中共中央直接指导下,公安部在北京召开了第三次全国公安会议(以下简称"三公"会议)。"三公"会议通过了毛泽东亲自修改和审定的《第三次全国公安会议决议》和《关于组织全国犯人劳动改造问题的决议》(以下简称《劳改问题决议》)。《第三次全国公安会议决议》指出,"大批应判徒刑的犯人是一个很大的劳动力,为了改造他们,为了解决监狱的困难,为了不让判处徒刑的反革命分子坐吃闲饭,必须立即着手组织劳动改造的工作",这就是"三个为了"的决策。②"'三个为了'的决策"是中国监狱工作协会编的《新中

---

① 参见孙晓雳:《中国劳动改造制度的理论与实践——历史与现实》,中国政法大学出版社1994年版,第21页。

② 参见中国监狱工作协会编:《新中国监狱工作五十年》(1949.10—2000),法律出版社2019年版,第47页。

国监狱工作五十年》对“三个为了”的最新称谓，而在此书出版之前一般均称“三个为了”为新中国成立后的“第一个劳改工作方针”。《劳改问题决议》关于劳动改造的规定基本内容如下。

1. 劳动改造的组织和管理体制

犯人劳动改造的组织和管理工作由县一级、专署一级、省市一级、大行政区一级和中央一级共五级分工负责。

2. 劳改队的类型

劳改队按犯人刑期长短设置四种类型：一是判处5年以上徒刑的犯人组成劳动大队，由省以上各级政府负责管理，按照国家建设的需要，随时调动，从事大规模的水利、筑路、垦荒、开矿等生产事业；二是判处2－5年徒刑的犯人，由专署管理，必要时可由省级以上政府调用；三是判处2年以下、1年以上徒刑的犯人，原则上在本市本县参加各种劳动，不宜调往远地，以免劳民伤财；四是判处1年以下徒刑的犯人，在当地群众和原告同意的条件下，可交群众管制，从事公共工程或为军属、孤寡老弱代耕及打零工等，这种犯人原则上应自食其力，不领囚粮。

3. 规定了劳改队的编制

按劳改队从事的生产情况和需要定编。专区以上的劳改队，一般100人为一队，1000人为一大队。对于所有从事劳动改造的犯人，一律采用军事管制的办法，强迫其劳动。

《劳改问题决议》对劳动改造组织明确、详细的规定，是新中国成立后第一次以会议文件形式明确的规定，该决议是开创新中国监狱工作的指导性文件。根据“三公”会议的决议，罪犯劳动改造工作迅速在全国展开。

## 二、劳动改造初创时期的规划、部署和总结

### （一）“四公”会议对劳动改造工作的性质、意义的明确

1951年9月11日至17日，公安部召开了第四次全国公安会议（以下简称“四公”会议），这是新中国成立以来第二次把监狱工作作为重要议题的全国公安会议，也是组织劳动改造工作开展数月后召开的一次重要会议。

“四公”会议的决议明确指出了劳动改造工作的性质和意义：对罪犯实行强迫劳动，是消灭反革命分子的一个重要手段，也是彻底改造犯人成为新人的一项基本政策，这是包含着极端重要的政治意义和经济意义的一项工作，必须十分重视。时任公安部部长罗瑞卿在会议报告中指出，“劳动改造工作是政治改造与劳动改造相结合。要把罪犯改造成为新人，就要一方面在政治上、思想上铲除他们反革命的立

场、观点，另一方面在生产技能上也锻炼他们成为一个熟练的劳动者，使他们以一个罪犯身份进去，以一个熟练的劳动者出来。因而，这个任务虽是很艰巨的，但又是很光荣的"①。

"四公"会议从生产的角度，使用了犯人生产的概念，初步明确了犯人生产的指导思想和调整劳动场所的方针，提出必须适应国家经济建设的需要，必须纠正和预防单纯营利、与民争利或与国家经济建设计划脱节的错误倾向，劳动场所实行因地制宜、集中领导、分散经营、由小到大、由分散到集中的方针。

（二）"一劳"会议对劳动改造工作的部署和总结

在中央决策的正确指导下，新中国成立初期的劳动改造工作很快收到了明显效果。为了检查"三公"会议决议和"四公"会议部署的执行情况，总结一年来全国的劳动改造工作，1952年6月23日至30日，第一次劳动改造工作会议在北京召开，这是新中国监狱史上由中共中央最高领导批准的首次监狱工作会议。

1. 充分肯定了劳动改造工作的成绩

"一劳"会议充分肯定了"三公"会议关于劳动改造的决议和劳动改造事业开创一年来取得的重大成绩：一年来投入生产劳动的犯人占在押犯总数的62%，其中1/3做到了生产自给，为国家节省了开支，创造了进一步开展劳动改造工作的条件；全国先后创立劳改农场640所（其中在押犯1000人以上的大农场有56所），开垦荒地127.9万余亩，新建了与国家经济建设紧密结合的煤、铜、钨、锡、金等多种矿场217所。一年来的经验证明，组织大规模的农场、工程队进行集中的劳动改造，无论是对犯人的改造教育还是对国家的经济建设都是有利的，也是适宜于当时大多数押犯特点的。

2. 确定了劳改生产的性质、发展方向和管理体制

"一劳"会议首次用劳改生产概括劳动改造的生产活动，并明确了劳改生产的性质和发展方向。"一劳"会议决议第5条指出：劳改生产从政治上看属于改造罪犯成为新人的一项重要政策；从经济上看，则属于国营经济性质的特殊企业，应列入国家生产建设总计划内，在各级财委的统一领导下进行。必须在现有基础上，实行长远打算、重点投资、有计划有步骤、逐步走向集中的方针。这一方针的确立，对此后劳改生产的选择、场所的布局具有指导意义，计划性、长远性、大规模、重点投资、走向集中逐渐成为此后劳改生产的主要特点。

---

① 中国监狱工作协会编：《新中国监狱工作五十年》（1949.10—2000），法律出版社2019年版，第48页。

3. 初步确定了劳改工作的方针、政策和制度

"一劳"会议确定了劳改工作的方针政策、管教工作的原则和制度，提出对罪犯的改造工作本着"政治改造与劳动改造相结合""惩罚与教育相结合"的方针；要经常地、系统地在罪犯中进行认罪服法教育、劳动创造世界教育、时事教育、罪犯前途教育和生产知识教育，以启发罪犯劳动改造自己、重新做人的自觉性；对有科学技术的犯人，可给予适当的物资照顾，以发挥他们在生产中的作用；建立严格的财务管理制度，明确划分事业费与行政费的收支，建立与健全审计、会计、统计机构；工作实行有功必奖、有过必惩的严明奖惩制度，建立罪犯档案、登记、考核制度；严格纠正忽视教育、打骂体罚等做法。

4. "一劳"会议的重要意义

"一劳"会议初步确定了劳改工作的方针、政策和制度，开始使用并建立了以"劳改"为称谓的全国劳改工作体制，完成了新中国劳动改造工作的创建。"一劳"会议是新中国监狱工作、中国特色刑罚执行制度创建的第一个里程碑，对中国特色监狱工作的创建作出了重要贡献。

## 三、《劳改条例》的颁布

1954 年 9 月 7 日政务院颁布施行的《劳改条例》，是新中国第一部劳动改造罪犯的法规，表明新中国监狱法规制度进入了一个有序、规范的发展阶段。在 40 年（从 1954 年至 1994 年《监狱法》颁布）的实践中，《劳改条例》实际上起了劳动改造罪犯法典的作用。[①]

（一）《劳改条例》对劳动改造工作的历史意义

《劳改条例》从立法上标志着新中国劳动改造工作的正式创建。《劳改条例》的起草从 1950 年春就开始着手，历时 4 年半，经过 4 次重要会议，经历了新中国劳动改造工作创建的全过程，以立法的严肃性宣告了我国劳动改造工作的建立。

《劳改条例》的颁布说明了劳动改造在我国监狱工作中的重要地位和特色。《劳改条例》是一部包括劳动改造工作的部门法，标志着新中国监狱立法活动的新起点，但以"劳动改造条例"冠名。在起草过程中，关于规范名称的问题，有"监狱法""行刑法""劳动改造法""矫正法""改造罪犯法"等主张，最终根据法律调整的范围、方法与当时立法实际、改造罪犯实践的要求，特别是新中国成立初期改造罪

① 参见中国监狱工作协会编：《新中国监狱工作五十年》（1949.10—2000），法律出版社 2019 年版，第 82 页。

犯的特色,采用了“劳动改造条例”之称,足以说明劳动改造一直以来在我国监狱工作中的重要地位和特色。

(二)《劳改条例》对劳动改造工作的规范

《劳改条例》明确规定了劳动改造的根本任务。该条例第 1 条明确规定了改造犯人,“强迫他们在劳动中改造自己、成为新人”是新中国劳动改造工作的根本任务,是劳改机关一切活动的出发点和归宿。

《劳改条例》首次以法规形式规定了新中国的劳改(监狱)工作方针,明确了劳动改造在改造罪犯工作中的地位以及和其他改造手段的相互关系。《劳改条例》规定劳动改造机关的工作方针是“惩罚管制与思想改造相结合,劳动生产与政治教育相结合”(以下简称“两个结合”方针)。该方针第一次从法规上提出了具有中国特色的改造罪犯的手段体系,即监管、劳动和教育三大改造手段;“两个结合”方针的提法明确了三者之间的关系。“惩罚管制与思想改造相结合”是指劳改机关承担的两项根本任务及其相互关系:惩罚管制既是刑罚的重要属性,也是改造犯人的前提条件;思想改造则是劳改机关一切活动的最终目的。“劳动生产与政治教育相结合”是指改造罪犯的两项主要手段,必须紧密结合、互相促进、相辅相成。正如时任公安部部长罗瑞卿在《关于中华人民共和国劳动改造条例草案的说明》中强调的,“对罪犯惩罚管制、强迫劳动生产和实施政治思想教育,三者必须紧密结合,不可偏废”①。

贯彻“两个结合”方针,劳动改造主要实现两个目标:第一,让罪犯转变犯罪思想;第二,让罪犯在改造中学会生产技能,成为自食其力的新人。中国在“两个结合”方针指导下成功地改造了大批罪犯,使他们在刑满释放后成为遵纪守法、自食其力的劳动者,为巩固新生政权、保障社会主义革命和建设作出了贡献。

《劳改条例》明确提出了作为改造手段的劳动改造(狭义的劳动改造),并把它与广义的劳动改造工作(监狱工作)区分开来。《劳改条例》专设“劳动改造和教育改造”作为第三章,使劳动改造和教育改造一并成为监狱改造罪犯的两大基本手段。

《劳改条例》从立法上对劳动改造和劳动改造生产进行了区分,分别设章规定。《劳改条例》专设了第四章“劳动改造生产”,这是“劳改生产”和后来的“监狱生产”提法的源头。《劳改条例》明确规定了劳动改造生产的目标、管理体制、管理机构、发展方向、安全生产制度等内容,规定了“劳改生产应当为国家经济建设服务,应当列入国家生产建设总计划之内”,这就使劳动改造这种以改造人为宗旨的活动和劳

① 中国监狱工作协会编:《新中国监狱工作五十年》(1949. 10—2000),法律出版社 2019 年版,第 85 页。

动改造生产这种以经济效益为目的的活动区别开来,为我国起步阶段的劳动改造所依托的劳改生产进行了一个经济功能的基本定性。这反映了早在新中国劳动改造起步阶段,政策制定者就认识到了劳动改造和劳改生产既有联系又有区别的运行规律。《劳改条例》的这些规定大大地促进了劳改生产的发展,但也从体制上留下了改造和生产这一对基本矛盾的隐患。

## 四、劳动改造工作的开展

### (一)劳动改造工作指导思想的形成

开展大规模劳动改造工作的指导思想有一个形成发展过程:发端于革命根据地民主政权创立时期,形成于新中国成立后全国监狱工作的初创阶段,随着“一劳”会议决议的贯彻逐步明确。

1. 坚持自力更生

新中国成立之初,百废待兴,国家财政经济处于十分困难的状况,监狱机关的经费必须自筹自给,不能让犯人坐吃闲饭。对此解决的办法就是大规模组织罪犯从事生产劳动,使其从中转变思想、重新做人,同时减轻国家财政负担,这是新中国监狱工作创业的基本指导思想。这一指导思想在“三个为了”的决策、“三公”会议决议、“四公”会议决议、“一劳”会议提出的“以犯人养犯人的工作原则”中,都有明确的体现,并被归结为自力更生的原则予以贯彻。

2. 坚持与国家经济建设紧密结合

新中国成立之初,国家进行了为期3年的国民经济恢复工作,有重点地进行经济建设。在这一时代背景下,“一劳”会议除了强调劳改生产应列入国家生产建设总计划内,还明确了劳改生产与国家的经济建设密切结合的指导思想,集中力量建立大规模的农场、水利工程队、筑路工程队和各种工矿窑业生产队,以适应国民经济建设的需要。

3. 坚持不与民争利

这是我国监狱工作从创业之初就秉承的一切为了人民的利益、为人民服务的宗旨,“四公”会议和“一劳”会议决议都提出,犯人生产必须预防和纠正单纯营利或与民争利,凡属商业性的、与民争利的或违反政策的做法均应予以严肃处理。

坚持自力更生、与国民经济建设密切结合、不与民争利的指导思想为新中国劳动改造工作和劳改生产指明了正确方向,成为长期以来我国监狱罪犯劳动改造工作中一直遵循的原则。

### (二)场所由分散到集中的调整

各地按照规定,从实际出发,因地制宜,有步骤地对场所进行了调整、转产和集中,调整范围和对象是没有发展前途和发展前途不大的分散零星生产,处于国防要地、大城市附近以及人口稠密、耕地不足的场所,属于与民争利和违反政策的商业性生产项目。据统计,1951年全国共有劳改单位2452个,到第二次劳改工作会议后的1953年已调整为1771个。

(三)大型劳改工作基地的建立

到1953年年底,第一代监狱工作干部带领犯人完成了劳改工作基地的创建任务,创建了一大批劳动改造农场和工、矿、窑等生产单位和场所。全国万亩以上的农场108个,千人以上的工、矿、窑等生产单位43个,其中包括若干个大型劳动改造基地,基本满足了不让犯人坐吃闲饭、接受劳动改造的需要。

1. 北京市清河劳改农场

为了改造一大批特务分子和各类反革命分子,1949年2月,遵照北平市军管会主任聂荣臻、市委书记彭真的指示,清河训练大队在城郊成立。随着管训人员的增加,清河训练大队需要解决这类人员坐吃闲饭的问题。从维护首都安全和没有闲散土地的实际情况出发,清河训练大队选择了在当时北平至山海关铁路茶淀车站以西地区的盐碱荒滩建场,经聂荣臻和罗瑞卿呈报周恩来批准后,开始了筹建劳改农场的工作。经过3个月的勘测、规划,1950年2月河北省宁河县(今属天津市)茶淀地区建立了新中国第一个大型劳改农场——北京市清河劳改农场。农场干部带领1600余名犯人,在白茫茫的盐碱滩上摆开了战场,第一年就垦荒种稻7000亩,收获水稻269万斤,实现了当年开荒、当年受益的设想;同时规划建设了7个监区、1所医院,造屋2288间,开垦荒地84084亩。1951年6月,毛泽东赞扬"清河农场对反革命分子的劳动改造已获得很大成绩,这是你们艰苦工作的结果,希望在已有的工作基础上继续努力"①,给予了清河劳改农场创建者极大的鼓励。1952年8月,清河劳改农场接收了天津市公安局下属的新生农场,规模进一步扩大,把十几万亩荒滩建设成了初具规模的农、林、牧、副、渔、工综合经营、全面发展的大型劳改农场,为后来其他劳改农场的创建提供了宝贵经验。

2. 浙江乔司劳改农场

作为全国创建最早的大型劳改农场之一的乔司农场,原是钱塘江冲积而成的江涂,最早成陆于20世纪初,开发前是"晴天白茫茫,雨天水汪汪"的一片盐碱荒滩,并受钱塘江潮影响,主航道多变,有"十年江南,十年江北"之称。1950年11月,

---

① 北京市监狱管理局清河分局编印:《北京市清河农场建场四十周年纪念文集》,1990年版,第10页。

8名干部押着犯人从杭州步行到乔司正式开始建场。初创时条件十分艰苦,住的是稻草、茅草搭的草棚,只能向群众借用或发动犯人打造工具,一个干部管200名左右犯人,缺人少钱,但到"一劳"会议时已开荒10493亩,改良土壤4050亩,筑堤挖河105万立方米,修建道路12.7千米。几年后,乔司农场生产已实现了机耕、机播、机修、机脱生产,是全省第一个机械化农场,成了向群众示范社会主义集体农业优越性的样板,在改造、生产、队伍建设等各项工作方面一直居于先进行列。

3. 湖北沙洋劳改农场

沙洋劳改农场建于1952年8月,是新中国成立初期建立的全国规模最大、押犯人数最多的劳改农场。新中国成立初期,沙洋是一片方圆百里的荒滩野洼。1952年7月,湖北省第二次劳改工作会议召开时,决定将原计划调往西北地区的数千名罪犯集中到沙洋,建立农场,以袁兴明、王嘉善等为代表的一批老红军、公安干部、战士率领5000名犯人踏上了这片荒滩,1952年8月13日沙洋劳改农场正式建立。1953年2月5日,湖北省人民政府作出决定,将湖北省当时的6万余名罪犯中的5万名投入该农场劳动改造。沙洋劳改农场的建立,凝聚着第一代沙洋人的心血和汗水,当年创业者们遵照农场党委提出的"边安置,边开荒,边生产,边建设,勤俭建厂"的方针,在人烟稀少的芦苇地里开荒种稻田、修路、架桥、建房。到1954年年底,农场开发了39万余亩耕地、8个分场、29个作业区,分布在汉江中游两岸,成为集生产、加工及生活福利设施于一体的、集中5万多名罪犯劳动改造的大型综合性劳改农场。数年后,时任水利部部长傅作义带领农业水利专家来沙洋视察,盛赞沙洋农场是"高速度、高标准的创业典型"。

同时期建成的还有安徽白湖劳改农场、宁夏潮湖劳改农场、黑龙江北大荒农场群等大型劳动改造基地。

## 五、劳动改造工作管理体制的形成

### (一)劳动改造工作管理体制的建立

新中国的劳动改造管理体制、劳改生产管理体制与劳改(监狱)工作管理体制是高度合一、相伴相生的,可以说,新中国的监狱工作体制是以劳动改造管理体制为主体建立起来的。"三公"会议决议规定了劳动改造管理体制,"关于犯人劳动改造的组织和管理工作应由县一级、专署一级、省市一级、大行政区一级和中央一级共五级分工负责"。《劳改问题决议》规定,"为了迅速并切实有效地组织劳动改造工作,在各级公安部门内应设专门管理的机构",照此决议,基本形成了集中统一领导下的"五级"管理体制。但是该体制随后暴露了一定的弊端,隶属于县、专署两级的劳改场所占92%以上，[①]生产摊点多而分散，生产缺乏周密计划和长远打算，出现了单纯盈利、与民争利、与国家经济计划脱节及违反政策等现象，不利于集中统一领导。后经“四公”会议、“一劳”会议决定，公安部提出中央和省级劳改机构必须尽力加强对劳改生产特别是企业经营管理的集中统一领导、专区和县级劳改机构应该撤销的意见，多地撤销了专署、县级的管理机构，逐渐形成了“三级”“四级”双轨运行的管理体制。1954年6月，中央决定撤销大行政区一级政府机构，公安部随之撤销大行政区劳改工作领导管理机构，使“三级”“四级”双轨体制又改变为“二级”“三级”双轨运行的管理体制，省（区、市）和中央两级领导管理体制基本形成，从而强化了中央和省（区、市）对监狱、劳改队的集中统一领导，统一了罪犯的调拨、劳改场所的建立和撤销以及劳改生产项目的筹划。在这一过程中，1952年12月25日，中央成立了以薄一波为主任委员、罗瑞卿为副主任委员的中央劳改生产管理委员会。1953年3月29日，公安部根据中央劳改生产管理委员会的决定，成立公安部劳动改造工作管理局（以下简称公安部劳改局），序列为公安部十一局，作为管委会日常办事机构。此后各省（区、市）相继成立了劳改生产管委会，加强了对劳改生产的领导与管理。

（二）劳动改造执行机构的演变

新中国劳改执行机构建立之初，名称很不统一，除称监狱劳改队外，有叫改造所、劳教院、劳教所或监犯教育所的，也有保留自新所、习艺所、自新院之称的。据此，司法、公安两部于1951年7月21日联合发出指示，规定各地劳改执行机构统称监狱、劳改队、看守所，并冠以各级行政地名如某“市监狱”“某省××劳改队”，以便区别。[②] 1954年10月，公安部就劳改执行机构对内对外名称作了统一规定。各级劳改单位，对内称谓以省市为单位，统一编序，如某省人民政府公安厅第×劳改队，有的生产分量较大的监狱，内部也改称劳改队。水利、筑路、房屋建筑等工程队，另起番号，称×省第×劳改队。各级劳改生产单位，对外冠名使用戳记可前冠“地方国营”字样，例如“浙江省地方国营杭州铁工厂”“北京市地方国营清河农场”。由于监狱、看守所、少年犯管教所对内对外一律前冠某省（区、市）人民政府的字样，甚至劳改生产单位前也冠政府字样，不甚妥当，公安部于1955年年初又发出补充通知，具体规定如下：一是水利、筑路、房屋建筑等工程队，以省（区、市）为单位进行编队，称为某省、市第×劳改队；二是劳改生产单位和监所称谓不再冠以某省（区、市）人

① 参见司法部监狱管理局编：《当代中国监狱概览（统计资料卷）》，法律出版社2000年版，第3页。

② 参见中国监狱工作协会编：《新中国监狱工作五十年》（1949.10—2000），法律出版社2019年版，第65页。

民政府或公安厅字样;三是看守所按照领导隶属关系,前冠某省(区、市)或县之名;四是各劳改执行机关,可采用对内、对外两个名称和两套印鉴。① 上述称谓规定一直沿用至今。

1. 监狱

监狱主要监管不适宜在监外劳动的以及判处死刑缓期执行、无期徒刑的反革命犯和其他重要刑事犯。监狱实行党委领导下的监狱、大队、中队三级或两级管理体制,监狱设监狱长1人、副监狱长1-2人,下设行政(总务)、管教、生产、财务等业务机构。此类机构建制规格按押犯数目及从事生产性质分为两种:押犯500人以上、从事机械工业生产的单位为科级建制,干部按押犯总数的13%配备,其中行政管理管教干部占4%,医务、总务人员各占0.5%,生产管理人员占8%;押犯500人以下、从事手工业生产的单位为股级建制,干部按押犯总数的7%配备,其他人员比例不变,只有生产管理人员由8%降至2%;无论押犯多少,政治工作人员均按干部总数的3%配备。

2. 劳改队

劳改队监管已判决的适宜在监外劳动的反革命犯和其他刑事犯,从事农业、工业、建设工程等生产项目,结合劳动生产进行政治教育。劳改队根据押犯数目和生产需要设置总队、支队,下设大队、中队和小队。机构设置按押犯数目和生产规模分为以下三类:5000人以上设劳改总队(大型农场),3000人以上、5000人以下且从事水利、筑路、开矿等生产任务的设劳改支队,押犯1000人左右的设劳改大队(小型农场)。

3. 看守所

看守所主要羁押未决犯及判处有期徒刑2年以下、不便送往劳改队执行的罪犯,对代为监管的已决犯分开关押,并强迫他们参加劳动生产和接受教育。

4. 少年犯管教所

管教13周岁以上、未满18周岁的少年犯,负责对少年犯着重进行政治教育、道德教育和基本的文化与生产技术教育,并在照顾他们生理发育的同时,使之从事轻微劳动。

(三)劳改生产计划统计、财务管理制度

鉴于劳改生产是国营经济的组成部分,劳改生产单位又分布在全国各地,与地

---

① 参见中国监狱工作协会编:《新中国监狱工作五十年》(1949.10—2000),法律出版社2019年版,第65页。转引自《劳改工作文件汇编》(第5册),1982年编印,第511页。

方经济建设联系极为密切，第二次全国劳改工作会议决定将劳改生产划归地方国营，列入地方生产计划之内，明确规定了劳改生产计划统计体制，并逐渐形成了劳改生产计划统计制度。劳改生产计划统计工作的基本要求是必须结合劳改生产实际情况，认真贯彻国家在过渡时期计划统计方针任务。劳改生产计划统计工作必须采取"由部分到全部，由低级到高级，掌握重点，照顾全面，逐步建设，逐步提高"的方针，既要防止操之过急、要求过高的倾向，也要防止过分强调劳改生产的特殊性和客观困难而不积极进行业务建设的倾向。这使劳改生产逐步纳入国家计划经济的轨道，在一定程度上克服了发展生产的盲目性，为加强劳改生产管理创造了条件。

除了劳改生产计划统计制度，劳改生产财务管理制度也开始建立。"一劳"会议决议要求，一切劳改生产事业均必须立即建立严格的财务管理制度。后经过几年的探索，公安部劳改局于1954年7月制定了《关于劳改生产财务管理的暂行办法（草案）》。该暂行办法规范了劳改生产财务管理的全部活动，是新中国第一部较完整的劳改生产财务行政法规，是完成劳改财务工作任务的重要保证，其中很多内容一直沿用到改革开放后、《监狱法》颁布施行前。例如，该暂行办法针对劳改企业生产条件不同、生产分布不平衡、经济效益高低不同等情况，规定了国家对全国劳改生产财务预算采取超额管理办法，也就是以其一切收入抵拨其一切开支后，其差额列入地方预算，凡收入超过支出数字列入地方预算收入，支出超过收入数字列入地方预算支出；各省（区、市）年度差额控制指标由中央统一规定，随同整个地方预算控制指标下达，但是已经实行经济核算制的生产单位，仍按地方国营企业财务管理制度执行。又如，该暂行办法规定了犯人假定工资和奖金的计算处理办法。犯人假定工资是指劳改单位对于参加生产劳动的犯人按当地同类型地方国营企业同工种、同技术、同等级、同劳动能力的基本工资标准，计算和提取工资的一种特殊工资制度。由于所提取的工资并不直接发给参加生产劳动的犯人，而是集中起来部分用于他们的生活消费、部分用于劳改业务费开支，所以称为犯人假定工资，目的在于使劳改企业更好地开展经济核算、考察经营效果。再如，该暂行办法规定，凡已实行经济核算制的生产单位，按国家规定提出奖励基金建立奖励基金制度，未实行经济核算制的生产单位依照评奖制度规定物质奖励时列入预算开支报销；还明确规定了职工和犯人之间企业奖励基金的分配比例，以及奖金的使用范围。

### 六、新中国成立初期劳动改造创建的主要成就

#### （一）作出了组织劳动改造的重大决策，明确了劳动改造的政策法律地位

全国大规模的劳动改造工作被组织起来，解决了新中国监狱工作的困难，使各

种罪犯得到了劳动改造。《劳改条例》明确提出了作为改造手段的劳动改造(狭义的劳动改造),并把它与广义的劳动改造工作(监狱工作)区分开来;专设"劳动改造和教育改造"一章,使劳动改造和教育改造一并成为监狱改造罪犯的两大基本手段。

(二)制定并健全了劳动改造的方针、政策和法律

明确了劳动改造的性质、方针和指导思想。"四公"会议的决议明确指出了劳动改造工作的性质和意义:对罪犯实行强迫劳动,不仅是消灭反革命分子的一个重要手段,还是彻底改造犯人成为新人的一项基本政策,这是包含着极端重要的政治意义和经济意义的一项工作,必须十分重视。颁布并施行了具有劳动改造法典作用的《劳改条例》,规定了劳动改造机关的工作方针是"惩罚管制与思想改造相结合,劳动生产与政治教育相结合"。明确了劳动改造主要为实现两个目标:第一,让罪犯转变犯罪思想;第二,让他们在改造中学会生产技能,成为自食其力的新人。

(三)明确了劳改生产的性质和发展方向

"一劳"会议首次用劳改生产概括罪犯劳动改造的生产活动,并明确了劳改生产的性质和发展方向,劳改生产从政治上看属于改造罪犯成为新人的一项重要政策,从经济上看则属于国营经济性质的特殊企业,应列入国家生产建设总计划内。《劳改条例》从立法上对劳动改造和劳动改造生产进行了区分,分别设章规定。

(四)建立了劳改生产和劳改工作高度合一的监狱工作体制

新中国的监狱工作体制是以劳动改造管理体制为主体建立起来的,并在实践中不断健全、完善,形成了劳动改造管理体制、劳改生产管理体制与劳改(监狱)工作管理体制,这是高度合一、相伴相生的监狱工作管理体制。

(五)为以后的罪犯劳动改造工作奠定了基础,积累了经验

在新中国一穷二白的条件下,开创了全国的劳动改造工作,建设了遍布全国的劳动改造生产项目和一些大型的劳动改造基地,形成了自力更生、与国家经济建设紧密结合以及不与民争利的指导思想,为开展中国特色的劳动改造工作开创了局面,奠定了基础。同时,在实践中积累了宝贵的经验,如以毛泽东同志为核心的党中央的高度重视、正确指引是劳动改造一经建立就取得巨大成功的根本保证,第一代监狱工作者从实际出发克服困难、艰苦创业,这是劳动改造得以创建和取得举世瞩目成就的根本条件。

## 第三节　改革开放前计划经济体制下罪犯劳动改造的曲折发展

经历了新中国成立初期的创建,劳改生产逐步纳入了国民经济总计划中,步入了计划经济发展的轨道。在计划经济体制下,劳改生产在各个产业领域取得了全面发展,成为国民经济的一支重要力量,为国家经济建设作出了重要贡献。劳动改造采用了各行各业的劳动手段,使成千上万的罪犯得到了改造。但是生产与改造这对矛盾在计划经济背景下,在大力发展经济建设中也日益暴露出来。我国的劳改工作方针也在处理这对矛盾的过程中调整和变化。所以,这一时期罪犯劳动改造在全面发展的同时,也经历了很多曲折,特别是在"文化大革命"中,罪犯劳动改造工作受到了更为严重的冲击,有一段相当长的曲折发展历程。

### 一、"三劳"会议对劳改生产的全面规划

随着第一个五年计划的顺利进行和国家工业化步伐的加快,国家对农业、手工业和资本主义工商业的社会主义改造于 1953 年拉开序幕,这标志着中国进入社会主义制度初步建立和有计划发展国民经济的历史阶段。与这一历史时期相适应,以《劳改条例》的颁布实施为标志,新中国的监狱工作开始进入巩固和初步发展时期。[①] 在这一历史背景下,公安部于 1955 年 9 月召开了第三次全国劳改工作会议(以下简称"三劳"会议)。

"三劳"会议确定的劳改生产发展的方针是在此后一段时间内劳改生产的发展应以农业为主,并在供产销平衡的原则下适当地发展一些工业,结合国家各项建筑工程,组织水利、筑路等工程队;同时,对现有劳改单位进行全面规划、整顿和巩固,提高并发展生产,支援新建的单位。为了落实劳改生产方针,"三劳"会议提出了 6 个方面应注意的问题:必须和国家经济建设密切结合;工农业生产应保持一定比例,注意专业化和适当的建厂规模;生产安排与犯人劳动力尽可能达到平衡;生产建设应和狱政管教业务建设密切结合;地区分布应注意安全;计划必须积极可靠。根据该发展方针,"三劳"会议制订了 1955 年至 1957 年劳改生产计划。

"三劳"会议对劳改生产方针和计划的部署,符合当时的国情和国家经济建设

---

① 参见中国监狱工作协会编:《新中国监狱工作五十年》(1949.10—2000),法律出版社 2019 年版,第 105 页。

的需要，延续了“一劳”会议以来关于“劳改生产属于国营经济性质的特殊企业，应列入国家生产建设总计划内”的方针。自此，劳改生产在我国社会主义计划经济体制下，走上了一段快速发展的历史时期，从农业逐渐拓展到工业、矿业等多个产业领域，逐渐建立起一大批门类比较齐全、设备比较先进的国营性质的农业和工矿企业。

## 二、“大跃进”运动对劳动改造的影响

### （一）高指标、浮夸风对劳改生产的影响

1958年全面展开的“大跃进”运动，一个重要的表现就是高指标、浮夸风。1958年1月25日，公安部劳改局制定了《1958年劳改工作计划》，提出了“争取实现大跃进”的口号。在1958年2月公安部劳改局召开的全国农业会议和1958年4月召开的12省、区、市劳改工作座谈会上，开始出现急于求成的苗头。1958年5月，公安部劳改局在沈阳召开监狱机电工业参观座谈会，出现了浮夸风。公安部劳改局在这次会议的情况报告中说：“有些成批生产的产品质量，已经赶上或超过了英国、美国，有的达到了苏联标准。”“初步估算，1958年的总产值大约可以翻一番”，“到1962年多数省、市预计可以翻四、五番，少数省、市则预计翻十几番”。① 在“人有多大胆，地有多大产”“不怕做不到，只怕想不到”的口号下，有的地区和单位相继放出高产“卫星”。

### （二）“大跃进”运动对劳改生产的促进

“大跃进”运动对劳改生产造成了很多浮夸冒进的影响，但是“大跃进”运动“鼓足干劲，力争上游”的做法，事实上也促进了很多地方、很多劳改生产项目的发展。公安部劳改局在《1958年劳改工作基本总结》中说：劳改机电工业，原来虽有一些基础，但小厂较多，设备较差，一般只能生产简单、小型的产品，主要搞修配。1958年以来，各地大大解放了思想，自己装备自己，由修配发展到制造。有些单位开始可以生产某些精、尖、重、大范围的产品，如制造多种重型机床、拖拉机、载重汽车、6000千瓦发电机、7500千伏安变压器等。②

辽宁省监狱系统在“向高级、精密尖端技术进军”的号召下，机械工业由过去仅能生产水暖管件、铁路器材、电器元件和工矿设备配件，发展到制造、矿山、水利、冶炼、化工配套设备和锻压、橡胶专用设备、电器成套设备。浙江省监狱系统在“大跃

---

① 《劳改工作文件汇编》（第6册），1982年编印，第104－105页。

② 参见《劳改工作文件汇编》（第2册），1982年编印，第273－274页。

进”中，仅十里丰农场就建成中小型水库4座，蓄水量754万立方米，自流灌溉渠60多千米，为该场的农业发展奠定了基础。福建省监狱系统在福州繁华地段东街口，承担并完成了当时全市最高层建筑——福州邮电大楼的建设任务，负责此项工程设计施工的工程师（刑满留场人员）受到福建省副省长的接见和赞扬，这座大楼到21世纪初仍为当地的标志性建筑。不少劳改企业在此期间研制并投产了一批新产品、新产业，例如，在1958年7月，上海市第一劳改队成功制造国内第1台无缝钢管穿孔机。

1958年，劳改生产工业总产值达到17亿元，工业单位普遍由小厂变大厂，由修配发展到制造，由单一生产企业发展为钢铁、机电联合企业，并开始开发一些高、精、尖产品，如重型机床、炼钢轧钢设备、拖拉机、载重汽车等。第九次全国公安会议决议指出，劳改生产取得了显著成就，对于国家发展工农业生产和开发边疆起到了积极作用，已经成为社会主义建设事业中一支不可忽视的重要生产力。

## 三、“改造第一，生产第二”方针的确立

在罪犯劳动改造工作中，改造和生产的矛盾一直是劳动改造工作的基本矛盾。由于劳改生产被列入国家生产建设总计划内，与国家经济建设紧密结合，许多地方的劳改单位出现了“重生产、轻改造”的倾向，甚至在指导思想上存在单纯生产的观点。在组织犯人参加修建鹰厦铁路和湖北四湖排水工程的过程中，由于时间要求紧迫、生产任务繁重，出现了超时间、超体力劳动现象，加上劳动环境艰苦、供应紧缺、医疗条件差，鹰厦铁路建设和四湖排水工程中发生了犯人死亡事故。1956年年初，中共中央政治局听取鹰厦铁路建设和四湖排水工程的情况汇报后，毛泽东指出：“要阶级斗争和人道主义相结合。”刘少奇提出：“劳改工作的方针，第一是改造，第二是生产。”周恩来也一再强调：“我们是劳动人民的政权，是要把罪犯改造成为新人，这就是人道主义精神。”“劳改的目的，是要把犯人改为新人，政治教育是第一，使他觉悟，劳动是增强他的劳动观点，而不是从犯人身上生产出来的利润办更多的工厂，这还是第二。”[①]对中央领导的指示，公安部迅速传达贯彻，罗瑞卿在会议上强调：“劳改要搞好，方针是：第一是改造，第二是生产。”1958年8月第九次全国公安会议决议通过的《关于劳动改造工作的决议》明确指出，劳改工作必须继续坚持“惩罚管制与思想改造相结合、劳动生产与政治教育相结合”的方针，在执行这一方针中，必须正确贯彻“阶级斗争与人道主义相结合”“改造第一，生产第二”的原

① 《劳改工作文件汇编》（第1册），1982年编印，第22－23、25页。

则。1964 年 8 月 11 日,中共中央批转的第六次全国劳改工作会议(以下简称“六劳”会议)的情况报告正式确立了劳改工作方针是“改造与生产相结合,改造第一,生产第二”。这一方针的基本含义是把改造犯人并使其成为新人放在第一位,把生产劳动、获取经济效益放在第二位,分清了监狱工作中的主要矛盾和次要矛盾、政治任务和经济任务的辩证关系,比“两个结合”方针进了一步。这一方针在指导劳改工作 30 多年的实践中发挥了重大历史作用。

### 四、“文化大革命”时期劳动改造工作的挫折

“文化大革命”时期,全国监狱机关和监狱工作遭受了极大的干扰和破坏,大批劳改单位被下放,甚至被撤销,劳动改造秩序受到严重破坏,无论是工业还是农业生产都受到严重冲击。广大监狱警察在复杂困难局面下,坚持组织犯人劳动改造,特别是在恢复整顿过程中加强管理,落实区别对待和“给出路”政策,调动了犯人的积极性,使劳改生产仍有一定的发展。从全国范围来讲,1966 年至 1976 年劳改工农业企业年利润总额一直处于 2.4 亿元 - 4.2 亿元,1975 年达到 4.458 亿元,比 1965 年增长了 2.7342 亿元。[①]

### 五、改革开放前计划经济体制下劳动改造工作的主要成就

(一)劳改生产实现了全面快速发展

劳改生产纳入计划经济体制,与国家经济建设紧密联系,得到了全面快速发展。从农业到工业、矿业等多产业领域,逐渐建立起一大批门类比较齐全、设备比较先进的国营性质的农业和工矿企业,为国家经济建设作出了贡献。

(二)劳改生产的发展支持了劳动改造工作

劳改生产的全面、大规模的快速发展,使劳动改造工作得到多产业领域和多样化的劳动手段的支持,罪犯得到了更多的劳动改造机会。劳改生产与社会主义经济建设紧密结合、同步发展,罪犯在生产活动中学到了各种生产技能,绝大多数罪犯被改造和培养成了社会主义建设的有用之才。

(三)进一步健全完善了劳动改造制度

随着劳改工作的不断发展,在历次劳改工作会议的安排部署下,劳改工作管理体制和劳动改造制度也不断得到健全和完善,形成了计划经济体制下中国特色的

---

① 参见司法部监狱管理局编:《当代中国监狱概览》(统计资料卷),法律出版社 2000 年版,第 17 页。

监企合一的监狱管理体制和劳动改造制度。

### （四）劳改工作方针调整为"改造第一，生产第二"

改造与生产是劳动改造工作中既对立又统一的一对基本矛盾，始终伴随我国的罪犯劳动改造工作。随着劳改生产纳入社会主义计划经济体制，其与国家经济建设紧密联系，成为国家经济建设的一支重要力量。与此同时，重生产、轻改造的现象越来越严重，中央高层对此高度重视并不断作出指示，最终在1964年8月"六劳"会议上确定了"改造和生产相结合，改造第一，生产第二"劳改工作方针，充分表明我国的监狱工作及劳动改造工作把改造放在第一位的主导思想。该方针沿用了30年，一直到1995年新的监狱工作方针出台，成为2023年以前使用时间最长的监狱工作方针，长期指导了我国的监狱工作，并不断纠正着劳动改造中偏离劳动改造目标和方向的错误。

### （五）形成了计划经济体制下罪犯劳动改造的基本规律

在长期的劳动改造工作中，一些罪犯劳动改造的基本规律得以形成，并为人们所认识：罪犯劳动改造必然与国家经济状况和生产力发展水平相适应的规律；改造客观世界和改造人的主观世界相统一的规律；生产与改造既对立又统一的规律；罪犯劳动改造是我国社会主义制度的特色和本质要求的规律等。同时，在计划经济背景下，罪犯劳动改造也积累了许多宝贵的经验，如党中央的高度重视、党和国家领导人及时作出重要的指示；坚持把改造罪犯放在一切工作的首位；坚持罪犯劳动改造的法律化、制度化、正规化；坚持全面抓改造、抓劳动、抓生活；依靠广大干警，坚持艰苦奋斗的优良传统和作风等。

## 第四节　改革开放时期和社会主义市场经济体制下罪犯劳动改造的改革和发展

经历了改革开放和社会主义市场经济体制改革的不断深化，罪犯劳动改造受经济、社会、政治、法治体制全面改革的影响非常大，这成为监狱改革的焦点和难点。监狱系统进行的一系列改革探索都与罪犯劳动改造密切相关。随着市场经济环境给当时的监狱生产及监狱经济造成的压力越来越大，改造和生产的矛盾不断加剧，监狱工作体制的深层次矛盾和经济发展的不平衡性对罪犯劳动改造的影响日益显现。1995年，监狱工作方针调整为"惩罚与改造相结合，以改造人为宗旨"，并开始系统性地进行监狱体制改革。在监狱和监狱企业关系的体制改革中，在"全额保障”新的监狱经费保障体制下，罪犯劳动改造从管理体制、产业结构、经济功能上发生了巨大的变化，逐步走上了“以改造人为宗旨”的正常化发展道路。

## 一、改革开放初期劳改生产秩序的整顿

为了修复“文化大革命”时期对劳改生产秩序和劳动改造工作的严重破坏，1980年，公安部连续下发关于整顿劳改生产秩序的文件，抓紧落实“调整、改革、整顿、提高”的方针，各地按照文件精神，大力整顿生产秩序，调整干部力量，修订各项规章制度，加强企业管理，逐项进行验收，使整顿落到实处。

## 二、“八劳”会议对劳动改造工作的历史性评价、总结和推动

为了总结历史经验，规划此后劳改工作的发展，1981年8月18日至9月9日，在北京召开了“八劳”会议。这次会议是加速劳改工作改革开放、开创新局面的一次重要会议，是劳改工作实现历史性转折、进入新历史时期的标志性会议。会议提出和解决了一系列重大问题，在新中国劳改工作发展史上具有深远的现实意义和历史意义。

### （一）全面总结新中国成立30余年来劳动改造的基本经验

“八劳”会议认真总结回顾了新中国监狱工作的历史，对新中国成立30余年来的基本经验进行了全面总结和理论概括，总结的6项内容中有5项与劳动改造有关。

1. 正确执行“改造第一，生产第二”的方针

强调教育改造与劳动改造是相辅相成的，不可偏废，只有这样才能把罪犯改造成为拥护社会主义制度的守法公民和对社会主义建设的有用之才。

2. 采取正确的政策和方法

强调惩罚管制与思想改造相结合，劳动生产与政治文化技术教育相结合，严格管理与教育、感化、挽救相结合；而采取单纯惩罚和不给出路的办法，是改造不好罪犯的。

3. 组织好劳改生产，进行科学的生产管理

既不让犯人坐吃闲饭，也不能搞超体力劳动。犯人每天劳动一般不要超过8小时。要通过生产劳动，使犯人养成劳动习惯，学会生产技能。

4. 各方面的力量密切配合

罪犯劳动改造工作要充分依靠人民群众，在监管、教育、生产和刑满安置等方面必须取得有关部门的支持和配合。

5. 加强劳改工作干部队伍的建设

根据劳改工作的性质和任务，劳改工作干部必须有高度的政治觉悟，有专业知识，懂政策，懂法律，会做教育改造工作，会管理生产。①

（二）科学确定劳动改造工作的社会地位和历史使命

1. 劳动改造工作是党和国家改造人、改造社会的伟大、光荣事业的一部分

中共中央历来重视劳动改造工作。“八劳”会议要求，要摆正“改造”和“生产”的位置。会议指出，把罪犯改造成自食其力的新人，为社会主义现代化建设造就有用之才，是劳改工作的根本目的，是属于第一位的；通过组织罪犯参加工农业生产劳动，为国家创造物质财富，是属于第二位的；要防止单纯追求经济利益和口头上强调改造的重要性而不积极组织罪犯生产劳动两种偏向。

2. 劳动改造的理论和方针政策是正确的，在实践中取得了巨大成就

从1951年组织劳动改造开始，至1981年基本完成了对历史反革命罪犯的改造任务。经过改造，罪犯们养成了劳动的习惯，走上了自新道路，成千上万的罪犯被改造成为自食其力的新人，化消极因素为积极因素，给国家输送了有用之才。据“文化大革命”前对一些地区的典型调查，罪犯刑满释放后重新犯罪的占1%－3%；即使在“文化大革命”期间，刑满释放人员干坏事、重新犯罪的也只是极少数。从经济上看，将罪犯组织起来进行劳动改造，为国家创造了大量财富，支援了社会主义建设。据统计，组织劳动改造30余年来，共开垦荒地1100多万亩，建设工厂、矿山、农场800多个，累计生产粮食300多亿斤，工农业总产值646多亿元，修筑了大量铁路、公路，治理了边远地区。事实证明，中国共产党的劳动改造理论、方针和政策是正确的，并在实践中取得了巨大胜利，受到了人民群众的普遍赞扬，得到了罪犯本人及其家属的衷心感谢，也获得了国际舆论的高度评价。

（三）推行新的劳动改造政策和方法

1. 对罪犯构成变化进行了分析

党的十一届三中全会以后，我国进入了改革开放的历史新时期。罪犯改造工作也出现了许多新情况和新问题，主要表现在罪犯的构成与20世纪60年代前相比，出现了历史性的变化。罪犯构成呈现“三多”的特征，即刑事罪犯多、青年罪犯多、劳动人民家庭出身的罪犯多。20世纪60年代前犯罪的主要根源是许多反革命犯仍妄想变天复辟，思想顽固，不易改造；20世纪70年代后的罪犯，绝大多数是年轻刑事犯，与政府和人民没有敌对根源。尤其是“文化大革命”后期入监的罪犯，受

---

① 参见《第八次全国劳改工作会议纪要》，自1981年12月11日起施行。

无政府主义和帮派流毒影响，缺乏正确的人生观，为了追求吃喝玩乐而走上犯罪道路。服刑中，他们对劳动拈轻怕重，不服管教，不守监规。考虑到上述罪犯情况的变化，如果沿用以往管教反革命犯的方法显然不行，必须依据罪犯的实际情况，采用新的改造教育方法。

2. 加强教育改造工作，办好特殊学校

“八劳”会议首次提出创办特殊学校的工作要求，对办学原则、办法、学习内容以及检查考核等方面作出规定，比如技术学习考核合格的，发给毕（结）业证和技术等级证书。

3. 完善生产管理体制

关于生产管理体制方面，提出劳改生产单位是特殊的地方国营企业，列入地方经济建设计划。生产体制的调整必须适应罪犯劳动改造的需要，取得当地经济管理部门的支持，在计划、投资、生产项目的改建、扩建等方面给予照顾；积极推行各种经济责任制；劳改生产单位可以参加企业之间的产供销联合体，将其纳入地方同类企业产业链中，加快企业发展。关于劳改企业的困难，提出要切实解决企业指标过高、生产任务过重、利润效益过低的问题。

4. 加强队伍建设

“八劳”会议确定和推进了一系列从优待警和加快队伍建设的决定和措施，在加强干部培训工作方面，各省（区、市）都要创办劳改工作干部学校，招生指标列入地方统一招生计划，同时有计划、有步骤地开展培训工作，提高干警的政治、业务素质。补充干部编制，以适应工作需要，规定劳改单位的干部编制，工业单位按罪犯人数的20%、农业单位按罪犯人数的16%配备。

## 三、办“特殊学校”对劳动改造工作的促进

早在20世纪50年代，新中国各地的监狱就继承革命根据地工作经验，根据监狱生产发展的需要，在罪犯中开展了技能培训性质的生产技术教育。毛泽东在1960年10月接见斯诺的谈话中，提出了“我们的监狱不是过去的监狱。我们的监狱其实是学校，也是工厂，或者是农场”的战略构思。[①] 1981年12月，由中共中央办公厅、国务院办公厅转发的“八劳”会议纪要首次提出：“要加强对罪犯的教育改造工作，把劳改场所办成改造罪犯的学校。”1982年1月，中共中央在《关于加强政法工作的指示》中指出，“劳改、劳教场所是教育改造违法犯罪分子的学校。它不是单

---

① 参见《劳改工作文件汇编》（第1册），1982年编印，第37页。

纯的惩罚机关,也不是专搞生产的一般企业、事业单位”。1982 年 2 月公安部下达了《关于对罪犯教育改造工作的三年规划》,明确规定“组织罪犯学政治、学文化、学技术”,“对罪犯进行的政治教育、文化教育和技术教育,应当以政治教育为重点,三者密切结合,不可偏废”。1985 年召开的全国司法厅、局长会议提出,争取在三五年内基本上把全国劳改、劳教场所办成特殊学校。为落实这一要求,1985 年 6 月 11 日,司法部、教育部、原劳动人事部联合发出《关于加强对劳改劳教人员文化、技术教育的通知》,首次将劳改场所的办学工作纳入当地教育、劳动部门的统一规划之中。随后召开的全国劳改场所办特殊学校经验交流会明确了特殊学校办学的指导思想是“改造思想,造就人才,面向社会,服务四化”,并提出了特殊学校办学的 5 条标准,指出“三课”教育要以政治教育为核心,以文化教育为基础,以技术教育为重点。1994 年 12 月 29 日颁布施行的《监狱法》也对再教育进行了规定:“监狱对罪犯应当依法监管,根据改造罪犯的需要,组织罪犯从事生产劳动,对罪犯进行思想教育、文化教育、技术教育。”

“三课”教育之一的技术教育本身就是罪犯劳动改造的重要内容。由于办学指导思想的正确和“三课”教育有机结合,技术教育得以在改造思想为首位的前提下,成为罪犯劳动改造的得力措施。技术教育除了“干什么、学什么”、在劳动中边干边学,各监狱还开设了各种不同类型的职业技术培训班,培训服装剪裁、家电维修、机动车修理、电脑操作、美容美发、植物栽培、养殖等。技术教育使许许多多的罪犯学到了劳动技能,甚至成为劳动能手。到 2000 年,有 317.2 万余人次获得各类技术等级证书,取得发明专利项目 130 个。一批又一批学有所成的刑满释放人员成了自食其力的守法公民,有的还成为建设和发展社会主义市场经济的有用之才。

### 四、劳动改造纳入改造、生产百分考核制度

#### (一)罪犯改造考核奖罚制度的探索

20 世纪 80 年代开始,山东等省的一些监狱、劳改队试行罪犯行为“日准则”,进而发展为改造、生产百分考核制,作为对罪犯考核的一项重要改革,很快在全国推行。1985 年 1 月,山东省潍坊劳改支队为适应改革开放的新形势,促进监狱工作进一步走上法治、科学的轨道,提高改造质量,在推行罪犯“日准则”的基础上,以改造、生产两大任务为基点,对罪犯实施“联改联产考核奖罚责任制”,开始对罪犯的考核奖罚制度实行改革。这项考核的办法是对罪犯的思想改造和劳动改造实行指标分解,逐项定分,按照奖优罚劣、奖勤罚懒的原则,以分计奖。具体方法如下:将思想改造和劳动改造两部分分解为认罪服法、遵规守纪、“三课”学习、生活秩序和

产量、质量、消耗、文明生产等8项指标,按各项指标的作用和功能逐项定分,共计100分,并以此作为基准线。考核具体规定了156个控制点和应奖应罚的分数线,以便相机处置罪犯改造好坏的各种表现;围绕“百分基准线”,向上浮动是受奖条件,向下浮动是受罚条件;对有重大立功表现和触犯刑律的,按有关法律规定呈报重奖或重罚。通过对法律、行政、经济奖罚的统一化、计量化和规范化,罪犯能够自己计算思想改造和劳动改造所得的积分,掌握改造前途和命运的主动权;把他们最关心、最迫切的减刑假释问题,变成“算得出、盼得到”的希望,从而充分发挥法律对改造罪犯的威力,有效地、持久地调动罪犯的改造积极性。

（二）司法部《关于计分考核奖罚罪犯的规定》

通过一段时间的试行,在认真总结各地的成功经验和不足之处的基础上,司法部于1990年8月制定下发了《关于计分考核奖罚罪犯的规定》,对计分考核奖罚办法进行了改进和完善,将计分考核统一为百分制,规定思想改造满分为55分,劳动改造满分为45分。该规定对罪犯实施记分考核工作的原则:“必须坚持合法的原则,注重思想改造的原则,计分考核与管理教育相结合的原则,调动罪犯改造积极性的原则,干部直接考核的原则,严肃认真、实事求是的原则。”针对罪犯服刑改造中最为关心的问题,该规定第23条明确规定:“计分考核应与行政奖罚挂钩,依据罪犯悔改表现的事实给予加分,并依据加分的多少,分别给予表扬、记功、授予劳改积极分子称号;依据罪犯抗拒改造、违规违纪的行为给予扣分,并依据扣分的多少,分别给予警告、记过、记大过。”

2016年7月22日,司法部在1990年的《关于计分考核奖罚罪犯的规定》的基础上又重新修订下发了2016年《关于计分考核奖罚罪犯的规定》,计分考核内容修改为教育改造和劳动改造两部分,每月基础分为100分,教育改造基础分为65分,劳动改造基础分为35分。2016年《关于计分考核奖罚罪犯的规定》对劳动改造考核的内容有:(1)劳动态度端正,服从调配,按时出工劳动,参加劳动习艺;(2)按时完成核定的劳动任务,达到劳动质量要求,无劳动定额的,认真履行岗位职责;(3)遵守劳动操作规程和安全生产规定,爱护劳动工具和产品;(4)其他接受劳动改造的情形。

从“日准则”到“联改联产考核奖罚责任制”,再到司法部《关于计分考核罪犯的规定》,把生产劳动中的表现量化为积分,并将此作为对罪犯予以行政奖励和减刑、假释的重要考核指标,让罪犯能够自己计算教育改造和劳动改造所得的积分,把他们最关心、最迫切的减刑、假释问题变成“看得见、盼得到、算得出”的现实,使罪犯能够自己掌握改造前途和命运的主动权,有效地、持久地调动了罪犯的劳动改造积极性。这种计分考核改革是对罪犯改造及管理办法的创新,特别是对罪犯劳动改造进行计分考核,能够很大程度上反映罪犯在生产劳动中的表现以及生产劳动成果与劳动改造效果之间的内在联系,是劳动改造制度的一大进步。

## 五、《监狱法》对罪犯劳动改造的规范

1994 年 12 月 29 日,第八届全国人大常委会第十一次会议通过了新中国历史上首部《监狱法》。《监狱法》的颁布实施,是新中国监狱史上一座里程碑,标志着中国刑事法律体系的进一步完善,具有划时代的意义。《监狱法》对罪犯劳动改造工作从法律层面上进行了重要的调整和规范,奠定了社会主义市场经济条件下罪犯劳动改造工作规范、科学发展的法律基础。

### (一)从法律上确定了罪犯劳动改造是改造罪犯的三大基本手段之一

《监狱法》第 4 条规定:"监狱对罪犯应当依法监管,根据改造罪犯的需要,组织罪犯从事生产劳动,对罪犯进行思想教育、文化教育、技术教育。"第 69 条规定:"有劳动能力的罪犯,必须参加劳动。"第 70 条规定:"监狱根据罪犯的个人情况,合理组织劳动,使其矫正恶习,养成劳动习惯,学会生产技能,并为释放后就业创造条件。"这就从法律上确定了劳动改造是监狱改造罪犯的三项基本手段之一。

### (二)对监狱生产(劳改生产)的性质和地位有所调整

《监狱法》第 2 条规定"监狱是国家的刑罚执行机关",不仅阐明了监狱的性质、任务,而且赋予了监狱明确的法律地位。《监狱法》根据马克思主义关于军队、警察、法庭、监狱是国家机器重要组成部分的原理,把监狱定义为国家的刑罚执行机关,表明中国监狱既不是一般的国家行政机关,也不是专门从事生产的企业,而是国家的刑罚执行机关,与公安、检察、法院共同完成保护人民、打击敌人、惩罚犯罪、改造罪犯的任务。1954 年《劳改条例》除了规定"中华人民共和国的劳动改造机关,是人民民主专政的工具之一,是对一切反革命犯和其他刑事犯实施惩罚和改造的机关",还专门设立了一章"劳动改造生产",规定了"劳改生产应当为国家经济建设服务,应当列入国家生产建设总计划之内",说明劳改生产不仅是劳动改造罪犯的手段,还是国家经济建设的一支重要生产力。长期以来,劳改机关既是刑罚执行机关,又是生产单位,是特殊的国营企业,不仅要承担执行刑罚的职能,还要完成一定的经济任务,这导致监狱把大部分精力用于组织犯人生产,参与市场竞争,影响了刑罚执行和改造罪犯职能的正常发挥。《监狱法》明确了监狱作为人民民主专政机关的性质及其职能,对生产劳动的有关规定基本上是基于罪犯劳动改造的需要提出的,不再强调监狱生产的经济功能,这是对监狱工作认识的历史性进步,对罪犯

劳动改造也是一大支持和促进。

### (三)确立了罪犯劳动生产经费保障体制

《监狱法》第 8 条规定:"国家保障监狱改造罪犯所需经费。监狱的人民警察经费、罪犯改造经费、罪犯生活费、狱政设施费用及其他专项经费,列入国家预算。国家提供罪犯劳动必需的生产设施和生产经费。"这项规定确立了监狱经费的财政保障体制和罪犯劳动改造所需生产经费的投资保障体制。1995 年 2 月 8 日国务院下发的《关于进一步加强监狱管理和劳动教养工作的通知》(国发〔1995〕4 号)指出:将监狱生产性基本建设投资和技术改造投资列入中央和地方的固定资产投资计划,单立户头,视财力情况逐步有所增加。从《监狱法》到国发〔1995〕4 号文件所建立的监狱生产投资保障体制,是对罪犯劳动改造的根本性、体制性的支持和保障,从经济意义上讲,也是中国监狱工作又一个重要里程碑。虽然由于我国经济发展的不平衡,这一规定的真正实现还要经历较长时期,但其从法律上澄清了监狱生产或监狱企业与其他市场主体的根本不同,即监狱企业是为罪犯劳动改造提供手段的特殊企业,是需要国家投资保障顺利运行的。这一规定也为扭转监狱办企业和监狱企业负担监狱经费的体制性弊端奠定了基础,对监狱改造罪犯职能的正常发挥有重要的作用。

## 六、监狱工作方针的调整

进入 20 世纪 80 年代,改革开放不断深入,监狱工作进入了新的历史发展时期。在认真总结中国监狱工作 40 多年历史经验的基础上,依据《宪法》《监狱法》的基本原则,遵循"改造人"的根本任务,1995 年 2 月国发〔1995〕4 号文件提出了"惩罚与改造相结合,以改造人为宗旨"的监狱工作方针,以其取代"改造第一,生产第二"方针。其基本精神是坚持监狱的刑罚执行职能,以对罪犯依法实施惩罚为前提,在依法、严格、文明、科学管理的基础上,运用各种有效形式,实现惩罚与改造的有机结合,加大对罪犯的改造力度。新监狱工作方针把改造人作为监狱工作的根本任务,突出改造工作;其与历次监狱工作方针不同的是没有直接提劳动,但是科学、严谨、准确地诠释了劳动要同其他手段一样"以改造人为宗旨",从而彻底明确了罪犯劳动改造不能再承担国家经济建设的重任,不能再以经济效益为目标。

新的监狱工作方针比原来的"改造第一,生产第二"方针对罪犯劳动改造的指导性更明确。无论是劳动生产项目的选择、经营、管理等,还是对经济效益与改造效益关系的处理,都要以有利于改造人为宗旨。按照马克思主义劳动学说和毛泽东实践论的观点,劳动本身具有改造人的功能,改造与生产是既对立又统一的关系,二者相互依存、相互制约、相互促进,符合对立统一规律。"以改造人为宗旨"的方针既明确了主要矛盾,又尊重了这一关系和规律,比"改造第一,生产第二"方针更加科学,更易于把握。

## 七、监狱系列改革推动罪犯劳动改造工作的发展

1978年,党的十一届三中全会召开,我国进入了集中精力搞好社会主义现代化建设的改革开放时期。随着改革的深入,我国的经济体制从高度集中的计划经济体制发展到社会主义市场经济体制,罪犯劳动改造所依托的监狱生产与监狱企业受经济体制改革和市场经济环境的影响越来越大。为了适应新经济体制环境,探索适应市场经济环境的监狱管理体制机制和罪犯劳动改造模式,监狱相继进行了改造生产双承包责任制改革、"统一领导、双轨运行"改革、"监企分开"改革和以"全额保障、监企分开、收支分开、规范运行"为总体目标的监狱体制改革。

### (一)双承包责任制的实行

中国经济体制改革是从农村实行联产承包、家庭承包责任制开始的,之后国家又以国有企业改革为中心开展城市经济体制改革。国有企业改革也从承包经营责任制开始,并很快取得了调动积极性、提高经济效益的重大成就。监狱机关实行的双承包责任制,是在学习借鉴地方上实行经济责任制的基础上,结合监狱工作的实际开展起来的。1984年6月召开的全国劳改、劳教工作会议,下达了《关于在劳改、劳教单位进一步推行经济责任制的意见》,要求监狱系统必须推行双承包责任制。到1985年,双承包责任制在全国监狱系统普遍推行,促进了改造秩序的稳定和劳动生产的发展,全国监狱系统工业生产总值比上年增长15%。1988年12月召开的全国劳改、劳教工作会议,肯定了全国监狱系统推行双承包责任制所取得的成绩和经验。这次会议认为双承包责任制是监狱工作的基本责任制度,要在全面推行的基础上不断完善和发展,在内容上包括管教、生产承包指标和政治工作承包指标。

应该说双承包责任制对提高改造质量和经济效益起了重要的作用,是在改革开放之初调动两个积极性特别是调动生产积极性的重要改革措施。但是,双承包责任制是在没有彻底改革监狱工作体制的前提下着眼于调动各方面积极性的措施,既没有解决体制上的问题,也没有解决监狱的经济困难问题,这些问题在社会主义市场经济体制建立起来以后就彻底地暴露了出来。此外,生产承包责任制的着力点在生产和经济效益上,而不是罪犯劳动改造上,虽然这种改革是改造、生产双承包,而且是二者结合进行的,但是生产承包的硬性指标在实际运行中实实在在地、经常不断地将"改造第一,生产第二"变成了"生产第一,改造第二",从而不仅没

有解决改造和生产的矛盾,还进一步使生产冲击了改造。

（二）监狱体制改革的渐进过程

双承包责任制解决不了监狱工作的根本问题,随着市场竞争日益激烈,许多监狱企业亏损破产,罪犯劳动改造的生产手段难以为继。20 世纪 90 年代前后,监狱工作中出现了很多严重影响监管改造秩序的问题。要实现《监狱法》规定的监狱职能,要真正落实"以改造人为宗旨"的监狱工作方针,就必须正确认识社会主义市场经济条件下监狱的地位和作用,就必须处理好监狱和监狱企业的关系等关键的体制问题。为此,监狱主管部门进行了一系列的改革探索,直至国家层面作出了关于监狱体制改革的决定。

1993 年年初,司法部就劳改单位的管理模式提出了"统一领导,双轨运行,强化改造,搞活经营"的改革思路,在全国监狱系统施行"改造工作依法办事,生产经营放权搞活"的改革,但这一改革在体制不变的情况下实际上是很难推行的。1997 年全国监狱经济工作会议提出了以"监企分开"为主题的改革,这项改革试图变革监企合一的体制,但因不具备解决监企合一体制的条件而没有实行。

2003 年 1 月,国务院下发《国务院批转司法部关于监狱体制改革试点工作指导意见的通知》(国函〔2003〕15 号)提出了"全额保障、监企分开、收支分开、规范运行"的监狱体制改革目标,先试点后铺开,从 2003 年起在黑龙江、上海、江西、湖北、重庆、陕西 6 个省(市)先行试点。2004 年 8 月,监狱体制改革第二次部际联席会议确定辽宁、吉林、湖南、广西、海南、甘肃、宁夏、青海为 8 个第二批试点省区。2007 年 11 月,国务院出台《国务院批转司法部关于全面实行监狱体制改革指导意见的通知》(国函〔2007〕111 号),要求从 2008 年起,在全国范围内全面实行监狱体制改革。此次监狱体制改革的主要内容是实行全额保障,建立适合监狱工作性质的新型经费保障体制;实行监企分开,建立规范运行的监狱刑罚和监狱企业管理工作新体制;实行收支分开,建立相对独立的监狱和监狱企业财务管理新体制;实行监社分开,分离监狱办社会职能;实行规范运行,做到"六个规范"(规范监狱管理、规范监狱企业运行、规范监狱与监狱企业关系、规范收支分开、规范监狱警察管理、规范工人管理);建立具有中国特色,与国际惯例接轨的新型监狱制度。

（三）改革对罪犯劳动改造的推动作用

监狱体制改革是对长期以来形成的监狱工作体制进行的一次全方位的深刻变革,对我国监狱推动罪犯劳动改造的发展发挥了重要作用。

1. 建立了监狱经费财政保障体制,监狱经费不再依靠监狱企业生产经营所得,罪犯劳动改造不再承受沉重的经济负担,从而真正实现"以改造人为宗旨"的刑罚功能。

2. 建立了监企分开的监狱管理体制，组建负责生产经营的监狱企业，监狱长不再为生产经营事务所困扰，监区一线管理者不再直接面对市场，可以专心致志地组织罪犯劳动改造。

3. 打下了监狱和监狱企业规范运行的基础，有利于在监狱工作方针的指导下，探索形成罪犯劳动改造规范、良性运行的机制。

4. 监狱体制改革与监狱布局调整、监狱企业产业结构调整同时推进，实现了罪犯劳动改造生产项目从室外转向室内，从农业、矿业转向工业项目，从自主品牌转向劳务加工项目，降低了罪犯劳动中的各种危险，尽可能地结合了罪犯职业技能的培养。

## 八、罪犯劳动改造的历史经验

### （一）始终以马克思主义基本原理、毛泽东劳动改造思想为指引

我国的罪犯劳动改造工作有正确的理论支撑，始终坚持以马克思主义基本原理、毛泽东劳动改造思想为指引，思想、理论的先进性从根本上保证了方向的正确性和发展的科学性。

### （二）始终坚持党的领导

我国的罪犯劳动改造工作只有始终在党的坚强领导下，在党中央、国务院的正确决策和指引下，才能做到守正创新，不断改革发展。事实证明，每当罪犯劳动改造工作出现问题，需要调整、改革，甚至拨乱反正的时候，都是党和国家作出了正确的决策，指引我国的罪犯劳动改造工作朝着正确的方向不断前进。

### （三）始终以改造人为根本宗旨

我国的罪犯劳动改造工作以改造人为宗旨，抓住了社会主义制度下监狱工作的根本任务，实现了无产阶级既改造客观世界又改造人的主观世界的伟大理想，是我国罪犯劳动改造从本质上区别于其他社会制度下罪犯劳动的一大特色，充分体现了社会主义制度的优越性。

### （四）始终发扬艰苦奋斗、艰苦创业、无私奉献的精神

我国的罪犯劳动改造工作是在一代又一代监狱工作者的努力拼搏中，特别是新中国第一代监狱工作者的艰苦创业中发展起来的，广大监狱工作者无私奉献、艰苦奋斗的精神是我国监狱工作宝贵的精神财富。

### （五）始终与国家社会经济发展水平相适应

我国的罪犯劳动改造工作紧贴不同历史时期的社会经济发展状况，因地制宜、

因时制宜地进行创业和发展。既有革命根据地时期自给自足、寓教育于生产之中的应对之策，又有新中国成立初期“三个为了”的英明决策，也有社会主义建设时期从政治上把劳改生产作为改造罪犯并使其成为新人的重要政策，还有从经济上把劳改生产列入国家生产建设总计划内的指导方针。随着经济的发展和国家财力的增强，我国也逐渐建立起监狱经费财政保障体制和罪犯劳动生产的投资保障体制，罪犯劳动改造工作必将在无沉重经济负担的条件下健康发展。

（六）始终在改造与生产的矛盾运动中向前发展

改造与生产是罪犯劳动改造工作中的一对基本矛盾，二者既对立又统一是我国罪犯劳动改造工作的特殊运动方式。所以，从革命根据地时期开始，改造与生产的矛盾就与我国的罪犯劳动改造工作相伴相随。我们党的监狱工作管理者们从一开始就认识到了这对矛盾，并多次针对性地正确处理这对矛盾，使罪犯劳动改造工作不断健康发展，特别是在这对矛盾异常尖锐的时候，也作出了调整监狱工作方针这样的重大决策。对改造和生产的矛盾的处理彰显了我国执政者认识规律、处理矛盾和解决问题的能力。

## 思考题

1. 简述革命监所劳动改造的主要成就。
2. 简述革命监所的劳动改造政策。
3. 综述我国劳动改造概念的起源。
4. 简述“三个为了”决策的产生和内容。
5. 简述“一劳”会议对劳改生产的性质、发展方向和管理体制的规定。
6. 简述《劳改条例》对罪犯劳动改造工作的历史意义。
7. 综述《劳改条例》对罪犯劳动改造工作的规范。
8. 简述新中国成立初期劳动改造工作指导思想的形成。
9. 简述新中国劳动改造创建时期的主要成就。
10. 综述“八劳”会议对劳动改造工作的历史性评价、总结和推动。
11. 简述司法部《关于计分考核奖罚罪犯的规定》对劳动改造考核的内容。
12. 简述《监狱法》对罪犯劳动改造的规范。
13. 简述“惩罚与改造相结合，以改造人为宗旨”监狱工作方针的基本精神。
14. 简述监狱体制改革对罪犯劳动改造的推动作用。
15. 简述罪犯劳动改造的历史经验。

# 第四章 罪犯劳动改造的性质、目的和意义

罪犯劳动改造是我国监狱机关以生产劳动为手段改造罪犯的一项基本活动和手段。罪犯劳动改造的目的是改造罪犯犯罪的思想本质,使其养成劳动习惯,培养劳动能力和职业技能,回归社会后成为能够自食其力的守法公民。我国的罪犯劳动改造是对马克思主义理论的验证、传承和发展,成功地改造了成千上万的各类罪犯,形成了具有中国特色社会主义制度优势的罪犯劳动改造制度,为我国刑罚制度的科学发展、治理和防范犯罪作出了重大贡献。

## 第一节 罪犯劳动改造的性质

罪犯劳动改造的性质是罪犯劳动改造学最基本的理论问题之一。正确认识和科学界定罪犯劳动改造的性质,对于准确把握罪犯劳动改造的发展方向,科学运用罪犯劳动改造手段,合理发挥罪犯劳动改造的功能和作用,实现罪犯劳动改造的目标,具有重要的意义。

### 一、罪犯劳动改造的性质

罪犯劳动改造是我国监狱机关依法运用生产劳动方式改造罪犯的一种基本手段,与监管改造、教育改造并列为我国监狱改造罪犯的三大基本手段。“罪犯劳动改造是中国特色社会主义监狱以改造人为宗旨、以生产劳动为形式、组织罪犯参加的一项学习和改造的活动和手段。”①

事物自身特殊的矛盾性决定事物的性质。罪犯劳动改造是生产和改造的矛盾统一体,改造和生产既对立又统一,形成了罪犯劳动改造特殊的矛盾属性,从而决

---

① 中国监狱工作协会编:《新中国监狱工作五十年》(1949. 10—2000),法律出版社 2019 年版,第 13 页。

定了罪犯劳动改造成为我国监狱改造罪犯的基本手段。罪犯劳动改造必须以改造为目的,以生产为载体和手段,改造依赖于生产的经济、教育、约束、转变、矫正、锻炼等功能,生产服务于监狱改造罪犯的需要和目的。在这里,改造是主要矛盾和矛盾的主要方面,生产是次要矛盾和矛盾的次要方面,二者既相互区别,又相互联系;既相互对立,又相互统一;既相互冲突,又相互依存和促进。生产和改造的矛盾运动产生了罪犯劳动改造,决定了罪犯劳动改造与别的改造手段的区别,也决定了我国的罪犯劳动改造与西方资本主义国家的罪犯劳动的本质区别。罪犯劳动改造一旦偏离了改造人的目的和宗旨,片面地追求生产的经济功能,就不再是罪犯劳动改造本身了,国家创建罪犯劳动改造这一活动自始就明确了改造人的目的和方针,历史上罪犯劳动改造每次偏离这一目标都得到了强有力的纠正。

罪犯劳动改造的性质表现为以下几个方面的基本属性:思想政治属性、法律属性、实践属性、社会属性、人本属性。

(一)以思想改造为根本的思想政治属性

罪犯劳动改造以马克思列宁主义、毛泽东思想、邓小平理论、“三个代表”重要思想、科学发展观、习近平新时代中国特色社会主义思想为思想指南,这与中国共产党领导的各项社会主义事业的理论依据和指导思想是同根同源的。罪犯劳动改造以马克思主义劳动学说、毛泽东劳动改造思想为指导,以人类最基本的实践活动——生产劳动为载体改造罪犯,符合人类社会的发展规律,是无产阶级改造人类、改造社会的基本内容。罪犯劳动改造科学地运用辩证唯物主义实践论、认识论,旗帜鲜明地讲政治,旗帜鲜明地讲通过生产实践改造罪犯思想,使其树立正确的世界观、人生观、价值观,将罪犯改造成为尊重劳动、热爱劳动、热爱祖国、认同中华文化、认同中国共产党、认同中国特色社会主义的守法公民和合格劳动者。罪犯劳动改造是中国社会主义国家机器——监狱执行刑罚的基本手段之一,承担着改造罪犯,预防和减少犯罪,维护国家社会秩序、安全稳定的基本任务。罪犯劳动改造以改造罪犯思想为根本,与西方资本主义国家对罪犯的教育与矫正手段有本质不同,取得了举世瞩目的伟大成就,彰显了我国社会主义法治和国家治理体系的本质特色和优越性。

(二)依法组织罪犯劳动改造的法律属性

罪犯劳动改造是我国法律明确规定的改造罪犯的手段,是以刑事法律为依据的刑罚执行活动,这在我国不同历史时期的法律体系中都有明确规定。1939 年以后,在边区军民开展大生产运动中,陕甘宁边区高等法院发布了第 1 号通令:为了克服抗战困难,也给犯人表现转变思想的机会,“全边区各县已判决人犯,均一致参加生产工作……并随时注意加紧教育”。1946 年年初,太行区司法会议指出:“劳动生产是对自新人的一种改造教育。”1949 年 1 月,关东高等法院制定了《犯人劳动改造委员会组织条例》,这是我国最早制定的罪犯劳动改造地方性法规。1954 年原政务院公布的《劳改条例》明确其立法目的是“惩罚一切反革命犯和其他刑事犯,并且强迫他们在劳动中改造自己,成为新人”,并确定了劳动改造机关的工作方针是“惩罚管制与思想改造相结合,劳动生产与政治教育相结合”,这是新中国首次以法规形式规定监狱工作的根本任务和工作方针。《刑法》第 46 条规定:“被判处有期徒刑、无期徒刑的犯罪分子,在监狱或者其他执行场所执行;凡有劳动能力的,都应当参加劳动,接受教育和改造。”《监狱法》对罪犯劳动改造作了更全面的规定,不仅在第 3、4、7、8 条对罪犯劳动改造作了一般的规定,而且在第 64、69、70 条等作了较为具体的规定。例如《监狱法》第 4 条明确规定了劳动改造是改造罪犯的基本手段之一:“监狱对罪犯应当依法监管,根据改造罪犯的需要,组织罪犯从事生产劳动,对罪犯进行思想教育、文化教育、技术教育。”第 8 条规定了罪犯生产劳动经费的保障机制:“……国家提供罪犯劳动必需的生产设施和生产经费。”第 69 条规定了罪犯参加劳动的强制性:“有劳动能力的罪犯,必须参加劳动。”第 70 条规定了罪犯劳动改造的具体目标:“监狱根据罪犯的个人情况,合理组织劳动,使其矫正恶习,养成劳动习惯,学会生产技能,并为释放后就业创造条件。”第 64 条对罪犯的职业技术教育进行了具体规定:“监狱应当根据监狱生产和罪犯释放后就业的需要,对罪犯进行职业技术教育,经考核合格的,由劳动部门发给相应的技术等级证书。”

### (三)以生产实践为手段的实践属性

罪犯劳动改造是改造自然或劳动对象的生产实践活动,这使之区别于教育改造、监管改造,也区别于心理矫正或矫治,更区别于西方国家单纯的劳动矫正和职业技能教育。生产实践是三大社会实践中最基本的实践活动,是人的认识、观念形成、发展和转变最基本的源泉和动力,因此是改造罪犯思想最现实的、最基本的实践手段。罪犯劳动改造所依赖的生产劳动是与社会一般劳动者所从事的生产实践无本质区别的生产活动,具有一般社会生产的全部功能和作用,这与西方国家单纯的习艺劳动和劳动教育是不同的;罪犯劳动改造是创造价值和使用价值的生产劳动,是需要付出辛勤劳动和汗水的,罪犯通过这样的劳动能够认识到劳动是生存之道,是财富之源,美好和幸福生活是要靠劳动创造的;罪犯劳动改造是融入社会化大生产的实践活动,是能够让罪犯感知社会经济环境、不脱离社会的实践活动。罪犯劳动改造要求每个罪犯接受上岗前的岗位技能培训和安全生产教育,取得相应的职业资格或技能证书才能独立上岗劳动;罪犯在服刑期间必须习得一种或多种生产劳动技能，在回归社会后拥有自食其力的本领。罪犯劳动改造是在特殊的监狱环境下组织的生产劳动，既有一般生产劳动的各种生产工艺要求和规章制度约束，又有监狱针对罪犯所制定的特殊劳动管理规范，从而使其违法违纪行为和各种不良恶习在日积月累的规范化劳动中得到矫正。罪犯劳动改造科学地运用生产劳动的量化考核功能，对罪犯劳动的产量、质量、进度、成本、效率等进行精准考核，可以有效地考察罪犯的劳动态度以及接受改造的积极性、主动性，从而有针对性地对罪犯实施激励惩罚措施，这与社会上对普通劳动者考核奖惩的原理是相同的，但有罪犯劳动考核的特殊成效，这是其他罪犯改造手段无法比拟的。罪犯劳动改造的实践属性还体现在其基本的经济属性：对社会来说，罪犯劳动改造会创造一定的经济价值，并以合理的渠道、方式融入社会化大生产中；对罪犯来说，罪犯劳动改造还给他们带来了一定的劳动报酬，使之有了一定的赔偿能力，也为自己回归社会积累了一定的经济基础。总之，罪犯劳动改造特有的实践属性在我国监狱改造罪犯事业中发挥着无可替代的作用。

（四）以回归社会为立足点的社会属性

罪犯劳动改造的立足点是以生产劳动实践改造罪犯，最后还给社会一个社会化的、能够自食其力的劳动者。罪犯劳动改造的劳动是融入社会化大生产中的生产劳动，使罪犯体会到自己虽身在监狱服刑，但也是社会的一分子，也能从自己生产的产品中体验到自身价值，也能在参与社会化的生产劳动中融入社会，不脱离社会，培养自己的社会化人格。我国革命战争年代的革命监所最早采用的就是劳动感化和改造制度，最早的罪犯劳动改造制度采用的就是给出路的政策，让犯人在劳动中学习本领，在劳动中改造自己。这一政策贯穿我国罪犯劳动改造制度的整个发展历程，革命战争年代是这样，国家困难时期是这样，国家经济实力大大增强后还是这样。这一属性不仅不会变，还会随着国家经济发展水平的不断提高，不断改进和加强以回归社会为宗旨的罪犯劳动改造方式，为罪犯创造越来越好的劳动改造环境和条件。在社会主义市场经济体制下，罪犯劳动改造的社会化遇到了种种困难，面临许多新的情况和问题，在这种情况下，我国仍然坚持给罪犯提供社会化的生产活动手段；即使在受到西方国家以所谓人权为由的无理攻击的情况下，我们也会清醒地认识到，罪犯劳动改造的社会属性是我国的特色和优势，只能保持和加强，不会改变。

（五）以人为本的人本属性

罪犯劳动改造的根本点是改造人，而且是以最符合人的本质的途径和方式改造人。马克思主义劳动学说是罪犯劳动改造的基本哲学依据，也奠定了罪犯劳动改造的人本属性。马克思主义劳动学说认为,劳动创造了人,劳动是人类社会形成和发展、社会历史进步的根本原因;劳动是人类生活必需的第一个条件,没有劳动就没有人类生活;劳动是人的本质的体现;是否有自觉的目的性和能动性是人类与动物的重要区别,而有目的性的、能动性的劳动决定了人的本质。马克思主义劳动学说说明,罪犯劳动改造是以人为本的改造罪犯的手段,因为让人在劳动中改造自己是最符合人的成长和发展规律的。西方国家以所谓强制劳动、改造思想、剥夺人权来攻击我国的罪犯劳动改造,既是因为立场完全不同,更是因为其所谓人权的虚伪性、狭隘性。恰恰相反,我国的罪犯劳动改造是帮助那些迷失了人性、迷失了人生方向的人,通过最适合人的方式,也是人若为人必须劳动的方式,让他们回归人性,重树世界观、人生观、价值观。如果不如此,不给罪犯以恰当的劳动实践机会,恰恰是违背了人的本质。我国的罪犯劳动改造,自始至终把犯人当人看,以人道主义的方式改造人。随着我国社会、文明、法治的不断发展和进步,我国越来越重视和尊重罪犯劳动的权利与义务,在法律上予以规定,在实践中更加严格地落实。罪犯劳动改造是被我国长期实践证明了的以人为本的改造罪犯手段。

## 二、我国的罪犯劳动改造与其他社会制度罪犯劳动的本质区别

一些教材或学术著作往往这样描述罪犯劳动改造:关于罪犯劳动改造的提法,多见于社会主义国家。问题的实质不在于罪犯劳动改造是哪个国家的提法,一些西方国家在讲到罪犯劳动时也会用到“改造”一词;问题的关键在于社会主义国家特别是我国的罪犯劳动改造与其他社会制度的国家的罪犯劳动是有本质区别的,而且这种区别在中国共产党领导建设革命监所时就有了。“组织生产劳动的职能,是民主政权监所工作的又一特色……这种职能同古代单纯的惩役有别,也与西方国家采取不强调不强制主义相异。”①

### (一)罪犯劳动改造与其他社会制度下的罪犯劳动在惩罚性上是根本不同的

我国的罪犯劳动改造是在马克思主义理论的指导下,为了预防和减少犯罪,维护社会安全稳定,推动社会文明、发展和进步,以劳动生产的方式改造罪犯成为新人的一种基本手段。惩罚虽然是刑罚的基本属性和职能之一,但从来不是我国社会主义监狱的性质和目的。我国的罪犯劳动改造无论是在革命战争时期,还是在新中国成立后的各个时期,都不以惩罚罪犯为目的,而是以改造人为根本目的。我

① 中国监狱工作协会编:《新中国监狱工作五十年》(1949.10—2000),法律出版社 2019 年版,第 13 页。

国监狱工作的方针是“惩罚与改造相结合，以改造人为宗旨”，这一方针的基本精神是坚持监狱的刑罚执行职能，在依法、严格、文明、科学管理的基础上，运用各种有效形式，实现惩罚与改造的有机结合，加大对罪犯的改造力度。“惩罚与改造相结合，即在严格管理前提下，通过一系列教育改造措施，达到改造人的根本目的。”①1992年国务院新闻办公室发布的《中国改造罪犯的状况》报告中明确指出：“中国政府反对将劳动作为惩罚罪犯的手段，反对用繁重的劳动折磨、虐待罪犯。将劳动作为改造罪犯的手段而不是作为惩罚罪犯的手段，在中国改造罪犯的实践中得到贯彻执行。”相比之下其他社会制度下的罪犯劳动尽管经历了从野蛮走向文明、从落后走向进步的过程，但由于其社会制度的不同、统治阶级的不同、指导理论和思想的不同，与我国社会主义监狱罪犯劳动改造的性质是有本质区别的。奴隶社会的囚犯劳动是奴隶主阶级报复、惩罚、侮辱、奴役罪犯的手段，是极其残酷、野蛮的，这是世界范围内奴隶制社会罪犯劳动的共同特征。封建社会的罪犯劳动是封建统治者为了达到巩固统治秩序的根本目的对罪犯进行惩罚、折磨、威慑、剥削的一种手段。尽管到封建社会的末期罪犯劳动体现了统治阶级的刑以弼教及感化主义的思想，但其实质仍是统治阶级维护统治的一种花样手段，罪犯受剥削、威慑的性质没有变。

（二）我国的罪犯劳动改造以改造人为宗旨和资本主义国家的罪犯劳动以教育矫正为目的是根本不同的

我国罪犯劳动改造的根本宗旨始终是通过劳动改造罪犯，主要在于改造罪犯的思想，使其树立正确的世界观。这一宗旨从罪犯劳动改造创建伊始就有，而且至今未变。如1954年原政务院颁布施行的《劳改条例》第1条开宗明义规定了改造犯人并使其成为新人是新中国劳动改造工作的根本任务，是劳改机关一切活动的出发点和归宿。②《劳改条例》第4条规定，“应当贯彻惩罚管制与思想改造相结合，劳动生产与政治教育相结合的方针”，其中“惩罚管制与思想改造相结合”是指劳改机关承担的两项基本任务及其相互关系，“思想改造则是劳改机关一切活动的最终目的”③。1994年颁布的《监狱法》第3条规定：“监狱对罪犯实行惩罚和改造相结合、教育和劳动相结合的原则，将罪犯改造成为守法公民。”第4条规定：“监狱对罪

① 中国监狱工作协会编：《新中国监狱工作五十年》（1949.10—2000），法律出版社2019年版，第270－271页。

② 参见中国监狱工作协会编：《新中国监狱工作五十年》（1949.10—2000），法律出版社2019年版，第84页。

③ 中国监狱工作协会编：《新中国监狱工作五十年》（1949.10—2000），法律出版社2019年版，第84－85页。

犯应当依法监管，根据改造罪犯的需要，组织罪犯从事生产劳动，对罪犯进行思想教育、文化教育、技术教育。”

当代西方资本主义国家依据教育刑主义认为罪犯劳动作为“教育罪犯的基本手段之一，可以培养劳动技能、职业技术”，但是其社会制度决定了其从来不会追求改造人的思想，最多上升到“强化罪犯自食其力的观念”[①]。它们把我国社会主义监狱改造罪犯思想当成其攻击中国人权的借口，这其实是两种社会制度在监狱对待罪犯劳动方面的本质区别。我国的罪犯劳动改造既有最先进的理论为指导，又反映了人的本质和内在需求，而且为举世瞩目的罪犯劳动改造成就所证明。

（三）罪犯劳动改造和资本主义国家罪犯劳动矫正的思想理论依据是不同的

我国罪犯劳动改造的根本宗旨是改造人，依据的是马克思主义基本原理，强调运用生产劳动手段，彻底地改造罪犯错误的世界观、人生观、价值观和劳动观，最根本的要义是从根本上，也就是从思想上改造罪犯，当然我国的改造也包含矫正。

西方国家的劳动矫正主要是通过劳动手段矫正罪犯的心理和行为，依据的是教育矫正原理，从性质上看是随着教育刑主义的兴起而推行的教育矫正活动。在教育刑主义下，“监狱犯人劳动是教育罪犯的基本手段之一，可以培养犯人的劳动技能、职业技术、强化罪犯自食其力的观念，为其释放后谋生提供一技之长”[②]。可以看出，教育刑主义下的罪犯劳动只指向矫正活动，不指向改造活动。夏宗素所著的《罪犯矫正与康复》中这样概括罪犯矫正：“罪犯矫正是指纠正罪犯不良心理倾向和行为习惯的行刑制度。矫正制度源于西方国家，主要指通过监禁隔离、教育感化、心理治疗和技术培训等措施，使罪犯逐步适应社会生活而进行的活动。”[③]“矫正与改造具有不同的内涵，二者是有区别的，前者侧重行为；后者则包括思想、行为、心理等多种内容。”[④]这种区别也是我国罪犯劳动改造与西方国家罪犯劳动的本质区别。

（四）罪犯劳动改造既重视改造又重视矫正的作用和西方国家劳动矫正只重视矫正的作用在效果上是根本不同的

首先，我国的罪犯劳动改造既包含劳动改造，也包含劳动矫正，有先进的理论指导，有完备的工作体系，可以实现罪犯劳动改造的强大功能，努力追求并实现了

① 贾洛川主编：《罪犯劳动改造学》，中国法制出版社 2010 年版，第 21 页。
② 贾洛川主编：《罪犯劳动改造学》，中国法制出版社 2010 年版，第 21 页。
③ 夏宗素：《罪犯矫正与康复》，中国人民公安大学出版社 2005 年版，第 11 页。
④ 贾洛川主编：《罪犯劳动改造学》，中国法制出版社 2010 年版，第 21 页。

罪犯劳动全部的意义;西方国家的劳动矫正只包含职业技能教育和劳动矫正,只是片面地发挥劳动的教育矫正作用,不可能实现罪犯劳动全部的意义。其次,我国的罪犯劳动改造充分注重和利用劳动改造和劳动矫正的联系。改造人的思想是基础和前提,矫正人的心理和行为是表现和结果,只有立足于改造思想,才能更好地矫正心理和行为,只有改造罪犯犯罪的思想根源,才能彻底改造好罪犯。这就是我国重新犯罪率远低于西方国家的根本原因,也显示了我国罪犯劳动改造制度的优越性和特色。

### 三、罪犯劳动改造的性质在我国监狱工作历史上的传承

罪犯劳动改造自始就是中国共产党创建和领导的刑事司法机关改造罪犯的重要手段,并直接影响了我国教育改造罪犯工作的发展方向和脉络。革命根据地时期从最初的劳动感化院到后来的监狱和看守所,新中国成立后从计划经济时期的《劳改条例》到市场经济时期的《监狱法》,无一不明确规定劳动改造是改造罪犯的重要手段。需要说明的是,虽然罪犯劳动改造制度首先创建于第一个社会主义国家苏联,我国在革命根据地时期以及新中国成立后都曾借鉴过苏联的经验,但是必须明确这是我党、我国在创建和发展罪犯劳动改造制度过程中的借鉴,我国基于国情创造性地建立并发展了具有中国特色的罪犯劳动改造事业,这是毋庸置疑的。

## 第二节　罪犯劳动改造的目的

罪犯劳动改造的目的是监狱机关组织罪犯劳动改造期望达到的目标和理想效果。罪犯劳动改造的目的是监狱工作目标的重要组成部分,对实现监狱工作目标具有重要意义。罪犯劳动改造的目的是罪犯劳动改造学的一个基本理论问题,也是监狱工作中的一个重要实践问题。由于罪犯劳动改造的复杂性和特殊性,理论上和实践中对这一问题非常容易出现认识不清、判断不准的偏差和错误,所以,这是一个非常需要加强理论研究的重大问题。对此,一方面要坚持我国监狱工作长期以来形成的制度性特色和优势,对罪犯劳动改造制度保持道路自信、理论自信、制度自信和文化自信;另一方面要加大理念创新、理论创新、工作创新的力度,推动我国的罪犯劳动改造工作不断创新和发展。“中国进入新时代,新时代在监狱领域就是体现为改造时代,改造成为中国监狱的时代命题,更是体现监狱治理现代化的内涵要求。实现这一突破和转型,需要构建符合当前罪犯特征的改造体系,使行刑

期间罪犯改造目标化定位、定量化推进、精准化评价。”①

## 一、罪犯劳动改造的目的

罪犯劳动改造的目的是由监狱的性质和罪犯劳动改造的性质决定的，是国家设立监狱的目的在罪犯劳动改造中的体现，与监狱工作的方向、方针和目标相一致。《监狱法》第3条规定了监狱工作的目标：“监狱对罪犯实行惩罚和改造相结合、教育和劳动相结合的原则，将罪犯改造成为守法公民。”1995年2月8日国务院下发的《关于进一步加强监狱管理和劳动教养工作的通知》中确定了我国监狱工作的方针是“惩罚与改造相结合、以改造人为宗旨”。根据《监狱法》和监狱工作方针，结合罪犯劳动改造的功能、作用和特点，应该将罪犯劳动改造的目的确定为：以改造人为宗旨，以全面改造罪犯为总体目标，以将罪犯改造成为守法公民为基本目标。所谓总体目标，是指以“惩罚与改造相结合、以改造人为宗旨”的监狱工作方针为依据，使罪犯通过劳动得到全面改造，包括改造思想、转变恶习、矫正行为、培养技能，使其回归社会后成为自食其力的守法公民。所谓基本目标，是指以《监狱法》规定的“将罪犯改造成为守法公民”的监狱工作目标为依据，将罪犯改造成为回归社会后能自食其力的守法公民。总体目标体现了罪犯劳动改造目的的根本性和全面性，包含了罪犯劳动改造的总体追求和高层次目标。基本目标体现了罪犯劳动改造目标的差异性，是从罪犯实际出发，基于罪犯的个体差异、犯因差异以及改造效果的差异提出来的基本追求和低层次目标。实际工作中，罪犯劳动改造工作要以总体目标为根本目的，努力实现罪犯劳动改造的高质量，实现罪犯劳动改造的根本性和全面性改造人的目标。同时，也要承认罪犯的个体差异和改造效果差异，对个体条件好的罪犯追求总体目标、高层次目标，对个体条件差的罪犯追求基本目标和低层次目标。为此，可以从以下几个层次具体把握罪犯劳动改造的目标。

### （一）培养罪犯劳动能力和职业技能，回归社会后成为自食其力的守法公民

改造罪犯归根结底要看罪犯回归社会后能否靠自己的劳动实现自我生存、生活甚至是人生发展，否则改造罪犯就是不成功的。所以，罪犯劳动改造目的的一个重要内容是培养罪犯的劳动能力和职业技能，培养他们回归社会后能够适应社会的就业或创业的本领，培养他们能够自食其力甚至实现更高人生目标的本领。这个目标是现代监狱工作理念的重要内容，是我国和西方国家都非常重视的内容，是罪犯劳动改造的基本目标和最低目标。

---

① 张庆斌：《论新时代改造罪犯体系的重构》，载《中国监狱学刊》2022年第1期。

(二)矫正罪犯恶习,养成遵纪守法和劳动习惯

许多罪犯身上有着各种各样的不良习惯,这些不良习惯有很多与社会公共秩序、法规法纪、单位规章是相违背的,很多人犯罪就是这些恶习造成的,所以改造罪犯身上的种种恶习也是改造罪犯的重要目标之一。罪犯劳动改造本身是通过严格的劳动管理来进行的,需要参加劳动的人日复一日地遵守各种劳动制度规范,因此有很强的助人养成良好行为习惯的功能和作用,所以,我国监狱把矫正恶习作为罪犯劳动改造的基本目标之一。

(三)改造罪犯错误思想,树立正确思想观念

改造罪犯思想在罪犯劳动改造的目标中居于根本地位和终极地位。罪犯的思想转变了,正确的世界观、人生观、价值观、劳动观树立起来了,才能真正被改造,改造的积极性、主动性才能真正被调动起来,才能真正地化改造的客体为主体、变被动改造为主动改造。所谓改造罪犯思想并不是一个简单的过程,而是一个从简单到复杂、从初级到高级、由浅到深的层次和过程。这个层次基本上可以分为培养正确的世界观、人生观、价值观,树立正确的劳动观念,树立热爱祖国、热爱社会主义、拥护中国共产党的思想观念等。对于这样一个多层次的思想改造目标,不可能对所有的罪犯一视同仁,要视罪犯个体的思想基础情况确定不同的改造目标和分阶段的改造目标,对少数罪犯可能只适合简单的、初级的思想改造目标,对大多数罪犯可能要分阶段地确定并实现从简单到复杂、从初级到高级的思想改造目标。

1. 树立正确的世界观、人生观、价值观

世界观、人生观、价值观是一个人对世界、社会、人生、事物、行为的根本的看法和判断标准。树立正确的世界观、人生观、价值观是使罪犯逐渐改变对人生、社会、他人的错误、消极、负面的思想观念和认识,逐渐树立起正确、积极、向上、正能量的思想观念。树立正确的世界观、人生观、价值观是基本的、初级层次的思想改造要求和目标,应当说经过强迫的劳动改造到自觉地接受劳动改造,罪犯的世界观、人生观、价值观均会逐渐地、程度不同地、有快有慢地发生改变,这一层次应该是对所有罪犯的改造目标和要求,是基本目标之一。

2. 树立正确的劳动观念

让罪犯树立正确的劳动观念包括改变其不劳而获的思想,使其树立自食其力的观念;改变其懒惰无度、厌恶劳动的思想,使其树立热爱劳动、勤于劳动的观念;改变其不尊重劳动的思想,使其树立劳动光荣的观念。正确的劳动观念包括劳动是人生存、生活、发展的基本途径的观念,劳动是财富的源泉和幸福的源泉的观念;在劳动中还应该逐渐树立诚信意识、纪律意识、责任意识、协作意识、节约意识、学

习意识、创新意识、进步意识等,从而做一个尊重劳动、热爱劳动、积极劳动、靠劳动自食其力的人。培养正确的劳动观念是基本的罪犯思想改造目标,是对所有有劳动能力的罪犯进行劳动改造的基本目标,也是对一个有劳动能力的守法公民的基本要求。

3. 树立热爱祖国、热爱社会主义、拥护中国共产党领导的思想观念

这是一个更高层次的目标和要求,不能强求所有的罪犯都达到,但是有思想基础的罪犯经过积极劳动改造,配合思想教育、文化教育等教育改造手段,也是可以达到的。

实践是认识的源泉和动力,生产实践是改造罪犯思想最现实的、最基本的实践手段,人的正确的思想认识必须在实践中去体会、改变和形成,这是马克思主义改造罪犯理论的基本思想,也被我国各个历史时期罪犯劳动改造的伟大成就所印证。所以,将转变罪犯思想确定为罪犯劳动改造的根本目标,有着科学的理论依据和实践依据。

改造罪犯思想在我国监狱中是罪犯劳动改造、教育改造、思想教育、劳动教育、心理矫正综合施策、协同作用的结果,是我国监狱改造罪犯的特色,体现了我国罪犯劳动改造与西方国家劳动矫正的本质区别。

## 二、罪犯劳动改造目的的二重性

### (一)主观性

罪犯劳动改造的目的是监狱对罪犯劳动改造的主观愿望和期望达到的最终效果。从根本上说,目的是由监狱设立者确定的,是存在于主体的主观意识中的,罪犯劳动改造是专政机关设立监狱的一项活动。从政治上来说,罪犯劳动改造的目的源于国家统治者的政治意识,由其所在的阶级的意识决定,所以,罪犯劳动改造的目的不是某个人的主观意识,而是源于国家的专政阶级,这个阶级的指导思想和理论也会成为设定罪犯劳动改造目的的主导思想。从这个角度也可以说,罪犯劳动改造是一项具有阶级性的活动。从立法上来说,监狱的性质和罪犯劳动改造的目的也体现着国家的意志。从罪犯劳动改造的目的来看,我国始终以改造人为根本目的充分彰显了我国社会主义的国家意志。

### (二)客观性

罪犯劳动改造的目的具有主观性,并不意味着其是绝对意志自由的产物,也不是凭空想象的结果,在具有主观性的同时还具有客观性。其客观性体现在:首先,观念是对存在的反映。罪犯劳动改造的目的作为一种观念形态的东西也是对客观存在的反映。“作为一种社会意识形态,罪犯劳动目的是社会上占统治地位的阶级或阶层对罪犯发展做出的符合其阶级利益的设计,是对客观社会存在的反映,有什

么样的社会存在,就会有什么样的罪犯劳动目的。不同社会,不同国家组织罪犯劳动的目的不尽相同,甚至还有本质的差异。"[①]这种社会存在对罪犯劳动改造目的的影响在各个社会制度下都有所体现。其次,罪犯劳动改造是通过改造客观世界来改造人的主观世界的,离开了对客观世界的认识和改造就不可能改造主观世界。最后,罪犯劳动改造的目的是让罪犯在劳动中反复实践,让主观的改造目的在罪犯身上不断地客观化、现实化,从而达成的。

罪犯劳动改造目的的二重性告诉我们,一是罪犯劳动改造以马克思主义基本原理和中国特色社会主义监狱理论、改造罪犯理论为指导,是中国特色社会主义监狱制度的特色和优势,我们要有理论自信和制度自信。二是罪犯劳动改造以罪犯劳动生产为载体和手段,而生产又必然会受到国家特定历史时期的经济发展水平和生产力发展水平的制约,这就导致我国在经济发展水平低下、监狱工作困难的时期,把罪犯劳动作为改造手段的同时,也将其作为解决监狱困难的手段,甚至在计划经济时期将其作为社会生产力的重要组成部分,以致在我国相当长的历史时期内存在生产和改造的矛盾激化,生产冲击改造这一根本目的的现象。党和国家一直高度重视这一问题,并确定了"改造第一,生产第二"的劳改(监狱)工作方针,及时指导协调实际工作中的矛盾。对此,我们一定要认识到这一矛盾深刻的历史根源和现实表现,既要正确面对社会经济条件的客观影响,也要牢固把握罪犯劳动改造目的的精神实质,要在复杂的客观现实中坚持罪犯劳动改造的根本目的,以正确的理论指导实践,以坚定的理论自信和制度自信坚持罪犯劳动改造的发展方向。

## 三、确定和实现罪犯劳动改造目的的影响因素

罪犯劳动改造实践中有很多因素,影响人们对罪犯劳动改造目的的判断和实现。认真分析这些影响因素对罪犯劳动改造实现正确的目的,是非常必要的。

### (一)社会经济发展状况

纵观罪犯劳动改造的历史,社会经济发展水平对罪犯劳动改造有很强的制约作用。从实际出发,紧密结合国家和社会的经济发展状况,实事求是地做好罪犯劳动改造工作,是罪犯劳动改造工作的一条重要规律。罪犯劳动改造自产生和创建以来发展变化的历史充分印证了这条规律。在战争年代实行自给自足的经济政策,在新中国刚刚起步阶段实行白手起家、艰苦创业的政策,在经济困难的社会主义建设时期把罪犯劳动改造生产纳入国家经济建设计划,支援国家经济建设的政

① 柯淑珍:《论罪犯劳动的目的》,载《犯罪与改造研究》2016年第2期。

策等,都是在坚持改造人这一根本目的的前提下,从国情出发、从实际出发,采取的与当时的社会经济发展水平相适应的罪犯劳动改造政策。这充分说明罪犯劳动改造并不是脱离社会现实的活动,恰恰相反,与社会经济发展水平相适应,与当时当地的社会经济发展状况和发展需求密切结合,正是罪犯劳动改造的一个重要特点。

罪犯是特定社会历史背景下的罪犯,罪犯劳动改造生产也必然是特定社会经济背景下的生产活动。罪犯劳动改造工作永远不能超脱于国家、社会甚至地域的经济发展水平,而要与经济发展状况密切结合,在社会经济发展环境中准确定位,谋求发展机会,这是罪犯劳动改造工作一项正确的战略。可以说,我国在不同历史时期罪犯劳动改造的政策总体来说是正确的,根本原因就是把握了与社会经济发展状况紧密结合这条重要的发展规律。当然,罪犯劳动改造工作在大方向正确的前提下也出现过一些情况和问题,甚至是一些严重偏离目标的情况和问题。这既是发展中难以避免的,也是罪犯劳动改造自身特殊矛盾性的必然现象,更是罪犯劳动改造工作在困难中发展、在曲折中前进的发展规律。

(二)国家财政对监狱经费的保障水平

如果国家经济困难,监狱经费财政保障不足,很容易影响正确认识和确定罪犯劳动改造的目的。革命战争年代的革命监所里就有过组织犯人自己动手、丰衣足食的传统。新中国成立初期国家作出了全面组织罪犯劳动改造的决策,毛泽东亲自批示的“三个为了”——“为了改造他们,为了解决监狱的困难,为了不让反革命分子坐吃闲饭”,其中就有两个“为了”是发挥罪犯劳动改造的经济作用。在战争废墟上建立起来的新中国,是人口总数世界第一的发展中国家,在社会主义建设相当长的历史时期经济发展水平是低下的,对监狱经费的保障是不够的,甚至在监狱体制改革提出全额保障目标之后,仍然有很多地方特别是经济不发达地区对监狱经费的保障水平是比较低的。现实的困难、监狱经费自给自足的巨大压力,使我国在相当长历史时期的罪犯劳动改造工作中把经济效益摆在非常重要的位置,甚至摆在了改造人之上,生产冲击改造的现象时有发生,改造与生产的矛盾、改造效益与经济效益的博弈在罪犯劳动改造中一直相伴相随,以致国家不得不在二者矛盾激化、严重影响改造的情况下,提出了“改造第一,生产第二”的劳改工作方针,不断采取措施纠正罪犯劳动改造工作的偏差。所以,国家经济的困难、监狱经费的不足,在组织罪犯劳动改造过程中追求经济效益目标,是影响罪犯劳动改造目的的重要现实因素。

随着我国经济发展水平不断提高,国力不断增强,监狱经费全额保障体制的实施,罪犯劳动改造的经济压力必然会大大减小,但是罪犯劳动改造中改造和生产的矛盾依然会存在,并且会以新的情况和问题呈现在实际工作中。国家经济发展了,监狱经费保障充足了,如何搞好罪犯劳动改造仍然是摆在我们面前的更加重要、更加恒久的课题。

(三)计划经济体制下监狱生产成了社会生产力的重要组成部分

我国罪犯劳动改造的初创时期和主要发展时期都处在计划经济体制中。新中国成立后国家经济困难、监狱工作一穷二白的基础条件,以及计划经济的特殊体制,使国家对初创的罪犯劳动改造工作在确立以改造人为根本目的的同时,也从解决监狱困难和社会主义国民经济建设的需要出发,把监狱生产确定为国民经济建设的一支重要力量。"一劳"会议用劳改生产概括罪犯劳动改造的生产活动,并明确劳改生产从政治上看是改造罪犯并使其成为新人的一项重要政策,从经济上看则属于国营经济性质的特殊企业生产活动且应列入国家生产建设总计划内,还明确了劳改生产与国家的经济建设密切结合的指导思想。《劳改条例》明确规定了劳改生产"应当为国家经济建设服务,应当列入国家生产建设总计划之内"。这些实际上形成了改造人和为国家经济建设服务的双重目的,这是计划经济的特殊体制带来的,也是新中国成立后国家急需加快社会主义经济建设的现实需要造成的。这的确对罪犯劳动改造的目的甚至整个劳改单位(监狱)工作的目标、方针产生了很大影响,主观上、客观上加剧了改造和生产的矛盾,以至于国家随后出台了"改造第一,生产第二"的劳改工作方针并贯穿整个计划经济时期,来解决改造和生产的矛盾。所以,这方面的影响是计划经济的特殊体制和社会主义建设的特殊时期造成的。随着社会主义市场经济体制改革的深入,监狱已经彻底回归惩罚改造罪犯的司法行政主体的性质和职能。随着新的监狱工作方针的施行,这方面的影响因素已经从体制上和法规上得到了根本性的消除。

(四)市场经济过渡时期罪犯劳动改造深受经济和市场压力的困扰

在从计划经济体制向社会主义市场经济体制改革的过渡中,罪犯劳动改造的载体监狱企业首先随着经济体制改革的步伐进行改革,监狱试图把监狱企业改革为与社会企业一样的市场主体。由于市场竞争的日益激烈,监狱企业的竞争压力日益加大,体制机制上先天不足的弊端暴露无遗,监督企业很快在残酷的市场竞争面前败下阵来,纷纷亏损和破产。由于监狱经费的财政保障体制和监狱生产的投资保障体制还没有建立起来,监狱的各项经费主要靠监狱企业经营所得,罪犯劳动改造受市场竞争和弥补监狱经费的影响巨大,监狱企业在生存与死亡、改造与生产的矛盾冲突中艰难挣扎,这成了市场经济体制过渡时期监狱体制改革的导火索。始于2003年的全国监狱体制改革提出了"全额保障、监企分开、收支分开、规范运行"的改革目标。经过改革,监狱和监狱企业存在的体制性弊端逐渐得到改善,监狱的性质和职能得到净化,监狱企业的性质进一步明确,罪犯劳动改造背负的经济压力逐步得以消除,市场经济对罪犯劳动改造的影响也逐渐减小,罪犯劳动改造在市场经济体制下迈出了一大步。

(五)罪犯劳动改造的特殊政策和特殊立法出台不及时

监狱工作方针明确了罪犯劳动改造的根本宗旨,《监狱法》规定了监狱经费财政保障体制和监狱生产的投资保障体制,监狱体制改革提出了"全额保障、监企分开、收支分开、规范运行"的改革目标,对监狱企业提出了"特殊企业、特殊管理、特殊政策、特殊立法","在管理体制、管理方式、机构设置、人事管理、经营范围、投资办法、政府采购等方面均应实行特殊办法,享受国家的扶持和优惠政策","鉴于特殊的劳动力、特殊的生产目的、特殊的管理方式等,应予以专门立法"。这些改革措施和目标正在逐步推动我国监狱工作走向规范化、科学化、法治化,也使罪犯劳动改造工作中的困难和问题得到了一定的解决。但是这些措施有些落实了,有些还没有落实,使罪犯劳动改造目的的真正实现还缺乏有力、规范的政策、法律保障。例如罪犯劳动改造面临的最大问题即项目来源和产业政策,在市场经济条件下应该出台相关政策和法律加以保障。

(六)监狱管理体制存在缺陷和监狱管理水平不高

监狱管理体制和监狱管理水平也是实现罪犯劳动改造目的的重要影响因素。实现罪犯劳动改造的目的既要靠科学的监狱管理体制,也要靠高水平的罪犯劳动管理。从目前来看,监狱体制中深层次的矛盾和问题,也就是罪犯劳动改造的问题和监企关系的问题,并没有得到圆满解决。社会主义市场经济条件下中国特色的监狱管理体制和罪犯劳动改造制度建设千万不能浅尝辄止,必须深入探索和改进。监狱管理水平方面的影响因素包括监狱高层到基层的管理理念、对监狱工作方针的认识和落实、对罪犯劳动改造性质和目标的理解和落实、罪犯劳动管理者的专业素质和接受相关专业培训的程度等。

罪犯劳动改造目的的确定和实现是一个科学的理论问题和实践问题,回答这一问题需要依靠罪犯劳动改造一系列的具体、科学的活动过程,非常容易受到各种影响因素的干扰。研究这些影响因素,有利于在理论上给出科学的答案,在实践中面对复杂的情况作出正确的选择。

## 四、认识罪犯劳动改造的目的应注意的问题

(一)罪犯劳动改造的目的是一个基本理论问题

罪犯劳动改造的目的是罪犯劳动改造学的一个基本理论问题,也是罪犯劳动

改造理论的一个科学判断。只要以马克思主义理论、毛泽东劳动改造罪犯思想为指导,只要以罪犯劳动改造基本理论、基本性质、基本概念为理论基点,就能对罪犯劳动改造的目的这一问题得出正确的结论。这一结论是指导罪犯劳动改造理论体系建立、指导罪犯劳动改造实践正确发展的基础理论。偏离了罪犯劳动改造的指导理论、偏离了罪犯劳动改造的正确目的,就会得出错误的结论,更会在实践中偏离正确的方向。

(二)罪犯劳动改造的目的是一个重要的实践问题

监狱组织罪犯劳动改造的任务是“完成党和国家赋予监狱劳动改造罪犯,使罪犯成为合格社会劳动者和守法公民的重要使命”①。衡量罪犯的劳动改造成果,一是看罪犯在接受改造后世界观、人生观、价值观、劳动观的转变程度,二是看他们在走出监狱回归社会后,自我价值的实现和社会对他们的认可度。罪犯劳动改造在实践中要面对很多具体甚至复杂的生产问题,本章所述罪犯劳动改造的性质和目的,明确了基本问题,也论证清楚了改造生产的对立统一关系,就像指路的明灯,照亮了罪犯劳动改造工作的行程。

(三)罪犯劳动改造的目的与相关概念的区分

科学的基本概念是准确揭示理论问题、界定实践问题的基础,基本概念混淆必然导致一系列理论和实践问题的混乱。首先,我国的罪犯劳动改造的目的与西方国家罪犯劳动的目的是根本不同的。罪犯劳动是人类各个社会制度下和当代世界各国监狱中普遍存在的现象。在我国,罪犯劳动是改造罪犯的手段,我们称为罪犯劳动改造;在当代西方国家,罪犯劳动是教育矫正罪犯的手段,它们只有罪犯劳动矫正,没有罪犯劳动改造。西方国家的罪犯劳动以矫正为目的,我国的罪犯劳动改造则以改造人为宗旨。其次,监狱生产是我国在特殊历史时期为解决监狱经费不足的困难和支援国家经济建设的产物和概念,其本质是罪犯劳动改造的载体和手段,也是为改造罪犯服务的。但是,随着我国监狱工作的科学化、规范化、法治化,也由于监狱生产的表述不符合监狱的职能,我国的监狱学理论和监狱工作实践中已逐渐摒弃了监狱生产这一概念,实践中的偶尔使用是不规范的,简单地把监狱生产等同于罪犯劳动改造,是概念不清和不科学的表现。例如“很多监狱把工作重心向罪犯劳动改造偏移,一味追求经济效益”,“许多监狱干警也只热衷于罪犯劳动改造,一门心思抓效益”,这些说法非常明显是把监狱生产与罪犯劳动改造混淆了。

(四)将罪犯劳动改造的目的和罪犯劳动改造的功能及其作用区别开来

罪犯劳动和罪犯劳动改造的功能是多重的,是这项活动本身具备的客观功能;

---

① 杜雨主编:《罪犯劳动改造学》,法律出版社2002年版,第102页。

罪犯劳动改造的作用是罪犯劳动和罪犯劳动改造的功能得到运用的结果和效用。罪犯劳动改造的目的是理论研究者基于罪犯劳动改造的功能和作用的合理推定和科学结论,是政策制定者确定在监狱工作方针中的,是法律制定者规定在《监狱法》中的。罪犯劳动改造的目的是单纯、明确地指向改造罪犯的目标的,罪犯劳动和罪犯劳动改造的多重功能和作用要为罪犯劳动改造的目的服务,是实现罪犯劳动改造目的的手段,不能把手段和目的混淆。

(五)纠正罪犯劳动改造目的多元化的认识

罪犯劳动改造的目的是以改造人为宗旨,把罪犯改造为守法公民,这也可以称为罪犯劳动改造的一元化目的或目标,罪犯劳动改造的目的必须坚持一元化而不能多元化。只有在这种明确清晰的一元化目的的指引下,罪犯劳动改造工作才能处理好手段和目的的关系,才能正确地运用生产劳动手段,实现监狱工作的目标。但是长期以来,无论是理论上还是实践中普遍存在罪犯劳动改造多元化的目的,比如改造目的和经济目的,社会效益目的和经济效益目的,甚至还有惩罚目的等。罪犯劳动改造目的多元认知并存,反映在实际工作中,就是监狱组织罪犯劳动改造在方向把握和目标定位上的不确定性与迷惑性。为此,必须在理论上加以澄清,在实践中坚决把握和落实好罪犯劳动改造的目的。

## 第三节 罪犯劳动改造的意义

1951年9月,“四公”会议决议指出:对罪犯实行强迫劳动,是消灭反革命分子的一个重要手段,还是彻底改造犯人成为新人的一项基本政策,这是包含着极端重要的政治意义和经济意义的一项工作,必须十分重视。“八劳”会议决议指出,劳动改造罪犯的工作,是我们党和国家改造人、改造社会的伟大、光荣的事业的一部分。我国的罪犯劳动改造经过近一个世纪的发展,已经成为彰显中国社会主义制度特色和优势的一项罪犯改造手段和刑罚执行制度。

### 一、罪犯劳动改造是对马克思主义理论的实践、传承和发展,具有伟大的实践意义和理论意义

马克思主义劳动观是马克思主义理论体系的重要组成部分,在马克思主义哲学、政治经济学与科学社会主义理论中都有具体的体现,是指导无产阶级改造社会、改造人类的科学理论,在我国的社会主义革命和社会主义建设中发挥了重要的

指导作用。马克思科学地论述了劳动对改造罪犯的重要作用,他曾断言"体力劳动是防止一切社会病毒的伟大的消毒剂"①,直接指出生产劳动是罪犯"改过自新的唯一手段"②。这奠定了罪犯劳动改造的指导思想和理论基础。我国的罪犯劳动改造活动开拓性地践行了马克思主义的劳动观,是在罪犯这个特殊的劳动者群体中推行劳动改造人的伟大实践,成功地改造了成千上万犯罪人,印证了马克思关于劳动改造人论断的科学性,具有伟大的实践意义和理论意义。

从实践中看,罪犯劳动改造从无到有,从小到大,从简到繁,从弱到强,从落后到发展。可以说,我国是靠罪犯劳动改造在一穷二白的基础上创建了革命战争年代的革命监所和社会主义新中国的新型监狱。我国的罪犯劳动改造彻底改变了奴隶社会、封建社会、资本主义社会罪犯劳动报复、威慑、折磨、剥削的历史,也区别于当代西方国家罪犯劳动的本质,探索出了一条中国特色社会主义监狱的罪犯劳动改造道路,创建了中国特色罪犯劳动改造制度,奠定了中国特色的刑事法律制度的基础,预防和减少了犯罪,维护了国家和社会的安全稳定,推动了国家的法治建设,不断提高着我国改造罪犯和预防减少犯罪的工作能力和水平。

从理论上看,罪犯劳动改造在社会主义监狱改造罪犯这个特殊领域实践了马克思主义理论,印证了马克思主义理论的科学性和巨大的实践指导价值,特别是在实践的基础上创建了中国特色社会主义罪犯劳动改造理论和监狱学理论,极大地发挥了实践对理论的拉动和推动作用,创造性地丰富和发展了马克思主义劳动观,使马克思主义理论在中国特色社会主义刑罚学、监狱学、罪犯劳动改造学等领域不断发新芽、开新花、结硕果。

### 二、罪犯劳动改造奠定了中国特色社会主义刑罚执行制度的基础

中国特色社会主义刑罚执行制度是从罪犯劳动改造开始的。第二次国内革命战争时期,苏维埃政权最早的革命根据地监所是以劳动感化院形式出现的。创办劳动感化院,对犯人实行感化政策,用共产主义精神与劳动纪律去教育犯人,改变犯人犯罪的本质,是罪犯劳动改造的萌芽和发端,毛泽东等老一辈革命家关于对罪犯采取劳动感化政策的一系列指示成了最早的罪犯劳动改造方针。这些指示和方针就是我国罪犯劳动改造性质和目的的思想起源。中华苏维埃共和国政府出台的《劳动感化院组织法》以及后来的革命政府出台的《犯人劳动改造委员会组织条例》等相关法律和政策,为我国刑罚执行制度的形成积累了经验,奠定了基础。新中国

---

① 《马克思恩格斯全集》(第 31 卷),人民出版社 1972 年版,第 538 页。

② 《马克思恩格斯全集》(第 3 卷),人民出版社 1972 年版,第 25 页。

成立前夕,《中国人民政治协商会议共同纲领》明确规定了要强迫各种罪犯“在劳动中改造自己,成为新人”,从国家层面确定了中国监狱或徒刑制度是罪犯劳动改造制度。① 新中国成立以后,中央人民政府面对监管改造战争罪犯、反革命犯和各种刑事犯罪分子的巨大压力,出台的第一项政策就是开展全国范围的罪犯劳动改造活动。1954 年 9 月 7 日颁布实施的《劳改条例》是新中国成立初期最重要的劳动改造立法,是 1994 年《监狱法》颁布以前使用了 40 年的监狱法典。从以上史实可以看出,罪犯劳动改造在革命监所的创始阶段和新中国监狱起步、建设和发展过程中,发挥了无比重要的作用,奠定了中国特色社会主义刑罚执行制度的基础。

### 三、罪犯劳动改造是监狱改造罪犯的骨干手段,与其他改造手段共同构筑了监狱改造罪犯科学的工作体系

在艰苦卓绝的革命战争年代,在新中国监狱创建的起步阶段和困难时期,劳动改造都是惩罚和改造罪犯的骨干手段,在改造罪犯的同时,也大大解决了革命建设和新中国监狱起步阶段的经济困难。在新时代监狱新的发展阶段,罪犯劳动改造依然是监狱惩罚和改造罪犯的骨干内容,是罪犯服刑期间投入时间最长、改造体验最多、改造成效最大的手段,也是监狱工作中方针政策把握要求最高、需要付出的管理时间和精力最多、管理工作业务最多样、业务性最强、业务难度最大的手段。同时,罪犯劳动改造的重要性还在于其作为我国监狱改造罪犯的重要手段之一,既不是单打独斗的,更不是与各种改造手段彼此孤立的,而是与其他改造手段相互联结、相互配合、相互促进、相互补充,缺一不可,共同构筑起了我国监狱改造罪犯的科学工作体系。在我国监狱改造罪犯的历史上,始终强调各种手段之间的结合和协同作用。早在革命根据地革命监所创建之初,我国就形成了管理、教育和生产三结合的工作体系,这种体系到了抗日根据地和解放区民主政权阶段,被总结为监所改造犯人的紧密结合的三大手段,而其中教育又是改变犯人思想的根本,因而初步构建了政治教育、文化教育、劳动教育的三大教育机制,逐步孕育出监所改造罪犯重在教育,是“特种教育的学校”的理念。《劳改条例》明确规定了“惩罚管制与思想改造相结合,劳动生产与政治教育相结合”的劳动改造机关工作方针。《监狱法》也规定了“监狱对罪犯实行惩罚和改造相结合、教育和劳动相结合的原则,将罪犯改造成为守法公民”。所以,我国监狱的三大手段一直延续至今,并形成了相对成熟、稳定的以改造人为宗旨的科学工作体系。在这一科学工作体系中,罪犯劳动改造

---

① 参见孙晓雳:《中国劳动改造制度的理论与实践——历史与现实》,中国政法大学出版社 1994 年版,第 21 页。

的重要性显而易见,同时其与其他改造手段的科学关系也至关重要、不容忽视。

## 四、罪犯劳动改造彰显了中国社会主义制度的性质、特色和优势

我国的罪犯劳动改造是以马克思主义理论、毛泽东劳动改造思想为指导思想和基本原理创建和发展的,承担着无产阶级改造社会、改造人类的伟大使命,坚持惩罚与改造相结合、教育与劳动相结合的基本原则,以改造人为宗旨。我国的罪犯劳动改造是中国共产党领导的中国特色社会主义监狱开展的刑事执行活动,与其他社会制度下的罪犯劳动和当代西方资本主义国家的罪犯劳动有着本质区别,经过近一个世纪的发展,取得了举世瞩目的伟大成就,直接或间接地为解放和发展社会生产力作出了重要贡献,是中国社会主义监狱制度的一大特色,有着其他社会制度下的罪犯劳动和当代西方资本主义国家的罪犯劳动无法比拟的优势。

## 五、罪犯劳动改造在综合治理犯罪、预防和减少犯罪方面具有不可替代的地位和作用

监狱是国家治理犯罪、预防和减少犯罪的重要机关,罪犯劳动改造是监狱践行"惩罚和改造罪犯,以改造人为宗旨"的监狱工作方针的重要手段之一,其作用是任何其他手段都无法替代的。罪犯劳动改造有马克思主义劳动观的特色理论作指导;生产劳动是被实践证明了的,被马克思主义理论确认的人的正确认识的重要动力和源泉,是其他手段和工作无法替代的。罪犯劳动改造能使罪犯在劳动实践中生产物质产品、创造物质财富的同时,体会到劳动的艰辛与收获,体验到劳动是生存生活的基本条件和途径,从而树立起劳动观念、劳动精神以及正确的世界观、人生观、价值观,这种功能和作用是其他手段替代不了的。罪犯劳动改造通过劳动纪律、工艺纪律、操作规程、安全生产制度、劳动定额、成本控制、质量标准等一系列劳动规范,矫正罪犯身上的不良习惯,为将其改造为一个遵纪守法公民奠定坚实的基础,这些功能和作用是其他手段不能替代的。罪犯劳动改造能使罪犯在劳动生产中学习生产技术、培养职业技能,为其回归社会后自食其力做好准备、打下基础,这也是其他改造手段不能替代的。

## 思考题

1. 简述罪犯劳动改造的性质及其基本属性。
2. 简述罪犯劳动改造的思想政治属性。
3. 简述罪犯劳动改造的实践属性。

4. 简述我国的罪犯劳动改造与其他社会制度下的罪犯劳动的本质区别。
5. 简述罪犯劳动改造的目的及其总体目标和基本目标。
6. 论述罪犯劳动改造在改造罪犯错误思想并使其树立正确思想观念上的层次性。
7. 论述罪犯劳动改造的目的和目标的层次性。
8. 结合实际论述罪犯劳动改造的意义。

# 第五章　罪犯劳动改造的特点和规律、功能与作用

中国特色社会主义市场经济条件下罪犯劳动改造的特点和规律、功能和作用，是罪犯劳动改造学的重要基础理论。罪犯劳动改造最本质的特点是以马克思主义理论为指导，坚持中国共产党的领导，坚持以改造人为宗旨，贯彻我国社会主义刑罚理念。在各个不同历史时期中，罪犯劳动改造形成了宝贵的历史经验和发展规律，提炼好这些经验、总结好这些规律对做好罪犯劳动改造工作至关重要。罪犯劳动改造的作用是其功能运用产生的效果，是实现罪犯劳动改造目的的重要体现。罪犯劳动改造的功能运用和作用发挥，要以我国罪犯劳动改造的特色为基础，以科学认识和总结罪犯劳动改造规律、尊重和运用罪犯劳动改造规律为前提。

## 第一节　罪犯劳动改造的特点和规律

罪犯劳动改造的特点是由罪犯劳动改造的性质所决定的，反映的是罪犯劳动改造的应然性和已然性。罪犯劳动改造的规律是罪犯劳动改造发展过程中的各种关系及其相互作用下的变化趋势，反映的是罪犯劳动改造的已然性和必然性。

### 一、罪犯劳动改造的特点

罪犯劳动改造的特点是我国罪犯劳动改造活动区别于其他国家和社会制度下的罪犯劳动以及区别于其他社会劳动的基本特性。研究罪犯劳动改造的特点要和罪犯劳动的特点区别开来。罪犯劳动改造是我国社会主义制度下的监狱改造罪犯的特殊手段，有自己特殊的目的；而罪犯劳动则是描述人类各个历史时期和当代世界各国监狱组织罪犯劳动的一个中性概念，每个国家不同历史时期的罪犯劳动都有不同的特点和目的，反映不同的统治阶级意志。从学理上要重点总结的是我国社会主义制度下罪犯劳动改造的本质特征，而不是罪犯劳动的特点。罪犯劳动改

造的特点反映罪犯劳动改造本身的基本性状是什么样的,在前面对基本原理和历史沿革的研究的基础上,可以科学地总结提炼罪犯劳动改造的特点。知道罪犯劳动改造本身是什么样的,才能知道罪犯劳动改造从何处入手、坚持什么、改进和创新什么。具体可以将罪犯劳动改造的特点概括为以下几个方面。

(一)始终坚持以马克思主义基本理论和毛泽东劳动改造思想为指导,以改造人为宗旨

我国的罪犯劳动改造起源于马克思主义基本理论和毛泽东劳动改造思想的指导。毛泽东作为伟大的马克思主义者和马克思主义中国化的伟大开拓者,从实际出发,首创了符合中国国情的劳动改造思想,带领中国共产党人从无到有、从小到大,开创了革命根据地时期和新中国的罪犯劳动改造事业,并在领导、指引我国各个历史时期罪犯劳动改造的创建和发展中,不断丰富和发展我国社会主义的罪犯劳动改造思想和理论,从而使我国的罪犯劳动改造成为从本质上区别于任何资本主义国家的罪犯劳动的改造手段。

我国的罪犯劳动改造受到了中国化时代化的马克思主义的科学指导。马克思主义之所以能源源不断地为我们党和国家的各项事业提供思想指导和动力,一方面是因为马克思主义揭示了人类社会历史发展的规律,它的基本原理是正确的,具有强大的生命力;另一方面是因为一代又一代的中国共产党人守正创新,不断开辟马克思主义中国化时代化新境界。随着时代的发展,改革开放不断深化,国际、国内环境剧烈变化,罪犯劳动改造遇到了很多难以解决的问题和障碍,而在中国化时代化的马克思主义的指导下,就可以破解各种发展难题,找到科学的发展路径和解决办法。

我国的罪犯劳动改造始终坚持以改造人为宗旨,是马克思主义关于改造世界、改造人类、改造社会的理论在监狱改造罪犯工作中的运用和发展。马克思、恩格斯、列宁均有关于罪犯劳动改造人的经典论述,毛泽东在创建、推动、发展罪犯劳动改造中更加具体地指导了以改造人为宗旨的实践活动,不断纠正了偏离罪犯劳动改造宗旨的错误,从理论上总结形成了以改造人为宗旨的罪犯劳动改造思想和理论。邓小平理论、"三个代表"重要思想、科学发展观、习近平新时代中国特色社会主义思想不断继承和发展马克思主义、毛泽东思想,始终如一地为我国的罪犯劳动改造坚持改造人宗旨提供了根本遵循。

(二)始终坚持中国共产党的领导

始终坚持和加强中国共产党的全面领导是我国各项事业成功的法宝。始终坚持党的领导是我国罪犯劳动改造工作的政治特色,是始终引领罪犯劳动改造朝正

确方向发展的政治优势，这是由我国监狱机关的政治属性决定的。罪犯劳动改造是一项政治性、思想性、政策性非常强的工作，坚持党的领导是罪犯劳动改造工作正确发展、顺利发展的根本保证。事实证明，每当罪犯劳动改造工作出现问题、遇到挫折和逆境的时候，需要调整、改革甚至拨乱反正的时候，都是党和国家作出了正确的决策，指引罪犯劳动改造工作朝着正确的方向前进。我国的罪犯劳动改造工作只有在党的坚强领导下，在党和国家的正确决策下，才能不断守正创新，健康发展。

（三）形成了中国社会主义制度特有的罪犯劳动改造管理体制和管理模式

无论是初创阶段还是摸索发展过程中，无论是计划经济时期还是社会主义市场经济时期，我国的罪犯劳动改造管理体制和管理模式始终立足改造宗旨，针对不同时期的社会、政治、经济、法治背景，不断调整完善体制机制，形成了不同历史时期各具特色的罪犯劳动改造管理体制和管理模式。计划经济时期建立了监企合一的管理体制；市场经济时期经过探索改革形成了“两头在外”“监企分开”的管理体制，省监狱管理局负责生产经营的机构分离出来组建为监狱企业集团公司，各个监狱负责生产经营的部门分离出来组建为监狱企业集团公司的子公司或分公司，子公司或分公司负责罪犯劳动改造与市场相衔接的“两头”——生产业务承揽和生产要素的组织与采购，监狱监区负责组织罪犯劳动改造。罪犯劳动改造管理模式主要体现在：一是反映社会主义经济关系和生产关系的生产劳动管理制度。建立罪犯劳动组织，依法合理组织罪犯劳动，加强科学管理，改革劳动时间管理制度，制定劳动定额，建立劳动报酬制度，强化技能培训，实行岗位技能练兵，开展劳动竞赛，实行计分考核，坚持以改造为中心的考核导向，不断更新计分考核方法。二是监狱警察直接管理制度。罪犯劳动改造的执法属性要求必须由监狱警察直接管理，必须由监狱警察依据罪犯劳动改造的方针、宗旨、要求去组织生产经营，管理生产过程，维护生产现场秩序，监管罪犯劳动，考核罪犯劳动成果，评定罪犯劳动改造质量。随着体制机制的不断调整完善，监狱管理水平不断提高，人才队伍素质不断提高，罪犯劳动改造管理模式也在不断提质升级。

（四）不断创新罪犯劳动改造模式

我国的罪犯劳动改造模式在不同历史时期也呈现出不同的特点，可以用革命根据地模式、战争模式、创建模式、计划经济模式、改革开放模式、社会主义市场经济模式等来概括。有革命战争年代因时因地制宜的简陋简单发展，有新中国成立初期的白手起家艰苦创业，有计划经济时期的全面纳入国民经济计划的大发展，有改革开放以后的体制变革和产业产品结构的不断优化调整。虽然社会环境和生产载体的变化很大,罪犯劳动改造模式的变化也很大,但是有一个根本的、共同的特点,就是立足于改造人的根本宗旨,不断探索实现改造与生产、罪犯劳动改造与其他改造手段全方位融合发展,不断创新丰富罪犯劳动改造内涵,坚持守正创新,使罪犯劳动改造逐渐发展出了符合我国社会主义法治理念、符合我国监狱工作方针,越来越理想的、科学的发展模式。这一模式主要包含以下内容。

1. 以思想改造为统领,对罪犯进行全方位改造

罪犯劳动改造对罪犯的改造功能是强大的,作用也是全方位的。首先,通过罪犯劳动改造的实践作用,逐渐改变罪犯的思想认识,进而彻底地改变罪犯犯罪的思想根源,这就是罪犯劳动改造的思想改造作用。这一作用是我国罪犯劳动改造诸项功能作用的统领,既有马克思主义基本原理的理论基础,又有实践的验证,同时通过监狱的管理模式和改造模式不断得到最有效的发挥,是我国罪犯劳动改造的一大特色和优势。其次,通过劳动管理本身的纪律、规程、标准、质量、安全等方面的要求和规范,可以改变罪犯身上的恶习,矫正其行为,培养其遵规守法的基本素质。最后,通过劳动技能培养提高罪犯的职业技能。罪犯劳动改造既有岗位培训和长期劳动实践,又有监狱和社会联合组织的职业技能教育,使罪犯更好地掌握回归社会的本领。随着社会的进步,监狱对罪犯的职业技能和适应回归能力培养给予了越来越多的关注。

2. 罪犯差异化劳动改造和矫正越来越受到重视

以人为本,注重改造和回归是我国罪犯劳动改造的应有之义。随着监狱各方面条件的不断改善,监狱越来越重视并实施对罪犯的个性化和差异化劳动改造和矫正,如通过增加劳动项目和劳动岗位,让罪犯参加更适宜的劳动项目,使罪犯学习掌握更多的劳动技能;通过对罪犯进行分类分级,科学认识罪犯,对罪犯进行分类分级分区改造,打造具有特色的改造手段功能区,等等。这些越来越创新和丰富的罪犯劳动改造方式本来就是罪犯劳动改造应有的内涵,随着条件的不断改善,会成为我国罪犯劳动改造的重要的新特点。

3. “两个效益”关系的合理处理,以改造效益为宗旨

首先,在客观上罪犯劳动改造本身会产生改造效益和经济效益两种效益,较容易发生经济效益冲击改造效益的问题。所谓改造效益是通过罪犯劳动改造活动产生的罪犯思想转变、行为矫正、劳动技能提高、回归社会后成为守法公民的结果和效果。罪犯劳动改造作为一项国家刑罚执行中有组织的活动,改造效益既是执政者和组织者预期的效果,也是罪犯劳动改造活动本身具有的功能和实际作用。所谓经济效益是通过监狱投入罪犯劳动改造所需生产要素和罪犯劳动力,通过科学

管理生产经营和劳动过程,并通过一定的市场途径将符合质量要求的罪犯劳动产品输送到后续的社会生产和消费环节,所产生的经济价值和效益。改造效益具有定性、柔性、隐性、难以计量考核的特点,而经济效益具有定量、硬性、显性、易于计量考核的特点,同时经济效益还是一切社会活动的物质基础。而我国的监狱及其罪犯劳动改造活动从革命战争年代直到社会主义市场经济时期,长期处于经济困难、经费保障不足和需要监狱以罪犯劳动创造的经济效益来弥补监狱经费的局面,所以在实际中,基层监狱及其管理者经常是先保经济效益再保改造效益、先追求经济效益再追求改造效益,从而产生经济效益冲击改造效益的情况,甚至在一定时期偏离和影响改造人的宗旨。

其次,在主观上我国对罪犯劳动改造的理性设计是以社会化的有效劳动改造罪犯,罪犯劳动改造的效果需要罪犯劳动的有效性。所谓以社会化的有效劳动改造罪犯,起源于马克思主义理论的指导,马克思主义关于生产劳动是改造客观世界和改造主观世界相统一的过程的观点是我国罪犯劳动改造的理论依据和思想基础。按照马克思主义理论,人类在改造物质世界、创造物质财富的同时,也在改造自己的主观世界、创造自己的精神财富,人类改造物质世界和改造自己的精神世界一般是在社会化的生产劳动中自由自觉地进行的,而对于犯了罪的人、不愿意劳动的人,专政机关要通过强制他们参加这样的劳动来改造他们。所以,我国的罪犯劳动改造在马克思主义的指导下始终坚持以有效劳动改造罪犯。

最后,从指导方针上明确罪犯劳动改造中要以改造人为宗旨,从体制上不断营造合理处理经济效益,使其服从、服务于改造效益的运行机制。罪犯劳动改造必须以有效劳动改造罪犯,而在这个过程中又经常难以避免地产生经济效益冲击改造效益的情况和问题,因此我国历来注重从指导方针和制度设计上规避和解决这方面的问题。从"改造第一,生产第二"的劳改工作方针到"惩罚与改造相结合,以改造人为宗旨"的监狱工作方针,从监企合一的监狱管理体制到"全额保障、监企分开、收支分开、规范运行"的新型监狱体制,都是合理处理经济效益和改造效益关系的不懈努力。

4."两个安全"有机结合,以创新罪犯劳动安全管理理论和实践为抓手

"两个安全"是监狱罪犯劳动改造过程中存在的监管安全和生产安全问题。虽然从表面上看是两个方面的安全问题,但是"两个安全"的关系具有特殊性。一方面,监管安全和生产安全具有各自的规律性;另一方面,罪犯劳动过程和劳动现场中,罪犯劳动力要素与其他生产要素的特殊结合会使监管安全的规律性和生产安全的规律性发生变化。罪犯作为一种特殊的劳动力要素,其本身认罪服法的程度、

对待劳动的态度、个人社会心理和思想状况、劳动中的情绪波动、劳动技能水平，非正式组织的影响以及现场管理者的管理能力、方式和水平，必然造就罪犯劳动改造中监管安全和生产安全新的特点和规律，我们称之为要素重组性改变。实际工作中越来越多地认识到这种变化，并将“两个安全”综合起来管理，理论研究中也要提出和研究罪犯劳动安全、罪犯劳动安全规律和罪犯劳动安全管理等新的概念。在党的二十大关于“必须坚持问题导向”和“必须坚持系统观念”的思想的指导下，创新罪犯劳动安全管理理论，将成为新时代科学处理“两个安全”关系的重要抓手和罪犯劳动改造的重要特点。

5.“三大手段”日益深度融合，协同作用越来越强

监管改造、教育改造、劳动改造“三大手段”在革命根据地监所时期就已产生，并相互结合发挥改造罪犯的作用。“三大手段”之间本来就存在客观的有机联系，随着我国监狱改造罪犯工作的深入和发展，“三大手段”之间的结合得到了理论界和实务界的高度重视，“三大手段”深度融合成为必然选择和常态，越来越体现为改造理念、手段、机制的全方位融合。罪犯劳动改造因其特点而更加需要其他改造手段密切配合，以更好地发挥改造罪犯的作用。罪犯劳动改造全过程需要加强对罪犯的监管，监管劳动现场和过程的秩序、纪律、安全、操作规程等，既有劳动管理本身的约束性，也需要监管的强制性。罪犯劳动改造过程与教育改造的结合更是无处不在，从上岗前的劳动态度教育、劳动知识教育、劳动安全教育、劳动心理矫正等直到罪犯刑满释放前的回归教育和帮扶，这些方面的融合越来越系统、高效。

6.产业结构不断调整，劳动项目管理水平不断提高

产业结构调整、劳动项目管理是罪犯劳动改造的基础，没有稳定的劳动项目，就无法开展罪犯劳动改造工作。从历史上看，从实际出发，罪犯劳动改造的产业结构调整、劳动项目管理与国家的经济环境和发展水平、经济体制密切相关。从社会主义市场经济的实际和社会主义初级阶段的国情来看，产业结构调整、劳动项目管理的自主性将是相当长时期的基本特点。所谓自主性就是以我为主，解决产业结构和劳动项目问题，在市场经济中自我定位；找寻机会，提高适应能力，以体制机制为基础，强化集团统筹管理优势；上下结合，用好国家相关政策，不断优化产业结构，提高劳动项目管理水平，使罪犯劳动改造有一个相对稳定和应变的平台，保证罪犯劳动改造顺利实施和完成。

（五）讲求罪犯劳动权利和劳动义务的统一性

我国罪犯劳动改造讲求罪犯劳动权利义务的统一性。劳动既是罪犯的权利，不能被剥夺和侵犯，也是罪犯的义务，有劳动能力的罪犯必须参加劳动。《宪法》第

42 条第1 款规定："中华人民共和国公民有劳动的权利和义务。"《监狱法》第7 条规定，罪犯未被依法剥夺或者限制的权利不受侵犯。罪犯作为一类特殊公民在服刑期间的劳动权并没有被剥夺，罪犯有权利要求参加生产劳动，所以劳动是罪犯应当享有的权利。同时，劳动又是罪犯必须履行的一种义务，《刑法》《监狱法》明确规定，凡有劳动能力的罪犯必须参加劳动，说明劳动也是罪犯的法定义务。我国监狱把劳动作为改造罪犯的一个基本手段，要求除丧失劳动能力的罪犯外都必须参加劳动，体现了罪犯劳动权利与义务的统一性。这与一些国家的做法和规定有明显区别，有些国家规定了罪犯劳动实行自愿性原则，有些国家规定对不同罪犯分别实行义务性原则和自愿性原则。如德国在《刑罚执行法》中规定了犯人有义务从事分配给的力所能及的劳动或其他劳动。日本的罪犯劳动分为自愿和义务两种形式，惩役犯必须参加劳动。美国和加拿大等国实行犯人可以自愿参加劳动的制度。[①]我国把罪犯劳动规定为罪犯的法定权利和义务，要求有劳动能力的罪犯必须参加劳动，要求"每一个罪犯都应过好体力劳动关"[②]，根本目的不是惩罚，也不是单纯创造经济利益，而是实现改造罪犯的根本宗旨和客观要求。在长期的监狱工作实践中，监狱广泛地为有劳动能力的罪犯提供劳动条件和机会，以多种形式组织罪犯参加劳动，使罪犯有机会在劳动中转变思想，矫正恶习，学习谋生技能，学会人际交往，适应社会化的道德和法律规范，获得身心的健康发展。与一些西方国家相比，这是我国罪犯劳动改造的特色和优势。同时，罪犯劳动权利和义务的统一性也决定了我国罪犯劳动的法律强制性，从许多方面彰显了文明和进步。

（六）我国具有社会主义特色的、举世瞩目的罪犯劳动改造成就

新中国罪犯劳动改造工作自创建以来，取得了只有在社会主义制度下才能取得的，甚至可以被称为人间奇迹的改造成果，彰显了我国社会主义制度的优越性，说明了我国罪犯劳动改造思想的正确性、手段的科学性，背后更是一代又一代监狱工作者牢记初心使命、奉献牺牲、艰苦奋斗、以人为本、勇于创新的伟大付出和传承。这些成果堪称伟大，而且必然会随着我国罪犯劳动改造工作水平的不断提高取得更大的成就。这本身就是我国罪犯劳动改造的重要特点，主要体现在以下几个方面。

1. 新中国成立初期成功改造战争罪犯

新中国的监狱改造罪犯的一项特殊而又艰巨的任务是对战争罪犯的改造。中

---

① 参见[美]霍金斯、[美]阿尔珀特：《美国监狱制度——刑罚与正义》，孙晓雳、林遐译，中国人民公安大学出版社 1991 年版，第 264 页。

② 夏宗素、朱济民主编：《中外监狱制度比较研究文集》，法律出版社 2001 年版，第 34 页。

国共产党领导的人民政府以“解放全人类”的博大胸怀和正确的政策，“成功地对2000余名日本战犯、伪满战犯、伪蒙疆战犯和国民党战犯实施了改造，开创了战犯改造的历史先河”[①]，受到了世人瞩目，改造的巨大成功被誉为“创造了人间奇迹”。战争罪犯长期与人民为敌，仇视中国，反对社会主义，反对中国共产党。他们有自己系统、稳定的思想体系和信仰体系，有与普通刑事罪犯不同的价值观和意识形态，不服输、不认罪，否认自己的战犯身份。改造战犯关键在于动摇他们的反动立场和思想基础，改变其价值观和意识形态。新中国的监狱警察在党的领导下，在毛泽东等老一辈无产阶级革命家的指示指引下，全方位、立体化运用政治教育、思想教育、文化教育、认罪教育、感化教育和罪犯劳动改造等改造和教育手段，从根本上动摇了这些战犯的思想根基，使他们深刻认识到了自己犯下的滔天罪行，彻底地与其原来的政治根基和自己的前半生决裂。例如，被宽大释放的日本战犯把抚顺战犯管理所当作新生的“母校”，把管理所所长当作“大学校长”，把管教人员当作帮助他们认识真理的良师益友，把抚顺当作他们成为新人的“再生之地”。原战犯山口伊藤说：“先生们把我从战争犯罪分子改造成自食其力的人，你们的教诲我终生难忘。”[②]对国内战犯的改造更是取得了巨大成功，“伪满战犯、伪蒙疆战犯和国民党战犯均发生了根本性变化，他们由国家和民族的罪人，变成拥护共产党、拥护社会主义制度，维护和促进祖国和平统一和社会主义一体化建设的一支力量”[③]，很多人成了普普通通的劳动者。

改造战犯的成功实践，是毛泽东改造罪犯理论的集中体现，是历史唯物论的创造性实践，打造出了中国监狱工作的特色。改造战犯工作中形成的富有成效的、独具特色的一整套成功经验、制度，对以后的监管改造工作是一笔宝贵财富，应该继承和发扬光大。改造战犯的成功实践说明：“将战犯关押于特定场所，切断其犯罪的实际可能性，通过实施教育改造、感化改造和劳动改造，并引导他们进行自我改造，是可以将反人类、反和平、反理性的战争犯罪分子改造成为反战维和的新人的。这一改造作为人类自我改造的特殊形式，是人类通过实践求得自我发展和自我完善的历史过程的有机组成部分。”[④]

---

① 中国监狱工作协会编：《新中国监狱工作五十年》(1949.10—2000)，法律出版社2019年版，第315页。

② 金源：《再生之路——改造日本战犯的回忆》，载《人民公安》2000年第8期。

③ 中国监狱工作协会编：《新中国监狱工作五十年》(1949.10—2000)，法律出版社2019年版，第341页。

④ 中国监狱工作协会编：《新中国监狱工作五十年》(1949.10—2000)，法律出版社2019年版，第346页。

2. 社会主义建设的不同时期成功改造了各种类型的罪犯

在社会主义建设的不同时期，我国的罪犯劳动改造制度不断完善和发展，针对罪犯构成的新变化、新特点，根据不同历史时期的不同实际情况，紧密结合社会经济发展状况和生产力发展水平，不断创新罪犯劳动改造模式，不断创新和丰富罪犯劳动改造内涵，成功地改造了一批又一批各类罪犯，把成千上万的犯罪人员通过罪犯劳动改造等手段，改造成自食其力的守法公民，从社会的危害者转变成为普普通通的劳动者，使我国的重新犯罪率始终维持在世界最低水平。

3. 维护社会安全稳定，为社会主义现代化建设保驾护航

罪犯劳动改造工作作为改造罪犯的重要手段，与其他改造手段深度融合，不断提高我国监狱改造罪犯工作的水平，实现了改造罪犯工作的高质量发展；缓解了社会压力，降低了重新犯罪率，完成了维护国家安全和社会稳定的重要任务；很好地履行了监狱的职能，节约了社会预防和减少犯罪的成本，为社会主义现代化建设保驾护航，作出了重要贡献。

## 二、罪犯劳动改造的规律

罪犯劳动改造的规律是罪犯劳动改造发展过程中的各种关系及其相互作用下的变化特点和发展趋势。罪犯劳动改造的规律是在长期的罪犯劳动改造实践中形成的，是需要我们不断认识、总结和研究的，是创新罪犯劳动改造理论和方法的重要依据，是需要在实践中去认真把握和遵循的，是搞好罪犯劳动改造工作的重要基础和前提。

研究和总结罪犯劳动改造的规律，必须认真学习和运用马克思主义辩证法。马克思主义辩证法是指导我们认识和掌握罪犯劳动改造规律的科学的世界观和方法论。马克思主义辩证法认为，世界处于普遍联系和永恒发展之中，联系和发展是其内在的规律性；矛盾是可以转化的，矛盾是事物发展的动力。按照马克思主义辩证法的这些思想，社会中的人都是矛盾的统一体，罪犯也是矛盾的统一体，罪犯劳动改造的过程也是矛盾运动、既对立又统一的过程。几十年来，我国的罪犯劳动改造始终是在改造和生产这对矛盾的对立统一中进行的，我们正是因为不断地运用马克思主义哲学的对立统一规律，才不断地正确认识了不同时期的罪犯劳动改造规律，形成和创造了科学的罪犯劳动改造方法和理论。

### （一）罪犯劳动改造是我国社会主义制度的必然选择的规律

列宁曾经说过："规律就是关系……本质的关系或本质之间的关系。"[①]罪犯劳

① 《列宁全集》(第 55 卷)(第 2 版)，人民出版社 1990 年版，第 128 页。

动改造的规律首先体现在罪犯劳动改造与社会主义制度的关系，罪犯劳动改造与社会主义制度的创建者及其执政者之间的关系，这里蕴含着罪犯劳动改造产生的历史根源、阶级根源和思想根源，决定了罪犯劳动改造发展变化的基本方向。

1. 罪犯劳动改造是中国共产党践行初心使命和执政理念的必然选择

中国共产党是在马克思列宁主义指引下建立的无产阶级政党，是中国特色社会主义事业的领导核心，代表中国先进生产力的发展要求、代表中国先进文化的前进方向、代表中国最广大人民的根本利益。中国共产党人的初心使命是为中国人民谋幸福，为中华民族谋复兴。中国共产党和其建立的人民政权对待犯罪分子哪怕曾经是敌人的战争罪犯的政策不是消灭，也不是单纯的惩罚，而是宽大政策、人道主义的政策、改造他们重新做人的政策。罪犯劳动改造是中国共产党在自己的初心使命和执政理念下采取的最切实可行的改造罪犯手段之一。

2. 罪犯劳动改造的宗旨是社会主义的根本任务所决定的

罪犯劳动改造是我国社会主义制度的特色和本质要求。社会主义的根本任务是解放生产力，发展生产力。罪犯劳动改造的宗旨和使命是改造好罪犯，在特殊战线上解放生产力，向社会输送能够自食其力的守法公民和合格劳动者，这完全符合社会主义的本质，符合中国共产党以人民为中心的发展思想。无论社会如何发展，环境如何变化，条件如何改善，罪犯劳动改造都将发挥改造人的特殊功能，都将沿着正确的道路守正创新，科学发展。新中国成立70余年来的罪犯劳动改造历史也充分表明，罪犯劳动改造在社会主义制度下不断健全、完善和创新发展。这种与时俱进的罪犯劳动改造制度符合社会主义制度的发展要求，极大地促进了监狱惩罚改造罪犯的法治化、现代化。这一条也可以概括为罪犯劳动改造与国家政治制度相适应的规律，实现国家赋予监狱机关的作为国家机器的职能，为国家的政治目的服务。

（二）罪犯劳动改造与国家经济发展状况和生产力发展水平相适应的规律

1. 罪犯劳动改造本质上是一种生产劳动

必须首先承认罪犯劳动改造就是一种生产实践活动，是罪犯这种特殊劳动者参加的以改造自己为根本目的的生产实践活动。按照马克思主义关于劳动是人的一种基本的社会实践活动的思想，人们获得所需要的基本物质生活资料需要这种劳动，人类的认识和发展也离不开这样的生产劳动。同理，罪犯的生存和改造也离不开这样的生产劳动。罪犯劳动改造的原理设计和实践思路就是让罪犯作为劳动者参加与一般社会生产劳动并无本质差别的劳动，即社会化的生产劳动，既发挥劳动创造价值的功能，又发挥劳动改造人的功能。罪犯劳动改造的基本做法是在罪犯劳动管理中融入特殊的刑罚、改造意义和改造任务，对罪犯劳动制定特殊管理制度和考核办法,从而达到罪犯劳动改造的目的。罪犯劳动改造是生产与改造的有机结合,是马克思主义关于劳动是人的一种基本的社会实践活动的思想在我国罪犯改造领域的运用和发展。

2. 罪犯劳动改造与国家经济状况和社会生产力发展水平是密切相关、能动适应的关系

既然罪犯劳动改造本质上是一种生产活动,是一种与一般劳动者参加的生产劳动没有本质差别的、社会化的生产实践活动,罪犯劳动改造就必然要与社会经济保持密切联系,与国家的经济发展环境相适应。

第一,罪犯劳动改造受国家经济发展水平的影响非常大。国家经济和社会生产力发展水平落后条件下的罪犯劳动改造与国家经济和社会生产力发展水平好转后的罪犯劳动改造虽然没有本质区别,但是其劳动条件、劳动项目、劳动环境、经济负担却有很大的差异。战争年代,罪犯劳动改造主要是就地取材,因地制宜,自给自足;新中国成立初期,劳动项目以配合和支援国家建设,解决国家和监狱的困难为主;计划经济时期,罪犯劳动改造主要是响应国民经济建设,纳入地方经济发展计划;改革开放以后和市场经济时期,受到市场竞争的强烈冲击,以及经济独立核算后监狱财政困难的严重影响,出现了许多监狱企业破产倒闭、罪犯劳动改造难以为继的窘境。在现阶段,罪犯劳动改造则在劳务加工领域找到了自己的市场定位。

第二,罪犯劳动改造的生存与发展离不开国家相关方针政策的指引,特别是经济政策和改造政策。国家在不同的时期对罪犯劳动改造都有明确的政策指引,在计划经济时期,国家经济建设的需求很大,罪犯劳动改造机会多,但劳动项目相对粗放,生产和经济的压力很大,所以国家在出台罪犯劳动改造(当时称劳改生产或监狱生产)相关经济政策的同时,也出台了很多正确处理改造和生产的关系的政策方针,如"改造第一,生产第二"的劳改工作方针。在市场经济时期,罪犯劳动改造受市场的冲击,国家及时调整监狱工作方针为"惩罚与改造相结合,以改造人为宗旨",出台监狱体制改革政策,以政府与市场相结合的手段,改革监狱和监狱企业管理体制,提高监狱罪犯劳动改造应对市场经济环境的能力。

第三,罪犯劳动改造形成了与不同历史时期的经济环境相适应的发展规律。在计划经济和经济困难时期,罪犯劳动改造与国家经济建设需求密切相连、互促互进,这是一种计划经济规律和罪犯劳动改造规律相结合的规律;在市场经济时期,罪犯劳动改造需要在有限的政府扶持政策下,按市场经济规律办事,在市场经济和区域经济发展中找寻市场机会,进行市场定位,这是一种市场经济规律和罪犯劳动改造规律相结合的规律。

第四，罪犯劳动改造对社会经济发展水平的适应有局限性也有能动性。局限性体现在罪犯劳动改造只能从实际出发，从经济和经费水平出发，组织罪犯参加因时因地制宜的劳动生产活动，市场机会、劳动项目有很大的局限性。能动性体现在国家层面给予政策支持，监狱主管部门和监狱企业集团公司主动作为，以及罪犯劳动经营管理中的基层管理者主动作为，包括监狱企业准确的市场定位、对劳动项目的开发、罪犯劳动改造管理水平的提高。能动性还体现在随着实践层面的不断探索和检验，罪犯劳动改造形成市场经济体制下的成熟的发展模式，包括政策法规的支持与保护模式、罪犯劳动管理模式等。

3. 罪犯劳动改造在国家社会经济发展中有自己特定的贡献

罪犯劳动改造对国家社会经济发展的贡献是多方面的。罪犯劳动改造在新中国成立初期和社会主义建设时期，作为国民经济的重要生产力，为国家经济建设作出了一定的贡献，并在相当长的历史时期解决了国家财力不足、监狱经费困难的问题；但是，罪犯劳动改造的经济功能被无限放大后，改造和生产的矛盾激化就是必然现象。罪犯劳动改造通过生产劳动手段，将罪犯培养锻炼成有一定职业技能、能够自食其力的劳动者，把社会的危害者改造成社会的合格劳动者，使罪犯回归社会后成为守法公民和社会主义建设者，有利于社会生产力的发展。

### （三）改造与生产既对立又统一的规律

改造与生产是罪犯劳动改造工作中的一对基本矛盾，也是主要矛盾；二者既对立又统一，形成了我国罪犯劳动改造工作的特殊运行模式。

1. 正确认识改造和生产的对立统一关系和规律

首先，改造是目的，生产是载体和手段。改造所追求的转变思想、矫正恶习、培养技能、遵纪守法要在生产实践中去落实，生产则提供了劳动体验、遵守制度、遵守纪律、遵守规程、矫正行为、执行质量标准、执行技术标准、执行定额标准、锻炼劳动技能、培养职业技能等强大的实践功能、改造功能和矫正功能。为了实现改造宗旨、提高改造质量，生产这个载体要在生产项目、技术技能、质量、安全甚至适当的效益上做好文章。其次，改造与生产的对立性体现在二者是相互矛盾、相互制约的关系。改造要求围绕改造人的宗旨去组织劳动，这会从一定程度上和一些方面影响生产，限制生产的一些基本原则；生产要求按照效率原则、投入产出原则、生产要素优化原则、安全生产原则去组织生产活动，因此必然容易与改造产生矛盾。最后，改造与生产是相互依存、相互依赖、相互促进的关系。没有改造，就没有罪犯劳动改造及其生产活动；没有生产，就没有罪犯劳动改造的手段。人改造得好，生产会得到促进，生产得好，也是改造得好的体现。

2. 运用好改造与生产的对立统一规律管理罪犯劳动改造工作

首先,改造是本,生产是末,决不能去本逐末、本末倒置。忘了本,忽视了改造,一味追求产量和效益,就丢掉了宗旨,罪犯劳动改造就沦落为一般生产劳动,监狱改造罪犯工作、罪犯劳动改造工作就偏离了正确的方向。其次,要注重并不断提高认识和运用改造与生产的对立统一规律的能力。要认识到改造与生产的矛盾是罪犯劳动改造矛盾运动中的主要矛盾,抓住了这对主要矛盾,就抓住了罪犯劳动改造问题的关键。正如毛泽东指出的:"任何过程如果有多数矛盾存在的话,其中必定有一种是主要的,起着领导的、决定的作用,其他则处于次要和服从的地位……捉住了这个主要矛盾,一切问题就迎刃而解了。"要认识到改造才是改造与生产的对立统一关系中矛盾的主要方面,并牢牢抓住改造罪犯这个"牛鼻子",始终围绕改造罪犯这个中心组织生产劳动的全过程。在特定的经济环境下探索改造和生产融合发展、高质量发展的模式。要围绕改造目的设计和引进生产项目,充分发挥管理在深度融合改造和生产关系中的作用,不断提高罪犯劳动管理的水平,不断创新罪犯劳动改造的深度融合机制、矛盾化解机制、科学发展机制。

(四)罪犯主客体角色在罪犯劳动改造中既对立又统一的规律

罪犯作为被执行刑罚和被改造的对象,无论在哪个环节,都首先是一个客体,必须服从监狱各项规定,必须接受和参加监狱所安排的监管、教育、劳动等改造活动。罪犯的这个客体角色在监狱警察的工作职责和思想意识中必须是非常明确的。但是,罪犯的客体角色不是绝对不变的,而是可以随时随地向自我改造的主体角色转换和与之互换的,监狱警察对此也要有清醒的认识。罪犯这个客体与任何物权的客体是不一样的,因为罪犯是人,是人就有思考和思想,是人就有主观能动性,他在被动地接受各种管理、教育和改造时,也会随时对所接受的一切作出能动的反应,这种反应既可能是积极的、正面的,也可能是消极的、负面的。

1. 认识罪犯的主客体角色在罪犯劳动改造中的变化规律

罪犯的客体角色在罪犯劳动改造中是可以随时向自我改造的主体角色转化的。所谓罪犯的客体角色是指罪犯对于监狱和监狱警察来说是被改造的对象和客体,监狱和监狱警察是改造主体即管理者。所谓罪犯的主体角色是指罪犯在劳动改造中也可以成为自我改造的主体。在罪犯劳动改造中,罪犯不是绝对被动的,他们对各项活动作出能动的反应,并以自己的思想支配自己的行动,从而使自己成为在罪犯劳动改造中思想和行动的主体。这种主体角色的产生和存在是客观的,并因其心理和动机的不同而呈现出或积极、正面的,或消极、负面的作用。在罪犯劳动改造过程中,罪犯的主客体角色是长期并存的,且对立统一于罪犯身上发挥作用。罪犯对劳动改造的反应积极、正面时，会积极配合改造，积极主动参加劳动，学习技能，此时在罪犯身上主体和客体角色达到了高度统一。罪犯对劳动改造的反应消极、负面的，会消极地、抗拒地对待劳动改造，此时罪犯身上的主体和客体角色是对立的。在罪犯劳动改造过程中这种主客体角色的对立统一现象是客观的，是不以管理罪犯劳动改造的人民警察的意志为转移的，认识到这一规律，对于管理罪犯劳动改造的人民警察来说非常重要。人民警察要研究了解罪犯的心理、思想状况，要及时化解罪犯身上的负面消极因素，因势利导，促进罪犯的主客体角色在罪犯劳动改造中更多地达到高度统一，而不是长期对立。

2. 认识改造客观世界和改造人的主观世界相统一的规律

罪犯在劳动改造中主客体角色的对立统一规律，与马克思主义所认为的人类改造世界的过程实质上是改造客观世界和改造人的主观世界相统一的过程是高度一致的。正如马克思所说，在改造世界的生产活动中，不但客观条件改变着，而且生产者也改变着，他们炼出新的品质，通过生产而发展改造着自身，造成新的力量和新的观念，造成新的交往方式、新的需要和新的语言。① 罪犯在生产制造产品、改造自然的过程中，思想认识不断发生转变和提高，其作为劳动者的积极性、主动性、创造性就会被大大激发出来，罪犯就会长期处于不再对抗改造、不再抗拒和消极劳动的状态，从而实现其主体角色和客体角色的高度长期统一，实现改造客观世界和改造自身的主观世界的高度统一。

3. 认识罪犯从被强制改造到自觉接受改造的过程和规律

罪犯在劳动改造中主客体身份的对立统一规律与从“强迫的阶段”到“自觉的阶段”的过程是一致的。毛泽东指出，“所谓被改造的客观世界，其中包括了一切反对改造的人们，他们的被改造，须要通过强迫的阶段，然后才能进入自觉的阶段”，这是我国罪犯劳动改造的一般规律。② 罪犯出于自身各种原因，如不认罪服法，人生观、价值观错误，存在懒惰等恶习和不劳而获、鄙视劳动的想法，身无技能等，一般在劳动改造之初是持抵制和抗拒的态度的。所以，《监狱法》规定“有劳动能力的罪犯，必须参加劳动”，目的之一就是先通过强制的手段，使罪犯接受劳动改造。在很多罪犯身上，强制劳动会伴随很长一段时间，而在日积月累的劳动实践和教育中，罪犯会或快或慢、或多或少地发生思想认识的转变，改变对劳动的看法，不断提高劳动技能、改掉身上的很多恶习，逐渐改变错误的价值观、人生观，从而从被强制劳动改造

---

① 参见《马克思恩格斯全集》（第46卷）（上册），人民出版社1979年版，第494页。

② 参见劳改专业教材编辑部《中国劳改学研究》编写组编：《中国劳改学研究》，社会科学文献出版社1992年版，第34页。

过渡到自觉地、积极地参加劳动改造,实现自身主客体身份的转化和统一。

(五)实践—认识—再实践—再认识的认识规律

辩证唯物主义认识论的实践观告诉我们:实践是认识的来源。认识是人们在实践中将一定的工具作为手段,使客观对象发生某种改变而获得的。监狱组织罪犯劳动改造就是给罪犯提供了这样一种实践手段。辩证唯物主义认识观告诉我们:认识具有反复性,人们对一事物的正确认识往往要经过从实践到认识,再从认识到实践的多次反复才能完成。在罪犯劳动改造中,罪犯作为劳动者,亲自使用劳动设备和工具,进行生产作业,将劳动对象加工制作成具有使用价值的产品。在这个过程中,罪犯同时作为认识的主体,通过自己的身体接触客观世界,产生多种感觉,在头脑中形成印象,这就是感性认识。随着劳动周而复始地进行,罪犯同劳动资料和客观世界反复发生联系,在头脑中将各种感知材料进行加工和制作,最后产生认识的提升,由感性认识上升到理性认识。在感性认识向理性认识不断提升的过程中,罪犯头脑中原有的错误观念逐渐被正确观念所替换,这些正确的观念又在反复的实践中得到强化和增加,逐渐形成罪犯思想体系中新的、正确的世界观、人生观、价值观。罪犯劳动改造这种实践—认识—再实践—再认识的过程,是一个渐进的过程,是符合人的认识规律的。

## 第二节　罪犯劳动改造的功能和作用

罪犯劳动改造的功能是罪犯劳动改造所能够发挥的有利作用和效能,罪犯劳动改造的作用是罪犯劳动改造活动在罪犯身上达到的效果。我国为了改造罪犯,以马克思主义和毛泽东思想为思想理论依据,基于劳动具有的改造客观世界和改造人类主观世界的功能,组织罪犯参加劳动,创设了劳动改造这一改造罪犯的活动和手段。从理论上阐述罪犯劳动改造的功能和作用,从实践上指导监狱机关运用好罪犯劳动改造的功能,使之发挥最大的作用,对于实现改造人的目标,发挥监狱的职能,具有重要意义。

### 一、罪犯劳动改造的功能的含义和特性

(一)功能的含义

功能是指效能和功效,是事物或活动的用途,是事物或活动内部固有的或者被人们赋予的用途及使用时所能达到的效能,它是由事物或活动的内部要素及其组

成结构所决定的,是一种事物或活动内部相对稳定独立的机制。功能是对象能够满足某种需求的属性。凡是满足使用者需求的任何一种属性都属于功能的范畴。满足使用者现实需求的属性是功能,如劳动生产产品的功能;满足使用者潜在需求的属性也是功能,如劳动的惩罚功能,这是因为劳动能够消耗人的体力和精力。功能作为满足需求的属性带有客观物质性和主观精神性两方面属性,称为功能的二重性。满足物质使用意义的功能,就是功能的客观物质性,如劳动创造物质财富和使用价值的功能。满足使用者的精神感觉、与主观意识有关的功能,就是功能的主观精神性,如劳动的体验功能、美学功能,劳动能使人精神上得到满足、思想认识上有所改变等。

功能与功能载体在概念上有分有合,麦尔斯在创立价值工程时就提出:顾客购买物品时需要的是它的功能,而不是物品本身,物品只是功能的载体。只要功能相同,载体可以被替代。这就是说功能与其载体在概念上应有区分;但是,一种功能的实现不可能没有载体,所以功能与其载体又必须结合。在价值工程运作中,往往是某种功能与原来的载体分离了,经过创新方案与另一个载体结合起来,这就称为功能的载体替代。

### (二)罪犯劳动改造的功能的含义

罪犯劳动改造的功能是在我国刑罚理念和监狱工作方针指引下,罪犯劳动改造的创建者赋予罪犯劳动改造的用途,是罪犯劳动改造所能够发挥的有利作用和效能。罪犯劳动改造是一种刑事执法活动,当然属于社会活动。社会活动的功能是社会活动的组织特性和实践特性所决定的。罪犯劳动改造的组织特性表现为以马克思主义劳动观和监狱工作方针为基本理念,以我国社会主义特色的罪犯劳动改造组织形式为载体,通过反映社会主义生产关系的管理方式组织罪犯劳动改造活动。罪犯劳动改造的实践特性表现为以人类社会的基本生产活动为改造罪犯的基本手段,组织罪犯从事的是与一般人类生产劳动无实质差别的生产活动。我国罪犯劳动改造的设计者对劳动的现实性功能和潜在性功能作出了科学的选择,劳动因其消耗体力、精力的特点而具有的惩罚、苦役的功能,我们不去选择,我们选择了劳动培养人、造就人、改造人的功能。劳动既能创造物质文明又能创造精神文明,我们选择了创造价值的劳动为手段,来改变犯罪人的精神世界,改变犯罪人犯罪的思想本质,培养合格社会劳动者和守法公民。

### (三)罪犯劳动改造的功能的特性

#### 1. 罪犯劳动改造的功能是以劳动的功能和作用为基础产生的

罪犯劳动改造的功能与人类劳动的功能既有区别也有联系。我国罪犯劳动改造的功能是以劳动的功能和作用为基础产生的。所谓劳动的功能就是劳动能够满足人类实际需要。马克思主义劳动学说科学地揭示了劳动的功能,揭示了劳动创造人类本身、创造人类社会、创造人类历史的伟大作用,这是劳动的功能对于个体的人以及由人组成的社会所产生的结果。马克思主义充分论证了劳动对人的创造和改造作用,我国则在马克思主义劳动学说的指导下,以改造人为宗旨,创建了改造罪犯的劳动改造手段,这才有了罪犯劳动改造的功能。如果说劳动的惩罚功能和生产目的是人的刻意追求,而改造功能则是人类劳动与生俱来的功能,只是最初人们并没有意识到,未主动加以运用。马克思主义产生后,劳动作为一种改造手段才被人们真正认识,马克思主义的相关思想为中国共产党人所接受,因为对罪犯劳动改造功能的认识不断深化,劳动作为改造罪犯的重要手段才被广泛应用,并且被放在更加突出的位置。① 罪犯劳动改造的内涵是对象、手段与目的三要素的有机结合,表明对什么人,要干什么,达到什么样的目的。② 所以,我国的罪犯劳动改造的功能是以劳动的功能和作用为基础的,是中国共产党执政以后以马克思主义基本理论为指导创建了罪犯劳动改造活动后才得以产生的。

2. 罪犯劳动改造的功能是中国特色社会主义刑罚制度及其理念所赋予的

罪犯劳动改造和罪犯劳动是两个概念,不能把罪犯劳动改造的功能等同于罪犯劳动的功能。在人类社会发展的不同阶段,劳动的功能被不同阶级和社会制度下的统治者运用到刑罚体系中,产生了不同的罪犯劳动及其功能。奴隶社会报复刑主义下和封建社会威慑刑主义下的罪犯劳动的功能主要是惩罚功能和剥削功能,在教育刑主义下罪犯劳动的功能主要是矫正功能和教育功能,而在我国社会主义制度下所创建的罪犯劳动改造的功能则主要是改造功能。这是因为我国的罪犯劳动改造是以马克思主义基本理论和劳动学说、为指导、以改造人为宗旨创建的,有其特定的指导思想、理论体系,建立了以社会主义制度为基础的罪犯劳动改造制度,赋予了罪犯劳动改造不同于剥削社会罪犯劳动的功能。“罪犯劳动改造是中国狱制革命的成果”,监狱机关的职能和发展方向,是罪犯劳动改造功能确立的立场和前提。罪犯劳动改造功能的有效发挥和运用是社会主义中国的监狱机关才能正确做到的。所以,从本质上说,罪犯劳动改造的功能是作为社会主义国家专政机器的监狱的本质属性和职能所决定的。罪犯劳动改造的特定功能,是中国刑事司法制度的一大特色,更是中国社会主义监狱对劳动的功能的成功运用和伟大创造。

① 参见王恒勤主编:《中国特色社会主义监狱理论体系研究》,河北大学出版社 2011 年版,第 23 - 24 页。

② 参见杜雨主编:《罪犯劳动改造学》,法律出版社 2002 年版,第 35 页。

3. 罪犯劳动改造的功能是一系列功能的组合

罪犯劳动改造的功能是以改造功能为核心的一系列功能的组合。人类社会的发展充分证明了劳动的伟大作用,马克思主义基本理论和劳动学说科学地论述了劳动的伟大功能。以此为基础和理论指导,我国在创建和发展罪犯劳动改造制度的历程中,逐渐提炼和明确了罪犯劳动改造的一系列功能。这些功能体现在新中国以毛泽东为核心的第一代领导集体在罪犯劳动改造制度创建过程中的指示精神,体现在各个时期国家关于监狱工作、罪犯劳动改造工作所制定的方针政策,体现在监狱罪犯劳动改造的实践和发展中。虽然这一系列功能还没有形成理论界一致认可的体系,但是罪犯劳动改造的功能一定是以改造功能为核心的一系列功能的组合,并在罪犯劳动改造实践中科学有机地发挥着改造罪犯的作用,这是理论界和实务界的共识。

## 二、罪犯劳动改造的功能和作用的关系

作用是事物或活动的功能被利用或者被开发利用所产生的效果。罪犯劳动改造的作用就是我国监狱机关在组织罪犯劳动改造活动中充分发挥甚至开发利用罪犯劳动改造的功能所产生的改造罪犯的效果。正确认识罪犯劳动改造的作用,历史地、客观地、全面地考察和评价罪犯劳动改造的作用,审视罪犯劳动改造中存在的问题,是实现罪犯劳动改造目的,改进罪犯劳动改造工作,提高罪犯劳动改造效能的重要理论和实践问题。

功能和作用是两个既相互联系又相互区别的概念。功能是事物内部固有的效能或活动组织者所赋予的效能,由事物或活动的要素和结构所决定;而作用是功能得到发挥时所产生的实际效果,是事物与外部环境发生关系或活动进行中及结束后所产生的综合效应。同样的功能所产生的作用,既可能是正面作用,又可能是负面作用,这要看功能与外部环境的互动方式。我国的罪犯劳动改造之所以有不同于剥削社会罪犯劳动的作用,就是因为社会主义制度的刑罚政策和思想赋予了罪犯劳动改造改造人的特殊宗旨和功能,并以此为核心创设了一整套罪犯劳动改造制度和方法。

## 三、罪犯劳动改造的功能和作用的内容

既然功能与作用是既相互联系又相互区别的关系,而我国的罪犯劳动改造的功能和作用也因社会主义制度的特殊背景而存在更为特殊的关系,分析和研究罪犯劳动改造的功能和作用就需要将其联系起来进行分析,这样既有利于科学把握

每一个功能与作用的有机联系,又有利于指导其在实践中的科学运用(见图5-1)。

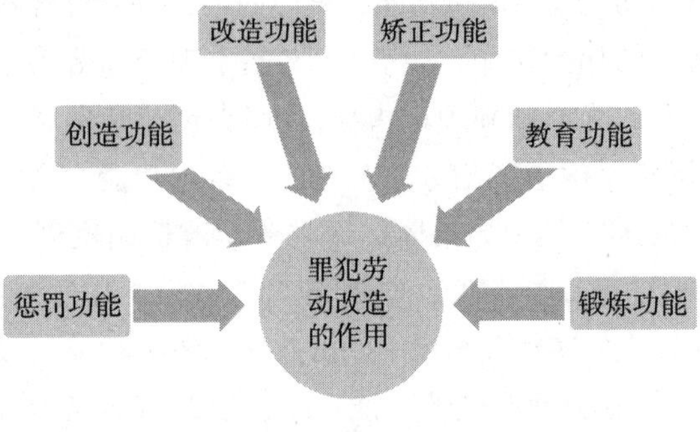


**图5-1 罪犯劳动改造的功能和作用的关系**

(一)罪犯劳动改造的惩罚功能和作用

惩罚是监狱的一种基本功能。劳动的惩罚功能是基于劳动具有消耗体力和精力的特点,统治者利用劳动对罪犯进行特定的惩罚时所产生和运用的功能。惩罚功能是劳动的一种潜在功能,只有当使用者专门使用这种功能时才成为满足使用者现实需求的功能,如奴隶制社会用野蛮性、残酷性、报复性的劳动惩罚奴隶和囚犯,封建制社会用折磨性、奴役性的劳动惩罚罪犯,这些劳动既以惩罚为目的,也用尽了劳动的惩罚功能。随着刑罚的改革和发展,惩罚功能在现代刑罚体系中已经逐渐被弱化和控制使用,惩罚功能就复原为劳动的潜在功能,很少被使用。"罪犯劳动的生理学意义随着刑罚的沿革而变化。"①联合国1955年第一届预防犯罪和罪犯处遇大会通过的《囚犯待遇最低限度标准规则》规定:"监狱的犯人劳动,不得具有折磨性质,不应被视为附加刑罚。"教育刑主义下的罪犯劳动逐渐走向现代和文明,联合国的主张和各国的做法显示罪犯劳动的惩罚功能已经越来越少地被运用和发挥作用。如西班牙《监狱组织法》规定劳动是犯人的权利和责任,是改造犯人的根本手段,劳动不应作为折磨和惩罚犯人的手段,不应作为侵犯犯人人格的手段,而应使犯人养成和保持犯人的人格。②

中国共产党人从创设罪犯劳动改造这一刑罚执行活动开始,就将其作为改造罪犯的一种手段,禁止将其作为惩罚、奴役、侮辱罪犯的手段,奴隶社会和封建社会罪犯劳动的惩罚功能在社会主义中国的监狱中只是一种潜在功能而不再被运用。

---

① 杜雨主编:《罪犯劳动改造学》,法律出版社2002年版,第35页。

② 参见中华人民共和国司法部编:《外国监狱法规条文分解》(下),法律出版社1998年版,第378-379页。

虽然我国监狱是惩罚和改造罪犯的刑罚执行机关,但是我国监狱以改造人为宗旨,而不以惩罚为目的。我国监狱的惩罚功能主要体现在依法剥夺罪犯的人身自由上;罪犯劳动改造的惩罚功能则主要体现在依法强制罪犯参加劳动,接受劳动改造上。

1. 罪犯劳动改造的惩罚功能的含义

罪犯劳动改造的惩罚功能是指为了实现劳动改造罪犯的目的,依法监管罪犯参加劳动,依法强制不服从改造、抗拒劳动的罪犯参加劳动。这种人身自由受限和强制性的劳动,实际上是一种对罪犯自由的剥夺和精神上的惩罚。我国监狱组织的罪犯劳动改造利用强制劳动手段的目的是,对那些思想上厌恶劳动、行动上不愿劳动的罪犯,依法强制他们劳动,并结合其他改造手段,使罪犯逐渐转变其扭曲的思想、丑陋的灵魂、懒惰的行为,变被动劳动为自觉地劳动,变被动改造为自觉、主动地改造。正如毛泽东所指出的:"他们如果不愿劳动,人民的国家就要强迫他们劳动。"

罪犯劳动改造的惩罚功能是依法依规确定并实施的。《监狱法》第 1 条规定了该法的立法目的就是惩罚和改造罪犯。罪犯劳动改造的惩罚功能首先体现在依法强制有劳动能力的罪犯参加劳动改造。《监狱法》第 69 条规定:"有劳动能力的罪犯,必须参加劳动。"《刑法》第 46 条规定:"被判处有期徒刑、无期徒刑的犯罪分子,在监狱或者其他执行场所执行;凡有劳动能力的,都应当参加劳动,接受教育和改造。"《宪法》第 42 条第 1 款规定:"中华人民共和国公民有劳动的权利和义务。"罪犯劳动同样是一种权利义务,但不同之处在于其属于执行刑罚中的改造手段;罪犯只要有劳动能力,都必须参加劳动,不问其是否愿意。《监狱法》第 4 条规定:"监狱对罪犯应当依法监管,根据改造罪犯的需要,组织罪犯从事生产劳动,对罪犯进行思想教育、文化教育、技术教育。"这说明监狱必须依法监管罪犯劳动现场和过程,从必要的封闭管理到对罪犯的行为监管和物品管理等,处处体现了对罪犯的监管和限制,这是刑罚惩罚功能在罪犯劳动改造中的具体体现。但是罪犯劳动改造的惩罚功能也是合乎法律甚至是体现人道主义精神的。《监狱法》第 70 条规定:"监狱根据罪犯的个人情况,合理组织劳动,使其矫正恶习,养成劳动习惯,学会生产技能,并为释放后就业创造条件。"这一条要求强制劳动也要尽可能地根据罪犯个人情况合理组织。《监狱法》第 71 条规定:"监狱对罪犯的劳动时间,参照国家有关劳动工时的规定执行;在季节性生产等特殊情况下,可以调整劳动时间。罪犯有在法定节日和休息日休息的权利。"第 72 条规定:"监狱对参加劳动的罪犯,应当按照有关规定给予报酬并执行国家有关劳动保护的规定。"第 73 条规定:"罪犯在劳动中致伤、致残或者死亡的,由监狱参照国家劳动保险的有关规定处理。"这些规定说明罪犯劳动改造的强制劳动也要符合《劳动法》有关劳动保护的规定。

罪犯劳动改造具有一定的惩罚功能是符合人的改造规律的。从“强迫的阶段”到“自觉的阶段”是罪犯劳动改造的一般规律。强制劳动彰显刑罚的惩罚价值，对于被强制劳动的罪犯来说，其刚进监狱时思想还未转变，还存在一定的问题和劣性，部分罪犯还会产生抵触情绪和抗拒心理，而强制劳动正是改造罪犯思想的手段。随着劳动作用的逐渐发挥和劳动体验的增加及正确的思想疏导，罪犯这种抵触情绪和抗拒心理会逐渐消除，并进入自觉劳动改造的状态。所以，在罪犯还未产生自觉能动性之前，这种强制劳动所具有的惩罚性还是必要的，强制劳动将扮演重要的改造角色。有学者提出不同的观点，认为强调罪犯劳动的惩罚性阻碍了罪犯对监内劳动的认同，很容易导致罪犯对监内劳动产生抵触，甚至催生警囚矛盾，强调罪犯劳动的惩罚性也无助于罪犯劳动改造手段的有效实施，无助于罪犯的重新社会化的完成。[①] 我们认为，我国罪犯劳动改造的惩罚功能是在法律规定的范围内的，不包括对罪犯的身体、精神等方面的过度惩罚，而这种在法律保障下的惩罚既是监狱的属性决定的，也是有利于改造罪犯的。

罪犯劳动改造的惩罚功能与其他社会制度下罪犯劳动的惩罚功能是有本质区别的。我国罪犯劳动改造的惩罚功能是为实现改造人的目的服务的，我国的强制劳动是在尊重罪犯人权、遵守法律的基础上进行的，是不以惩罚为目的的，没有使用体罚，没有超时、超体力劳动，更没有以奴役剥削为目的。而奴隶制、封建制社会监狱的罪犯劳动本身就是以惩罚、奴役为主要目的的。

2. 罪犯劳动改造的惩罚功能发挥的作用

罪犯劳动改造的惩罚功能在被运用时主要发挥了有利于改造罪犯的作用。长期的罪犯劳动改造实践证明，罪犯劳动改造的惩罚功能发挥了以下作用：一是强制有劳动能力的罪犯全部参加劳动。凡是经过监狱医务部门鉴定没有完全丧失劳动能力的罪犯，都要参加监狱安排的适合其自身情况的劳动，否则，就要强制他们参加劳动。二是依法监管维护劳动秩序和劳动安全。三是从强制罪犯劳动改造逐渐过渡到自觉自愿积极参加劳动改造。对于不认罪、不服法、抵制抗拒劳动的罪犯来说，发挥罪犯劳动改造的惩罚功能，从强制到自觉是其必经阶段。

### （二）罪犯劳动改造的改造功能和作用

1. 罪犯劳动改造的改造功能的含义

罪犯劳动改造的改造功能是指基于马克思主义的基本原理而赋予罪犯通过劳

---

① 参见柯淑珍：《论罪犯劳动的目的》，载《犯罪与改造研究》2016 年第 2 期。

动改造转变其思想和矫正其行为的功效。罪犯劳动改造的改造功能有着深厚而又科学的马克思主义理论和思想基础。马克思在《哥达纲领批判》中指出“生产劳动和教育的早期结合是改造现代社会的最强有力的手段之一”①,并指出生产劳动是犯人“改造自新的唯一手段”。毛泽东亲自创建了中国特色的罪犯劳动改造思想。“辩证唯物主义的世界观认为,劳动创造人,创造社会,劳动是造就社会新人的重要方略,劳动也是改造各种社会丑恶现象的有力武器。”②罪犯劳动改造的改造功能也已经为监狱工作方针政策所确认。中国的监狱学理论也已经形成了较为成熟的以改造人为宗旨的罪犯劳动改造理论。“生产劳动是培养社会新人的重要手段,是社会基础教育中不可缺少的内容,对于培养全面发展的社会新人至关重要。”根据我国监狱工作方针、政策和法律规定以及罪犯劳动改造基本原理,罪犯劳动改造的改造功能应该包括转变思想、矫正恶习、养成劳动习惯、培养劳动技能、培养自食其力的劳动者和守法公民等方面的功能。

2. 罪犯劳动改造的改造功能发挥的作用

罪犯劳动改造的改造功能发挥的作用,是指罪犯劳动改造的改造功能得到正常运用和发挥所取得的效果和成果。近一个世纪以来,从革命战争年代的革命监所到新中国成立以后各个历史时期的监狱运用罪犯劳动改造手段,发挥罪犯劳动改造功能,充分实现了对各种类型的罪犯的思想和行为的改造,所取得的伟大改造成就为世界瞩目。其中,新中国成立初期对封建末代皇帝、日本战犯、国民党战犯的成功改造,最能彰显我国罪犯劳动改造的伟大功绩。通过系统改造,成千上万的与人民为敌、与社会主义为敌、不认可共产党、不遵守社会主义国家法律的各类罪犯转变了思想,很多战犯站在人民的一边和共产党的立场上,拥护社会主义、拥护共产党,在服刑期间主动宣传中国共产党的政策和社会主义好,他们的改造被称为“人间奇迹”。罪犯劳动改造的改造功能的作用表现为一个人系统性的改变,具体来说,主要表现在以下几个方面。

(1)罪犯在长期的劳动实践中体验人生价值,培育出新的、正确的世界观、人生观、价值观、劳动观。

(2)罪犯转变恶习,变得遵规守纪,回归社会后成为遵纪守法的公民。

(3)罪犯通过劳动改造向劳动者和生产者转变,回归社会后成为合格的社会劳动者。

(4)罪犯养成劳动习惯,学到劳动技能和职业技能,回归社会后能够自食其力,

---

① 《马克思恩格斯选集》(第3卷),人民出版社1972年版,第4页。

② 杜雨主编:《罪犯劳动改造学》,法律出版社2002年版,第29页。

从而预防和减少再犯罪。

(三)罪犯劳动改造的矫正功能和作用

罪犯劳动改造的矫正功能是指在组织罪犯参加生产劳动中,通过劳动组织、劳动纪律、劳动工艺、劳动技能、劳动定额、劳动竞赛、计分考核、报酬奖惩等管理的和技术的手段,罪犯在反复的教育、约束、训练、规范等强化手段作用下,矫正扭曲的心理、不良的习惯和不守法纪的行为。

矫正功能的设计应该继承我国长期罪犯劳动改造工作中的优良方法和制度,也可以借鉴和学习国外的好的、先进的劳动矫正原理、方法和技术,还可以学习和借鉴心理矫正和医学矫治的一些原理和方法,如斯金纳的新行为主义①理论和方法。

罪犯劳动改造的矫正功能所能发挥的作用是多方面的,是其他矫正手段无法比拟的,效果也是非常好的。一是培养劳动观念。通过长期从事有益身心的、创造价值的劳动,罪犯会改变对劳动的认识,树立起不再排斥劳动甚至热爱劳动的观念,养成劳动习惯,正所谓脑越用越灵,手越动越勤,长期规律性地参加劳动,必然让人养成劳动的习惯。二是心理趋于正常社会人。少数罪犯在长期的去社会化的行为方式中心理变态、心灵扭曲,劳动使之常态化地处于社会化劳动活动中,处于社会化的生产关系中,通过反复正常地处理人与人、人与生产、人与产品的关系,心理得到一定的矫正,是必然的结果。三是改掉自身恶习。通过遵守劳动纪律和规章,遵守工艺规程,落实安全法则,接受劳动生产过程中监狱严格的现场管理和作业管理,很多罪犯彻底改掉了一身的不良习惯,养成了语言、行为、仪容仪表等多方面的好习惯,这些好习惯在他们回归社会后常令身边的人刮目相看,长期都不会改变。

(四)罪犯劳动改造的创造功能和作用

人类的劳动是人改变自然、创造使用价值的活动。罪犯劳动改造的创造功能是罪犯劳动改造活动创造使用价值和物质财富的功能,这种功能体现在罪犯通过自己的劳动对社会的贡献,也体现在给自己的回报。罪犯劳动改造的创造功能基于劳动的创造功能,是罪犯劳动改造的创立者基于自己的立场、观点和方法作出的正确选择。马克思主义在劳动创造财富的古老学说基础上创立了劳动创造价值理

---

① 斯金纳新行为主义概念:行为塑造,即通过强化手段,矫正人的行为,使之逐渐接近某种适应性行为模式的强化治疗手段。行为塑造法是根据斯金纳的操作条件反射研究结果而设计的培育和养成新反应或行为模式的一项行为治疗技术,是操作条件作用法强化原则的有力应用之一。在行为塑造过程中,多采用正强化的手段,一旦所需的行为出现,就立即给予强化,一直到塑造出一种新行为为止。

论和劳动学说,罪犯劳动改造就是这一理论在罪犯改造领域中的运用。罪犯劳动改造是社会主义社会和国家改造世界、改造社会、改造人类的重要组成部分,是创造使用价值和物质财富的劳动,是社会化的生产活动,是与社会普通劳动者所从事的生产劳动没有本质区别的劳动。只有让罪犯不间断地、制度化地参加这样的劳动改造,才能最好地实现对他们的改造。马克思指出:“劳动作为使用价值的创造,作为有用劳动,是不以一切社会形式为转移的人类生存,是人与自然之间的物质变换即人类得以实现的永恒的自然性。”①罪犯劳动改造的创造功能,使罪犯通过生产劳动,制造产品、创造使用价值和价值,获取劳动报酬,收获正能量的人生体验,保持接近甚至等同于普通劳动者的生存方式,形成正确的劳动观、世界观、人生观和价值观,为回归社会后的自食其力积累经验和能力。所以,罪犯劳动改造的创造功能是罪犯劳动改造最基本的一项功能,是其他各种功能的实践载体和基础。

罪犯劳动改造的创造功能的作用是多方面的,这些作用在我国罪犯劳动改造的历史上均有充分的体现。一是罪犯劳动改造的创造功能解决了监狱经费的困难。从革命战争年代革命监所的自给自足,到社会主义时期各个阶段弥补监狱经费的不足,罪犯劳动改造所创造的经济收入曾经是监狱经费的主要来源。二是罪犯劳动改造的创造功能在我国相当长的社会主义建设时期支援了国家的经济建设。三是罪犯劳动改造的创造功能使罪犯得到了其他改造手段所没有的实践体验和思想认识的转变,是罪犯劳动改造的所有功能的重要载体和基础。四是罪犯劳动改造的创造功能使罪犯劳动改造工作拥有了一套量化考核支持体系。五是罪犯劳动改造的创造功能使罪犯取得了一定的劳动报酬,为保障个人生活、解决家庭困难、支付赔偿金和回归社会后自食其力奠定了一定的基础。

### (五)罪犯劳动改造的教育功能和作用

罪犯劳动改造的教育功能是指罪犯劳动改造在使罪犯培养劳动观念,学习生产知识、劳动技能、职业技能和生涯规划等,配合教育改造、监管改造,接受思想政治教育、遵纪守法教育等方面的教育功效。罪犯劳动改造的教育功能在“我们的监狱其实也是学校”的指导思想下具有中国特色,比西方国家自由刑和教育刑所倡导的教育内容更为丰富,特别是注重教育与劳动相结合、思想教育与劳动教育相结合,寓教育于生产之中。按照马克思主义劳动学说和我国的教育工作方针,劳动本身就是一种教育,任何人都要接受劳动教育。《监狱法》将罪犯劳动改造放在“对罪犯的教育改造”一章中,说明罪犯劳动改造具有教育功能,与教育改造的联系密切。

① 《马克思恩格斯全集》(第23卷),人民出版社1972年版,第56页。

罪犯劳动改造的教育功能可以发挥以下作用。

1. 使罪犯转变观念，树立正确的世界观、人生观、价值观和劳动观

罪犯劳动改造有强大的、无以替代的实践教育功能。“劳动是优良思想和道德的播种机。人的正确思想，只能从社会实践中来，从生产劳动这项最基本的社会实践中来。劳动，使我们树立了不劳动者不得食的观念；劳动，使我们养成了艰苦奋斗和勤俭节约的作风；劳动，使我们懂得了理解和尊重他人；劳动，使我们培养了责任感、自尊心、自信心、独立自主和自律意识；劳动，使我们学会了团结和协作；劳动，使我们懂得了奉献；劳动，使我们知道了热爱和尊重自然、关注和关心社会；劳动，使我们懂得了父母的养育之恩和孝敬父母。劳动，就像一台功能强大的播种机，把这一系列优良的思想、道德观念播种在我们的头脑中。虽然，从小到大我们每个人从家庭、社会和学校接受了许多思想道德教育，但是，同家庭、社会和学校教育相比，劳动的实践和体验功能更加强大，更是一种无以替代的自我教育，它把这些优良的思想、道德观念深深地、牢固地植入我们的心田。”①罪犯劳动改造的教育功能和作用的发挥最典型的是新中国成立初期对完全站在国家和人民对立面的末代皇帝、战争罪犯和各种反革命分子的改造，这些人在劳动改造等各种手段的改造中，思想观念发生了根本的扭转，完全接受了共产主义思想，拥护中国共产党的领导，从厌恶劳动、鄙视劳动人民、四体不勤、不会劳动，到树立了正确的劳动观。正如末代皇帝溥仪的改造体会：“我明白了，老老实实做一个自食其力、有益于人民的人，和人民的命运联系在一起的命运，才是最好的命运。”

2. 教会罪犯生产知识、劳动技能和职业技能，使其掌握自食其力的本领

监狱通过一系列从教育教学到实践运用的手段对罪犯进行有针对性的劳动教育，包括上岗前的生产知识、安全知识、劳动技能培训，上岗后的师父带徒弟、实战练兵、劳动竞赛、技能考核等劳动实践，以及有计划的、系统的职业技能和职业生涯教育，使绝大多数罪犯学习掌握了一种甚至多种职业技能，考取了职业技能证书，规划了回归社会后的职业生涯，甚至一些罪犯锻炼成了拥有一技之长的专业技术人才。很多罪犯刑满出狱前就与用人单位签订了劳动合同，出狱后大多数人成功就业、自食其力。

（六）罪犯劳动改造的锻炼功能和作用

罪犯劳动改造的锻炼功能是劳动对人的身体的锻炼功效。首先，罪犯劳动改造的锻炼功能是因为劳动本身就具备这种功能；其次，随着条件的不断改善，我国

---

① 徐风翔分册主编，北京市监狱管理局编著：《劳动与改造》，法律出版社2012年版，第15页。

在组织罪犯劳动改造中注意合法合理组织劳动,避免超时、超体力劳动,根据罪犯的身体情况组织劳动,使罪犯在劳动中身体不仅没有因过于劳累而受伤害,而是得到了很好的锻炼。

马克思在《资本论》注释中引用了英国经济学家的两句话:“劳动对于身体健康犹如吃饭对于生命那样必要”,“劳动给生命之灯添油”。实践无数次证明了罪犯劳动改造的锻炼功能对罪犯强身健体的作用。劳动可以使人筋骨强健,肌肉发达,关节灵活,反应灵敏,动作迅速,所谓“用则不退,动则不衰”;劳动能让人百脉通畅,五脏气血供应充足,可使冠状动脉血流量增加,改善心肌的营养和代谢;劳动还能抑制胆固醇的合成,可防止心脑血管疾病的发生;劳动还有延缓衰老的作用,人在持续的劳动过程中,会大大提高心肺和血管的功能,对氧气和营养物的分配、清除体内垃圾起到重要作用,阻止或减慢肌肉的生理性萎缩,从而有效地延缓肌体的衰老速度。劳动虽然需要付出一定的辛苦,但是劳动创造的成果能使人精神愉快、心情舒畅,增强对生活的热爱和情趣,为健康长寿打下良好的基础。养生学家认为劳动是最重要的养生方法之一。很多罪犯身体基础不好,加上入狱后精神压力大,旧病易复发,还容易增加新毛病。但是通过有规律的监狱生活和积极参加适宜的劳动,很多罪犯的身体越来越好。例如一位60岁入狱身患高血压、心脏病的罪犯通过参加力所能及的劳动,仅仅一年多,血压恢复了正常,服药量也减少了,感慨是劳动改造给了自己又一次健康。

## 四、罪犯劳动改造的功能运用和作用发挥需要注意的问题

### (一)注意对罪犯劳动改造功能的创新开发

罪犯劳动改造的功能是我国监狱运用劳动功能的伟大创造,上述六大功能是我们对罪犯劳动改造理论和实践发展的研究和总结,并不代表罪犯劳动改造的功能只有此六项并且一成不变。在罪犯劳动改造理论和实践发展中,我们要继续深入研究劳动的功能作用,深入研究劳动与罪犯改造的融合,结合时代发展的环境和条件,创新开发罪犯劳动改造的功能,从而使罪犯劳动改造的功能越来越科学、越来越强大。罪犯劳动改造的功能满足改造罪犯需求的基本属性是不变的,但是罪犯劳动改造在社会市场环境变化、生产力发展、产业发展和国家的相关政策调整中是必须优化和发展的。劳动者、劳动资料和劳动对象相结合,才能进行劳动,才能成为现实的生产力。罪犯劳动改造满足刑罚执行的主观精神性需求是不断提高的,罪犯劳动改造的相关政策要创新,罪犯劳动改造的管理要创新,罪犯劳动改造的方式、方法和制度也要创新,这些创新都要围绕罪犯劳动改造的功能的不断完

善、不断提高去进行。

### (二)注意对罪犯劳动改造功能载体的选择和优化

功能与功能载体在概念上是有分有合的。前述价值工程的创始人麦尔斯的功能和载体关系理论以及功能的载体替代理论也适用于罪犯劳动改造的功能理论。罪犯劳动改造的载体是生产劳动,而生产劳动的种类又有很多,如农业生产、工业生产等,农业生产和工业生产中又有不同种类的生产项目。这些年来罪犯劳动改造随着监狱的改革和发展,越来越走向更加集中、更加安全、更加适宜的劳务加工业,监狱要根据改造罪犯的需要去寻找并确定最适宜罪犯劳动改造的生产加工项目,同时又不能把工作思路和视野局限和集中于这些加工业,要永远以改造需求为导向,以劳动项目载体可替代为原则,进行罪犯劳动改造生产项目的选择和优化。

### (三)注意罪犯劳动改造功能的科学运用和作用发挥

罪犯劳动改造的功能实现最终依赖于科学运用,体现在作用的发挥。更主要的是实践性的问题,历史上出现过很多这方面的问题。经济基础方面,相当长的历史时期内国家经济困难,监狱经费困难,过度发挥和运用罪犯劳动改造的经济创造功能,严重制约了罪犯劳动改造的改造功能的发挥;体制机制方面,国家经济体制的转型,市场经济体制的变革,监狱管理体制的弊端,对罪犯劳动改造功能设定和发挥均产生了巨大的影响;管理机制方面,监狱管理水平、管理者的业务素质也制约了罪犯劳动改造功能的运用和作用的发挥;理论研究和指导方面,罪犯劳动改造理论研究水平特别是应用理论研究和指导水平不高也制约了罪犯劳动改造功能的运用和作用的发挥。所以,罪犯劳动改造的功能运用和作用发挥既有基础方面的问题,也有应用方面的问题,要从实际出发、以问题为导向,有针对性地破题攻关,才能实现罪犯劳动改造的功能科学运用和作用的最好发挥。

## 思考题

1. 论述罪犯劳动改造的特点。
2. 论述不断创新的罪犯劳动改造模式。
3. 论述罪犯劳动改造的规律。
4. 为什么说罪犯劳动改造是我国社会主义制度的必然选择?
5. 如何理解罪犯劳动改造与国家经济发展状况和生产力发展水平相适应的规律?
6. 简述改造和生产既对立又统一的关系和规律。
7. 论述罪犯主客体角色在罪犯劳动改造中既对立又统一的规律。
8. 论述罪犯劳动改造的功能及其特性。

9. 论述罪犯劳动改造的功能和作用的关系。
10. 论述罪犯劳动改造的惩罚功能和作用。
11. 论述罪犯劳动改造的改造功能和作用。
12. 论述罪犯劳动改造的矫正功能和作用。
13. 论述罪犯劳动改造的创造功能和作用。
14. 论述罪犯劳动改造的教育功能和作用。
15. 论述罪犯劳动改造的锻炼功能和作用。
16. 论述罪犯劳动改造的功能运用和作用发挥需要注意的问题。

# 管理实施部分

# 第六章　罪犯劳动管理概述

罪犯劳动管理是监狱的一项重要而又特殊的管理工作，是监狱执行刑罚和改造罪犯工作的重要组成部分，在中国特色社会主义监狱制度中发挥着重要的作用。罪犯劳动管理的全称是罪犯劳动改造管理，是监狱对劳动改造工作进行管理的一项主干活动，是科学实施罪犯劳动改造工作和完成劳动改造任务的重要途径和手段。罪犯劳动管理理论是在管理学理论、罪犯劳动改造学原理的基础上，总结罪犯劳动改造规律和管理经验形成的特殊管理理论，是罪犯劳动改造学学科的重要组成部分，是罪犯劳动改造学应用理论的主干内容。随着罪犯劳动管理理论不断发展和成熟，应该形成从原理到方法、以应用实用为主的相关理论体系，建成作为罪犯劳动改造学子学科的罪犯劳动管理学。

## 第一节　罪犯劳动管理的概念和目标、内容、任务和作用

### 一、罪犯劳动管理的概念和目标

#### （一）管理的概念和目标

所谓管理，就是在特定的环境下，对组织所拥有的资源进行有效的计划、组织、领导和控制，以便完成既定的组织目标的过程。要从以下几点把握管理的要义。

第一，管理是为实现组织目标服务的，是一个有意识、有目的进行的过程。管理是任何组织都不可或缺的，但绝不是独立存在的。管理不具有自己的目的或目标，管理是服务于组织而存在的。不能为了管理而管理，而是应该为了实现组织的目标进行管理。因此，管理的目标是与组织的目标联系在一起的。第二，管理工作的过程是由一系列相互关联、连续进行的活动构成的。这些活动包括计划、组织、领导、控制等，它们是管理的基本职能。第三，管理工作要通过综合运用组织中的各种资源来实现组织的目标。第四，管理工作是在一定环境下进行的，有效的管理

必须充分考虑组织内外的特定条件。

可以从以下三个角度来衡量管理促使组织目标实现的情况。

1. 实现组织的产出目标

组织的目标对应的是组织活动的成果,如医院治愈的病人、学校培养的人才、制造企业出产的产品、服务企业提供的各种服务、监狱改造后刑满释放的回归人员。不同类型的组织,其成果的具体表现形式可能各不相同。罪犯劳动管理作为监狱管理的内容之一,其产出目标直接地表现是一定品种、产量、质量和成本水平的产品,但是其作为监狱管理的一项重要内容,其产出目标还应该包括监狱的产出目标即经过改造后的罪犯。所以对于罪犯劳动管理的产出目标不能只看产品不看人(改造过的罪犯),如果只看到产品及其经济效益,就违背了管理目标服务于组织目标的基本原理。

2. 保证组织的效果与效率

用效率和效果来衡量组织的目标是管理者必须高度重视和注意的,所谓有效的管理指的就是管理的效率和效果。只有当管理者深刻地认识到这两者的科学本质,并能在管理中准确地追求效率和效果时,才能成为有效的管理者和成功的管理者。

效率是投入与产出的比值,如劳动生产率、设备利用率、工时利用率等,体现在多、快、省等方面。效果是组织在运行中能够实现符合组织性质和既定目标的程度,体现在好与坏、对与错、有用还是无用等方面。效果是与组织的性质相联系的,不同的组织对管理的效果的要求是不一样的,企业管理效果的衡量指标有销售收入、利润额、利润率、市场占有率等;医院管理效果的衡量指标是医疗水平的高低、病人的治愈率;衡量监狱管理的效果要看其履行惩罚改造罪犯职能的好坏。那么罪犯劳动管理的效果是什么呢?罪犯劳动管理的效果要以监狱的性质和目标为宗旨和导向,就是劳动改造罪犯的效果之好坏。虽然罪犯劳动管理直接表现为管理生产,其成果考核也离不开产值、产量、质量、利润等这些生产和经济指标,但一定要清楚地认识到这些生产和经济指标也要为改造效果服务。

对于一个组织的管理来说,首先是保证效果,也就是先做到"做正确的事",再去"正确地做事",在保证效果的前提下追求效率。对于罪犯劳动管理的管理者来说,"做正确的事"就是要从监狱的性质、宗旨出发去追求罪犯劳动管理的效果,要以改造人为宗旨去认识和处理罪犯劳动生产的效率和效果的关系,这中间蕴含着罪犯劳动管理的特殊性和科学性。罪犯劳动的效率和效果是既对立又统一的关系,处理得好,劳动改造的效果就能很好地管控劳动生产的效率,劳动生产的效率也能很好地服务于劳动改造的效果；处理得不好，就会又回到改造和生产矛盾的怪圈。

3. 实现组织的终极目标

根据组织性质的不同，组织的终极目标可以有不同的表现形式。前面所述的效果涉及的就是组织的终极目标。有一些组织以利润和资本保值增值为终极目标，这样的组织被称为营利性组织；另一些组织则以满足社会利益和履行社会责任为终极目标，被称为非营利性组织。营利性组织终极目标的实现程度可以通过市场检验，以较为客观的绩效指标来衡量；非营利性组织的终极目标往往依赖一些定性的和相对主观的指标加以衡量。监狱以及组织罪犯劳动改造的监狱企业就是这样的非营利性组织，其终极目标是改造罪犯，因此服务于监狱和监狱企业的罪犯劳动管理的终极目标一定是劳动改造罪犯。

无论组织的终极目标有何差别，管理都要促使组织以尽量少的资源尽可能多地完成组织预期的、合乎要求的目标。只有这样，才能称得上有效的管理。所以，管理者首先要做的是知晓自己所在的组织的性质和终级目标，然后以终级目标为导向，追求以尽量少的资源消耗去最大化地实现组织的终级目标。

（二）罪犯劳动管理的概念和目标

罪犯劳动管理的全称是罪犯劳动改造管理，是指为了实现劳动改造罪犯的根本目的，监狱及其所属部门或机构对罪犯劳动改造活动实施的计划、组织、领导、控制等一系列管理活动。

1. 罪犯劳动管理的性质取决于监狱的性质。罪犯劳动管理是监狱管理的重要组成部分，是为了发挥好罪犯劳动改造的作用而进行的一项管理工作。

2. 罪犯劳动管理的目标取决于监狱的目标。监狱是非营利性组织，监狱的产出目标是被改造后回归社会的罪犯的数量及改造质量，产出目标可以用一定时期内刑满释放的罪犯数量来衡量；监狱的终极目标是改造人，改造质量好且回归社会后不再犯罪的人越多越好。罪犯劳动管理的目标必须服从和服务于监狱的性质和目标。

根据监狱的性质和目标以及罪犯劳动改造作为监狱改造罪犯的手段，可以很清楚地确定罪犯劳动管理的目标。罪犯劳动管理的目标是监狱改造罪犯目标的分解，即劳动改造罪犯。监狱及监狱企业的性质是公共组织和非营利性组织，[①]其进行罪犯劳动管理的终极目标是劳动改造罪犯。罪犯劳动管理可以有必要的生产产

---

① 参见刘津：《论监狱企业的性质》，载《中国监狱学刊》2001 年第 2 期；刘津：《再论监狱企业的性质》，载《中国监狱学刊》2010 年第 4 期。

出目标,但这些目标都应该从属于罪犯劳动改造的目标,是为罪犯劳动改造的目标服务的。[①] 在这里,罪犯劳动的生产产出目标是手段,罪犯劳动的终极目标劳动改造罪犯才是目的(见图6-1)。

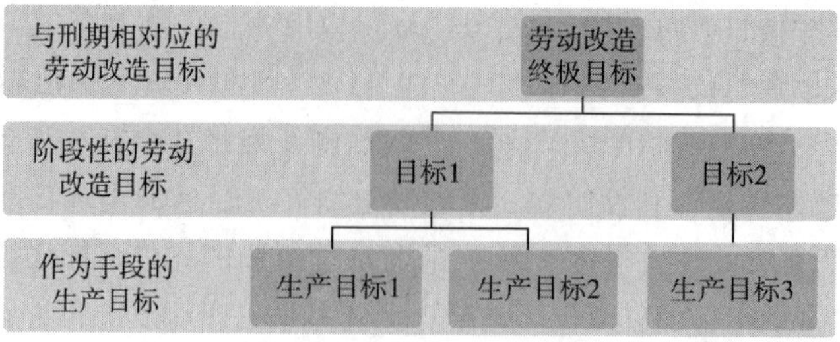


**图6-1　罪犯劳动系统的"目的—手段"功能关系及结构**

## 二、罪犯劳动管理的内容

罪犯劳动管理的内容包括对罪犯劳动生产经营全过程的管理活动,其特殊性在于并非以一般的生产经营系统为管理对象,而是把以劳动改造为目标和任务的罪犯劳动生产作为管理对象。所以,确切地说,罪犯劳动管理以特定的罪犯劳动系统为管理对象。从图6-2中可以看出一般生产系统和罪犯劳动改造系统的区别,可以看出罪犯劳动管理的对象是罪犯劳动改造系统而不是一般生产系统,这是确定罪犯劳动管理内容的基本前提。

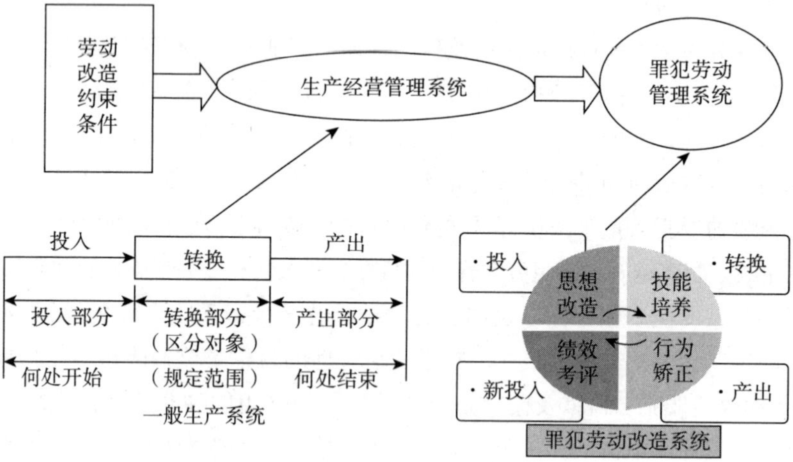


**图6-2　罪犯劳动管理系统的形成**

① 参见刘津:《论监狱企业的目标》,载《河南司法警官职业学院学报》2006年第3期。

罪犯劳动管理应该包括以下内容。

### (一)罪犯劳动组织机构设计和建构

设计、建构罪犯劳动组织机构是罪犯劳动管理体制建设的重要内容,一定要以有利于形成罪犯劳动管理的科学机制为原则。罪犯劳动组织机构建设受社会政治经济体制的影响非常大,我国罪犯劳动组织机构的演变充分说明了这一点。我国监狱的罪犯劳动组织机构以监狱企业为主,监狱企业本质上就是罪犯劳动改造的组织载体和形式,但在不同的历史时期监狱企业的形式和内涵有很大不同。在计划经济时期是监狱和监狱企业合一的组织形式,主要有国营性质的监狱农场和国营性质的监狱工矿企业。改革开放初期在国营或国有性质的监狱企业中先后进行过承包责任制、双轨运行和监企分开的改革。21 世纪以来,在社会主义市场经济体制下,我国实行了"全额保障、监企分开、收支分开、规范运行"的监狱体制改革。监企分开改革就是要处理好罪犯劳动管理体制的问题,监企分开后的监狱企业的组织形式是监狱企业集团公司及其子公司或分公司,这种形式把原来监狱管理局和监狱负责生产经营的职能(主要是与市场相衔接的职能、财务后勤等职能)交给监狱企业集团公司及其子公司或分公司,即所谓的"两头在外",而罪犯劳动过程管理则交给了监区。所以,所谓监企分开实际上是有分有合的状态,而不是绝对的分开。按照组织设计的原理和原则,罪犯劳动管理的组织机构一定要适应环境变化,根据监狱对这项工作的要求进行调整,这是罪犯劳动组织理论研究的内容。

### (二)罪犯劳动项目管理

监狱要组织罪犯劳动改造,首先要解决好罪犯劳动的生产项目问题。罪犯劳动项目管理是指监狱对拟引进或建设的罪犯劳动项目进行评估、选择、组织实施等一系列管理活动的过程。基于罪犯劳动的改造属性和生产属性,罪犯劳动项目管理的核心是保证选择的劳动项目符合劳动改造的特点和目标,按照安全、稳定、改造、习艺的综合性要求,规范劳动项目准入机制,优化项目结构,保证改造效果,防范经营风险,讲求一定的经济效益,实现罪犯劳动改造目标,保证监狱的安全稳定。市场经济体制下如何解决罪犯劳动的生产项目问题是世界各国的共同难题。经过多年的探索,许多国家选择了公共政策扶持、政府采购、市场化经营等多措并举的方式。我国社会主义市场经济体制的建立,彻底改变了罪犯劳动的外部环境,罪犯劳动的生存和持续性发展面临巨大挑战。罪犯劳动项目管理要从实际出发,在最大化地争取和获得公共政策支持的条件下,尊重市场规律,研究罪犯劳动改造规律,结合地域经济发展状况,制定正确战略规划,找准市场定位和产业支撑,这是相当长一段历史时期罪犯劳动项目管理的主要方向。

### （三）罪犯劳动过程管理

罪犯劳动过程管理是对罪犯劳动的具体实施过程进行管理，是罪犯劳动管理的主体内容，其内容涉及罪犯劳动管理全过程，主要包括以下几方面。

1. 罪犯劳动计划管理

罪犯劳动计划管理是通过编制和执行罪犯劳动计划，组织和协调罪犯劳动全过程的活动。对罪犯劳动实施计划管理，能有序地组织罪犯劳动过程，分配劳动任务，明确作业标准，规范劳动秩序，加强劳动考核，控制生产进度，保障罪犯劳动过程的科学、有序、稳定、高效。实施罪犯劳动计划管理，对规范罪犯劳动管理具有重要意义。

2. 罪犯劳动进度管理

罪犯劳动进度管理，主要是根据罪犯劳动生产计划，结合罪犯技术特长、劳动定额，合理安排罪犯劳动工序和工艺过程，实时掌握罪犯劳动定额完成情况，提高生产质量和效率，确保生产任务和劳动改造任务的完成。

3. 罪犯劳动现场管理

罪犯劳动现场管理不是一般的生产现场管理，是把教育改造、劳动技能培养、行为矫正等任务融入罪犯劳动过程组织和现场管理中的一种特殊现场管理。这项管理参考了各种生产现场管理方法，但绝不是这些社会企业常用的现场管理方法的简单运用，而是在罪犯劳动特殊性的基础上的一种创新运用和改进，如现场定置管理、工艺技术和设备工具管理等。在罪犯劳动现场中，罪犯特殊劳动力与各种生产要素的结合，已经不能简单地等同于一般生产现场的管理对象了，这需要监狱警察在实践中探索发现罪犯劳动现场的特殊性及其运行的规律，需要一线管理者探索总结罪犯劳动现场管理的良好做法和成熟经验，最后需要将它们上升为罪犯劳动现场管理的科学理论。

4. 罪犯劳动安全管理

罪犯劳动安全管理在现实工作中普遍称为“安全生产管理”，但“安全生产管理”并不能全面准确地概括和反映这项管理工作及其内容的特殊性。罪犯劳动现场的安全问题实质上是生产安全隐患和罪犯自身危险性的有机结合，形成了罪犯劳动安全的特殊现象、特殊内容和特殊规律。所谓罪犯劳动安全管理就是以罪犯劳动安全的特殊现象、特殊内容和特殊规律为对象的安全管理活动，不能照搬照抄社会一般的安全生产管理。在实践中把罪犯劳动管理中的生产安全和监管安全分割开来的做法非常普遍，这是不符合罪犯劳动过程中的安全现象和安全的系统思想的，所以是不科学的。应该用“罪犯劳动安全管理”来概括，并建立科学的罪犯劳动安全管理学。

5. 罪犯劳动质量管理

罪犯劳动质量管理主要是指罪犯劳动生产质量管理。罪犯劳动生产质量管理结合罪犯劳动的特点,运用质量管理方法,以提高罪犯劳动技能和质量管理水平为基础,保证和提高产品质量。

6. 罪犯劳动力管理

罪犯劳动力管理是罪犯劳动改造的重要基础工作,既是有针对性地做好对每一名罪犯的劳动改造的基础工作,也是从整体上做好监狱劳动改造工作的基础工作。其包括对罪犯劳动能力的评估、对罪犯的教育培训、罪犯劳动力的合理配置、根据劳动定额进行劳动任务分配等。

7. 罪犯劳动效能管理

罪犯劳动效能管理是指以改造人为根本宗旨,通过罪犯劳动生产考核、罪犯劳动改造效果评估,对罪犯劳动改造质量进行综合性评定,并对罪犯实施奖惩等一系列管理活动的总称。罪犯劳动效能管理是对罪犯劳动改造方向把握、效能把控至关重要的管理活动,对确保罪犯劳动改造目标实现、提高罪犯劳动改造质量具有重要的意义。罪犯劳动效能管理不能仅用定量管理的方法,还需要用定性管理的方法;既需要单项考核,也需要综合考核;既包括日常绩效管理,也包括为罪犯个体刑满释放或减刑假释所进行的劳动改造效果评估和劳动改造质量评定。

## 三、罪犯劳动管理的任务和作用

我们在罪犯劳动改造学学科体系规划中将罪犯劳动管理定位在作为主体的管理实施部分,罪犯劳动管理的任务和作用充分说明了它的这一重要地位。

### (一)罪犯劳动管理的任务

1. 贯彻落实改造人的宗旨,确保劳动改造罪犯目标的实现

首先,在罪犯劳动管理中要贯彻落实好以改造人为宗旨的监狱工作方针,以劳动改造罪犯为根本目标,罪犯劳动全过程、各方面都要围绕着这一根本目标的实现科学合理组织。其次,要处理好罪犯劳动中改造目标和生产目标的关系、改造效益和经济效益的关系,改造目标和改造效益是根本目标和终极目的,生产目标和经济效益是手段和途径。

2. 管理罪犯劳动项目,确保罪犯劳动的可持续性

管理罪犯劳动项目是保证罪犯劳动改造顺利实施的重要管理工作,这项工作需要监狱自身努力,也需要得到国家政策的支持。一方面,要争取国家通过制定特

殊优待政策和相关法律法规，解决罪犯劳动改造的市场机会问题，在监狱体制改革中解决罪犯劳动改造的特殊体制、特殊管理问题。另一方面，监狱和监狱企业要根据社会主义初级阶段的国情和市场经济形势，制定适合于自身和本地的罪犯劳动项目管理战略，提高罪犯劳动生产项目的承揽能力，探索符合国情、地情、狱情的罪犯劳动项目管理模式，从根本上解决罪犯劳动改造的可持续发展问题。

3. 构建罪犯劳动管理体制，以科学的机制保证罪犯劳动改造的规范运行

从监狱体制改革层面构建好监狱企业管理体制，处理好监狱和监狱企业的关系和机制问题；从监狱内部构建好监狱企业经营管理体制机制，做好生产项目管理、生产进度和现场管理、质量和安全管理、工具和设备管理、劳动绩效管理、劳动教育、劳动改造质量评定等管理业务的部门设置、分工和人员安排等机制设计和运行工作。

4. 科学管理罪犯劳动，把罪犯劳动改造任务落实到劳动过程中

罪犯劳动改造最根本的任务是改造罪犯思想、转变恶习、培养劳动技能和劳动习惯，除上岗前的罪犯劳动思想教育和职业技能教育是在非劳动现场进行外，罪犯劳动改造的目标和任务绝大部分通过罪犯劳动过程来实现和完成。罪犯劳动管理的基本任务就是科学管理罪犯劳动生产过程，按罪犯劳动规律办事，通过合法、规范、标准、安全、优质、高效、低耗、文明生产，寓教于劳，寓改于劳，使罪犯在劳动中改变思想认识、矫正恶习、学习劳动技能、遵守劳动纪律、执行工艺流程、付出合理劳动量、完成劳动定额和生产任务、实现生产目标和一定的经济效益，使他们在日积月累的劳动中得到改造，并最终成为自食其力的守法公民。

5. 科学考核评估罪犯劳动改造效果，不断提高罪犯劳动改造质量

通过科学的工作机制，对罪犯劳动改造效果和质量进行定性和定量的考核评估，准确鉴定，科学奖惩。巩固改造成果，既要整体推动，又要解决个体存在的疑难问题，不断提高罪犯劳动改造质量，追求罪犯劳动改造工作高质量发展。

（二）罪犯劳动管理的作用

1. 实现对罪犯劳动的科学管理，使生产劳动成为改造罪犯的手段

生产劳动与罪犯的结合是为了改造罪犯，是因为生产劳动有改造人的功能，但是生产劳动对人的改造功能的实现和发挥是需要一定条件的，其中最重要的条件就是管理，管理把罪犯劳动改造的目的和要求有机地融入产、供、销全过程中，形成了罪犯劳动系统和独具特色的罪犯劳动管理系统。罪犯劳动管理通过特殊的管理体制、管理方式和管理方法实现了生产劳动与罪犯改造的有机结合，真正使生产劳动成为中国特色社会主义的改造罪犯的手段——罪犯劳动改造。

2. 实现对罪犯的改造和矫正，使管理成为改造罪犯的手段

我国罪犯劳动改造的社会主义特色和取得的伟大成就，很大程度上归功于我国的罪犯劳动管理。罪犯劳动管理的作用，一是体现在系统组织实施罪犯劳动改造工作；二是体现在管理本身具有助人成长的作用，我国监狱打造的罪犯劳动管理体制更加强化了改造罪犯的功能和作用。罪犯劳动管理以我国监狱工作方针为宗旨，建立中国特色社会主义的罪犯劳动组织机构，创造有利于罪犯劳动改造的环境和条件，从罪犯的实际出发，探索罪犯劳动生产和改造规律，确定合理的生产目标和改造目标，引进适宜的生产项目，制定有针对性的劳动纪律和规章，确定科学的劳动定额，按照规范的工艺规程，实施必要的现场监管，合理地进行按劳分配，让罪犯从事社会化的劳动生产活动。通过这样的劳动管理和生产实践活动，罪犯可以学习和掌握社会化的生产知识和技能，接触和学习现代化的管理知识，树立纪律规矩意识，矫正好逸恶劳、自由散漫的恶习，体验劳动的付出与收获，获得真实的、正能量的思想体验，从而潜移默化地树立起正确的世界观、人生观、价值观和劳动观，达到改造罪犯思想的根本目的。所有这一切都离不开管理，管理让罪犯直接或间接地学到了很多东西，发生了从量到质的变化。所以，罪犯劳动管理本身就成了改造罪犯的重要条件和手段。

3. 实现对警察的培养，为监狱培养一支专业化的罪犯劳动管理队伍

中国的罪犯劳动改造事业，是在实践中创建、摸索出来的，在挫折中发展起来的。在长期的罪犯劳动管理实践中，一代又一代的监狱人民警察艰苦创业，探索发展，改革进取，学习成长；他们在实践中学习，在书本中学习，在计划经济体制下学习，在市场经济体制下学习。可以这样说，是罪犯劳动改造和管理实践培养和锻炼出了一支越来越专业的罪犯劳动管理队伍，他们担负起了管理罪犯劳动改造的使命，推动了我国的罪犯劳动改造管理人才的培养和教育事业的发展。

## 第二节　罪犯劳动管理的特点、原则和方法

### 一、罪犯劳动管理的特点

对罪犯劳动管理的特征的认识，要在马克思关于管理的二重性的理论指导下有所创新，认识和研究罪犯劳动管理的自然属性和改造属性，认识和研究罪犯劳动管理要按罪犯劳动改造特殊规律办事的特点。

（一）与一般生产劳动管理相同的自然属性

罪犯劳动是在社会化大生产系统中的专业化协作劳动，罪犯劳动管理首先具有与一般生产劳动管理完全相同的自然属性。正如马克思所说："凡是有许多人进行的协作的劳动，过程的联系和统一，都必然要表现在一个指挥意志上，表现在各种与局部劳动无关而与工厂全部活动有关的职能上，就像一个乐队要有一个指挥一样。这是一种生产劳动，是每一种结合的生产方式中必须进行的劳动。""一个单独的提琴手是自己指挥自己，一个乐队就需要一个乐队指挥。"①马克思用乐队指挥说明，管理（指挥）是社会化生产所必需的，是组织和协调生产、科研、经营等活动的一般要求，是任何生产方式或社会制度下的社会生产都具有的共性需求，这就是管理的自然属性。管理的自然属性告诉我们，罪犯劳动管理在加强分工协作上，在科学组织罪犯劳动和合理配置生产要素上，在追求优质、高效、低耗、安全、文明生产的目标上，与一般生产劳动管理是没有区别的。罪犯劳动要实现科学管理，在管理的自然属性上是需要向社会企业学习的。

（二）由监狱工作性质和方针所决定的改造属性

马克思在论述协作劳动需要一个统一的指挥即管理的同时，也论述了管理在一定的生产资料占有方式下，具有与一定的生产关系相联系的特殊性质，即管理的社会属性。例如资本主义下管理的社会属性主要表现在维护资本家利益，剥削雇佣劳动者的阶级对抗性。社会主义下管理的社会属性，则主要表现在维护和改善集体劳动条件，正确处理国家、集体和个人三者的关系，为实现社会主义生产目的服务。我国的罪犯劳动管理同样具有社会主义下管理的社会属性，其社会属性除体现社会主义的生产关系外，还体现在社会主义制度下监狱组织罪犯劳动的根本目的所决定的属性，即罪犯劳动管理要以监狱工作方针为根本遵循，以改造人为宗旨，由此决定的特点我们称为罪犯劳动管理的改造属性。具体体现在以下几个方面。

1. 罪犯劳动管理以改造人为宗旨，不是以经济效益最大化为目的

罪犯劳动管理的目标是由我国社会主义制度下监狱的性质决定的，即劳动改造罪犯。罪犯劳动讲求投入产出比、追求适当的生产效率和经济效益，但这样做的根本目的是让罪犯学习生产劳动知识和掌握劳动技能，懂得财富是劳动创造的，是个人生存的基本条件，培养其正确的劳动观念和财富观念，同时这也是监狱得以持续组织劳动改造活动的原因。因此，罪犯劳动管理的目标永远是围绕着改造人的

---

① 《马克思恩格斯全集》（第44卷），人民出版社2001年版，第384页。

宗旨的，而不以经济效益为根本目标。

2. 罪犯劳动管理者是监狱警察

罪犯劳动改造是改造罪犯的基本手段，根本目的是劳动改造罪犯，既是刑事执法活动，也是生产管理活动，必须依法由监狱警察来行使这种管理职能。罪犯劳动管理是在特定的监管环境下进行的，管理的内容既有生产劳动管理也有生产劳动过程中的执法监管，所以，从事罪犯劳动管理的监狱警察既要掌握刑罚执行所要求的执法知识和技能，又要掌握劳动改造的知识和技能以及生产管理的知识和技能。这些知识和技能形成了监狱警察身上特殊的、综合性的素质，这是他们胜任此项工作的必备条件，特别是实际工作中，为了真正履行好管理责任，他们还需要学习掌握必备的相关行业的生产业务知识。这就要求监狱必须做好监狱警察的招录、业务技能培训、岗位分工等工作。这正是罪犯劳动管理的改造属性的体现。

3. 罪犯劳动管理的对象是特殊劳动者——罪犯

监狱警察直接管理的对象是特殊的劳动者——罪犯。特殊的管理者、特殊的劳动者和特殊的管理目的彻底改变了罪犯劳动管理的性质、内容和管理方式。罪犯劳动管理要依法保证有劳动能力的罪犯履行劳动的义务和享有劳动的权利；要结合罪犯的个体素质差异进行特殊的岗前培训和技能培养；要针对罪犯个体的危险性评估，进行特殊的安全管理而不是一般的安全生产管理，加强特殊的生产现场管理而不是一般的生产现场管理，加强特殊的设备工具管理而不是一般的设备工具管理，为此需要创建罪犯劳动安全管理理论；要根据安全和培养罪犯劳动技能的需要选择劳动生产项目和调整产业产品结构；要根据罪犯改造激励的需要进行罪犯劳动改造考核和奖惩。

4. 罪犯劳动管理营造的是监狱内特殊的社会主义劳动关系

我国监狱的罪犯劳动管理从管理体制、管理方式、管理方法等方面无不体现了社会主义生产关系的劳动关系，表现在特殊的劳动目的，特殊的管理者和被管理者关系，特殊的劳动环境，特殊的体现人道主义的劳动安排和劳动保护，特殊的劳动报酬分配，特殊的劳动竞赛，特殊的劳动改造与教育、监管改造的融合机制，特殊的劳动表现与刑罚的挂钩机制，等等。这些看似司空见惯的罪犯劳动管理方式方法实际上无不体现着我国社会主义制度下的罪犯劳动关系特性，而且随着社会主义市场经济体制下我国监狱体制改革的不断深化，这种特性还会更加系统化、特色化，不断深入形成符合我国罪犯劳动管理目标和宗旨的改造属性。

5. 罪犯劳动管理的环境具有强制管控性和封闭性

罪犯劳动管理的环境是刑罚执行现场，也是罪犯劳动改造现场。这样的现场除了按生产工序和现场管理要求布置生产设备、工艺流程及各种生产要素,还要按照罪犯监管要求进行强制管控和封闭管理。在21世纪初监狱布局调整完成以后,我国监狱组织的罪犯劳动从室外转向室内,从分散转向集中,更加便于管控和封闭。罪犯劳动管理的全过程要植入各种劳动改造要素,如改造计划、劳动教育、技能培养、安全教育、行为矫正、改造效果评估等。

(三)按罪犯劳动改造规律办事的科学属性

罪犯劳动管理是生产经营管理活动与罪犯改造活动的有机结合,这一结合形成了特殊的罪犯劳动改造活动。罪犯劳动改造活动有其自身规律性,因而也有其自身的特殊性和科学性。总结罪犯劳动改造规律、掌握罪犯劳动改造规律、运用罪犯劳动改造规律,是把握这门学问的科学性的前提。罪犯劳动改造规律受历史阶段和社会环境的影响有所不同。由于我国的市场经济体制改革正处在深化过程中,我国的监狱体制改革进行的时间并不长,所以新的罪犯劳动改造规律也处于形成过程中,必须高度重视对市场经济体制改革以来罪犯劳动改造规律的总结。罪犯劳动管理要从实际出发,结合罪犯劳动改造规律,把一般企业管理、生产经营管理方法创新性地运用到罪犯劳动管理中,在实践中和理论研究中创新罪犯劳动管理理论和方法,形成罪犯劳动管理科学理论。

## 二、罪犯劳动管理的原则

罪犯劳动管理的性质、内容、任务和特点,决定了罪犯劳动管理必须遵循一些基本的原则,提出并遵循这些原则,是为了让管理者更好地管理,甚至不断进行创造性工作。

(一)监狱警察直接管理的原则

监狱警察直接管理是指一定要由监狱警察直接管理罪犯劳动活动。监狱警察直接管理是新中国成立以来一直的做法,“劳改工作干部对犯人做到生活、劳动、学习‘三大现场’不脱管,以直接地、真实地获得犯人的大量信息和管理改造的效果,为安全防范、教育转化、考核奖惩打下基础。同时,在直接管理中,干部以身作则的模范作用贴近、感染了犯人,从而建立起行刑与服刑的人际关系新格局”①。

监狱警察必须直接管理罪犯劳动的原因如下:第一,罪犯劳动管理是一种执法活动,罪犯劳动管理是监狱劳动改造罪犯活动的重要内容,是监狱对罪犯执行刑罚

---

① 中国监狱工作协会编:《新中国监狱工作五十年》(1949.10—2000),法律出版社2019年版,第79页。

的重要组成部分,必须由拥有执法权的监狱警察来行使管理权。第二,罪犯劳动管理是一种以改造罪犯为宗旨的改造业务活动,有鲜明的、不可动摇的改造人的目的和任务,要依法依规运用科学的管理方法才能完成,只有监狱警察才能胜任。第三,罪犯劳动管理作为一种改造罪犯性质的管理活动,管理者需要与负责现场监管和教育改造的监狱警察相互配合、沟通协调、密切合作,这些工作只有监狱警察才能完成。第四,罪犯劳动如果交给社会企业人员甚至是罪犯来管,容易使劳动改造工作偏离宗旨,甚至遭到破坏。

监狱警察直接管理的具体表现和基本要求如下:第一,监狱警察直接组织带领罪犯出工、收工、点名。第二,监狱警察直接组织制订劳动生产计划、制定劳动定额,分配罪犯劳动生产任务,组织劳动生产活动。第三,监狱警察直接管理生产劳动现场,监管劳动过程,分发回收劳动工具、原材料等。第四,监狱警察直接处理解决罪犯劳动过程中的生产、安全、质量、怠工、违纪违法等问题。第五,监狱警察直接组织罪犯劳动生产考核、罪犯劳动改造效果评估、罪犯劳动改造质量评定、罪犯劳动报酬支付、罪犯劳动奖惩工作。第六,监狱警察直接管理监狱企业的经营活动。

(二)以改造人为宗旨的原则

以改造人为宗旨的原则是指在罪犯劳动管理工作的性质认定、内容任务安排、体制机制设计以及具体的管理过程中,都要贯彻以改造人为宗旨的方针。在实际管理工作中,要把劳动改造的计划、目标和任务落实到劳动生产任务、劳动岗位安排、劳动定额制定、劳动考核和奖惩、安全生产和违纪违法事故处理中。贯彻以改造人为宗旨的原则,要避免把生产劳动的经济属性与生产劳动的改造作用对立起来,二者有矛盾,但不是绝对和永远对立的。当二者产生尖锐矛盾的时候,对经济效益的追求一定要让步于改造的要求,这需要监狱警察进行创新性的管理工作,找到生产为改造服务的最佳模式。这就是生产与改造从对立走向统一的过程,这个过程孕育着劳动改造的规律,孕育着中国特色社会主义劳动改造的科学模式。

(三)安全稳定第一的原则

罪犯劳动管理要把安全稳定放在第一位。罪犯劳动管理中的安全稳定包括监管安全、生产安全和监管改造秩序的稳定,监管安全和生产安全是相互联系、相互依赖、相互作用的关系。罪犯劳动管理中的安全稳定在整个监狱安全稳定中占有至关重要的地位。由于罪犯的生产劳动时间较长,生产劳动现场环境复杂,人员众多,劳动者身份特殊,思想心理变化难测,劳动技能素质参差不齐,生产安全隐患多,生产安全事故容易发生,罪犯进行违规违法活动可利用的条件多,这一切就造成了罪犯劳动管理中的安全管理任务极为艰巨。特别是狱内犯罪等安全稳定事故主要发生在生产劳动过程和现场中,一旦发生事故破坏性大,对监狱安全稳定影响大,对监狱改造罪犯工作造成的损失大。所以,罪犯劳动管理必须严格贯彻安全稳定第一的原则。

(四)劳动与教育相结合的原则

劳动与教育相结合的原则是保证劳动改造取得改造效果的一条基本原则。首先,在马克思主义基本原理指导下,改变人的思想认识既应注重劳动的实践价值,也离不开教育的引导作用。其次,罪犯劳动改造是一项科学系统的教育改造活动,对罪犯的思想教育贯穿劳动改造全过程。劳动改造不是简单的单打独斗,对于每一名罪犯的劳动改造,从始至终都伴随与教育的结合,新入监的罪犯在投入劳动前要进行上岗前的教育培训,包括劳动观念、劳动态度、劳动技能、劳动安全、劳动纪律等方面的教育;在劳动改造中要继续进行岗位技能培训和练兵,要围绕着罪犯的劳动表现进行思想教育、心理和行为矫正教育、生产管理知识教育、安全生产教育等;在劳动改造中还要引导和组织罪犯以获取职业技能资格证书为目的进行学习;在罪犯刑满释放前还要对罪犯进行社会形势、市场形势的介绍和教育,就业创业指导和教育;等等。最后,劳动与教育的结合是罪犯劳动改造一贯坚持的原则。从革命战争年代的革命监所到当代中国特色社会主义的监狱,罪犯劳动改造始终高度重视和强调劳动与教育的结合,这在政策和法律中都有明确的规定。如第一次国内革命战争时期革命监所基本形成了管理、教育和生产三结合的工作体系,这种体系后来被总结为监所改造犯人的"三大手段",而其中教育又是改变犯人思想的根本,初步构建了政治教育、文化教育、劳动教育"三大教育"。陕甘宁边区在 1940 年至 1944 年提出"在生产中进行教育""寓教育于生产之中"。1954 年原政务院在制定《劳改条例》时提出,第 1 条原则就是生产劳动和思想教育相结合的原则。《监狱法》第 3 条更是明确规定:"监狱对罪犯实行惩罚和改造相结合、教育和劳动相结合的原则,将罪犯改造成为守法公民。"

贯彻劳动与教育相结合的原则要注意以下几个方面:一是管理者要清楚知道劳动与教育相结合的重要意义;二是监狱要制定完善、系统、科学的工作机制;三是管理者要掌握科学的工作方法,并不断探索创新好的工作方法。

## 三、罪犯劳动管理的方法

### (一)依法管理的方法

1. 依据罪犯劳动专门法规管理的方法

罪犯劳动管理是监狱对罪犯实行劳动改造过程中的管理活动,是监狱执行刑罚活动的重要内容，监狱必须依据《监狱法》等相关法律对罪犯劳动进行管理。《监狱法》以及其他法律中有相关规定，都是罪犯劳动管理需要依据和执行的。具体内容包括以下几类。

(1)关于组织罪犯劳动的目的、保障劳动改造手段的规定。《监狱法》第 3 条规定："监狱对罪犯实行惩罚和改造相结合、教育和劳动相结合的原则，将罪犯改造成为守法公民。"第 4 条规定："监狱对罪犯应当依法监管，根据改造罪犯的需要，组织罪犯从事生产劳动，对罪犯进行思想教育、文化教育、技术教育。"第 8 条第 2 款规定："国家提供罪犯劳动必需的生产设施和生产经费。"第 70 条规定："监狱根据罪犯的个人情况，合理组织劳动，使其矫正恶习，养成劳动习惯，学会生产技能，并为释放后就业创造条件。"

(2)关于强制罪犯劳动的规定。《刑法》和《监狱法》中都有关于有劳动能力的罪犯必须参加劳动的规定，劳动是有劳动能力的罪犯的权利和义务，监狱要依法组织所有有劳动能力的罪犯参加劳动，对拒不参加劳动的罪犯可以进行说服教育甚至按规定予以惩罚。例如《监狱法》第 69 条规定："有劳动能力的罪犯，必须参加劳动。"

(3)对罪犯劳动生产中的表现进行考核和奖惩的规定。《监狱法》第 57 条规定："罪犯有下列情形之一的，监狱可以给予表扬、物质奖励或者记功：(一)遵守监规纪律，努力学习，积极劳动，有认罪服法表现的；(二)阻止违法犯罪活动的；(三)超额完成生产任务的；(四)节约原材料或者爱护公物，有成绩的；(五)进行技术革新或者传授生产技术，有一定成效的；(六)在防止或者消除灾害事故中作出一定贡献的；(七)对国家和社会有其他贡献的。被判处有期徒刑的罪犯有前款所列情形之一，执行原判刑期二分之一以上，在服刑期间一贯表现好，离开监狱不致再危害社会的，监狱可以根据情况准其离监探亲。"第 58 条规定，罪犯有破坏监管秩序情形的，监狱可以给予警告、记过或者禁闭，如在生产劳动中故意违反操作规程，或者有意损坏生产工具。

(4)对罪犯进行职业技能教育和劳动技能培养的规定。《监狱法》第 64 条规定："监狱应当根据监狱生产和罪犯释放后就业的需要，对罪犯进行职业技术教育，经考核合格的，由劳动部门发给相应的技术等级证书。"第 75 条第 1 款规定："对未成年犯执行刑罚应当以教育改造为主。未成年犯的劳动，应当符合未成年人的特点，以学习文化和生产技能为主。"

(5)对罪犯进行劳动保护的规定。《监狱法》第 71 条规定："监狱对罪犯的劳动时间，参照国家有关劳动工时的规定执行；在季节性生产等特殊情况下，可以调整劳动时间。罪犯有在法定节日和休息日休息的权利。”第72条规定:“监狱对参加劳动的罪犯,应当按照有关规定给予报酬并执行国家有关劳动保护的规定。”第73条规定:“罪犯在劳动中致伤、致残或者死亡的,由监狱参照国家劳动保险的有关规定处理。”

2. 依据国家各类有关生产经营的法律管理的方法

我国罪犯劳动改造依托各行各业组织罪犯参加生产劳动,也要遵守国家关于生产经营的各类法律进行管理,具体包括:关于劳动者和劳动的法律如《劳动法》,关于从事各类生产经营的法律,关于行业和产品标准的法律,关于安全生产的法律,关于环境保护的法律,关于质量监督检查的法律,关于技术和专利的法律,等等。

3. 有关尚未制定和需要完善的法律的建议

多年来,业界一直呼吁对《监狱法》制定实施细则,对罪犯劳动改造工作应该在法律上进行更为详细的规范。监狱体制改革相关文件对监狱企业也明确提出“特殊企业、特殊管理、特殊政策、特殊立法”,在管理体制、管理方式、机构设置、人事管理、经营范围、投资办法、政府采购等方面均应实行特殊办法,享受国家的扶持和优惠政策,鉴于罪犯劳动特殊的劳动力、特殊的生产目的、特殊的管理方式等,应予以专门立法。监狱在罪犯劳动管理的实践中,应该加强这些方面的探索和提出倡导建议。

(二)依规管理的方法

依规管理的方法是指监狱在罪犯劳动管理中依据有关部门或相关行业的条例、规定、规章、制度进行管理的方法。首先,依据司法行政系统各层级关于罪犯劳动生产的有关规定,主要是一系列有关罪犯劳动改造的规章制度来规范管理罪犯劳动生产活动。例如司法部,司法部监狱管理局,省、区、市司法厅(局)及监狱管理局,监狱或监区制定的有关罪犯劳动生产的各种规章制度,其中司法部和各级监狱管理局的规章制度主要是从总体上对全国或本省的罪犯劳动管理进行规定。监狱或监区主要从规范和加强罪犯劳动管理的方方面面进行规定,如罪犯劳动力管理、劳动岗位责任制、劳动现场管理、劳动生产计划、生产过程组织、劳动定额、劳动保护、劳动纪律、劳动技能培训、劳动工具和设备、劳动考核与奖惩、劳动报酬等。其次,依据部门规章和相关环境保护、安全生产、劳动保护、行业性政策等方面的规定。监狱一方面要熟悉、掌握和运用各方面的管理制度;另一方面要从单位实际出发,一边健全和完善罪犯劳动管理制度,一边发挥好罪犯劳动管理制度的作用。

(三)科学管理的方法

罪犯劳动管理一定要非常注重对科学管理方法的运用。科学管理方法本是对人类管理发展史上形成的利用科学手段进行管理的方法的泛称，但这里所强调的科学管理的方法应该来自两个方面：一是监狱警察在罪犯劳动管理实践中摸索创造的管理方法；二是学习借鉴并创新运用管理发展史上形成的科学管理方法。长期以来的罪犯劳动管理实践中，有很多企业生产管理的方法，如在生产劳动组织中运用的定额管理法、劳动竞赛法、师父带徒弟法等，在现场管理中运用的定置管理法、5S管理法、目视管理法等，在质量管理中运用的PDCA循环、QC小组活动、控制图、鱼刺图等，在安全管理中运用的“三不伤害”方法等，这些方法值得长期运用。在运用这些科学管理方法时要特别注意以下问题：第一，要以科学有效地改造罪犯为根本的目的。很多社会企业在生产经营管理中积累和运用的好方法既是很好的生产管理方法，对罪犯劳动管理者也有很好的提高进步作用，监狱警察要注重密切结合劳动改造工作的实际加以创新性运用。第二，要注重根据新的劳动改造工作的特点和需要，改进创新属于自己的科学方法。

## 第三节　罪犯劳动组织机构

### 一、罪犯劳动组织的含义和内容

组织是最重要的管理职能之一，任何管理首先需要解决的就是组织的问题，否则就无法开始真正的管理。组织是按照一定的宗旨和目标建立起来的集体或团体，是相对静态的构造实体和动态的组织活动过程的统一。组织的职能包括组织设计、组织运用、组织变革。罪犯劳动组织是管理的组织职能在罪犯劳动管理中的运用，包含罪犯劳动组织设计、组织运用和组织变革。

罪犯劳动组织设计是指根据罪犯劳动管理的需要设计建构罪犯劳动组织体系，这个组织体系包括负责罪犯劳动管理的组织机构如监狱企业，从整个司法行政系统的宏观或中观考虑，也可以包括从中央到地方的主管部门中履行罪犯劳动管理职能的部门或机构。

罪犯劳动组织运用是指监狱中各类罪犯劳动管理组织机构按照劳动改造的目的，按照部门分工和岗位职责既分工又协作的共同活动，如监狱和监狱企业共同制订罪犯劳动生产经营计划，监区行使罪犯劳动生产管理的职能，等等。

在组织运行一段时期后，组织体系和机构设置已经不符合新的组织战略的需要，不适应外部环境的变化，难以适应和保证组织优质高效地运行，为此必须进行罪犯劳动组织变革。自20世纪80年代以来，我国监狱和监狱企业合一的体制遇到了社会经济环境变化的巨大挑战，一直处于改革探索之中。2003 年开始的监狱体制改革是对监狱最大的组织变革，其中改革的核心——监企分开主要是对罪犯劳动组织的变革。监企分开改革后形成了监狱和监狱企业在罪犯劳动管理上有分有合的组织机构形式，罪犯劳动的经营职能由监狱和监狱企业共同承担，体现为监狱管理局的主要领导担任监狱企业集团公司的董事长和总经理，监狱长或者副监狱长担任监狱企业集团公司的子公司或分公司的总经理，监狱企业的重大事项或决策需要监狱长办公会研究决定，监区负责组织罪犯劳动生产，等等。

### 二、罪犯劳动组织的特点

罪犯劳动组织具有很强的特殊性，认识和深入研究其特殊性对科学设计罪犯劳动组织机构，对监狱体制改革中处理好监狱和监狱企业的关系，对妥善安排罪犯劳动管理体制机制具有非常重要的意义。一是目标的特殊性，其目标是改造罪犯。二是关系的特殊性。组织的实质是特殊的人际关系，罪犯劳动组织要处理的是围绕着罪犯劳动形成的各种关系，包括罪犯与监狱的关系、罪犯与监狱警察的关系、罪犯与罪犯的关系、罪犯与社会的关系等。罪犯劳动组织就是要通过对这些关系的组织化处理，构建适合罪犯劳动改造的体制机制，这是罪犯劳动组织的实质和核心。在这方面，我们有深厚的马克思主义理论基础，要善于结合罪犯劳动组织的特殊实际加以创新运用。马克思和恩格斯在《德意志意识形态》中曾经指出，人们自己的生活怎么样，“这同他们的生产是一致的——既和他们生产什么一致，又和他们怎样生产一致”①。他们认为，人的发展问题，不仅受到现实的生产力的发展状况的影响，而且受到现实的社会经济关系的影响。高度发展的社会生产力，只为人的发展提供了可能的、工艺的、技术的手段以及必要的物质条件，而社会经济关系的性质则决定了社会生产的目的，从而决定了人的发展所需要的物质条件的生产方式和交换方式、分配方式等，并最终决定了人的观念发展的性质和导向。马克思和恩格斯所提出的社会经济关系体现在罪犯劳动组织中，就是罪犯劳动组织所营造的社会主义经济关系，这些关系体现着我国监狱组织劳动改造的性质和目的，是罪犯劳动管理具有改造罪犯功能的至关重要的因素，因此在罪犯劳动组织设计中是必须注重的方面。三是组织的非独立性。罪犯劳动组织不是一种独立的组织，而是监狱组织内的一部分；不是监狱一个独立的部门，而是包括多个层级和部门的组织。四是管理任务的综合性或复合性，既管理生产活动，也管理改造活动。

---

① 《马克思恩格斯选集》（第 1 卷），人民出版社 1972 年版，第 68 页。

## 三、罪犯劳动组织机构设置的原则

罪犯劳动组织机构是根据劳动改造的目的和任务,对罪犯劳动管理所需要的管理层级、部门和人员,按照分工协作原则及相应权责关系进行设计建构形成的组织结构。罪犯劳动组织机构是罪犯劳动管理的组织载体,是科学管理罪犯劳动的体制机制保障,科学地设置罪犯劳动组织机构对罪犯劳动管理至关重要。根据组织职能理论和我国罪犯劳动改造的实际,罪犯劳动组织机构设置应该遵循以下主要原则。

### (一)目标统一和层层分解的原则

罪犯劳动组织设计首先确定组织统一的根本目标是劳动改造罪犯,不存在双重目标的问题,要将此根本目标作为确定罪犯劳动管理部门、职能、职责的根本依据,并把这个根本目标展开分解,落实到所设计的组织的各层级、各部门。在目标层层分解过程中,涉及生产劳动任务和改造目标的关系时,应贯彻以生产任务为手段、以改造为目的的原则,手段的功能永远围绕目的来设计。

### (二)职能齐全和机构简化的原则

罪犯劳动组织的职能一定要通过科学的职能设计来确定,就是要对罪犯劳动管理的方方面面的工作进行科学的分析和研究,罪犯劳动管理应该划分为若干个职能和职务,确定工作内容、工作方法及任职条件,这样设计出来的职能职务一定是能够覆盖罪犯劳动管理各方面的,能够保证各项管理工作都有对应的部门和人员。在职能职务设计出来后,在具体地设置机构和安排人员时,一定要贯彻机构简化、人员精简的原则。因为罪犯劳动管理是一项非常需要分工协作的管理工作,如果不注意精简原则,很容易形成庞大复杂却又效率低下的管理机构。

### (三)以人为本和以人为重的原则

现代组织理论非常注重人合性,设计罪犯劳动组织机构在这方面要特别注重,但也有其自身的特殊性。以人为本体现在直接管理的监狱警察身上,要注意监狱警察身份的特殊性和所从事的罪犯劳动管理的复杂性、专业性、综合性、艰巨性、危险性,既要按照职能职责安排管理工作岗位,又要根据职能技能要求进行必要的职能技能培训;既要注重人员精简,又要科学测算岗位定员,特别是要对一线管理岗位的人岗相宜、科学定员给予合理设计和适当倾斜。以人为本体现在罪犯身上,要客观科学认识虽然罪犯是被改造者和被管理者,而且按照罪犯劳动管理必须坚持监狱警察直接管理的原则,不允许让罪犯参加管理,但是也一定要把罪犯当人看,充分尊重罪犯的主观能动性和参与改造的主动性和积极性。注重罪犯劳动组织结构和罪犯行为特性的有机结合。以人为重是指要高度重视监狱警察和罪犯在罪犯劳动组织中特殊的管理者和特殊的劳动者身份，重视监狱警察所能发挥的管理作用和教育改造作用，重视罪犯身上的两面性，在组织机构设置上尤其要保障防范罪犯特殊危险性的职能。

（四）分工与协作相结合的原则

罪犯劳动组织设计重视分工与协作密切结合的同时，要特别重视组织的协调职能的设计和加强。分工协作是专业化分工越来越强的必然要求，而对协调职能的重视则有罪犯劳动组织设计的特殊之处。一是罪犯劳动组织设计要保证劳动改造工作与监狱其他工作的协调职能，罪犯劳动管理要适应监狱以改造人为宗旨的根本要求，所以在组织职能设计和运行中要保证其强有力的协调功能，比如协调最容易出现的生产和改造的矛盾，协调劳动改造与监管改造的关系，协调劳动改造与教育改造的关系等；二是在罪犯劳动现场管理中，要围绕安全问题做好有关协调工作的职能职责设计，从体制机制上保证现场安全管理的有序有效运行。

（五）信息畅通和控制到位的原则

罪犯劳动组织机构设计中要保证改造、生产、监管、教育、安全等方面信息的畅通，保证任何一方面的信息都能够及时、准确、全面地传递给有关部门和人员，为罪犯劳动计划、指挥、协调和控制等管理工作提供强有力的信息支持。控制到位就是要在及时、准确、全面的信息支持下发挥系统的控制职能，包括对计划执行的评价和改进，对罪犯劳动改造的评定考核和奖惩，对罪犯在劳动改造过程中的表现和思想等情况的及时、准确掌握，等等。要在罪犯劳动组织机构中设计好这方面的岗位职能、职责。

## 四、罪犯劳动组织机构体系

在计划经济时期，我国监狱始终在监企合一的管理体制下组织罪犯劳动改造工作。改革开放以后，监狱一直跟随国家的改革步伐进行改革尝试和探索。2003年1月，国务院作出了改革监狱体制的重大决策，下发了《国务院批转司法部关于监狱体制改革试点工作指导意见的通知》；《司法部关于监狱体制改革试点工作的指导意见》提出监狱体制改革的目标是“全额保障、监企分开、收支分开、规范运行”。这次改革对监狱企业设定的目标是尽快组建新的监狱生产经营机构，包括监狱管理局要将负责生产经营管理工作的内设机构分离出来，组建为监狱管理局领导下的监狱国有独资公司，由省级人民政府授权经营；各监狱要将负责生产经营管理工作的机构分离出来，组建为监狱国有独资公司的子公司或分公司。2007年《国务院批转司法部关于全面实行监狱体制改革指导意见的通知》决定，从2008年起在全国全面实行监狱体制改革。该通知将有关监狱企业的表述修改为：监狱管理局要将负责生产经营管理工作的内设机构分离出来，组建为监狱管理局领导下的监狱企业集团公司；各监狱要将负责生产经营管理工作的机构分离出来，组建为监狱企业集团公司的子公司或分公司。相关改革关于"监企分开"的设计是规范监狱和监狱企业运行机制，根据监狱和监狱企业的不同特点，划分职能、机构、人员、资产、财务，建立监管改造、生产经营两套管理体系，分开运行，独立运作，形成相对独立、有机联系、密切配合、规范运行的监狱工作体制。相关改革从试点到全面铺开，在全国各省（区、市）建立起了监企分开、收支分开、规范运行的监狱管理体制。其中罪犯劳动组织体系则按生产劳动管理的不同阶段分布于监管改造、生产经营两套管理体系中。经过改革，罪犯劳动组织机构体系形成了以下模式。

（一）监狱企业

监狱企业即监狱企业集团公司及其子公司或分公司，负责罪犯劳动的生产经营业务，管理范围包括市场营销、人力资源、财务、后勤、行政等。按照改革文件的表述，监狱企业集团公司及其分公司、子公司是改造罪犯工作的组成部分，主要任务是为监狱改造罪犯提供劳动岗位，为改造罪犯服务，不同于以营利为目的的社会企业，但也要讲效益。从中不难看出，监狱企业集团公司是各省（区、市）监狱管理局从全局和战略层面管理本省（区、市）监狱企业的集团，从宏观上、产业结构上管理全省监狱企业的生产经营，调控全省各监狱为劳动改造提供劳动岗位，为改造罪犯服务；另外，其受省（区、市）国有资产监督管理委员会的委托，负责监狱企业国有资产的保值增值。监狱企业集团公司的子公司或分公司负责本公司和所在监狱罪犯劳动的生产运营管理。

（二）监区

监区是管理罪犯劳动过程和现场的组织。监区根据监狱企业下达的生产订单计划，制定分配罪犯劳动生产任务，通过计划、组织、协调、控制职能的运用，组织生产活动，协调生产经营各相关环节业务关系，落实分解劳动改造目标和任务，考核罪犯劳动任务、改造任务的完成情况，落实劳动报酬和奖惩措施。

（三）分监区（管区、工区、生产线）

分监区（管区、工区、生产线）是监区下一级的罪犯劳动组织，根据监区下达的生产劳动任务组织罪犯生产劳动，维护正常生产秩序，培养罪犯劳动习惯和观念，监管劳动安全，训练罪犯劳动技能，提高罪犯劳动能力，组织劳动竞赛，完成劳动生产任务和改造任务，进行劳动考核。

(四)罪犯作业班组

在劳动分工与协作的基础上,以完成劳动改造和生产任务为目的,以产品或工艺为依托,结合罪犯劳动力素质实际,罪犯被分成若干劳动作业班组,有序进行生产劳动。罪犯作业班组是罪犯劳动组织的最基层组织,是组织出收工,分配生产任务,落实劳动定额,开展劳动竞赛,加强现场管理、作业管理、安全管理、质量管理、设备工具管理,进行劳动考核的基本管理单元,要按需要选配好班组长、质检员、统计员、安全员等人员。

## 思考题

1. 简述罪犯劳动管理的概念和目标。
2. 简述罪犯劳动管理的内容。
3. 简述罪犯劳动管理的任务。
4. 简述罪犯劳动管理的作用。
5. 简述罪犯劳动管理的特点。
6. 简述罪犯劳动管理的改造属性。
7. 简述罪犯劳动管理的方法。
8. 简述罪犯劳动管理的原则。
9. 简述罪犯劳动组织的特点。
10. 简述罪犯劳动组织机构设置的原则。

# 第七章　罪犯劳动管理职能的设定

罪犯劳动管理职能简单地说就是罪犯劳动管理管什么、怎么管。在明确了罪犯劳动管理的性质、目标、任务、作用和基本内容后，这些具体的操作层面的问题必须也进行明确。罪犯劳动改造学的应用性、罪犯劳动管理在罪犯劳动改造工作中的实施主体地位就体现在这里。这些问题在罪犯劳动管理学上对应的是罪犯劳动管理职能系统理论，创新构建罪犯劳动管理职能系统，全面、具体、深入地研究、阐述罪犯劳动管理职能系统及其理论，是罪犯劳动管理从实践和理论上纲举目张的框架性内容。

## 第一节　罪犯劳动改造系统分析与设计

罪犯劳动改造系统是一个非常复杂的人造系统，分析罪犯劳动管理的职能必须对罪犯劳动改造系统进行分析。这是罪犯劳动管理的一个初始性的理论和实践问题。现实中罪犯劳动改造系统往往已经处于现有系统的运行阶段，而不是系统设计这个初始阶段。运行阶段研究和思考的主要是如何改进工作，这可能意味着罪犯劳动改造系统同时处于系统修正阶段。从本质上说，系统修正也需要从根本上进行系统分析甚至重新设计，有时修修补补还不如从根本上推倒重建，这样更能解决系统的问题，实现系统的新生。

### 一、系统工程方法

系统工程是系统科学的一个分支，是系统科学的实际应用。系统工程是为了合理地开发、设计和运用系统而采取的思想、程序、组织和方法的总称。系统科学产生于一般系统论的创始人——奥地利生物学家贝塔朗菲，他在 1947 年提出一般系统论时，曾明确地把马克思和恩格斯的辩证法列为一般系统论的思想来源之一。系统思想的出现彻底改变了人们的思维方式。系统论和信息论、控制论并称“三论”,是信息社会最为基础的理论体系。

1978 年 9 月 27 日,著名科学家钱学森撰写的《组织管理的技术——系统工程》一文在《文汇报》上发表,这篇重要文章被认为既开创了系统工程的中国学派,成为社会管理不可或缺的理论依据与方法论基础,又吹响了系统工程从航天领域走向我国社会主义建设各领域的号角,决定了系统工程在中国发展的基本方向与格局。

系统是指由相互作用和相互依赖的若干组成部分结合而成的具有特定功能的有机整体,而且这个系统本身又是它所从属的一个更大系统的组成部分。系统工程则是组织管理这种系统的规划、研究、设计、制造、试验和使用的科学方法,运用这种方法可以达到满意的系统设计和系统运行管理的目标,是一种具有普遍意义的科学方法。

系统工程的研究对象是组织化的、复杂化的大系统。这种大系统内部存在错综复杂的相关关系和不确定因素,同时与外部环境及母系统也存在复杂的物质与信息交换。对于这样的系统,在构成和运行过程中,必须对各种重大问题进行判断和决策。实践证明,要进行系统的最优化设计,必须运用系统工程的思想和方法。

作为系统工程研究对象的各种系统,虽然其性质、结构和运行规律各不相同,但是作为人造系统,它们都具备目的性、集合性、相关性、层级性和环境适应性等系统特性,而且它们都要经历诞生、运行、修正(系统的发展也被看作一种对系统的修正)和终止等相似的系统寿命周期阶段。这就构成了各种人造系统的共性和普遍规律。系统工程的全部思想和方法,都是基于这种共性和普遍规律的研究。因此,系统工程普遍适用于对各种人造系统的研究与应用。一家饭店和一个工厂,一个工厂和一所监狱,表面看来风马牛不相及,但是从系统工程角度来看,它们有着很多相似之处。

监狱是一个复杂的大系统,罪犯劳动管理是监狱的子系统之一,这个子系统又是生产系统与监管改造系统有机结合重组的一个新系统,不能单纯地按照生产系统的要求进行管理,也不能单纯地按照监管改造系统的要求进行管理。所谓以生产为载体对罪犯进行劳动改造就是要把生产与罪犯改造深度融合,把劳动改造的要素融入生产劳动中,构造成新的系统即罪犯劳动改造系统和罪犯劳动管理系统。为此,要运用系统工程的方法进行系统分析和设计,科学解决罪犯劳动管理系统的建立和运行问题,使劳动改造目标的实现处于系统健康的运行和保障之中。

## 二、罪犯劳动改造系统和生产系统分析

### (一)生产系统的内涵

分析罪犯劳动改造系统必然会涉及生产系统,罪犯劳动改造系统是以生产系统为载体建立起来的,为了分析罪犯劳动改造系统,有必要先分析生产系统,并厘

清二者的关系。

系统科学认为，系统都是在特定环境下对输入进行工作，经过对输入加工对象的转换，把输入转换为输出的，系统又可以理解为把输入转换为输出的转换机构。生产系统就是这样一个转换机构，它是一个通过人、财、物、信息等各种生产要素的输入过程，再通过生产制造将生产对象加工制作成产品的转换过程，最后将产品输送出去的系统。其构成情况如图7－1所示。

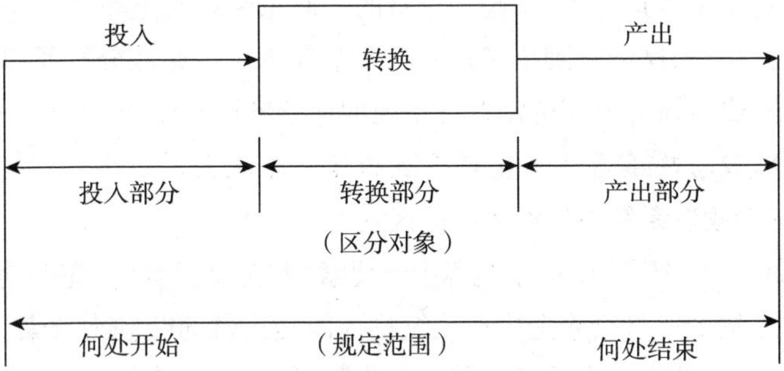


**图7－1 生产系统构成示意图**

（二）罪犯劳动改造系统的内涵

罪犯劳动改造系统是指以劳动改造罪犯为目的，以生产系统为基础和手段，投入罪犯劳动力、资金、物质和信息等要素，经过生产系统的“投入—转换—产出”的循环运行过程，实现改造罪犯目标的特殊系统。把罪犯劳动改造系统作为一个新的系统去认识和研究是非常重要的，可以明确要求在设计罪犯劳动改造系统时，要以罪犯劳动改造为主线而不是以生产及效益为主线。罪犯劳动改造系统的构成情况如图7－2所示。

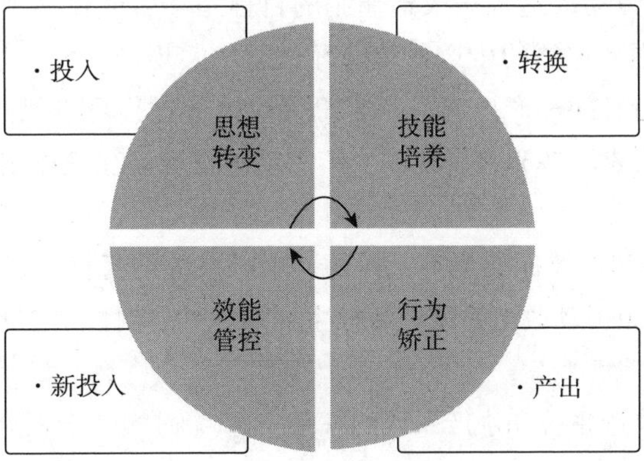


**图7－2 罪犯劳动改造系统的构成**

从图7－2中可以看出,罪犯劳动改造系统是在生产系统中植入了劳动改造诸项要素后形成的一个复合系统,这些要素有思想转变、技能培养、行为矫正、效能管控等。

罪犯劳动改造系统有其特殊的目的、结构和功能,并以生产为手段、以改造为目的形成了罪犯劳动改造系统的“目的—手段”功能关系和功能结构。在罪犯劳动改造系统中,生产的全过程,每一个工艺阶段,每一个工序,都承载着劳动改造罪犯的目标,真正体现了生产是手段、改造是目的。罪犯劳动改造系统就是运用这种关系把劳动改造目标层层分解到生产系统的各个环节中。这是分析罪犯劳动改造系统的重要结论,也是设计罪犯劳动改造系统的理论依据。

(三)罪犯劳动改造系统与生产系统的区别与联系

1.罪犯劳动改造系统与生产系统的区别

(1)投入的生产要素(生产系统称生产要素)和劳动要素(罪犯劳动改造系统称劳动要素)是不同的。社会企业生产系统投入的是正常的劳动力要素,而罪犯劳动改造系统投入的劳动力要素是正在服刑的罪犯,是劳动改造的对象,与此相关的物质要素、信息要素也会被深深地植入与罪犯身份和罪犯改造有关的约束条件。如产业产品项目的选择、安全因素的综合考虑、劳动环境的封闭和严管等。

(2)目标是不一样的。生产系统的目标是生产产品和经济效益,这是生产系统的终极目标;罪犯劳动改造系统虽然也必须生产产品和讲求一定的生产效益,但这不是它的终极目标,它的终极目标是改造罪犯,前者只是其实现终极目标的手段。

(3)实现目标的时间是不一样的。生产系统完成一个“输入—转换—产出”循环就会完成一个或一批产品的生产,生产系统的产出目标是可以在一个生产循环中完成的;而罪犯劳动改造系统改造罪犯的目标是不可能在一个生产循环中完成的,而是在长期、不断重复的生产系统循环过程中实现的。生产过程可以描述为:投入原材料—制造转换—产出产品。罪犯劳动改造过程可以描述为:投入罪犯劳动力和其他劳动要素—罪犯在反复的生产劳动中发生转变—输出接受了劳动改造的人。

(4)目标描述和考评标准是不一样的。生产系统的目标可以用定量的指标来描述和衡量,而罪犯劳动改造系统的目标主要用定性、定性和定量相结合的方法描述、考核和评定。

2.罪犯劳动改造系统和生产系统的联系

(1)二者都可以表现为“投入—转换—产出”这样的系统运行过程。

(2)二者都需要人、财、物、信息这些生产要素的投入。

(3)二者都是在生产加工制造产品的过程中实现自己的目标。

(4)罪犯劳动改造系统的转换过程和生产系统的转换过程高度重合但不完全相同,罪犯的改造是在多次生产的转换中实现的,如图 7-3 所示。

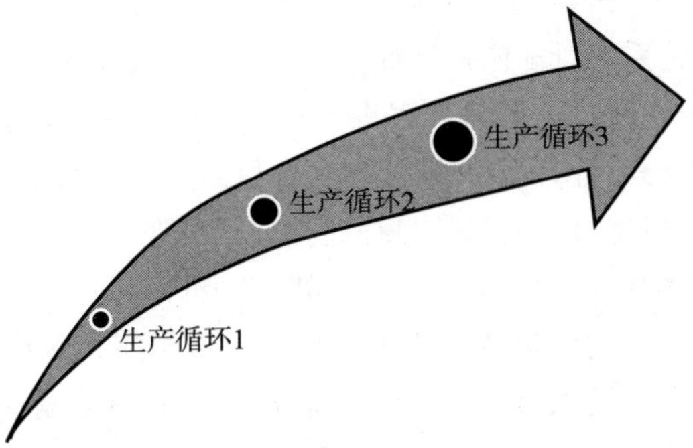


**图 7-3　罪犯劳动改造系统进程**

## 三、罪犯劳动改造系统的设计

任何一种人造系统,尽管其目的、功能各不相同,但是都具有诞生、运行、修正和终止等相似的系统寿命周期。系统的目的就是通过系统寿命周期各阶段的展开最终实现的。其中任何一个阶段出现问题,都会影响系统目的的最终实现。一般来讲,可以把系统寿命周期划分为系统构成、系统运行、系统修正和系统终止四个基本阶段。

从系统工程的展开来看,不同的人造系统在同一个阶段其工作的内容和重点都具有相似的规律。我们可以运用系统工程的科学工作步骤,分析罪犯劳动改造系统的建设过程。这对我们很有意义,很多时候,因为我们在过程中的某一步出了错误就会导致系统出现错误,以致不能实现系统目标。参照系统寿命周期的原理,一个罪犯劳动改造系统的寿命周期一般可以分为以下六个阶段。

### (一)罪犯劳动改造系统的系统分析阶段

这是系统工程的最初阶段,也是非常重要的阶段。这个阶段需要解决的主要问题包括以下几点。

1. 罪犯劳动改造系统目的分析

首先需要明确,罪犯劳动改造系统的目的何在。只有明确了系统的目的,才能对系统进行准确的定义,使监狱中的有关人员对罪犯劳动改造系统的目的和定义有一致的理解。罪犯劳动改造系统的终极目的是劳动改造罪犯,通过生产系统“输入—转换—输出”三个环节周而复始和一次次生产目标的实现,来实现自己的终极目标。在这个系统循环中,罪犯劳动改造系统以生产为手段,打造并发挥具有我国监狱特色的罪犯劳动改造功能,①系统地服务于罪犯劳动改造的目标,形成了自己特殊的“目的—功能—手段”功能关系。

2. 罪犯劳动改造系统目标体系分析

所谓目标,就是系统目的的具体表现形式。所谓体系,有两重含义:一重含义是系统的最终目的是具有两重以上目的的复合目的,因此,系统目标也必须具有相应多重的目标体系,多重目标之间是“目的—手段”的逻辑关系。例如,一个罪犯劳动的服装加工系统,生产目标是生产服装产品,终极目标是培养罪犯服装加工技能和实现对罪犯的综合劳动改造效果。无论是产出目标还是最终目标的实现,都需要从投入产出设立多个阶段性的目标,并逐级实现,这些目标之间甚至是分层次的,以罪犯劳动改造系统“目的—功能—手段”功能关系图为例,本层目标是上一层目标的手段,而上一层目标又是上上层目标的手段,即系统目标体系内部是上下层目标之间互为“目的—手段”的关系和逻辑,而且必然形成多对“目的—手段”功能关系。另一重含义是每对“目的—手段”功能之间,都需要根据目的的实现程度,来明确其手段功能的实现程度。

这样设计的目的是更好地实现某一个目标,必须为之合理地选择实现这一目标的手段,以确保手段功能的实现。各级功能的实现程度,实际上就是系统最终目标在其功能系统上的逐级分解。例如,监狱劳务加工系统中为了培养罪犯服装加工的主要劳动技能,对所有参与劳务加工的罪犯实行有计划的轮岗制度,以便罪犯能在不同的岗位上学到不同的服装加工劳动技能,这就是劳动改造终极目标的分解。同时运用这样的分析方法,还有利于考察劳动生产项目的手段功能对实现改造罪犯目标的作用如何。

3. 以劳动改造为核心的罪犯劳动改造系统的分析

罪犯劳动改造系统是以劳动改造罪犯为根本目的,以生产系统为基础和手段改进设计、演变而来的一个新系统。在新上劳务加工项目时必须重视这个系统的分析,然后进入设计阶段。在罪犯劳动改造系统的“目的—功能—手段”功能系统的设计中,应该特别针对罪犯这种特殊劳动者,以对罪犯的培养改造为目标,借助某种生产系统(如服装加工等)的“目的—手段”关系,以人为主线,设计一套“生产

---

① 本书前面研究了劳动改造的功能,认为罪犯劳动改造的功能是一个体系,主要包括惩罚功能、改造功能、矫正功能、创造功能、教育功能、锻炼功能等。

技能—生产目标—改造目标"的多重目标体系,把劳动改造罪犯的最终目标逐级分解下去,在逐级分解实现功能和目标的过程中,使人的改造和生产目标协同实现和完成。在这个过程中,罪犯是劳动改造体系的核心,在适宜的劳动改造系统中通过科学管理将他们改造成为"新人",培养造就成为合格的劳动者。

(二)罪犯劳动改造系统的系统设计阶段

1. 根据功能系统建立罪犯劳动改造系统的概略模型

一般情况下,实现功能的手段不止一种,可以根据功能的要求,建立多个概略模型,也就是不同的系统初步方案。这一步要求根据监狱组织的劳动项目,如劳务加工生产建立罪犯劳动"目的—功能—手段"功能系统概略模型。关键是要把罪犯劳动改造和矫正的目标具体分解到生产工序中。实际中可能是监狱直接按照加工委托方的要求组织生产活动,这就忽略了劳动改造功能系统的构建,体现在完全以加工委托方的要求构建生产系统,这就是把生产管理等同于劳动改造管理。所以,今后要改变这种做法,把对人的劳动改造功能系统和生产加工系统科学地融合起来,构建罪犯劳动改造系统功能模型。

2. 反复实验检测罪犯劳动改造系统概略模型的功能和实现系统目标的程度

给定罪犯劳动改造系统的约束条件,主要是劳动改造罪犯的各项要素,对概略模型反复进行仿真实验,检测其功能和系统目标的实现程度。根据实验结果,判断各方案成功的可能性,评价各方案的优劣。约束条件应该包括对罪犯的改造矫正和生产的改进两个方面,并把这两方面具体量化分解为劳动认知、遵守纪律、培养技能、安全操作、标准作业、养成习惯、完成定额、保证质量等具体条件,制定阶段性的目标。这里关键要把这两个方面有机结合起来。其中,对罪犯的改造和培养方面,要根据"目的—手段"关系,把对罪犯的各项培养目标任务融入生产功能系统中,虽然这样做刚开始保证不了效率,但是一旦实验成功得到了最优方案,以后的生产效率和质量将会得到根本的保证。最重要的是,这种系统设计阶段的做法从根本上保证了我们的根本目的——劳动改造罪犯的实现。

3. 如果不能获得满意的实验结果,则需要对以下问题重新进行探讨

(1)建立的概略模型是否不合理或有缺陷? 如果是,则修改概略模型。

(2)罪犯劳动改造系统中劳动改造罪犯的基本要素和改造目标是否在概略模型中得到了充分落实和分解? 如果没有,要进一步研究劳动改造罪犯的基本要素和改造目标在模型中的有机植入和分解。

(3)罪犯劳动改造系统的目标体系是否能够得到功能系统的支持和保障? 如果不能,则重新进行功能定义或整理功能系统。

(4)罪犯劳动改造系统的功能系统是否能够得到生产载体的支持和保障？如果不能，要进一步研究生产载体的适宜性，甚至寻找适宜的生产项目。

如此对概略模型进行反复验证、筛选与修改，直到获得一个满意的方案为止。

4. 对选中的方案进行具体设计并进一步完善

对选中的方案的具体设计要结合监狱和监狱企业的领导体制和职能部门、监区的罪犯劳动组织机构的设置进行，本书前面对此已有阐述。对罪犯劳动生产系统则要结合生产项目的具体工艺技术流程、作业标准等进行设计。

(三)罪犯劳动改造系统的系统建设阶段

根据最后的设计方案，实施罪犯劳动改造系统的建设。总的要求是以生产系统为手段，把劳动改造的要素和目标融入生产和生产管理过程中，这种设计和建设要由监狱来完成，或者由监狱和加工委托方在密切配合下完成。系统建设过程本身就是一项复杂的系统工程，它包括工程计划、工程实施、质量控制等内容，这是一个非常重要的阶段。因为这个阶段构成罪犯劳动改造系统建设的实体，不仅需要投入大量资金、人力和时间，更重要的是建成的罪犯劳动改造系统必须在“目的—功能—手段”功能结构上非常科学合理，既能保证罪犯劳动改造目标的实现，又能合理地提高罪犯劳动改造系统的生产能力，提高这个系统的效率和效益。如果这个阶段的“工程质量”出了问题，必将造成罪犯劳动改造系统存在先天缺陷。

(四)罪犯劳动改造系统的系统运行阶段

在罪犯劳动改造系统投入运行初期，需要对系统进行试运行，以便发现与修正系统存在的缺陷，进一步掌握系统的运行规律，使系统进入正常的运行状态。

罪犯劳动改造系统进入正常的运行阶段后，其运行的规律一般表现为“计划—实施—控制”的周期性工作循环，即将罪犯劳动改造系统运行划分为一个个计划期，在每一个计划期开始之前，对系统目标、系统状态以及环境条件进行综合平衡，制订出可行的运行计划——生产作业计划和罪犯劳动改造计划，在计划期内根据计划向系统发出运行指令，使系统按计划运行。

在运行过程中，罪犯劳动改造系统可能受到监狱环境如教育改造、狱政管理等要素的影响，或受到市场环境的影响，发生各种随机性或系统性的变化，从而使系统的运行状态偏离计划，这时就需要通过建立系统的反馈控制机制对系统进行控制与调整，使系统恢复到正常状态。罪犯劳动改造反馈控制机制的建立非常重要，其必须是能够反馈和解决生产性问题、劳动改造性问题特别是生产与改造综合性问题的反馈控制机制。

（五）罪犯劳动改造系统的系统修正阶段

罪犯劳动改造系统运行到一定阶段后，系统的环境可能出现某些变化，系统本身的构成要素也可能出现某些变化，使系统达不到最优的运行状态，或者出现了罪犯本身的劳动技能熟练程度提高或新罪犯加入的情况，此时需要对系统作出某些调整或修正。

因系统修正的层次和范围不同，所以可根据具体情况，分别对系统的目的、目标、功能、原理、结构、方法、工具等不同层次的问题进行重新分析和优化设计，使系统通过局部修正和更新恢复到最优状态。

（六）罪犯劳动改造系统的系统终止阶段

当罪犯劳动改造系统的目的已经不能在现有系统中得到实现，或已经有了更优的系统方案可以替代时，系统将进入终止阶段。在终止阶段，需要对系统的设备、资金、人员进行合理的处理和重新分配组合，以最大限度地减少各种损失，并为建立新的系统创造有利条件。罪犯劳动改造系统的终止有两种可能：一是彻底更换了生产项目，需要围绕新生产系统设计新的罪犯劳动改造系统；二是生产项目没有变，但需要以更优的系统取代原有系统。

## 第二节　罪犯劳动管理职能的分析和设定

罪犯劳动管理职能是为了保障罪犯劳动改造系统的健康有效运行以及促进实现劳动改造罪犯的目标，对罪犯劳动活动实施的计划、组织、领导、控制等一系列管理职能。运用系统分析的方法不仅能够全面准确地确定罪犯劳动管理职能，而且最重要的是有利于科学地安排这些职能，并在系统运行过程中及时准确地发现罪犯劳动改造系统存在的问题、罪犯劳动管理存在的问题，有利于有针对性地找到解决方案。

生产系统的管理职能是从对生产系统的目的特性、需求特性、构成特性和过程特性的分析中总结、设计出来的。罪犯劳动改造系统的管理职能与生产系统的管理职能密切相关，但是罪犯劳动改造系统分别在生产系统的目的、需求、构成、过程等特性中融入了罪犯劳动改造系统的要素和约束条件，产生了罪犯劳动管理需求即管理职能。可以从二者的融合中，从罪犯劳动改造系统的目的、需求、构成、过程特性中分析罪犯劳动管理的职能，进而设计确定罪犯劳动管理的职能体系。

## 一、从罪犯劳动改造系统的目标特性分析罪犯劳动管理职能

从罪犯劳动改造系统的目标特性分析其管理职能,就是针对罪犯劳动改造目标的特点和实现目标的需要分析其管理职能,具体的分析过程和内容如下:

### (一)罪犯劳动改造的目的和目标层次

本书第四章将罪犯劳动改造的目的概括为以改造人为宗旨,实现全面改造罪犯的总体目标,实现将罪犯改造成为守法公民的基本目标,并将罪犯劳动改造的总体目标分为以下几个层次:一是培养罪犯劳动能力和职业技能,回归社会后成为自食其力的守法公民;二是矫正罪犯恶习,养成遵纪守法和劳动习惯;三是改造罪犯错误思想,树立正确思想观念。

### (二)罪犯劳动管理的终极目标及目标体系的设计

在罪犯劳动管理的概述中,我们把管理的目标分为产出目标和终极目标。产出目标就是与产品产出相关的目标,罪犯劳动生产的每一个生产循环都会实现一定的产出目标。罪犯劳动管理的终极目标就是实现罪犯劳动改造的总体目标和基本目标,改造和矫正罪犯,这个终极目标是在一个又一个罪犯劳动产出目标的实现中、在罪犯劳动生产的一次又一次的循环中逐渐实现的。

劳动改造罪犯的终极目标之所以能够实现,是因为罪犯参加产品生产制造过程,可以掌握一种或多种生产制造技能、学会一种或多种工艺操作规程、接受劳动制度纪律的约束、学会和保证安全生产、完成合理的生产定额和生产任务、完成质量目标和成本目标,并接受现代科学管理的培养和熏陶,注重提高劳动效率,不断改进生产方法等,同时通过日积月累的生产劳动实践、劳动教育,不断转变思想观念。

### (三)罪犯劳动管理的目标实现需要具备的管理职能

罪犯劳动管理产出目标的实现过程发挥了生产的劳动改造手段功能,这一功能的实现要求重视生产手段的选择及生产过程的管理,按照产出目标的项目分门别类地实施各项管理至关重要,把劳动改造的产出目标(改造、矫正和习艺计划)分解落实到各项产出目标的管理中至关重要。从中可以看出,如果罪犯劳动改造系统离开了一次次的生产任务和目标的实现,劳动改造的目标就成了无源之水,产出目标及其管理是实现终极目标的载体和手段;而失去了以终极目标为导向的管理,罪犯劳动管理就丢掉了根本,失去了方向。这种关系就是本章前面述及的"目的—功能—手段"功能关系。这种关系使我们得出这样的结论:罪犯劳动的管理职能要以劳动改造的目标(目的特性)为导向,在生产过程的管理中逐级设定并展开,要确

保劳动改造的运行方向正确,要充分发挥生产劳动各环节的手段功能和作用。这些管理职能具体应包括以下几点。

1. 计划管理。围绕罪犯劳动改造终极目标及目标体系的实现,制订罪犯劳动改造、矫正和习艺计划。

2. 项目管理。围绕罪犯劳动改造目标做好生产项目的评估、选择和管理。

3. 生产管理。包括生产计划制订实施、生产作业计划制订实施、作业管理、现场管理、现场监管、行为矫正、岗位练兵、劳动竞赛、定额管理、劳动教育、思想教育等。

4. 改造和矫正管理。包括思想改造、技能培养、习惯养成、考核奖惩等。

从目的特性分析罪犯劳动管理的职能可以看出,罪犯劳动改造系统目标的实现,需要生产系统的科学有效运行,离不开系统、科学的管理职能,这些管理职能是现代科学生产管理方法和罪犯劳动改造管理方法的有机结合和创新。从长期的罪犯劳动改造和管理的实践看,我国监狱已经在这方面取得了很多成果,积累了很多经验,如在罪犯劳动改造的目标设定和实施,在职业技能培养、现场管理、作业管理等方面,在运用5S管理、全面质量管理、QC小组活动、PDCA循环等管理方法方面都取得了很好的成果。

## 二、从罪犯劳动改造系统的构成特性分析罪犯劳动管理职能

系统是由两个或两个以上可以相互区别的要素构成的有机整体。一个好的系统绝不是各个要素的简单汇集,而是根据系统目标的要求构成的有机整体。

### (一)从罪犯劳动改造系统的构成要素分析其管理职能

罪犯劳动改造系统是一个人造系统,它的构成要素从表面看也可以分成各种生产要素,但是它的生产要素有其特殊性,为此,我们在前面的分析中为了把这些要素和一般生产要素区别开来而称之为劳动要素或劳动改造要素,把生产系统的生产要素分为人、物质、信息三大子系统。劳动改造要素和生产要素的有机结合,形成了罪犯劳动改造系统,这些要素也可以从基本的构成上分为人、物质、信息三大类,研究分析罪犯劳动改造系统的构成特性就要研究这些要素的特殊性。

人的要素分为两类:它的劳动者是罪犯,这类特殊劳动力要素也是被改造的对象。那么罪犯劳动改造系统的管理职能必须围绕其劳动力的特殊性和改造需要来确定,有些管理职能是生产管理和罪犯劳动管理的有机结合和创新,有些则为罪犯劳动改造系统所独有。它的管理者是监狱警察,身份集执法者与管理者于一身。这是我国警察中最特殊的一个警种,既然特殊,就应特殊到位,不仅体现在其身份

上，还应体现在其素质和技能上，其必须掌握罪犯劳动管理的科学生产管理知识和技能。

从物的要素来说，也有其特殊性，如产品、原材料、工具设备、生产现场环境、生产建筑等方面都有特殊要求，安全性往往要放在第一位，此外，还有环境保护、劳动保护等方面的要求。对罪犯劳动改造系统物的要素的特殊性进行研究，应该作为一门科学来对待。

从信息要素来说，罪犯劳动改造系统既有单独的生产信息，也有单独的改造信息，还有生产和改造有机结合的综合信息；既有指令信息，也有考核评价信息。其中生产信息既是生产管理的要素，也是考核评价罪犯劳动改造态度、改造效果与质量的重要依据，生产信息必须为改造罪犯服务。罪犯劳动改造系统必须强化对信息要素的收集、整理、总结、分析和评价，并将其作为罪犯劳动管理的手段和罪犯劳动改造质量评定的重要依据，进而作为改进罪犯劳动改造工作的重要依据。

（二）从罪犯劳动改造系统的子系统分析其管理职能

从一般生产系统的构成和生产系统管理理论来看，生产系统从物、信息和人的角度具体划分为三大子系统：生产制造系统（物）、生产信息系统（信息）、生产组织系统（人）。从上述罪犯劳动改造系统的构成要素来看，罪犯劳动改造系统也可以划分为三大子系统：生产制造系统（物）、生产与改造信息系统（信息）、生产与改造组织系统（人）。这些子系统的构成充分说明和体现了生产与改造的深度融合和有机结合，体现了劳动改造系统的复合性和创新性。

三个子系统之间没有严格的界线，它们之间既相互区别，又相互联络、相互依存，在劳动改造过程中高度融合为一个有机整体，就像一个人的神经密布于身体的各个器官和组织中一样，形成了罪犯劳动改造系统不断优化的管理系统。这三个子系统无论是在形式上还是在系统功能上都是依其分工和职能任务来定的，从而形成了罪犯劳动改造系统改造和矫正罪犯的系统功能，这种既有区别又有联系的子系统的配合协调越密切，罪犯劳动改造的系统功能就越强大。对罪犯劳动改造系统的这种构成分析，为我们正确认识罪犯劳动改造系统提供了一套科学的系统分析思路和标准，在罪犯劳动改造系统的系统分析和系统设计阶段，设计好罪犯劳动管理的职能，设计好生产与改造有机融合的信息管理系统、组织系统，具有非常重要的意义。

综上分析，罪犯劳动管理应该具备罪犯劳动力管理、现场管理、生产统计、生产考核、信息管理、定额管理、效能管理（罪犯劳动改造效果评估、罪犯劳动改造质量评定）等管理职能。

## 三、从罪犯劳动改造系统的过程特性分析罪犯劳动管理职能

从前面的分析中我们已经知道,生产系统主要表现为投入、转换、输出的过程,而罪犯劳动改造系统则是生产系统的循环过程。

(一)罪犯劳动改造系统的过程特性分析

生产系统表现为投入、转换、输出的过程,即投入—转换—产出(见图7-1)。三个部分分别为:投入部分即投入生产要素;转换部分即生产系统运转,使加工对象发生性质、形态、位置上的变化;产出部分即产品产出。

当生产过程出现问题时,可以从上述三个部分着手分析研究,找出原因,采取对策。例如:(1)产出部分,产出的产品在设计上、计划上是否有问题。(2)转换部分,生产环节中技术、设备、作业是否有问题。(3)投入部分,供应的物料在质量、数量及订货方式上是否有问题。

这种把生产过程划分为三个阶段的分析方法,称为过程分析法,这种方法不仅适用于生产管理,也可广泛用于各种工作的系统分析。

运用这种方法分析罪犯劳动改造系统,要从两个过程的角度去分析。

首先,从具体生产过程的角度来看,罪犯劳动改造过程可以具体地对应生产过程的三个阶段,可以从这三个阶段考虑罪犯劳动管理的职能。

其次,从罪犯劳动改造过程的角度来看,一个罪犯的劳动改造过程绝不是一个单纯的生产过程,而是成千上万次生产过程的循环。借鉴生产过程特性分析方法,也可以把罪犯劳动改造过程分为三个阶段:投入阶段(劳动改造初期)、转换阶段(劳动改造中期)、输出阶段(劳动改造后期),其每个阶段都有各自的任务、计划和重点,每个阶段都包含生产过程的多次循环,每个阶段都应该确定管理的职能和重点任务。

(二)罪犯劳动改造系统过程特性分析的作用

1. 区分管理对象

生产系统包括投入、转换、输出过程,而罪犯劳动改造系统则是生产系统的循环过程及其累积。罪犯劳动改造系统是在生产系统上改进升级产生的一个新的系统,所以,对罪犯劳动改造系统的过程特性分析首先帮助我们确定罪犯劳动管理的对象是罪犯劳动改造系统而不是生产系统。

2. 确定管理范围

罪犯劳动改造系统是生产系统三大环节的循环和累积,为了保证罪犯劳动改造的成效,必须对罪犯劳动改造系统运行的全过程进行管理,必须把罪犯劳动改造

的所有理念和任务落实到这个全过程中。首先，罪犯劳动管理的范围应该从劳动改造的全过程考虑，即从劳动改造的投入阶段（劳动改造初期）、转换阶段（劳动改造中期）、输出阶段（劳动改造后期）这三大阶段考虑，应该包括劳动改造初期的管理职能、劳动改造中期的管理职能、劳动改造后期的管理职能，这就是促进罪犯劳动改造系统能够持续、稳定、有效循环运行而产生的管理职能。其次，罪犯劳动管理的范围绝不应该只限于劳动和生产过程，还要考虑市场环境和监狱整体工作对罪犯劳动改造系统的影响。比如，监狱大量开展劳务加工项目后，"两头在外"要求罪犯劳动管理作出哪些调整。所以必须系统、全面地分析和确定罪犯劳动管理的范围。

（三）从罪犯劳动改造系统的过程特性分析其管理职能

通过上述分析，我们可以通过过程特性确定：罪犯劳动管理的职能包括罪犯劳动管理全过程和全方位的内容，具体包括战略管理、项目管理、理念管理、技能管理、生产管理、质量管理、安全管理、效能管理等。

1. 罪犯劳动战略管理职能的确定

如果不是从罪犯劳动改造系统的过程特性来分析，罪犯劳动的战略管理职能最容易被遗忘，而这对于罪犯劳动管理来说却是最重要的。罪犯劳动改造系统的运行过程是生产系统的循环过程，每一名罪犯的劳动改造都处于这个过程中。从几年到长达几十年不等的罪犯劳动改造，无论如何都是需要规划而不应自由放任的，这就是罪犯劳动管理的战略管理职能。罪犯劳动战略管理是从罪犯参加劳动改造的内外条件出发，从整体上、全过程、改造目标和质量上进行战略分析、战略规划和战略实施的管理活动的总称。一般而言，无论罪犯的刑期长短，都可以将其分为投入阶段（劳动改造初期）、转换阶段（劳动改造中期）、输出阶段（劳动改造后期）。在长期接受劳动改造中，有一个发展变化的过程，这个过程可能在长期徒刑和短期徒刑的罪犯身上呈现不同的特点和规律。在罪犯刑期的不同阶段，需要对其实施不同的劳动改造方案，这需要长远规划和管理，需要从管理理念到管理目标和改造计划进行合理规划。罪犯劳动管理必须行使战略管理职能，内容应包括劳动改造战略分析、战略规划、核心理念的培育、产业产品结构的选择和调整、战略实施、战略评价和修正等。以下案例可以提供很好的例证：

某监狱根据就业市场需求，结合服刑人员刑期、年龄、文化程度、捕前职业、特长等自身特点，选择实用性强、利于就业的项目分层培训，把技术教育和就业结合起来。刑期在5年以内、年龄50岁以下的服刑人员，参加短平快的技术培训项目。刑期5年以上者，以一种技术为主，选学另一种应用技术，培养复合型技术人才。另外，根据学历高低、刑期长短、年龄大小培养一些高技能人才。余刑3个月至1年的服刑人员，参加由当地劳动和社会保障局举办的SYB（Start Your Business，创办你的企业）创业培训。在特种作业岗位劳动改造的罪犯，参加由当地安监局举办的特种作业上岗培训。确保刑满释放前取得劳动和社会保障部门颁发的职业资格证书的罪犯人数达到参加培训人数的90%。

长期的罪犯劳动改造过程必然会受到各种不确定的市场因素的影响，为此，罪犯劳动管理必须有这样一种战略管理职能，即维持长期的劳动改造目标、外部环境、内部条件的动态平衡，保证劳动改造的持续稳定运行。

对社会主义市场经济条件下罪犯劳动改造规律的认识和总结是罪犯劳动管理的重要战略问题。必须指出的是，我国的社会主义市场经济环境下罪犯劳动改造所走过的路程并不长，可以说罪犯劳动管理至今仍处于对市场经济的适应阶段，对市场经济下的罪犯劳动改造规律还没有一个成熟、科学的结论，所以，尽快认识和总结市场经济条件下的罪犯劳动改造规律，是摆在理论和实务工作者面前的一个重要课题。只有把这个规律认识准确了，才能制定科学合理的罪犯劳动改造战略。

2. 罪犯劳动管理组织职能的确定

组织是管理的一项重要职能，包括组织设计、组织运作和组织变革三大阶段。讲管理必然要讲到组织职能的运用，首先要设计一个能形成有效分工合作关系的结构，然后围绕组织目标让组织运作起来，在组织运作一定时间后，如发现组织原有的结构已经不适应环境和自身发展的需要，就要对组织进行变革。系统分析思考组织问题是解决管理体制机制问题最科学、最根本的办法。如果不是从罪犯劳动改造系统的过程特性来分析，组织职能的运用很容易出现严重的错误。

所谓从过程特性分析罪犯劳动管理的组织职能，就是从罪犯劳动改造的全过程分析罪犯劳动管理的体制机制。从20世纪80年代起进行的一轮又一轮的监狱体制改革，目的是解决监狱组织设计和运行机制的问题，当然也包括罪犯劳动管理的体制机制问题和罪犯劳动管理的组织职能问题。为此，必须从罪犯劳动改造过程的实际出发，既要从静态的相互关系考虑，又要从动态的运行过程考虑。从罪犯劳动改造系统的过程特性分析罪犯劳动管理的组织职能，可以清楚地看到罪犯劳动管理系统的有机整体性，即使它是监狱内部的一项管理工作，它也是一个极为特殊的相对独立的子系统，也要注意它的各项工作的系统性、相关性、整合性和有机联系。整个劳动改造管理的全过程包括战略规划，生产项目的管理，产业产品结构的选择和调整,罪犯刑期不同阶段的劳动岗位调整,基于改造和生产的劳动力资源的教育和技能培训,物资的采购供应,生产过程的管理,生产现场的管理,质量管理,安全管理,效益协调,设备、技术、工艺管理等,这些工作都以罪犯劳动改造为核心存在必然的有机联系,都需要在组织部门和结构上进行系统科学的设计和构建,目标就是形成具有科学的分工协作关系的体制机制。罪犯劳动管理组织设计应该正确把握这个系统各要素的内在联系,任何割裂这种内在联系的组织设置不仅对搞好罪犯劳动管理没有好处,甚至会起反作用。

上述的罪犯劳动的战略管理职能谁来承担?劳动项目的市场开发和引进由谁来做?产品或项目要适合改造和矫正罪犯谁来保证?围绕生产项目对罪犯进行岗位技能培训谁来负责?生产计划制订、生产过程组织、工艺管理、现场管理、质量管理、安全管理、设备管理、库存管理等,谁来进行?自主生产项目的监狱罪犯劳动管理机构如何设置?劳务加工项目的监狱罪犯劳动管理机构如何设置?罪犯劳动改造系统运行中三大阶段的分工协作、有机联系是否得到了妥善处理?系统运行中自我纠错、自我优化机制是否形成并不断发挥作用?哪些做法人为地割裂了罪犯劳动改造过程的有机联系?哪些做法削弱甚至忽略了罪犯劳动管理的重要职能?哪些做法人为地制造了管理中的体制机制障碍?以上问题都要通过分析罪犯劳动改造系统的过程特性一一圆满解决。

3. 罪犯劳动管理其他管理职能的确定

结合罪犯劳动改造系统三大阶段的工作任务分析罪犯劳动管理的其他职能。

(1)投入部分:管理理念输入、战略层面的劳动改造规划和计划、项目引进、人员教育和培训、物资供应、质量保证、数量保证、订货等方面的管理。

(2)转换部分:工艺技术、设备、作业、现场、质量、安全方面的管理问题,罪犯劳动中的表现和管理,培训和矫正。

(3)产出部分:产量、质量、交货期、劳动任务的完成,对罪犯劳动改造的综合考评。

(4)罪犯劳动改造的初期阶段:劳动改造整体战略理念和规划,劳动改造的总体布局,还要具体到每一个罪犯的劳动改造战略规划、方案制订。对罪犯进行劳动态度、劳动技能、劳动安全等方面的培训。

(5)罪犯劳动改造的中期阶段:劳动观念等思想的转变、习惯的养成、劳动技能巩固和拓展、职业能力和规划的教育等。

(6)罪犯劳动改造的后期阶段:回归前的劳动改造效果评估和劳动改造质量评定、职业资格证书的考取等。

## 四、从罪犯劳动改造系统的需求特性分析罪犯劳动管理职能

罪犯劳动改造系统的状态好坏体现在这个系统实现其目的和目标的程度,也就是这个系统满足监狱改造罪犯需求的程度,我们可以据此设定和加强罪犯劳动管理的相关职能。为此,我们需要对这个系统满足需求的情况进行具体分析,这些需求称为罪犯劳动改造系统的需求特性。这些需求特性体现在以下几个方面:功能特性、质量特性、数量和时间特性、空间特性、经济(成本利润)特性、安全特性、改造矫正习艺特性等。

1. 功能特性:产品的功能是否符合用户要求,符合用户要求的产品生产既是满足社会需求,也是满足罪犯劳动改造需求的有效劳动。

2. 质量特性:产品质量是否符合要求,产品质量也能反映劳动者劳动的质量,或者劳动技能的水平,或者劳动态度的好坏,或者劳动积极性的高低。

3. 数量和时间特性:产品的产量和交货期是否满足要求。

4. 空间特性:能否在适当的地点生产或提供产品,罪犯劳动改造系统对生产现场和物流还是有一定的特殊要求的。

5. 经济(成本利润)特性:成本控制和利润目标是否符合监狱和加工委托方的要求。

6. 安全特性:罪犯劳动生产安全方面的需求是否得到满足。

7. 改造矫正习艺特性:系统在罪犯改造、矫正和习艺方面是否能够满足劳动改造的需求。产品的特点、生产劳动过程及产品的社会价值对罪犯体验劳动价值、转变思想发挥的作用如何?劳动管理各方面对矫正罪犯行为和习惯的作用如何?劳动生产对培养罪犯的职业技能及其自食其力的作用如何?使罪犯在劳动中认识社会需求,为回归社会进行职业规划提供帮助的情况如何?不一定现在做什么将来也做什么。

从需求特性分析可以确定罪犯劳动管理职能的以下问题。

### (一)科学设置罪犯劳动管理职能部门及其职责

从罪犯劳动改造系统的需求特性中,我们可分析出罪犯劳动管理各部门相应的管理职能。如从功能特性上要求设定罪犯劳动项目管理职能,从质量特性上要求质量管理职能,从安全特性上要求安全管理职能,从改造矫正习艺特性上要求对改造、矫正和习艺的管理职能等。

在以需求特性分析管理职能时,要注意从罪犯劳动改造系统的特殊实际出发,注重对罪犯劳动管理职能及其职能部门设置时生产管理职能与改造管理职能的有机结合,比如对质量管理部门的管理职能职责的设置,要注意产品生产质量管理与

劳动改造质量管理的有机结合。从罪犯劳动改造活动本身的特点来看,产品生产质量和劳动改造质量是相互联系、相互促进、相互作用的关系。改造质量从一定程度上可以反映在产品质量上,矫正质量和习艺质量也可以反映在产品质量上,而产品质量又可以通过物化和量化的方式呈现,为便于监狱考核和评价罪犯的改造和矫正质量,我们就可以在监狱中设置一个质量管理职能部门,来负责产品质量管理,罪犯改造质量、矫正质量以及习艺质量管理。显然,这样设置的质量管理部门不同于社会企业的质量管理部门。再如,对罪犯劳动安全管理职能部门的设置,要注意罪犯劳动安全管理的特殊性。罪犯劳动安全管理是以罪犯劳动安全的特殊现象、特殊内容和特殊规律为对象的安全管理活动,我们在相关研究成果中提出了"罪犯+"的概念,不能照搬照抄社会一般的安全生产管理。监狱在设置相关安全管理职能部门时一定要设置具有罪犯劳动安全管理综合职能的安全管理部门,而不是单纯的安全生产管理部门。

这种通过系统分析设置职能管理部门并明确其部门和岗位职责的做法,因为符合系统工程的科学原理,充分考虑了系统的整体性、相关性、目的性、功能性、环境适应性等特性,所以提出的管理职能和管理部门设置、部门职责划分就是科学的,就是有利于工作的。

在实际工作中,有许多没有经过这样的系统分析就人为地撤掉、设置或者合并某些部门的做法,因为违背了系统的整体性、相关性、功能性等特性,割裂了系统的有机组成和联系,导致有些改革措施从一出台就难以得到落实,即使落实了在运行中也机制不顺、矛盾重重。

#### (二)准确判断罪犯劳动管理职能存在的问题并找到解决办法

罪犯劳动改造系统的功能得不到实现,需求得不到满足,可以从对需求特殊的分析中查找问题的原因,比如分析工作的分工、责任的分解、部门的设置、人员的到位、工作的质量等情况,这些都是罪犯劳动管理职能及其职能部门设置等方面的问题,对需求特性的分析会使这些问题的分析和解决变得清晰明确。

### 五、从需求特性和过程特性的关系分析罪犯劳动管理职能

如上所述,罪犯劳动改造系统的过程特性分析把罪犯劳动改造系统所依托的生产过程分成三个阶段:投入、转换、产出。罪犯劳动改造就是在这三个阶段的循环中进行的,同时,罪犯劳动改造系统的七项需求特性是在罪犯劳动改造系统运行的各个阶段中得到实现和满足的,每一项需求在每一个阶段都要落实,每一个阶段也要满足每一项需求,如图7-4所示。

罪犯劳动管理职能及目标实现

| 罪犯劳动管理职能的产生 | 罪犯劳动管理职能运用和目标实现过程 | | | 产出目标 | 劳动改造终极目标 |
|---|---|---|---|---|---|
| | 投入 | 转换 | 产出 | | |
| 完成生产目标产生的职能 | 项目管理　物资管理<br>岗前培训 | 工艺管理<br>技术管理 | 价值分析<br>项目管理 | 功能 | 改造与矫正罪犯 |
| | 质量管理　采购质量<br>管理　仓库管理 | 质量管理 | 质量管理 | 质量 | |
| | 生产计划管理<br>定额管理 | 作业计划管理　劳动纪律<br>进度管理　作业管理<br>现场管理　5S管理 | 成品管理<br>交期管理 | 数量<br>时间 | |
| | 供应渠道管理<br>运输存储管理 | 现场管理　物流管理<br>设备管理　工具管理 | 物流管理<br>库存管理 | 空间 | |
| | 节约教育<br>成本管理 | 成本控制　效率管理<br>原始记录　统计管理 | 成本管理<br>利润核算 | 经济 | |
| | 上岗前安全培训<br>特殊岗位　资格获取 | 安全生产管理<br>安全监督 | 安全管理 | 安全 | |
| 完成改造目标产生的职能 | 改造和矫正计划<br>项目评估与选择<br>理念管理　劳动教育<br>习艺计划　岗前培训<br>干警教育 | 现场监管　作业管理<br>动作研究　现场管理<br>5S活动　行为矫正<br>改造管理　矫正管理<br>岗位训练　劳动竞赛<br>思想教育 | 习艺效果<br>职业规划<br>考核奖惩<br>标杆学习<br>思想改造<br>习惯养成 | 改造<br>矫正<br>习艺<br>阶段考核<br>问题处理 | |

**图 7－4　从需求特性和过程特性的关系分析罪犯劳动管理的职能**

图 7－4 中横向排列为投入、转换、产出三个生产阶段，纵向排列为功能、质量、数量和时间、空间、经济（成本利润）、安全、改造矫正习艺三项需求。这样横向、纵向组合形成了一个拥有 21 项要素的矩阵，这个矩阵就是罪犯劳动改造系统的管理体系，通过这样的矩阵可以直观地分析和展示罪犯劳动改造系统需求特性（目标实现）和过程特性（满足需求和实现目标的过程）的结合所产生的管理需求，也就是管理内容和职能。下面分别从需求特性和过程特性的角度分析这些管理职能。

（一）从需求特性落实到生产过程分析罪犯劳动管理职能

1. 功能特性

产出环节：考虑顾客需要具有什么功能的产品，需要进行价值分析和功能分析，对产品进行规划设计；目前监狱多为劳务加工生产，很少生产自主产品，故这种管理只有部分监狱需要，但是在此环节应该围绕适合于罪犯的劳动改造，做好罪犯劳动项目的选择和管理。

转换环节：考虑为使产品具有这些功能，制造系统需要具有什么样的加工功能；转换环节应该加强工艺管理、罪犯的劳动技能管理。

投入环节：物资管理，考虑为使产品具有这些功能，需要购入具有什么功能的物资。罪犯劳动者作为特殊劳动力要素，为保证产出具有合格的产品，应考虑罪犯劳动者需要具备什么样的劳动能力。需要在投入前期做好劳动教育、岗位培训、技能培训、行为规范等教育和管理工作。此环节主要是生产具有此功能的产品,要对罪犯进行相应的岗位技能培训,这项工作其实也是矫正、习艺所必需的。

通过以上三个环节对功能特性的分析,罪犯劳动管理系统需要的职能有规划设计、项目管理、物资管理、劳动教育、岗位培训、技能培训、行为规范等。

2. 质量特性

产出环节:质量检验、质量保证、质量管理,逆向分解为每一个环节的质量目标。

转换环节:质量控制、质量管理、QC 小组活动。

投入环节:采购质量、仓库管理、培训质量、技能水平。

3. 数量和时间特性

从这两个特性中可以分析罪犯劳动管理的进度管理职能。

产出环节:按时、按量出产。

转换环节:何时加工、多长时间完成计划产量,加强劳动定额管理。

投入环节:物资供应的时间和数量管理。

通过进度管理分析,在生产过程中需要做好生产计划、生产作业计划、定额管理、交货期管理、物料需求和供应管理等。

4. 空间特性

产出环节:考虑产成品的包装、库存管理以及与流通部门的物流衔接关系。

转换环节:考虑加工部分的物流设计、设备排列、物流通道、现场管理(定置管理),考虑罪犯特殊身份做好劳动场所和空间的特殊设计。

投入环节:考虑物料的供应渠道、运输和存储方式。

需要对物流的空间存在形式及运动形式进行设计,并且将系统内部物流与系统外部物流衔接起来,进行物流在空间上的全过程分析,进行采购管理、库存管理、物流管理、设备管理、现场管理、安全管理等,以达到缩短生产周期、降低生产成本、提高劳动效率的目的。同时,在考虑生产的空间特性时还要考虑罪犯监管的特殊空间需求特性,保障罪犯人身安全、监管安全,防止罪犯利用运输生产物料的车辆逃跑。

5. 经济特性

产出环节:成本核算,目标成本控制,个人和班组的目标成本管理。

转换环节:加工费管理,各工序、工艺阶段之作业管理、效率管理、成本控制、原始记录、统计管理。

投入环节:各种物料、人工费管理,节约管理,节约意识和知识培训。

对以上各部分的费用支出设定目标,对其进行连贯的成本管理,把加工委托方、市场方的利益需求和监狱对经济、改造成本的需求综合起来考虑,以达到成本管理的目的。

6. 安全特性

产出环节:项目引进时就要考虑到,即项目安全管理。

转换环节:监管安全和生产安全的有机统一。充分考虑罪犯的特殊性,结合生产过程中的生产安全管理因素,制定综合的罪犯劳动安全管理制度。

投入环节:结合罪犯的特殊性,考虑什么样的物料才能保证安全;对罪犯进行岗前安全生产知识培训、安全技能教育培训,做到持证上岗。

7. 改造矫正习艺特性

产出环节:制品的特点;产品本身的习艺价值,其市场和社会价值对罪犯体会劳动价值、认识社会需求、回归社会进行职业谋划有什么帮助。劳动考核与奖惩会影响罪犯思想的转变、价值观培育、人生规划。

转换环节:日常劳动的矫正管理、技能训练、作业管理、作业标准化、劳动竞赛、定额管理、纪律约束、考核奖惩、激励管理、现场管理、5S 管理、QC 小组活动、监管改造、劳动教育等。

投入环节:罪犯进入岗位前确定罪犯的改造、矫正、习艺计划和目标,落实项目引进、计划管理、上岗培训、资格认定、持证上岗,要着眼于系统的改造、矫正和习艺功能。

综上所述,把上述各项需求在生产劳动系统的各个环节加以落实,提出各项罪犯劳动管理职能,通过这种分析,我们明确了罪犯劳动管理的职能和内容,为了实现和满足这些需求,必须履行好这些管理职能。同时,对罪犯劳动改造系统中产生的问题,也可以通过这样的分析,在过程特性和需求特性的相互关系中探究问题所在及其产生原因以及解决途径。

(二)从生产过程对需求的满足和目标的实现分析罪犯劳动管理职能

1. 投入环节

投入环节包括物资供应、存储管理、项目管理、生产布局、劳动教育、岗前培训、罪犯劳动力的综合考评及其投入等。

功能特性:投入具有什么功能的物料、人、信息。

质量特性:物料质量、罪犯技能培训质量。

数量时间特性:对某种物料投入多大数量、投入多少人员、何时投入。

空间特性:对供应渠道、供货方式如何选择;对生产空间如何选择及其布局管理。

经济特性:采购费用管理。

安全特性:项目选择、物料安全、安全培训。

改造矫正习艺特性:选择适宜改造和矫正的劳动项目,项目有习艺价值。

2. 转换环节

将作业管理、工序管理、设备管理、制品管理、质量管理、现场管理、安全管理、监督管理、定额管理、行为矫正、习艺管理、思想教育融入劳动管理中。

功能特性:制造系统应具有什么样的加工功能。

质量特性:怎样在加工过程中保证质量。

数量时间特性:在各道工序中生产多少某种制品,何时生产、何时完成某种制品的生产任务。

空间特性:设备如何排列、物料如何码放、物流如何设计。

经济特性:制造过程费用控制。

安全特性:安全管理、控制各种原因引起的生产现场安全事故、加强劳动保护。

改造矫正习艺特性:技能培训、定额管理、现场监管、工艺和规程管理、标准化管理、行为矫正、团队协作、QC 小组活动、5S 管理等。

3. 输出环节

输出环节包括项目管理、质量管理、进度管理、交货管理、安全管理、绩效管理、矫正管理、习艺管理、标杆学习。

功能特性:产品功能保证、项目管理。

质量特性:产品质量保证。

数量时间特性:各品种的产量完成多少,何时出产产品。

空间特性:成品储存、运输。

经济特性:目标成本管理。

安全特性:生产、监管安全管理。

改造矫正习艺特性:劳动改造矫正习艺效果评估和质量评定、教育总结、改进、标杆学习。

(三)从过程特性和需求特性的关系分析罪犯劳动管理职能

综合上述分析,罪犯劳动管理的职能是在罪犯劳动改造系统需求特性的拉动下,在生产过程中总结和提炼出来的,大体可以归纳为以下内容:战略管理、项目管理、教育培训、物资管理、物流管理、安全管理、质量管理、计划管理、生产管理、作业管理、现场管理、设备管理、工艺管理、技术管理、改造管理、矫正管理、习艺管理、效能管理等。

这样的系统分析比较全面、科学、准确,意义重大,有利于系统安排罪犯劳动管理工作,在管理职能部门设置、岗位设置、职责划分、人员引进、培训和任用等方面,做到科学合理安排;有利于及时、准确地发现罪犯劳动管理中出现问题的部分,并分析产生问题的原因和解决方案;有利于监狱高层管理者分清主次、突出重点,科学部署罪犯劳动管理工作,有效管理和持续改进罪犯劳动改造工作,不断提高罪犯劳动改造工作的质量和水平。

## 六、罪犯劳动管理职能设定与履行的要求

### (一)要注意罪犯劳动管理理念与监狱工作方针保持高度一致

罪犯劳动管理理念的重要意义在于其是管理罪犯劳动的思想和行为指南,是在复杂的工作局面中正确安排工作、不断改进管理方式方法、探索罪犯劳动改造和矫正方法、实现罪犯劳动改造目标的方向性指引。罪犯劳动改造和管理的最大困难并不是市场经济所导致的市场环境困难,也不是监狱经费保障没有完全到位产生的经济负担,而是监狱罪犯劳动管理理念与监狱工作总方针不一致所导致的方向不明、力量不统一、劳动项目选择不合理、管理不适宜等。

罪犯劳动管理理念主要来自两个方面:一是监狱的组织设计。罪犯劳动管理是监狱管理工作的组成部分,罪犯劳动管理的目标和理念必须围绕监狱工作的总目标展开,与监狱管理的理念保持一致。要按照分工与协作的原则,进行罪犯劳动管理部门设计及理念设计。二是监狱的组织文化,即监狱文化。管理理念属于组织文化的范畴,而且是组织文化的核心部分,其核心内容就是组织的核心价值观。监狱文化就是以监狱工作方针为核心价值观所形成的特殊文化系统,罪犯劳动管理文化(包括监狱企业文化)是监狱文化系统的子系统之一,必须与监狱文化系统的核心价值观保持高度一致,并以此为核心培育好改造、矫正、约束、激励、沟通、教育等文化管理功能。

### (二)要避免以生产管理职能代替罪犯劳动管理职能的错误做法

要根据罪犯劳动改造系统分析的结论,在罪犯劳动管理职能设定中实现生产管理和改造管理的融合。围绕劳动改造的目标和功能,设定罪犯劳动战略管理、项目管理、培训管理、生产管理、作业管理、工艺管理、现场管理、安全管理、质量管理、改造管理、矫正管理、习艺管理、职业指导等的职能和职责,强化罪犯劳动管理的重点职能管理。

### (三)要科学配置职能层、作业层的管理人员,把职责和人员素质落到实处

对罪犯劳动管理的职能划分和设置应该围绕罪犯劳动改造这一主线进行系统

性的职能、部门、职责设计。罪犯劳动管理人员可以分为三个层次：高层管理者、职能管理者、现场管理者。从罪犯劳动管理系统的过程和需求特性出发，不忽略任何环节，不留死角，注意罪犯劳动管理过程的系统特性，真正从罪犯劳动改造系统与生产制造系统的关系出发设置罪犯劳动管理的职能部门，并科学地设计部门职责、进行人员安排。罪犯劳动管理人员任用、引进和培训要有针对性，罪犯劳动管理岗位和人员要得到相应的重视和激励。高层管理者必须具备罪犯劳动管理的战略素质，职能管理者、现场管理者必须经过罪犯劳动管理的专业知识教育和培训，具备担负的职能职责所需的知识和技能，必须履行好罪犯劳动管理职责，而不能只是现场人员和秩序的监管者。

**【案例分析】 | 战略管理职能在罪犯劳动管理中的运用**

毛某，30岁，电子专业毕业，因诈骗罪获刑14年，属“二进宫”，罪重刑长，成家不久的妻子要离婚，事业、家庭、生活挫折一起袭来，毛某一蹶不振。干警查阅毛某档案、与毛某谈心，得知毛某的电子专业知识功底较好，而且有较强的上进心。经过反复研究和思考，确立了如下改造毛某的方案：利用并发挥毛某的电子专业特长，让其参加电子产品的生产劳动项目，并制订了合理的实施计划。抑制并克服其罪重刑长、悲观消沉的消极因素，进而引导其扬长避短，改恶向善，重获新生。这一方案是针对毛某个人劳动改造的方案，实质上是改造毛某的一种战略规划，是改造毛某长期奉行的纲领。只要战略正确了，成功就是必然的，或者是大概率事件。监狱警察围绕这个方案做了大量的工作。最后，毛某的改造非常成功。从管理角度分析，监狱警察发挥了为毛某的劳动改造进行战略规划和管理的作用，这是罪犯劳动战略管理运用于个体层面的典型案例。

问题：在罪犯劳动管理中如何运用战略管理职能？

分析：从该案例中我们可以总结出罪犯劳动改造中运用战略管理的几个方面。

1. 罪犯劳动管理要落实到对罪犯个体进行正确的劳动改造战略规划和管理中。
2. 罪犯劳动管理要对罪犯个体劳动改造规律进行认识和总结。
3. 罪犯劳动管理要对不同类型罪犯的劳动改造规律进行认识和总结。
4. 罪犯劳动管理要对不同刑期罪犯的劳动改造规律进行认识和总结。
5. 罪犯劳动管理要对不同类型罪犯的劳动改造进行总体方案设计。
6. 罪犯劳动管理要对不同类型罪犯的分阶段劳动改造方案进行规划和设计。
7. 市场环境对劳动改造的影响和冲击要求罪犯劳动管理必须有战略规划和应变能力。

## 思考题

1. 简述罪犯劳动改造系统的含义。
2. 简述罪犯劳动改造系统与生产系统的区别。
3. 简述罪犯劳动改造系统与生产系统的联系。
4. 以劳动改造为核心对罪犯劳动改造系统进行简要分析。
5. 简述罪犯劳动管理职能的概念。
6. 什么是罪犯劳动战略管理?
7. 罪犯劳动改造系统的需求特性有哪些?
8. 简述罪犯劳动改造系统的系统分析阶段要解决的问题。
9. 从罪犯劳动改造系统的构成特性分析罪犯劳动管理职能。
10. 从罪犯劳动改造系统的过程特性分析罪犯劳动管理职能。
11. 从过程特性和需求特性的关系分析罪犯劳动管理职能。
12. 简述罪犯劳动管理职能设定与履行的要求。

# 第八章　罪犯劳动项目管理

罪犯劳动项目是监狱为罪犯提供劳动改造岗位而引进或建设的生产项目。社会劳动项目的种类很多,但并不一定适宜罪犯劳动改造。监狱选择什么样的劳动项目,关系到罪犯劳动改造能否顺利开展,关系到罪犯劳动管理和劳动改造的效果。对监狱而言,必然要考虑选择什么劳动项目、怎么选择劳动项目及对劳动项目进行论证评估等问题。因此,罪犯劳动项目管理是罪犯劳动管理的一项重要工作。

## 第一节　罪犯劳动项目管理概述

### 一、罪犯劳动项目管理的概念和内容

罪犯劳动项目管理,是指监狱对拟引进或建设的罪犯劳动项目进行评估、选择、组织实施等一系列管理活动的过程。罪犯劳动项目管理主要包括以下三个方面的内容。

(一)罪犯劳动项目评估

罪犯劳动项目评估是在罪犯劳动项目决策与实施过程中开展的一系列论证与评估工作,贯穿罪犯劳动项目管理的整个过程。监狱综合考虑罪犯劳动项目的结构、功能、产能、环境等要素,依据自身的价值准则和生产能力,对罪犯劳动项目进行论证和评估。罪犯劳动项目评估的内容主要包括合理性评估、安全性评估、合法性评估和效益评估。罪犯劳动项目评估既是罪犯劳动项目选择工作的基础和依据,也是对罪犯劳动项目选择工作的检验。

(二)罪犯劳动项目选择

罪犯劳动项目选择是监狱严格落实罪犯劳动项目准入规定,遵循国家法律法规、产业政策、生产安全标准等规定的条件,依据科学的劳动项目评估标准,从多个项目中选择最适宜的罪犯劳动项目的管理活动。罪犯劳动项目选择是罪犯劳动项

目管理的核心工作,监狱选择什么样的劳动项目,关系到罪犯劳动改造能否顺利开展,关系到罪犯劳动管理和劳动改造的效果。因此,必须有计划、合理地组织罪犯劳动项目选择工作,确保引进或建设的劳动项目的安全性、改造性和习艺性,最终实现劳动改造的目标。

(三)罪犯劳动项目实施

罪犯劳动项目实施是把最终选择的罪犯劳动项目付诸实施,并在实施过程中进行追踪、检查与评估,确保选择的罪犯劳动项目不偏离改造罪犯的目标。随着经济社会的发展,一些劳动项目在实施过程中不再适应改造罪犯的需要,不能达到安全、稳定、改造、习艺的综合性要求,对于这样的项目必须及时淘汰或升级改造。因此,在罪犯劳动项目实施过程中要定期进行追踪、检查与评估,根据评估结果调整劳动项目,确保实现改造罪犯的目标。

## 二、罪犯劳动项目管理的意义

基于罪犯劳动的改造属性和生产属性,罪犯劳动项目管理的核心是保证选择的劳动项目符合罪犯劳动改造的特点和目标,要按照安全、稳定、改造、习艺的综合性要求,规范劳动项目准入机制,优化项目结构,保证改造效果,防范经营风险,同时讲求一定的经济效益,实现罪犯劳动规范管理和监狱的安全稳定。

(一)有利于为罪犯提供最适宜的劳动项目,确保实现罪犯劳动改造目标

我国罪犯劳动改造的基本宗旨,主要在于改造罪犯的思想,提高其智力、技能与身体素质,使其成为有益于社会建设和发展的积极个体。而劳动项目是劳动改造得以顺利完成的载体,失去劳动项目或劳动项目不合适,劳动改造就无法顺利完成,也就会失去劳动改造的意义。因此,监狱提供的劳动项目或劳动岗位必须是适宜罪犯的,是罪犯愿意学的,是有利于改造罪犯的,是符合社会发展需要的。只有努力做到这一点,劳动改造才能发挥出最大的效能,才能为监狱的安全稳定奠定稳固的前提和坚实的基础。有效的罪犯劳动项目管理,有利于监狱选择最适宜罪犯改造的劳动项目,以充分体现劳动改造的作用,完成劳动改造的任务,教育改造好罪犯,最大限度地减少刑释人员的重新违法犯罪率。

(二)有利于提高劳动项目准入管理的规范性,提升罪犯劳动管理水平

监狱对拟引进或建设的劳动项目实施管理,可客观、准确地将与罪犯劳动项目执行有关的各项数据资料和实况呈现于监狱决策者面前,根据当前的经济发展水平、资源环境、区域优势、劳动技能适应性等状况,对项目作出准确适宜的评价。同时,可以通过对引进或建设劳动项目的管理,强化监狱的内部管理,树立现代管理

理念,用新视角、新思路研究罪犯劳动管理的特点和规律,规范生产环境,提升监狱在劳动改造中的治理能力和管理水平,增强劳动改造与狱政管理、教育改造等工作的协同性,更好地维护监狱的正常秩序和安全稳定。

(三)有利于防范管理失误,保证引进或建设项目的合法合理性

罪犯劳动项目管理重点关注罪犯劳动项目评估系统的设立,包括评估目标、评估标准、评估量表以及评估程序与制度等的科学设计。实施罪犯劳动项目管理,设计并执行科学的评估体系,可以做到内容标准、流程规范。科学严谨地进行劳动项目的分级评审论证,严格按照评估标准和程序选择适合的劳动项目,有利于防范管理失误,保证建设或引进项目的合法性、合理性、安全性、适宜性和效益性。

(四)有利于优化项目结构,确保罪犯劳动改造可持续发展

监狱按照有利于罪犯改造、安全程度高、产品有市场的原则,打造以改造人为宗旨的产业体系,在项目选择、项目布局时围绕改造罪犯这个中心展开。果断放弃安全系数不高、不适应监狱管理和改造罪犯需要的资金密集型、技术密集型、资源密集型的劳动项目。对拟引进或建设的劳动项目进行充分论证与评估,严格筛选劳动项目,严格控制不适宜罪犯劳动改造的项目引入,积极开拓、引进有利于改造和安全稳定的劳动项目,从而不断优化产业结构,保证罪犯劳动改造的可持续发展。

(五)有利于规范内部环境,提高监狱企业市场应对能力

对拟引进或建设的罪犯劳动项目进行评估、成本控制、调配项目资源等一系列专业的劳动项目管理活动,可以对项目目标的实现有较为充分的了解和预判,找准努力的方向,及时补齐监狱自身短板,提升监狱企业内部实力和市场应对能力。还可以为劳动项目的后续实施奠定基础,巩固优质客户资源,推动优质订单统筹共享,提升客户对劳动项目产品的满意度与监狱企业的市场美誉度,为监狱企业创造更多的潜在商机。

(六)有利于培养罪犯劳动技能,为罪犯职业技能教育开辟新途径

随着社会的进步、管理水平的提升以及罪犯未来参与社会劳动需求的不断升级,罪犯职业技能的提升成为监狱重要的管理目标。因此,根据对罪犯实用、对提升技能有效的原则,实施罪犯劳动项目准入机制,最大可能地选择有利于罪犯职业技能习得和提升的劳动项目,让最大多数的罪犯习得实用的职业技能,提升回归社会后的社会适应性和生存力,是实施罪犯劳动项目管理的价值所在。

# 第二节 罪犯劳动项目的类型

罪犯劳动项目按照不同的标准可划分为不同的类型。按经营方式不同,可分为自主产品型、劳务加工型、政府采购型;按照劳动内容不同,可分为工厂型、农业习艺型、狱内服务型;按照生产要素密集度不同,可分为劳动密集型、资金密集型、技术密集型;按照劳动目的不同,可分为行为规训型、技能培养型、培训习艺型、兴趣拓展型。

## 一、自主产品型、劳务加工型、政府采购型

### (一)自主产品型

自主产品型劳动项目是指监狱组建工厂,组织罪犯参加自主产品生产的劳动项目。这种劳动项目需要监狱企业完成自主研发、生产加工、产品销售等过程,也就是说,从产品的设计到销售整个过程都需要监狱企业独自完成,监狱企业可以建立自己的知识产权体系。这是我国监狱体制改革前最主要的劳动项目类型。随着我国市场竞争的加剧以及我国监狱体制的改革和监狱布局的调整,大部分监狱开始转型,退出自主产品型劳动项目以适应新时期监狱发展的需要。

### (二)劳务加工型

这种罪犯劳动项目又可分为加工型和劳务型两种。加工型是指由监狱组建加工型企业,承揽社会企业的加工订货或来料加工,组织罪犯参加产品加工劳动的项目。劳务型是指一些监狱利用闲置罪犯劳动力组织专业或零散的劳务队伍,为社会提供劳务活动的劳务输出式劳动项目。

加工型不影响监狱现有监管改造秩序,而且依靠监狱的优势,开办加工工业使监狱的生产经营活动多种多样、可选范围更广,使监狱建设发展速度更快,从而也为罪犯劳动改造创造更好的条件,这种形式逐渐成为各监狱的首选。而劳务型由于项目多变,缺乏稳定性,罪犯监管难度大,危险性高,目前监狱基本不再采用此类劳动项目。

### (三)政府采购型

政府采购型劳动项目指由监狱组建工厂或加工型企业,承揽政府采购的生产订货,组织罪犯参加产品生产的劳动项目。监狱是国家刑罚执行机关,行使国家执行刑罚的权力,刑罚执行和劳动改造的特殊性决定了监狱企业的先天不足。政府

采购支持监狱企业发展对稳定监狱企业生产，为罪犯提供长期可靠的劳动岗位，提高罪犯的劳动改造质量，减少重新违法犯罪，确保监狱安全稳定，促进社会和谐具有十分重要的意义。这种形式是罪犯劳动项目的重要发展方向之一。

## 二、工厂型、农业习艺型、狱内服务型

### （一）工厂型

工厂型劳动项目是指监狱组建工厂或车间，组织罪犯参加工业生产劳动的项目。工厂型劳动项目对罪犯劳动改造有很多有利因素：场所固定，容易做到隔离式、封闭式管理，有利于监管安全；按工艺流程组织成车间、班组，有利于规范化、科学化罪犯劳动管理；专业分工明确，岗位固定，技术相对稳定，有利于罪犯较快掌握技术、提高技能；有利于培养罪犯的组织纪律性、协作精神和责任意识；作息管理科学、规律，有利于罪犯学习、教育活动的安排。工厂型劳动项目是当前最普遍的一种罪犯劳动项目类型。

### （二）农业习艺型

农业习艺型劳动项目是指监狱组织罪犯参加农业技术劳动特别是新型农业技术劳动的项目。农业习艺型劳动项目的有利因素表现在：对劳动力素质、技术要求不高，比较适宜大批短刑犯和农村犯参加劳动；所需成本相对较低，有利于罪犯通过劳动学得多种实用的农业技术知识；室外劳动有利于减少罪犯长期封闭管理带来的负面影响，如长期的心理压抑问题等。

### （三）狱内服务型

狱内服务型劳动项目主要包括：罪犯伙食工作；罪犯卫生工作，如医护、防疫等；卫生及环境建设维护工作，如打扫卫生、养花、种草、护路等；零散维修管理等。这类劳动项目，有的建有专门监区或分监区，有的由职能科室指定或临时派遣，一般规模较小，没有或只有很少的直接经济效益，主要体现为监狱的自我维持型、辅助型、公益型、服务型劳动项目，为监狱的生活卫生、环境建设服务。狱内服务型劳动项目是所有监狱都有的罪犯劳动项目。狱内服务型劳动项目的优点主要表现在：有利于罪犯专项技能的发挥，有助于罪犯尊重他人、服务社会，实现自我价值，有利于激发罪犯的劳动热情和改造积极性；狱内服务型劳动项目表面上没有直接经济效益，但维持了监狱的日常运转，为监狱节约了大笔开支，仍然具有一定的经济效益和社会效益。狱内服务型劳动项目的不足之处在于：劳动岗位分散、独立性强，难以集中和直接监督管理，容易产生监管改造上的盲点和死角；罪犯不正当的优越感也容易成为一些人的改造障碍。

## 三、劳动密集型、资金密集型、技术密集型

### (一)劳动密集型

劳动密集型劳动项目指进行生产主要依靠大量使用罪犯劳动力,而对技术和设备依赖程度低的劳动项目。监狱有大量的罪犯劳动力,适合选择劳动密集型劳动项目,如纺织、服装、玩具、皮革、电子等制造业。

### (二)资金密集型

资金密集型劳动项目指在单位产品成本中,资金成本所占比重较大,每个劳动者所占用的固定资本和流动资本金额较高的项目。资金密集型劳动项目主要指钢铁业、一般电子与通信设备制造业、运输设备制造业、石油化工业、重型机械工业、电力工业等。资金密集型劳动项目主要分布在基础工业和重加工业,因不适宜监狱罪犯劳动改造实际而不被采用。

### (三)技术密集型

技术密集型劳动项目指在生产过程中,对技术和智力要素的依赖大大超过对其他生产要素的依赖的劳动项目。技术密集型产业包括:微电子与信息产品制造业、现代制药工业、新材料工业等。由于我国大部分监狱的罪犯自身素质较差,罪犯劳动项目不宜选择此类技术含量较高、专业化程度较强的项目。

## 四、行为规训型、技能培养型、培训习艺型、兴趣拓展型

### (一)行为规训型

行为规训型劳动项目重点是规训罪犯改造行为,具备岗位相对稳定、安全系数较高、利于现场管控等特点,目前主要以服装、电子、箱包等劳动密集型、管理密集型劳务加工项目为主。行为规训型劳动项目一般能做到符合监管安全和生产安全的要求,在劳动岗位上能够实现岗位满足率较高的要求,在项目品类上能够实现品类丰富和多样化的要求。行为规训型劳动项目是监狱采用最广泛的项目类型。

### (二)技能培养型

技能培养型劳动项目重点是帮助罪犯获得一技之长,具备产品档次高、装备水平高、技能要求高、与社会发展融合度高等特点,主要包括精品类服装、箱包、电子以及机械加工等品牌化、专业化、特色化项目。技能培养型劳动项目在产品档次上定位中高端,在技术上推广新装备、新工艺和新技术的运用。长刑犯监狱应该增加技能培养型劳动项目的比重。

### (三)培训习艺型

培训习艺型劳动项目是监狱根据自身条件,针对罪犯将来回归社会谋生就业

的需要而开办的以技术培训为主、生产产品为辅的劳动项目。我国监狱普遍开办特殊学校，在特殊学校的教育中技术教育是主要内容之一。除了为监狱生产需要进行技术培训以外，还尽可能开办大批的实用技术教育，并结合国家技术等级资格考试的要求，进行培训和考试，使罪犯既学了技术，又考了资格证，为将来回归社会的谋生就业提供帮助。例如，某监狱创办的“技工学校”，开设了制冷设备维修、电梯维护、汽车维修等社会热门职业培训课程，其将即将刑满出狱、有需要的罪犯集中到学校学习培训，并聘请社会上的各类技术人员和老师授课，使他们既学习又考证，取得了很好的效果。监狱的出监监区可重点建设培训习艺型劳动项目。

(四)兴趣拓展型

兴趣拓展型劳动项目重点是培育罪犯劳动兴趣，具备种类丰富、文化底蕴足、自我创造性强、有利于罪犯再社会化等特点，包括文创类产品加工和农业技术类生产项目。兴趣拓展型劳动项目在文化底蕴上突出文化传承，在罪犯适岗上主要针对表现好的或者老弱病残类罪犯。监狱的出监监区、低度戒备监区、老病残犯监区可重点建设兴趣拓展型劳动项目。

## 第三节 罪犯劳动项目选择

罪犯劳动项目选择工作是监狱严格落实罪犯劳动项目准入规定，遵循国家法律法规、产业政策、生产安全标准等规定的条件，依据科学的劳动项目评估标准，选择最适宜的罪犯劳动项目的管理活动。

### 一、罪犯劳动项目选择的原则

(一)安全性原则

监狱引进或建设劳动项目必须符合安全性要求，这里的安全既指生产安全，又指监管安全。生产安全是监狱执法活动的保障，监狱在选择劳动项目时，应把保证生产安全和监管安全放在首位，按照国家有关规定对劳动项目进行安全条件评价和环境影响评价。劳动项目应符合法律法规、国家标准或行业标准规定的安全及环保条件，退出高投入、高风险、高竞争行业，向自主优势产品、政府采购、劳务加工、劳动密集型产业方向发展；遵守国家有关商标、专利、质量管理等的法律法规，手续合法，证照齐全，向产品的客户方及社会提供安全保证。

(二)改造性原则

有利于发挥罪犯劳动的改造功能，是监狱选择劳动项目的重要原则。改造性原则是指监狱选择的劳动项目要有利于通过有目的、有规律的日常劳动，培养罪犯的劳动习惯和技能，改变罪犯的不良行为，进而改造其思想。罪犯的劳动改造在罪犯服刑期间是一项稳定的、规范的、潜移默化的改造矫正手段，实质上以劳动这种形式发挥教育罪犯的功能，直接触及罪犯好逸恶劳的思想，帮助罪犯树立正确的劳动价值观，培养职业技能，养成劳动习惯。

（三）习艺性原则

监狱选择劳动项目时要考虑技能培训与劳动生产双重目标，在劳动的同时实现培训罪犯劳动岗位技能的功能。如女犯监狱引进纺织、服装、工艺品加工等，一方面适合女性劳动，另一方面也是女性擅长的领域，技能提升较快；又如对老病残犯引进包装、手工编织、手工艺制作、书籍装订等简单的手工劳动项目，以及其他便于老病残犯康复的劳动，易学、简单、轻松。另外，监狱也可实行罪犯劳动分级管理，结合社会就业形势，引进技术含量较高、与社会同步性较好的劳动项目，使罪犯学到一技之长。

（四）适宜性原则

监狱劳动项目要适宜监狱的内外环境资源，也是选择劳动项目的重要原则。监狱选择的劳动项目，一方面要符合区域经济的特点，要与监狱所处的地理位置及本区域的经济发展趋势相吻合；另一方面要与监狱的投资规模、组织能力、劳动能力、技术水平相匹配。只有发挥资源条件的匹配性优势，项目才能够做到持续发展。

（五）效益性原则

监狱选择劳动项目还必须评估其经济性，项目必须能为监狱企业带来一定的效益，能为监狱组织罪犯劳动提供一定的经济支撑。因此，选择项目时，必须测算监狱经济运转的管理成本、人力成本、资金成本等，同时还必须进行利润测算。监狱选择劳动项目要切实以“不亏损、资产不流失、保持正常利润水平”为底线，以安全发展为“红线”，坚持经济效益和社会效益相统一，保障监狱发挥劳动改造罪犯的功能，推动监狱企业持续健康发展。

总之，监狱选择劳动项目，要从法律政策、安全生产、矫正习艺、兼顾效益的角度，朝有利于改造和生产、有利于统一规划和合理布局、有利于罪犯改造和监管安全的方向前进。

## 二、影响罪犯劳动项目选择的因素

产业类型、劳动类型、生产能力和专业化程度，都是监狱选择罪犯劳动项目时需要考虑的因素。

（一）产业类型

选择适当的产业是选择劳动项目时首先要考虑的环节。我国的产业类型有三种:第一产业、第二产业和第三产业,对应的是农业生产、工业生产和服务业。不是所有产业都适合狱内罪犯劳动的,比如服务业、商业就不能被列入选择项。因此,必须立足惩罚与改造的需要,根据改造与生产的特点,通过对自然资源、生产能力、市场需求等因素的分析,选择适合监狱生产的行业。目前,监狱为适应监管安全的需要,产业类型逐渐转型,由农业向工业及劳务加工业转变,生产场所由室外向室内转移,大量的劳务加工项目在监狱企业得到推广和普及。

（二）劳动类型

罪犯劳动类型包括集体劳动和个体劳动、体力劳动和脑力劳动、工业劳动和农业劳动等。由于不同的劳动项目在产品的结构、组织形式、生产作业方法、生产设备和所需劳动力的熟练程度等方面各不相同,监狱必须充分考虑罪犯改造和生产的特点,确定适当的劳动类型。根据监狱改造罪犯的需要和特点,社会化大生产的集体劳动、工厂式的工业劳动、体力劳动等逐渐成为我国罪犯劳动的主要类型。

（三）生产能力

罪犯劳动生产能力的大小,决定选择的劳动项目的规模,而生产能力是由劳动设施和设备、劳动力数量和质量综合决定的。因此,监狱必须立足自身实际情况,对用于劳动生产的场地面积、设备数量和效率、罪犯劳动力的数量和质量进行定性或定量的分析,尽可能进行实际测试,确定罪犯劳动的生产能力水平,以确定最佳的生产规模,据此选择合适的劳动项目。

（四）专业化程度

监狱罪犯劳动力数量和质量不稳定,劳动力的种类较多,技能水平参差不齐,很难达到较高的专业化水平,与现代的专业化生产要求较难匹配。因此,监狱在选择新项目时,要尽可能地选择技术要求不高、劳动密集型的项目。专业化程度很高的劳动项目监狱不宜选择。

## 三、罪犯劳动项目选择的程序

罪犯劳动项目选择是一项时效性强、涉及面广、内容复杂的工作,只有合理地、有计划地组织,才能保证引进或建设的劳动项目的安全性、矫正性和习艺性。罪犯劳动项目选择的程序一般分为确定决策目标、制订可行方案、选择劳动项目三个步骤。

（一）确定决策目标

决策目标的具体内容主要包括罪犯劳动项目选择的必要性和内容,即当前为什么要选择新的劳动项目，包括原因、必要性、重要性等，选择的劳动项目要起到什么样的作用，解决什么样的问题，解决到何种程度等。决策目标既是罪犯劳动项目评价和选择所依据的标准，又是衡量决定要实施的罪犯劳动项目是否取得预期结果的尺度。决策目标不正确或不明确，往往会导致决策错误或选择劳动项目时犹豫不决。

（二）制订可行方案

为解决监狱面临的某一问题，必须寻找能够实现决策目标的切实可行的备选劳动项目。备选劳动项目至少需要有两个，监狱才可能从中进行比较，选择最理想的劳动项目。备选劳动项目应该满足以下两个方面的要求：一是能够落实决策总目标的各种次级目标及具备这些目标实现的途径；二是具备目标实现过程中的主要约束条件，即备选劳动项目设计过程中也应该注意可行性，要充分考虑所提备选劳动项目的实现必须具备哪些条件，其中哪些是监狱现已具备的，哪些是经过努力以后可以具备的。

（三）选择劳动项目

选择劳动项目就是对每一个备选劳动项目进行全面、详尽的评估、评价，从中选出最适宜的劳动项目。选择的过程可以通过组建专门的劳动项目评估小组进行，小组组成人员包括监狱企业、劳动改造科、监区、财务部门等的相关人员，小组按照既定的目标和内容，在符合罪犯劳动改造原则的前提下作出正确的评估和选择。

## 第四节　罪犯劳动项目论证与评估

### 一、罪犯劳动项目论证与评估的概念和内容

罪犯劳动项目论证与评估是指在罪犯劳动项目决策与实施过程中所开展的一系列论证与评估工作，包括：在罪犯劳动项目决策和计划阶段对于罪犯劳动项目的必要性、技术可行性、经济合理性、环境可行性、运行条件可行性和项目不确定性等方面进行的全面系统的论证与评估工作；在罪犯劳动项目实施阶段对罪犯劳动项目实施情况和未来发展所进行的跟踪评估；在罪犯劳动项目完成以后对罪犯劳动项目进行的后期评估。罪犯劳动项目的论证与评估贯穿罪犯劳动项目管理的整个过程。

罪犯劳动项目论证与评估的内容主要包括：劳动项目的合理性评估，评估劳动

项目的合理性,确保劳动项目能够实现明确的目标;劳动项目的安全性评估,评估劳动项目的安全性,包括劳动场所的安全、劳动设备的安全、劳动过程中的人身安全和健康等;劳动项目的合法性评估,评估劳动项目的合法性,包括劳动项目是否符合国家法律法规的要求,是否违反国家法律法规和道德规范等;劳动项目的效益评估,评估劳动项目的效益,包括经济效益和社会效益,确保劳动项目的价值得到充分体现。

## 二、罪犯劳动项目评估的工作流程

罪犯劳动项目评估是一项时效性强、涉及面广、内容复杂的工作,只有合理地、有计划地组织,才能保证引进或建设的劳动项目的安全性、矫正性和习艺性。罪犯劳动项目评估的程序一般分为市场调研和资料收集、形成项目可行性调研报告、评价分析以及编写项目评估报告四个步骤。

### (一)市场调研和资料收集

罪犯劳动项目评估小组制订调研计划,设计调研方案和调研表,对机关、团体、个人等通过走访、问卷、问询等形式,搜集关于拟引进或建设的劳动项目的市场竞争力、市场容量、需求对象等方面的信息,完成调研任务。

### (二)形成项目可行性调研报告

罪犯劳动项目评估小组对市场调查所获取的资料进行鉴别、归集、分类和整理,并进行全面、系统的分析,在此基础上形成罪犯劳动项目的可行性调研报告。

在可行性调研报告中,要分析劳动项目建设或引进的必要性,明确监狱劳动项目准入的规定,论证罪犯劳动的生产能力、产品技术和工艺流程,预测劳动项目对改造、矫正、习艺及经济产生的效益或效果,分析劳动项目引进或建设的合理性等。具体来说,罪犯劳动项目的可行性调研报告应包括如下内容。

1. 劳动项目提出的背景。包括劳动项目的名称,前期调查的主要依据、工作范围和要求,项目的发展概况及有关审批文件,产品销售市场的综述,调查的主要结论、存在的问题与建议等。

2. 项目产品的市场需求调查与预测。包括国内或区域内现有生产能力的估计、销量预测、价格分析、产品竞争能力分析、拟建劳动项目的规模、产品方案的技术经济分析等。

3. 资源、原材料及监狱设备设施情况分析。包括原料、辅助材料、燃料的种类、数量、来源和供应可能性,所需动力(水、电、气)、公用设施的数量、供应方式和供应条件,项目产品的生产方法、主要技术工艺和设备的选型方案、生产设备的数量和权属,劳动场所布置、公用辅助设施等。

4. 环境影响评价与劳动安全分析。包括劳动项目建设的环境现状,项目实施后可能造成的环境影响预测,需要实施的环保措施,劳动现场安全的保障程度等。

5. 劳动组织、劳动定员和人员培训的分析。包括劳动项目管理机构的设置,技术人员、管理人员的数量、素质要求,劳动定员的配备,人员培训计划和费用估算等。

6. 劳动项目实施计划和进度的分析。根据项目预定工期,初步形成可行的生产计划,包括安排生产进度,选定设备,协调工作流程,确定整个劳动项目落实的总进度、分计划进度及项目实施费用等。

7. 投资估算与资金筹措。包括提出完成项目所需配套投资的资金预算、资金来源和筹措方式等。

8. 经济效益与社会效益评价。包括对劳动项目的销售收入、成本费用、人均收入、财务效益、社会效果进行分析等。

(三)评价分析

1. 罪犯劳动项目评估小组在劳动项目调研报告的基础上,综合监狱所处地域的生产特点,按照罪犯劳动的安全、矫正、习艺与经济性原则的要求对照劳动项目评估标准表,围绕评估标准层指标及具体操作层指标进行打分评定。发现不确定或没有把握的信息,必要时可重新进行现场调查。

2. 由牵头人汇总,列出所有评估人员的意见及打分情况,并转发给每位评估人员。评估人员再次根据其他人的分数和意见调整自己的打分。

3. 由牵头科室或者监区组织进入集体讨论阶段,对细节进行充分的协商讨论,允许评估人员重新调整自己的分值。若不需要现场访问,则当场即可进行加权计算得出项目总分;若有现场访问环节,则需列出访问名单及时间,进行进一步的证据收集、核对及访问谈话等工作,然后由评估人员根据访问情况再次讨论打分,进行加权计算,确定最后分值。

(四)编写项目评估报告

在完成上述各方面评估程序的基础上,可编写罪犯劳动项目评估报告。根据调查研究和评估分析结果,提出决策性建议。一份完整的劳动项目评估报告应包括以下内容。

1. 简述评估过程。描述劳动项目评估进行的步骤,项目的范围、目的、价值及项目选择后的挑战和困难,对本项目的总结性意见,提出建议选择或否定的结果等。

2. 对照罪犯劳动项目评估标准表进行详细描述,形成标准层指标和操作层指标的详细报告。包括对劳动资源的评估、对项目规模和技术的评估、对人才的评估、对财务效益的评估、对行业标准的评估及对其他不确定利益的评估。

3. 评估表核算的最后得分。记录每个评估人员的打分情况和最后评价总分值,对分值的形成情况进行可靠性评价等。

## 三、罪犯劳动项目评估标准的设计

罪犯劳动项目评估是监狱在引进或建设罪犯劳动项目过程中的基础工作,为使罪犯劳动项目评估工作规范严谨,必须设计科学的罪犯劳动项目评估标准。罪犯劳动项目评估标准是指监狱在引进或建设罪犯劳动项目的评价活动中,应用于劳动项目这一对象的价值尺度和界限。评估标准是对罪犯劳动项目引进或建设过程中价值认识的反映,表明了评价过程中关注的重要因素和次要因素,引导了评价者评价的方向和被评价者努力的方向。

### (一)评估标准的表现形式

罪犯劳动项目的评估标准由内容、标号和标度构成。评估标准的内容是根据监狱选择的具体项目确定的,是对评估项目指标的表述,属于评估标准的主体部分;标号是内容的标记符号,配合内容使用,没有独立的意义;标度是形容内容的单位标准,可以是量化的,也可以是定性的表达。内容、标号和标度共同形成一项完整的评估标准。

### (二)评估标准设计的原则

为使罪犯劳动项目评估标准科学化、规范化,在设计评估指标体系时,应遵循以下原则。

1. 科学性原则

评估指标体系的设置、权重在各指标间的分配、标准的划分及计算方法等必须以科学性为原则,应该与监狱自身的环境、位置、警戒程度及押犯情况等条件相适应,真实地反映监狱罪犯劳动的特点和状况。

2. 典型性原则

选择的评估指标要具有一定的代表性,能准确反映出罪犯劳动项目包含的标准层和具体操作层的综合特征。指标数量不能过多、过细、过于烦琐,不能出现指标重叠的现象;指标也不能过少、过简,不能出现指标信息遗漏、错误、不真实等情况。

3. 可比性、可操作性、可量化原则

选择评估指标要注意与总体目标协调一致,突出为监狱矫正和劳动改造服务的目的,指标尽量简单明确、宏观与微观相结合,便于收集,具有较强的可操作性;选择的指标也要考虑能否进行定量处理,便于获取和对比分析。

4. 系统性原则

罪犯劳动项目评估指标体系由一系列指标构成,具有层次性,自上而下,从宏观到微观,是一个不可分割的完整体系。各指标既相互独立,又彼此联系。指标之间要有一定的逻辑关系,它们不但要从不同的侧面反映出监管安全、矫正需要、习艺需求、经济效益等系统的主要特征和状态,而且要反映它们之间的内在联系。

5. 动态性原则

罪犯劳动项目的安全性、矫正性、习艺性、经济性等要求需要通过一定时间范围的指标才能反映出来。因此,评估指标的选择要充分考虑到动态变化,把握罪犯劳动发展变化趋势和规律,评估指标体系设计要有一定的超前谋划。

(三)评估体系指标的设计

罪犯劳动项目评估标准一般设计为三层:目标层、标准层、子准则层。指标逐层细化,形成便于识记和评价的指标体系。

1. 评估目标层设计

目标层,即监狱选定某项劳动项目时应当实现劳动改造的目标。这个目标一般是根据监狱的资源环境、监狱的生产能力并兼顾罪犯安全、矫正、习艺等多重目的而确定的。

2. 评估标准层设计

标准层是目标层下的分类指标,包括监狱安全指标、监狱矫正指标、罪犯习艺指标和劳动效益指标。

监狱安全指标是指罪犯劳动项目必须符合监管安全的要素。如劳动现场组织符合监管视野的需要,有利于警察现场管理;劳动设施、设备及工具不可登高、攀爬等,保证使用安全;原辅材料与成品符合消防要求,减少安全隐患;劳动生产过程符合环保和安全要求,没有易燃、易爆、有毒、有害、高危、高强度工作的情况等。

监狱矫正指标是指罪犯劳动项目必须符合教育矫正的要素。如选择的劳动项目与罪犯的性别、年龄、身心体能等相互匹配,不会影响罪犯的身心健康;项目的生产时间与罪犯刑期的长短相适宜,能实现劳动改造人的最佳效果;项目可以与罪犯分级处遇、考核奖惩挂钩,可发挥激励功能等。

罪犯习艺指标是指罪犯劳动项目必须符合罪犯学习技能的要素。如选择的劳动项目既要便于监狱安排罪犯的劳动岗位,又要能使罪犯掌握操作技术,提升劳动技能;既要有利于开展职业技术培训,培育罪犯正确的择业观,又要具有地域倾向性,便于罪犯就地就业等。

劳动效益指标,也称为生产经济指标,是指罪犯劳动项目为监狱创造的效益效果。如监狱企业运营的资产成本、管理成本和人力成本的测算,利润的预估及其既实现矫正效果又能创造经济效益的程度等。

3. 评估子准则层设计

评估子准则层又称为操作性指标,是对评估各标准层的具体化和操作性指导。一般需要对下列问题列明具体准则。

(1)项目目标。明确对什么目标进行评估及这一目标的指标和指标的标度。由于各指标的标度不同,为了实现对比分析,还需进行指标归一,采用相同的计量法衡量项目目标。

(2)项目领导力评估。主要测评实践中领导的执行力对劳动项目持续支撑的程度。评估和选择劳动项目是决策力的结果,对于项目的落实,还需执行力和领导力加以保障,因此,评估劳动项目的适应性,还需进行领导力评估,对人、机、料、法、环境等支撑套件进行测评。

(3)人员评估。包括罪犯劳动力和监狱企业管理人员、技术人员三项指标,强调全员化管理。评估内容包括:监狱工作人员的自身技术、管理经验、团队建设等因素;罪犯劳动力技术的兼容性、劳动强度等。

(4)资信评估。监狱涉及的土地、车间、现有设备、技术产权、信用情况等可以直接影响到项目的评估与选择。

(5)客户人员评价。订单来源方的经营体系及其人力运作情况可为项目选择提供新导向,比如能否带来先进的管理理念、能否习得先进而便捷的技术等。

(6)项目结果的评估。监狱可以选择的合作方式有:来料加工、订单生产、自销自产等。一般情况下,监狱会选择来料加工的方式,因此,对物料的进入、合作方的资信等都要进行评估。

(7)其他利益相关方的评估。主要是对项目其他合作者的评估,以此保证整个评估部署的实现。

## 四、罪犯劳动项目评估标准表示例

罪犯劳动项目评估指标没有标准化模板,但是罪犯劳动项目评估标准表的形式和内容都较为类似,有规律可循,现以示例展示,见表 8 - 1。

**表8－1　罪犯劳动项目评估标准表**

| 评估人独立评估：请评估申请项目单位填写下表并送回牵头单位 | | | | | | | |
|---|---|---|---|---|---|---|---|
| 项目名称 | | | | | | | |
| 评估人 | | | | | | | |
| 评估牵头单位 | | | | | | | |
| 标准层目标 | 应根据监狱所处地域的生产特点，结合监狱实际，紧扣罪犯劳动的安全、矫正、习艺与经济性原则要求，同时兼顾劳动项目的发展趋势，开展罪犯劳动项目的评估选择 | | | | | | |
| 类别 | 评价项目 | 评价标准 | 评分依据 | 标准分值 | 评价得分 | 扣分 | 备注 |
| 监狱安全 | 安全条件评估 | 生产现场监管条件、视线畅通、直接管理、刀刃或铁质敲击器具等危险工具处理 | 危险有害因素识别与分析；安全管理评定；生产系统和辅助系统分析；安全措施及建议 | | | | 否决指标 |
| | 环境影响评估 | 环保及生产安全要求，严禁易燃易爆、有毒有害、高危、高强度等 | 开展的项目周围环境现状；项目对环境可能造成影响的分析预测和评估；项目环境保护措施 | | | | 否决指标 |
| | 监管安全评估 | 设施设备及工具，原材料与成品，外协人员数量、性别 | 监管安全评估依据；监管安全隐患分析；狱政管理评估；监管防范措施建议 | | | | 否决指标 |
| 监狱矫正（100）分 | 罪犯劳动能力与劳动项目的符合性 | 罪犯性别、年龄、身体状况、文化程度等 | 根据罪犯基本情况大数据分析 | 30分 | | | |
| | 罪犯刑期分类与劳动项目符合性 | 犯罪类型、刑罚种类、刑期长短、改造表现等 | 根据罪犯基本情况大数据分析 | 20分 | | | |

续表

| 类别 | 评价项目 | 评价标准 | 评分依据 | 标准分值 | 评价得分 | 扣分 | 备注 |
|---|---|---|---|---|---|---|---|
| 监狱矫正(100)分 | 罪犯分级处遇与劳动项目的符合性 | 警戒程度、生活待遇、监外活动、需求层次等 | 根据罪犯基本情况大数据分析 | 20 分 | | | |
| | 罪犯考核奖惩与劳动项目的符合性 | 劳动态度、核定的劳动任务、劳动质量、岗位职责等 | 罪犯考核奖惩政策、岗位职责、基本数据分析 | 30 分 | | | |
| 罪犯习艺(100)分 | 技能前瞻性与劳动项目的符合性 | 技术的可直接操作程度、生产技能的提高空间等 | 技术操作说明、先期试运行情况等 | 25 分 | | | |
| | 职业技术教育与劳动项目的符合性 | 技术先进性、难度、培训方式、培训项目、资源、职业指导等 | 培训方案、培训人力资源情况、技术难点操作情况等 | 25 分 | | | |
| | 择业观培养与劳动项目的符合性 | 岗位类型、岗位种类、选择机会等 | 工种类型、岗位类型及各自操作说明或流程演示等 | 25 分 | | | |
| | 刑满释放就业与劳动项目的符合性 | 社会区域倾向、经济发展类型、人才需求等 | 市场调查情况分析 | 25 分 | | | |
| 生产经济(100)分 | 经济运转测算与劳动项目的符合性 | 管理成本、人力成本、资产成本等 | 财务初步核算报告 | 50 分 | | | |
| | 利润预测与劳动项目的符合性 | 利润预期、支付方式、资金回笼等 | 财务初步核算依据、双方初步约定等 | 50 分 | | | |
| 合计 | | | | 300 分 | | | |
| 操作层目标 | 必须明确对什么目标进行评估，这一目标有哪些指标及指标的量化，所有指标必须最后归一化。由于各类指标在实践中不可能为同一标度，因此归一化会采取赋分值的方式，使各项指标都有得分，最后以总分为项目设定目标 | | | | | | |

续表

| 类别 | 评价项目 | 评价标准 | 评分依据 | 标准分值 | 评价得分 | 扣分 | 备注 |
|---|---|---|---|---|---|---|---|
| 初期规模 | 初期使用劳动力人数 | 100人以下；<br>101－200人；<br>201－300人；<br>300人以上 | 根据初步约定情况 | 60分 | | | |
| 生产性质 | 订单生产方式，连续性，均衡性 | 来料加工，订单生产，自销自产；生产连续性或间断性，有无季节性 | 根据市场调查 | 80分 | | | |
| 人均收入 | 月人均收入 | 以所在地同类项目人均月最低收入为参照标准 | 初步约定月最低收入标准 | 80分 | | | |
| 人员评估 | 领导力 | 领导类型、适应性 | 组织、协调、管理人、财、物的能力及相关制度 | 40分 | | | |
| | 监狱企业人员 | 自身技术、管理经验、团队建设等 | 监狱企业工作人员的管理能力、技术能力、与客户的信息交流机制、内部上下联动与沟通制度等 | 30分 | | | |
| | 罪犯劳动能力 | 劳动力技术兼容性、劳动强度、劳动姿势等 | 根据罪犯基本情况大数据分析 | 30分 | | | |
| 资源评估 | 有形资源 | 土地、厂房、设备、工具装备等 | 生活生产物资供应、生产空间等 | 50分 | | | |
| | 无形资源 | 信息、服务、知识产权等 | 产品商标、产业标准、产业政策等 | 30分 | | | |

续表

| 类别 | 评价项目 | 评价标准 | 评分依据 | 标准分值 | 评价得分 | 扣分 | 备注 |
|---|---|---|---|---|---|---|---|
| 客户评估 | 客户资信 | 营业执照、税务登记、注册资金、经营规模、信用状况 | 企业相关证书、资质与文件 | 50 分 | | | |
| | 客户人员 | 经营管理体系、人力资源运作 | 企业相关管理制度与流程、人力资源政策等 | 50 分 | | | |
| 风险评估 | 合同保证金 | 合同保证金与月劳务费的比例倍数 | 根据初步约定情况 | 40 分 | | | |
| | 设备设施净值 | 设备设施估计净值与月劳务费的比例倍数 | 根据初步约定情况 | 40 分 | | | |
| 其他利益方 | 监狱管理局、企业集团、相关公司 | 符合政策文件的验收通过程度、企业集团支持度、相关利益公司的信誉度及市场竞争力等 | 政策、批复文件、信誉度、市场竞争力等 | 60 分 | | | |
| 合计 | | | | 640 分 | | | |
| 总计 | | | | 940 分 | | | |
| 评估结论 | | | | | | | |

**【案例分析】 | 灯饰加工项目的选择**

某监狱地处珠江三角洲，改革开放初期，大量的港企北上进驻珠江三角洲，随之带来了大量的来料加工项目，当时俗称“三来一补”。这些项目主要涉及的行业是服装、玩具、灯饰等劳动密集型的产业，这类产业需要大量的劳动力，而且对劳动力的技术要求不高。监狱利用自身的地域优势条件引进了灯饰加工项目，并且经过消化、吸收逐步形成了自己的支柱产业，较好地满足了罪犯劳动改造的需要，也为监狱创造了一定的经济效益。

问题：试分析说明监狱引进的灯饰加工项目符合罪犯劳动项目选择的哪些

原则？

分析：监狱引进的灯饰加工项目符合以下五个罪犯劳动项目选择的原则：

1. 改造性原则。灯饰是消费品，生产上具有可持续性，生产周期周而复始，稳定性较好，且属于劳动密集型项目，能满足罪犯人人都能参加劳动，有利于罪犯改造。

2. 安全性原则。灯饰加工主要靠手工操作，工具的使用较少，且不属于易燃、易爆、有毒、高危、高强度的项目，安全性高。

3. 适宜性原则。灯饰加工操作上有一定的技术要求，但并不复杂，绝大多数罪犯经过培训都能熟练掌握，与罪犯的劳动能力相匹配。

4. 习艺性原则。灯饰加工项目能让罪犯习得一技之长。

5. 效益性原则。在保证改造效益的前提下也兼顾了经济效益。

## 思考题

1. 罪犯劳动项目管理的意义是什么？
2. 罪犯劳动项目的类型有哪些？监狱适合选择哪些类型的罪犯劳动项目？
3. 罪犯劳动项目选择的基本原则有哪些？
4. 影响罪犯劳动项目选择的因素有哪些？
5. 简述罪犯劳动项目评估的工作流程。
6. 简述罪犯劳动项目评估标准设计的原则。
7. 罪犯劳动项目评估标准层指标包括哪些？

# 第九章　罪犯劳动过程管理

罪犯劳动过程管理是罪犯劳动管理的骨干和核心内容。罪犯劳动过程是监狱将引进的生产项目付诸生产实施,组织罪犯和各种生产要素相结合,以改造罪犯为根本目的,按照生产计划任务安排,遵守工艺流程、作业标准、技术标准、质量标准、安全规程等生产管理制度,进行生产作业的全过程。罪犯劳动过程是罪犯劳动改造的载体,要通过生产的顺利进行、产品的制造,让罪犯从中得到劳动的体验、教育、熏陶和改造,而实现罪犯劳动过程的这些强大功能,必须加强罪犯劳动过程管理。罪犯劳动过程管理是一个包括罪犯劳动进度管理、罪犯劳动作业管理、罪犯劳动现场管理、罪犯劳动质量管理、罪犯劳动安全管理、罪犯劳动设备工具管理等多种管理在内的系统工程。罪犯劳动过程管理对实现罪犯劳动改造目标、提高罪犯劳动改造质量发挥着最为直接、具体的作用,具有重要的意义。

## 第一节　罪犯劳动生产过程组织和进度管理

### 一、罪犯劳动生产过程的组成

罪犯劳动生产过程是从投入原材料开始,经过一系列的加工制造,直至产出成品的过程。在这个过程中,罪犯劳动者操作机器设备,使用劳动工具,按照工艺流程,作用于劳动对象,按预定的目标将原材料变成成品。一个完整的生产过程由四个部分组成。

1. 生产技术准备过程,这是进入正式生产前所进行的各种技术准备的过程。

2. 基本生产过程,这是对构成产品实体的劳动对象直接进行工艺加工的过程。

3. 辅助生产过程,这是为保证基本生产正常进行而开展各种辅助性生产活动的过程。

4. 生产服务过程,这是为保证生产活动顺利进行而开展各种服务性工作的过程。

上述四个部分结合在一起，构成完整的罪犯劳动生产过程。其中，基本生产过程和辅助生产过程都是由若干相互联系的工艺阶段组成的，每个工艺阶段又由若干工序组成。基本生产过程是监狱企业的主要生产活动。

## 二、合理组织罪犯劳动生产过程的要求

为了使罪犯劳动能顺利进行，必须对罪犯劳动生产过程进行合理的组织。罪犯劳动生产过程的组织是指从实施罪犯劳动作业的时间和空间上，对罪犯劳动生产过程的各个组成部分进行合理安排。通过对罪犯劳动生产过程的合理组织，各个过程能够相互衔接、密切配合，最大限度地缩短生产周期，提高劳动生产效率。合理组织罪犯劳动生产过程的要求主要体现在以下方面。

1. 保证生产过程的连续性，即实现产品在生产的各个阶段、各个工序之间在时间上紧密衔接、连续流动。

2. 保持生产过程的比例性，即在生产过程中，基本生产过程和辅助生产过程之间，各车间、工段和工序之间，以及各种设备之间，在生产能力上保持符合产品数量和质量要求的比例关系。保持生产过程的比例性是实现稳定生产的前提。

3. 实现生产过程的均衡性，即各生产环节在产品投入、加工和产出方面，都按照一定的节奏有序地进行。

4. 追求生产过程的柔性，即生产过程要具有适应市场多变和产品多变的特点，具有灵活进行多品种、小批量生产的适应能力。

## 三、罪犯劳动生产进度管理的概念和要求

罪犯劳动生产进度管理，是监区根据生产计划，结合劳动定额与罪犯技能情况，合理安排罪犯劳动生产作业计划，实时掌握罪犯劳动定额完成情况，提高生产效率，确保罪犯按时完成生产任务、准时交货的系列管理活动。罪犯劳动生产进度管理的基本要求如下：

1. 加强警察直接管理。警察直接管理是罪犯劳动管理的基本原则。在罪犯劳动生产进度管理中，加强警察直接管理是刑罚执行工作的基本规范和要求，是在罪犯劳动管理岗位工作的警察的基本职责和任务。在罪犯劳动生产进度管理中，加强警察直接管理是顺利实施罪犯劳动生产计划、保证罪犯劳动过程的安全稳定、落实罪犯劳动改造任务的重要保证，这需要警察管理者熟练掌握和运用罪犯劳动的生产计划、工艺、作业、定额、质量等相关管理知识和技能，熟悉所管生产项目的各种情况。

2. 加强项目进度管控。熟练掌握各批次产品的数量、货期、质量标准和来料情况，熟练掌握生产项目的生产流程、质量控制点、在线产品进度以及车间生产设备、罪犯工种结构等情况，实施有效进度管理。

3. 加强劳动定额管理。根据产品的工时定额、劳动时间和罪犯的劳动类级与技术特长，直接安排每名罪犯从事的劳动工序及日产量定额，并实时掌握罪犯劳动定额完成情况，确保劳动定额的严格执行，保证正常的生产秩序。

4. 加强生产过程质量管理。巡查和监督产品质量，及时发现质量问题并采取应对措施，确保产品合格率达到规定标准。

5. 加强生产劳动统计。加强对生产劳动产量、质量、消耗等信息的统计记录及其监督管理，确保生产统计原始记录客观、全面、及时、准确、公正，杜绝生产劳动记录弄虚作假、徇私舞弊的行为。

## 四、罪犯劳动生产进度管理的主要内容

1. 在开工前了解产品的制作要求，明确工序标准，通过制作要求的难易程度预计日完成量。

2. 讨论产品的制作顺序，分析工序的重点难点，并根据工序的难易程度合理安排人员，杜绝随意安排工序。

3. 根据前道工序每天个人的产量完成情况调配后道工序人员，以保证能够按照预计生产计划正常产出成品。

4. 产出成品后，各工序开始逐渐正常运转，以日完成成品量和重点难点工序为基础，合理调配工序人员；在生产过程中，重点关注重点难点工序，出现问题及时解决，以保证流水线的畅通。

5. 熟练掌握制作要求，跟踪好产品质量，找出产生质量问题的原因，及时采取措施预防，加强对重点难点工序的质量控制，落实罪犯自检、互检、专检制度。

6. 在生产过程中，必须注意辅助工的疏通工作，避免该环节出现问题造成流水线混乱。

## 五、罪犯劳动生产进度的管控措施

### （一）制订生产计划时要充分考虑均衡生产的要求

在一条生产线上，或者是一个生产环节中，进度、效率和生产能力常常存在很大的差异，这必然会导致在整体运行上出现不均衡的现象。对于同一订单、同一批次的产品，可以用同时交货的方法去反推投产日期，以确保交货期的同步。对于不

同批次的产品,可根据其生产所需的必要工时数去计算人员需求数量,以防止生产的不均衡。

(二)警察管理者应熟知生产线和产品生产工艺

管理人员应熟知生产线的生产情况,通过生产线上的半成品或物料就可判断车间、班组是否按照计划进行生产。还要了解产品生产工艺,可以对各工序的生产平衡状况进行评价,进而发现问题、解决问题。

(三)警察管理者要加强生产线巡视和生产进度检查

应在每一款产品刚上生产线或刚开料时进行跟进巡视,这时物料少,便于认识产品,如果中途才开始巡视,生产已在各工序全面铺开,成品及半成品较多,很难辨认。及时巡视便于准确跟踪进度,因为从产品一上线就注意对各个环节进行巡视,有利于全面把握进度,及时发现问题。

## 六、罪犯劳动生产进度的影响因素及解决方法

生产"瓶颈"限制生产能力、生产进度和生产效率,因此,要找到生产"瓶颈"的所在,然后集中力量去解决生产"瓶颈"。

(一)影响罪犯劳动生产进度的因素

1. 警察(或管理者)的责任心和管理水平。

2. 技术人员的职业技能和劳动熟练程度。

3. 材料供应的顺畅程度。生产车间停工往往是合作方原辅材料、工具等供应不及时造成的。

4. 工序的难易程度。在流水线安排工序的先后顺序也很关键,决定流水线顺畅运行或者生产进度的往往是比较难的工序。

5. 产品质量。产品质量的好坏直接影响生产进度,产品质量出现问题,导致的后果是部分产品需要返工,返工所需的时间会影响交货时间。

(二)解决罪犯劳动生产进度影响因素的方法

1. 解决生产技术人员的"瓶颈"问题

(1)强化操作人员岗位技能培训,储备更多技能熟练的操作人员,提高操作人员生产劳动技能和效率,随时进行岗位填充与调整。

(2)实行严格的人员定编,确保人员数量。

(3)实行人员定岗,明确设备的具体操作要领、设备操作手的工作职责与任务分工,并严格禁止串岗事件的发生。

2. 解决生产过程的“瓶颈”问题

(1)找准进度“瓶颈”所处的位置。

(2)分析“瓶颈”对进度的影响。

(3)分析“瓶颈”产生的原因。

(4)确定解决“瓶颈”的方法和时间。

(5)明确责任人。

(6)跟踪“瓶颈”解决的过程。

(7)评估改进后的生产进度。

## 第二节 罪犯劳动现场管理

### 一、罪犯劳动现场管理的概念

罪犯劳动现场指罪犯劳动生产作业场所，即监狱组织罪犯从事劳动生产作业的场所，是监狱执行刑罚、教育和改造罪犯的三大现场（生活、学习、劳动现场）之一。罪犯劳动现场是通过劳动活动使罪犯掌握生产技能、创造劳动成果、养成劳动习惯、培养劳动观念和转变思想的重要场所。

罪犯劳动现场管理是监狱运用合法的、科学的劳动管理方法和手段，对劳动生产现场各种生产要素进行合理配置和优化组合，确保罪犯按照预定目标实现依法、依规、安全、优质、高效、低耗、均衡、文明生产的管理活动。罪犯劳动现场是实现罪犯劳动改造的重要场所，是罪犯的改造质量、精神面貌、道德品质得以体现的地方，劳动现场管理在劳动改造管理中居于重要地位。它的主要任务是合理地组织劳动现场的各种生产要素，使之有效地结合起来形成一个有机的生产劳动系统，并经常处于良好的运行状态，为罪犯劳动现场提供良好的环境和秩序保障。因此，罪犯劳动现场管理是监狱管理不可缺少的重要环节。

### 二、罪犯劳动现场管理的任务

#### （一）维护劳动现场的稳定和安全

罪犯劳动现场的稳定和安全会直接影响到监狱的监管安全。监管事故、安全生产事故都会直接发生在劳动现场，着力维护劳动现场的稳定和安全，是罪犯劳动现场管理的首要、常态化任务。因此，监狱必须强化劳动现场管理，一方面是严格执行组织纪律、劳动纪律，维护现场劳动秩序的稳定；另一方面是强化生产过程管理，严格按照操作流程组织生产，坚决杜绝违规、违章操作的现象。同时必须确保生产工具、生产设施设备和物资等在生产过程中的安全，防止安全生产事故的发生，维护监狱的安全稳定。

（二）培养罪犯良好的劳动习惯和转变罪犯的思想观念

通过一定的现场管理手段和方法的应用，强化劳动现场的管理，逐步培养罪犯的效率效益意识、集体意识、合作意识，加强罪犯的劳动光荣感和荣誉感，从而让罪犯懂得劳动创造财富、创造价值的道理，学会尊重劳动、热爱劳动并养成良好的劳动习惯。

（三）创造积极向上、充满生机和活力的劳动改造氛围

加强罪犯劳动现场管理，约束、协调、控制不良劳动状态，营造劳动场所积极向上的正能量文化，共同创造和维护整洁、有序的劳动环境，形成团结和谐、积极拼搏的劳动改造氛围，有利于激发罪犯悔过自新、积极改造的热情和动力，为罪犯早日回归社会起到助推作用。

（四）科学组织生产活动，提高劳动效率和生产效益

罪犯劳动是生产性的劳动，必须遵循生产性劳动的一般规律，应当做到科学管理，优化罪犯劳动组织，加强定额管理，降低生产成本，提高产品质量，完善工艺、质量、设备、计划调度、财务等专业管理保障体系，确保罪犯在生产劳动中协调配合，发挥综合管理效应，有效地实现罪犯劳动的高效率和高效益。

### 三、罪犯劳动现场管理制度

（一）罪犯劳动现场管理与罪犯劳动管理相结合的制度

罪犯劳动管理“三准点”“九不准”制度。“三准点”是：每天准点开机，准点停机，准点离开生产劳动岗位。“九不准”是：不准罪犯代替其他罪犯出工；不准罪犯驾驶机动车辆；不准罪犯管理仓库、变电所、广播站；重刑犯不准到监外劳动；工作时间不准看书看报；不准串岗和脱岗；不准在劳动现场围堆和闲聊；不准在劳动现场吃食物；不准在机台、操作岗位上吸烟。罪犯劳动现场管理应做到“五板”“四有”“三公开”。“五板”是：罪犯日出工有翻牌板；生产指标有完成写实板；生产进度有展示板；设备管理有竞赛评比板；生产劳动现场有日报板。“四有”是：生产现场管理有定置图、有定置区域、有定置牌、有定置管理负责人。“三公开”是指对罪犯劳动进行考核时事实公开、奖罚公开、结果公开。劳动现场管理应坚持三检制，即平时不定期抽检、旬对口检、月综合集中检查评比。

（二）罪犯劳动现场管理与工艺纪律管理相结合的制度

严格执行“三按”（按标准、按图纸、按工艺）“五字法”规范。“五字法”即每个

罪犯操作生产时,必须做到五个字:备——备齐图纸、工艺文件和量检具;看——看清图纸、工艺和标准,核对量检具;提——有疑问及时提请处理;办——按章办事;检——坚持首件交检合格后方能加工。

(三)罪犯劳动现场管理与设备管理相结合的制度

落实设备管理"三要求"制度,做到日清理、周维护、月保养,即每天收工前10分钟清扫擦洗设备,保持设备清洁;每周末收工前半小时进行设备检查、润滑,保持设备正常运转;每月第一个周末收工前1小时统一进行设备一级保养,达到设备完好率要求。

(四)罪犯劳动现场管理与质量管理相结合的制度

做到"五坚持""三不放过"。"五坚持"是:坚持按标准、按图纸、按工艺生产;坚持自检、自分、自打工号制;坚持首件检、巡检、终检;坚持严格工序控制;坚持查巡质量事故"三不放过"。"三不放过"是:事故原因未查明不放过;责任人责任未追究不放过;防范和改进措施未落实不放过。

(五)罪犯劳动现场管理与安全生产管理相结合的制度

做到罪犯劳动安全管理"八禁止"制度,即禁止违章指挥;禁止违章操作;禁止戴手套、系围裙操作旋转机床;禁止在工作岗位上穿拖鞋、打赤脚;禁止非生产车辆进车间;禁止罪犯将使用的工具内传外借,尤其对铁器、刀具应按工作需要固定专用,并严格办理领取和交回手续;禁止收工后不切断电(火)源离开现场;禁止女犯不戴工作帽进车间。

(六)罪犯劳动现场管理与监区基础管理相结合的制度

制定监区基础建设"一齐四制"管理规定,即监区各种记录齐全,制定监区会务制度、设备管理升级制度、交接班制度、"五大员"制度。

(七)罪犯劳动现场管理与文明生产管理相结合的制度

罪犯劳动现场管理与文明生产管理相结合,即文明装配、文明操作、文明加工、文明转序。

## 四、罪犯劳动现场定置管理

(一)罪犯劳动现场定置管理的概念

把罪犯生产劳动需要的物品按照工艺的要求科学地固定位置,叫作定置。现场定置管理是指通过科学的物流设计,使生产劳动现场从平面空间到立体空间,操作人员所使用的工具、设备、材料、工件等的位置规范、醒目,符合人机工程要求,使罪犯劳动安全、有序、高效、优质、低耗、文明进行的管理活动。罪犯劳动现场定置管理的目的是研究罪犯劳动现场中人、物、现场三者的相互关系，通过对罪犯生产和工作环境的分析、研究，消除罪犯的无效劳动和罪犯生产中的不安全因素，提高劳动生产率和产品质量。

罪犯劳动现场定置管理的具体要求是实行“四定”（定岗、定员、定位、定置）；做到“三净”（开工场地净、完工场地净、停工场地净）、“五条线”（设备摆放一条线、操作台一条线、工具摆放一条线、零配件一条线、材料摆放一条线）。

### （二）罪犯劳动现场定置管理的任务

1. 改善布局

做到车间生产面积的科学合理利用，按生产运行区域和工艺流程对生产现场的划分进行定置，设立生产区、检验区、堆放区，确定各区域中设备、工器具和材料的位置及存放区。

2. 规划生产现场

生产现场内的设备、工具和仪器，要通过合理划分工作、机位有效配置（以物料流转快捷为原则），实行标准化、规范化定置。

3. 改善物流、减少搬运

对周转工具、辅助材料、半成品、成品、待处理品等流动物品要按区域分类定置摆放，用后及时清理回收，以保证现场整洁、道路畅通。

4. 降低库存

控制物料发放标准，减少劳动岗位上的物料存放量，尽量做到当日发放、当日回收。

5. 实现标准化

实行文件定置标准化；实行文件柜及柜内文件、资料定置标准化，并进行分类处理；实行资料存放定置标准化；实行办公桌椅定置标准化。

### （三）罪犯劳动现场定置管理的对象

现场定置管理的对象主要包括车间门、警察值勤台、安全通道、车间仓库、车间配套设施（主要指照明、排气和降温设施）、车间安全应急设施、生产原辅材料、半成品、成品和罪犯个人物品等。

1. 车间门的定置管理

车间门应为可通视门，一般情况下，罪犯进出车间的大门为铁质或者不锈钢的可通视的伸缩门，消防通道门为钢化玻璃门。在靠近门的地方标明警戒线，严禁罪犯越过警戒线。钢化玻璃安全门应上锁，并在门口设置固定的安全铁锤。其他车间门开工时关而不锁，收工后上锁。车间应时刻保持通道畅通、人流和物流顺畅，严禁存在监管盲点。为防止罪犯在劳动改造期间脱逃,车间门宜尽量少,一般不超过两个,两个车间门的车间应设置警察通道和罪犯通道,在罪犯通道应设置罪犯进出监管区清点人数登记本,由靠近罪犯通道的值勤台警察负责登记。在实践中,个别监狱为防止罪犯脱逃,在车间大门设置安全岗(由罪犯专项工种罪犯担任),负责协助警察监督罪犯进出车间大门。

2. 警察值勤台的定置管理

车间正门、安全门内侧应设置警察值勤台,值勤台原则上按对角设置,高度一般不低于40厘米。警察值勤台应保持整洁、干净,一般只摆放电脑、对讲机、现场台账、值勤警察饮水杯等物品,其他物品应摆放整齐,台账按规范分类摆放。

警察值勤台旁边设置罪犯劳动工具箱,由值勤警察直接管理,并设置罪犯劳动工具收发登记本。为规范警察值勤台,个别监狱在警察值勤台旁边设置生产资料柜,用于摆放车间现场生产资料和其他物品。为帮助警察现场监控罪犯,按照技防要求,应在警察值勤台安装监控摄像头,并直接连接到监区分控平台,监区值班领导或干事现场监控车间。

3. 安全通道和其他配套设施的定置管理

车间内按以下标准设置安全通道:

(1)安全通道应延伸到车间内所有劳动岗位。

(2)主安全通道宽度应在1.5米以上。

(3)警察值勤台与罪犯作业区之间的安全通道宽度应在2米以上。

车间安全通道应有明显的标志,注明安全通道和安全出口。

车间应配置完善的照明、通风排气和降温设施,保证光线充足、通风顺畅、无明显异味,夏季室内最高温度不超过本地区夏季室外通风设计计算温度2摄氏度。

粉尘、毛尘较大或有毒、有害气体浓度较高的局部工序区域应进行封闭作业,并安装配套的除尘或排气设施。

4. 安全应急设施的定置管理

(1)车间前后楼梯口配置消防栓,消防栓使用市政自来水直供水源的,应在车间出口附近的地面建消防水池或沙池。

(2)车间门口放置防毒面具和灭火器,每个车间各不少于10个。

(3)车间内每50平方米配备一个4公斤装的灭火器,相对集中地摆放在车间前、中、后段容易取用的地方,并标明维护保养使用人。

(4)车间供电总开关箱设在警察值班室内或警察值勤台附近并上锁,断电开关(按钮)外露。

(5)需夜间生产的车间应配备足够的应急照明装置,应急灯应按每个车间4个以上、每个楼层1个的标准配置。

5.罪犯作业台的定置管理

罪犯作业台应按照管区划分生产流水线,每一条生产流水线的作业台应摆放整齐,横成排、竖成线,整齐划一。

作业台上主要摆放劳动使用的机器、工具,严禁摆放无关物品。劳动工具应保持相对的安全性,需固化的严格按照固化要求固化,尖锐的劳动工具必须钝化;车间应结合生产项目特点合理设置罪犯劳动岗位,设立岗位牌标明罪犯的姓名、工种、类级等,并严格落实互监组制度。警察应强化罪犯作业台工具的管理,值班期间定时巡查工具固化、钝化的情况,发现未固化、钝化的工具应及时报告值班领导,并立即整改,防止罪犯利用车间劳动工具自伤、自残或凶杀。

6.车间仓库的定置管理

监区生产车间应设置仓库(或中转仓),仓库存放的原辅材料、半成品、成品应分区域、分类别整齐有序放置。仓库应建立物资出入库登记台账,详细记录每次物资出入库情况;仓库钥匙应由警察直接管理,严禁假手于罪犯。

车间的危险品仓库存放易燃易爆等危险品,由警察直接管理,并建立危险品出入库登记台账,严格履行出入库登记手续。监区危险品仓库存放的用量不能超过1天用量,按生产需要用量领用,没有用完的危险品每天下午监狱统一回收,重新存放在监狱危险品仓库。当前车间危险品仓库主要存放的物品有天那水、酒精、易燃胶水、大型危险机器等;车间危险品仓库的照明应用防爆灯具。

7.罪犯个人物品的定置管理

罪犯劳动现场原则上不允许存放个人物品。允许存放的个人必需品主要有饮水杯和雨衣,这些个人物品应设置摆放架集中存放,或在罪犯劳动岗位上统一定位摆放。近年来,有些监狱将罪犯的饮水杯放在作业台,一些罪犯忙中出错,饮水的时候误拿装着天那水、酒精等危险品的杯子,或者有意识地饮用天那水、酒精等违禁品,造成误伤或者自伤、自残事故。监区要定期清理罪犯劳动现场的个人非必需品,确保消除车间违禁品、危险品和违规品。

8.车间生产工具的定置管理

车间生产工具的管理是劳动现场定置管理的重点,也是确保生产安全的重要举措。因此,加强车间生产工具的管理非常重要。

(1)应设立车间生产工具箱,包括固定工具箱和流动工具箱,并建立相应的台账或者一览表。

(2)应建立相应的台账,包括:劳动工具清单、车间工具物品管理登记本(根据创建现代化文明监区标准)和劳动工具发放/回收登记本。

(3)监区、分监区要定期检查车间生产工具的管理情况,监区每周1次,分监区每天检查1-2次,一是检查工具是否齐全;二是检查有无落实工具固化、钝化制度;三是检查工具有无老化、损坏的现象,及时回收老化、损坏的工具,进行更新。

(4)劳动工具由警察直接发放、回收、登记,工具箱的钥匙由警察直接保管。

(5)严禁外协人员私自携带劳动工具供罪犯使用,必须严格执行工具入库登记制度。

(6)严格执行收工5分钟后巡查制度,组织监区值班干事对车间现场的劳动工具进行检查,特别是一些加热工具或者机器(如电烙铁、烘烤箱等),防止发生消防安全事故。

9. 车间企业文化建设标志牌的定置管理

车间应悬挂明显的标志牌、安全标语、团队口号、质量要求等,加强车间企业文化建设,目的是营造良好的劳动环境,促进生产团队建设。

## 五、罪犯劳动现场监督管理

罪犯劳动现场监督管理是指监狱对罪犯劳动过程、劳动环节、劳动场地进行监督和控制,确保生产秩序稳定和监管安全的管理活动。罪犯劳动现场监督管理是监狱专门针对罪犯劳动过程开展的一项管理活动,主要是为了罪犯劳动的平稳顺利进行,为了保证罪犯劳动现场和监狱的安全稳定,为了顺利地实现罪犯劳动改造目标。

### (一)罪犯劳动现场监督管理的内容

罪犯劳动现场监督管理是对劳动生产环节中的人(监狱警察、罪犯、外协人员)、机(设施设备、生产工具)、料(原材料、半成品、成品)、法(劳动纪律、生产工艺、安全生产、劳动保护)、环(5S管理、现场考核管理)等因素进行的监视、督促、考核和管理。具体到工作项目,包括七个监督内容。

1. 监狱警察现场监督巡查

负责执行现场监督管理任务(值班)的警察进入罪犯劳动现场,检查罪犯的劳动纪律、劳动态度,掌握罪犯完成生产任务的情况,检查安全生产规章制度的落实、是否存在安全生产隐患和事故苗头,及时有效地处理劳动现场出现的各种问题。

2. 外来车辆、外协人员现场监督管理

在罪犯劳动生产过程中,需要外协人员进入监区生产车间,协助解决生产过程中出现的原材料质量、疑难技术工艺、产品质量、设备调试与维护等方面的问题。外协人员进入监狱，须严格履行相关手续，需要劳动现场值班警察对外协人员进行贴身监督和跟踪管理，严禁外协人员与罪犯私自接触。需要进入监管区域和劳动区域的外来车辆，要严格履行相关手续，按值班警察的引导进入指定区域等候。

3. 劳动工具监督管理

罪犯劳动场所的劳动工具由警察亲自负责管理。罪犯所用劳动工具应尽可能地进行钝化、链式化处理和固定化管理；固定工具应全程信息化定置管理，实行定时检查，即时录入信息系统；流动工具由警察收发，“随用随还，谁用谁领”。

4. 生产物料监督管理

由于生产工序不同，在生产过程中存在不同形式的物料。监狱应制定合理的物料发放标准、加工标准、储备定额，减少生产岗位物料存放量，减少冗余物料的占用，监督劳动现场的物料情况，加快废料的清理，保证现场物流的高效顺畅。

5. 生产过程监督管理

监狱应实时掌握生产进度，明确产量、质量、货期、物耗等具体任务指标落实的程度，有效控制生产进度，解决生产“瓶颈”及各生产过程中的问题，确保按期交货；通过对罪犯、设备、物质材料、工艺技术、检测手段等各种质量影响因素进行现场管理和控制，保证生产的产品达到设定的质量标准；带班（值班）警察应对罪犯在劳动现场的纪律情况、生产作业情况、劳动任务完成情况等进行记录和评议。

6. 劳动现场的监管安全管理

带班（值班）警察监督罪犯执行安全生产规范和操作的情况，检查罪犯劳动现场的安全生产隐患，严禁“三违行为”（违章指挥、违章操作、违反劳动纪律）；罪犯劳动岗位固定，挂牌上岗，不得擅自脱离互监组、乱串岗位，杜绝安全事故。

7. 劳动现场环境监督管理

罪犯劳动现场必须做到物有所管，有物必有位，有位必有牌，挂牌必分类，按图定置，按类存放，标识明确，账（图）物一致。劳动现场实行“四定”（定岗、定员、定位、定置），做到“三净”（开工场地净、完工场地净、停工场地净）、“五条线”（设备摆放一条线、操作台一条线、工具摆放一条线、零配件一条线、材料摆放一条线）。

（二）罪犯劳动现场监督管理的要求

1. 罪犯劳动现场必须由监狱警察直接监督管理

罪犯劳动现场的监督和管理必须由监狱警察直接实施、亲自实施，不得把需要由监狱警察直接管理的工作任务和内容让罪犯代为管理，杜绝过分依赖“班组长”“特岗犯”的现象。只有通过直接管理，监狱警察才能准确考察罪犯劳动态度、劳动表现；才能及时发现问题，有针对性地对罪犯进行引导、教育或培训等；才能公平、准确地考核评价每一名罪犯的改造成效；真正实现通过组织罪犯生产劳动教育和改造罪犯的目的。

2. 全面监控和重点监控相结合

罪犯劳动现场监督管理要对全部罪犯劳动的全过程进行全方位监控，杜绝出现罪犯脱管的现象。同时，要把握重点监控内容，布局重点监控环节。重点监控重要罪犯在劳动现场的劳动情况和思想变化，适时做好教育；重点监控不稳定的、有安全隐患的生产环节，防患于未然；重点监控罪犯室外劳作，危险操作岗位，封闭小房小室（厕所、仓库、物料房等）等；加强管控生产过程中用到的易燃易爆物品、化学物品、危险工具、梯子、长绳等重要物品，预防安全事件、狱内犯罪等事件的发生；加强管控警察交接班、出收工等重点时段，严防罪犯在防范薄弱时趁机闹事；遇到重大问题应及时处置并立即向上级汇报；等等。

3. 监狱职能部门现场考察或考核

为保障罪犯劳动现场的生产安全和监管安全，保障监狱罪犯劳动现场管理的规范化实施，监狱应制定罪犯劳动现场规范管理的标准及考核办法，并由监狱职能部门负责组织实施现场的督察和考核。

4. 省监狱管理局远程监控或定期督查

省监狱管理局作为监狱的上级管理部门，应定期（每月或每季度）或不定期地对罪犯劳动现场实施实地督查和考核。还可以依靠信息化的手段，建立监狱与省监狱管理局之间的全程无障碍监控网络，对罪犯劳动现场的警察执勤情况、罪犯劳动情况、罪犯劳动纪律等进行实时监控。

5. 监狱要不断提高监狱警察现场管理能力

监狱警察监督管控罪犯劳动过程，要解决劳动现场出现的各种生产流程问题、技术工艺问题、人员设备调配问题、劳动纪律问题等，需要具备较好的生产协调能力、领导。监狱警察在劳动现场监督中，要掌握一定的劳动工艺技能，能及时发现罪犯违规操作行为，并给予示范、指导和培训；要熟悉罪犯劳动现场管理的办法、原则，能够按照既定的规章制度、操作流程组织生产；要具有敏锐的观察力、分析力和处置问题的能力，坚持原则、办事公道、明辨是非、奖罚分明。

## 第三节 罪犯劳动质量管理

### 一、罪犯劳动质量管理的基本概念

质量管理是指确定质量方针、目标和职责,并通过质量体系中的质量策划、质量控制、质量保证和质量改进来实现所有管理职能的全部活动。

罪犯劳动质量管理是指加强对罪犯、设备、工艺装备、材料、工艺技术、检测手段、环境等质量影响因素的管理和控制,保证生产产品达到设计质量标准的管理活动。

### 二、罪犯劳动质量影响因素的控制

罪犯劳动生产现场影响产品质量的因素是多方面的,必须控制好以下几种主要因素。

#### (一)工艺技术因素的控制

生产工艺技术是组织生产的先决条件,先进的工艺和符合精度的工艺装备是高质量的保证,工艺技术质量控制贯穿于产品生产的始终。

#### (二)设备及工艺装备因素的控制

设备和工艺装备质量合格,并保持良好状态是保证产品质量的基础。因此在生产过程中,一是必须保证设备和工艺装备具有稳定的技术状态和有效的精度;二是操作人员严格遵守操作规程,做到“三好四会”(管好、用好、修好;会使用、会保养、会检查、会排除故障)。

#### (三)检验因素的控制

检验劳动现场的材料、生产中的在制品和半成品是否符合质量标准,是罪犯劳动质量管理的重要环节。检验对产品质量起着把关作用,因此要求做到:一是检验手段配备齐全;二是合理选择检验的方式方法;三是健全检验制度,包括自检、互检、专检和抽检制度。

#### (四)人的因素的控制

现场劳动力的业务技术水平、质量管理能力和质量意识是影响产品质量的因素之一。因此,罪犯劳动质量管理中应重点抓好以下几项工作。

1. 开展业务技术培训和质量管理知识培训,提高罪犯劳动技术水平和质量管理知识水平。

2. 强化质量意识教育，使人人都有质量意识。

3. 健全与质量有关的规章制度以及考核评比、奖惩等制度，增强罪犯的质量责任心，约束罪犯的劳动行为，促进工作质量的提高。

## 三、罪犯劳动质量管理的主要内容

1. 建立完善的作业标准和质量保证体系。这是保证劳动现场制造质量稳定的合格产品的关键，可以把各环节、各工序的质量管理职能纳入一个统一的质量管理系统，形成有机整体，不断地按“计划—实施—检查—处理”（PDCA）的管理循环进行，做到生产现场的质量问题自动发现、自动调整、自动改善、自动反馈，从而使现场质量管理工作制度化、经常化、标准化，使现场质量管理工作不断改进、不断提升，实现良性循环。

2. 严格执行操作规程，严明工艺纪律，认真做好生产控制与检验，并根据每批产品的质量要求，明确每批产品的质量控制点，对控制点和薄弱环节实行强化管理，保证规定的质量。

3. 确定产品质量检验手段和方法，并在生产过程中不断改进加工工艺和质检方法。

4. 做好生产过程中台账、报表的记录、整理、传输工作。

## 四、罪犯劳动质量管理小组

监区（车间）成立罪犯劳动质量管理小组，简称 QC 小组，主要职责是推进监区的全面质量管理，指导、检查监区产品质量管理工作。QC 小组由监区分管生产工作的领导、生产干事和管区警察组成；监区可选任罪犯质检员若干名，协助警察对产品质量进行检验。

QC 小组根据各批次产品的质量标准，参考监狱企业打板中心的意见，结合罪犯技术特点和设备状况，明确各批次产品的质量控制点，确定产品加工工艺和质检方法，并在生产过程中不断改进加工工艺和质检方法。建立产品质量统计台账，针对监区质量管理薄弱环节和产品的技术难点，组织 QC 小组开展活动，促进监区质量管理水平的提高。

## 五、生产前的质量准备

要做好生产前的质量准备，必须严格落实以下制度。

（一）产前要求确认制度

在每批产品生产之前要签字确认产品的生产制单、检验标准，生产制单、检验标准由合作厂方提供，必须留档保存。

（二）原辅材料首检制度

产品质量不合格有时是由于原辅材料（来料）不合格引起的，所以，要对合作厂方的原辅材料进行质量检查，杜绝或减少因原辅材料不合格造成的质量问题。对原辅材料的首检可采取抽检或者全检的方式进行。若检查到原辅材料不合格，要马上报告监狱企业和合作厂方，请合作厂方立刻更换或者补充原辅材料，以免贻误货期。

（三）首件产品留样制度

生产线生产出来的每批产品的首件产品要交给合作厂方派出的外协人员进行确认，若产品合格则进行留样，直到该批产品全部出货，无质量纠纷为止。首件产品留样制度的意义在于：一是可根据首件合格产品对生产中的产品进行比照抽检、巡检；二是避免与合作厂方产生产品质量纠纷，规避企业经营风险。

（四）生产工具及测量器具检测制度

生产工具及测量器具应由合作厂方定期检测，确保其使用精确度。

## 六、生产过程的质量控制

产品质量控制主要分为事前控制、事中控制和事后控制三个阶段。

1. 事前控制。事前控制主要是落实好原辅材料的首检制度和首件产品留样制度，在确保原辅材料合格和首件产品质量合格的基础上开货。

2. 事中控制。事中控制主要是控制半成品的质量，一般采用自检、巡检和全检的方式进行，不合格的半成品不允许流入下一道工序。

3. 事后控制。事后控制一般是对成品进行全检和总检，发现不良品及时退回生产线返工，确保成品合格率，确保产品质量。

在实际操作中，一要强化质量控制点，使作业人员熟练掌握程序运作要求和提高技术水平，牢固树立质量观念，将质量意识渗透到每一道工序，对工序的每个环节进行有效控制，确保产品质量稳步提高；二要强化质量全检工作，降低产品不良率，提高企业信誉；三要不断地进行“计划—实施—检查—处理”的管理循环，加强现场质量管理工作的制度化、经常化和标准化。

## 七、质量检查的主要方法

应结合生产项目特点灵活运用多种质量检查手段。主要手段有：

1. 自检：作业人员自己检查。

2. 互检：作业人员相互检查。

3. 巡检:警察、厂方外协人员或者罪犯质检员到生产流水线对产品质量进行巡查。

4. 抽检:警察、厂方外协人员或者罪犯质检员对半成品或者成品进行抽样检查。

5. 全检:合作厂方质检人员对产品进行全面检查,确保产品合格率。

6. 首检:监区对合作厂方提供的原辅材料的质量进行检查。

7. 中检:检查每道工序的产品质量情况。

8. 总检:对产品成品进行质量检查,一般采取全检的方式进行。

## 八、质量报告制度

合作厂方的质量检测部和监区的质量管理小组要及时报告产品质量,反馈产品质量情况,及时纠正生产中存在的错误的操作方法,提高产品质量。与此同时,要及时与监狱的业务部门沟通,在生产过程中发生下列情形之一,应及时报告。

1. 原辅材料存在缺陷,影响产品质量的。

2. 合作厂方要求变更质量要求或工艺标准的。

3. 合作厂方的不同技术人员对产品质量的要求存在较大差异的。

4. 与合作厂方发生其他产品质量争议的。

## 九、质检员的管理

1. 质检员一般由专项工种罪犯担任,在警察的管理下履行职责。

2. 质检员的主要职责是:在警察的管理下,协助警察对生产线产品质量进行巡查和控制;制定产品的质量检验标准,并做好产品质量的检验工作;做好罪犯生产技术培训工作。

**【案例分析】| 监狱警察未直接管理罪犯劳动的教训**

监区警察A、B、C在二楼劳动现场执行带班任务。罪犯陈某连续两天未完成劳动任务,警察A指派罪犯组长林某去询问陈某未完成劳动任务的原因,陈某因此与林某发生争吵并互相推搡。警察A发现两人争吵后立即赶过去处理,对陈某进行了严厉的批评。陈某未做任何辩解,忽然转身冲向未安装铁栅栏的窗户跳楼(窗户铁栏杆因处于修理期间还未重新安装),幸运的是因楼层不高,陈某只受了轻伤。

问题:警察A在带班过程中的行为是否适当?有哪些需要注意的地方?

分析:警察A在带值班过程中行为不当,严重违反了警察直接管理的要求,造成了不良后果,应给予纪律处分。结合此案例和相关规定,应该明确值班警察在罪犯劳动现场管理时必须做到:

1. 亲自组织生产劳动，发现问题并及时组织处理。警察A应该亲自了解清楚陈某未完成劳动任务的原因，而不能指派罪犯组长去询问。警察过分依赖罪犯组长，有可能使执法权发生转移，违反执法规则。

2. 来自检查劳动现场设施设备，确保设施设备完好和劳动场所安全。警察A和其他带班警察，应每日检查设施设备情况，对存在的安全隐患及时上报，未安装窗户铁栏杆属于重大安全隐患，应督促相关部门及时修缮。

3. 车间的门、窗损坏未修好前存在重大安全隐患，应组织专门力量重点监管和防护。

## 思考题

1. 简述罪犯劳动生产过程的组成。
2. 简述合理组织罪犯劳动生产过程的要求。
3. 简述罪犯劳动生产进度管理的概念和要求。
4. 简述罪犯劳动现场管理的概念。
5. 简述罪犯劳动现场定置管理的概念和任务。
6. 简述罪犯劳动质量管理的概念。

# 第十章　罪犯劳动安全管理

基于生产领域的安全问题产生了安全生产和安全生产管理活动。《中国大百科全书》如此解释:安全生产是旨在保护劳动者在生产过程中安全的一项方针,也是企业管理者必须遵循的一项原则,要求最大限度地减少劳动者的工伤和职业病,保障劳动者在生产过程中的生命安全和身体健康。相应地,安全生产管理就是对安全生产工作所进行的管理和控制,针对人们在生产过程中的安全问题,利用有限资源及人们的智慧,通过努力,进行有关决策、计划、组织和控制等活动,实现人、机、物料、环境的和谐运作,达到安全生产的目标。监狱基于劳动改造目的组织罪犯劳动,由于罪犯劳动者、劳动目的、劳动项目、劳动场所和组织实施等方面均具有特殊性,在安全管理方面形成了特殊现象、特殊内容、特殊规律、特殊方法和特殊管理制度,这就是罪犯劳动安全管理。

## 第一节　罪犯劳动安全管理概述

### 一、罪犯劳动安全管理的概念

罪犯劳动安全管理,是监狱依据法律规定组织有劳动能力的罪犯进行生产性劳动时,为了尽量避免生产过程中因发生事故造成人身伤害、财产损失、环境污染及其他损失而开展的一系列决策、计划、组织和控制等活动。

### 二、罪犯劳动安全管理的目标

传统监狱工作安全目标"四无"是:无罪犯脱逃、无重大狱内案件、无重大安全生产事故、无重大疫情。因此,罪犯的劳动安全是监狱整体安全中一个非常重要的组成部分。罪犯劳动安全管理的目标有以下四个:

1. 罪犯生命与健康安全。不发生罪犯在劳动中死亡、受伤、致残事故和患职业病事件。

2. 生产设施、产品等财产安全。尽量减少管理不当导致产品、半成品、物料、设备设施的损失。

3. 环境安全。实行健康生产、绿色生产,污染物减量、达标排放,尽量减少对生态环境的污染。

4. 罪犯劳动安全素质提升。让罪犯在劳动中掌握一些基本的安全知识、技能,养成安全生产习惯,有利于其刑满释放后的回归就业和融入社会。

## 三、罪犯劳动安全管理的特点

### (一)劳动者的特殊性决定了罪犯劳动安全管理难度大

罪犯劳动安全管理的对象,虽然包括劳动设备设施、场所等,但最主要的是从事劳动的罪犯。首先,罪犯是劳动改造的对象,属于被强制参加劳动。不少罪犯原本就是因为贪图享受、好逸恶劳而犯罪入狱的,对于劳动,他们普遍内在自发需求较弱,劳动积极性不高,劳动中的"主人翁"意识不强。其次,他们构成复杂、年龄跨度大、文化程度普遍偏低,生产劳动经验也不足,综合素质远低于现代企业中的产业工人。再次,人员流动性大。因刑期届满、获得减刑或假释、改造表现不佳或担任骨干而调整劳动岗位等,人员和劳动岗位的流动性较大,长期工、熟练工相对较少,关键技术工难以培养。最后,有少部分罪犯消极改造、抗拒劳动,故意违反劳动纪律、操作规程以达到受伤逃避劳动的目的,甚至故意制造生产安全事故。罪犯劳动者的特殊性导致罪犯劳动安全管理面临严峻挑战。运用多种手段教育罪犯树立劳动观念,端正劳动态度,遵守劳动纪律,掌握操作规程,提高自我安全意识,实现从"要我安全"到"我要安全"的转变,是罪犯劳动安全管理的重要内容。

### (二)基层管理者的特定性导致罪犯劳动安全管理基础薄弱

罪犯劳动的管理者是监狱警察,承担罪犯劳动安全基层管理职责的主要是监区警察。一方面,监区警察普遍缺乏管理和安全管理专业背景和系统的安全管理专业培训,安全管理对于他们来说是一个比较陌生的领域。另一方面,监狱不是纯生产经营单位,还承担着监管安全、教育改造、生活卫生、刑罚执行等诸多职责,监区警察往往身兼数职,很难在罪犯劳动安全管理上投入足够的精力。因此,即使监区配备警察安全员,但是作为生产基本单元的监区,罪犯劳动安全的基础管理力量总体上也比较薄弱。

### (三)既要执行一般安全管理法律法规,又要执行部门法律规章

我国安全生产管理的法律主要包括:《宪法》,其中"加强劳动保护,改善劳动条件"是关于安全生产方面最高效力的法律规定;安全生产专门法律,主要有《安全生

产法》《职业病防治法》《劳动法》《监狱法》等;安全生产方面的行政法规、部门规章和地方性安全生产法规、规章;安全生产标准;我国批准的有关安全生产的国际条约。罪犯劳动虽然性质上完全不同于企业的生产劳动,但罪犯的生命权、健康权是受到法律同等保护的,因此,上述法律法规中涉及劳动安全的规定,直接适用或参照适用于监狱。除此之外,司法部及各级司法行政部门关于罪犯劳动、安全管理的部门规章、意见等规范性文件,也是罪犯劳动安全管理的重要依据。

(四)与监管安全、教育改造等工作既相互促进,又存在一定的冲突

监狱对罪犯实行半军事化和警察直接管理制度,对集体行动、规范、纪律、秩序的追求,总体上是有利于罪犯劳动安全管理的。但客观来说,在某些方面,罪犯劳动安全管理与监管安全、教育改造等工作也存在一定的矛盾与冲突。比如,从监管安全的角度考虑,生产车间窗户需要加装防护网、通道门需要上锁以防止罪犯脱逃,而从消防安全管理和发生事故紧急疏散的角度考虑,应当保持门窗和疏散通道的畅通。《监狱法》第 70 条规定:“监狱根据罪犯的个人情况,合理组织劳动,使其矫正恶习,养成劳动习惯,学会生产技能,并为释放后就业创造条件。”因此,在安排或调整罪犯劳动岗位、工种时,首要考虑的是罪犯的犯罪类型、刑期、改造表现和出狱回归社会的需要,要首先满足监管安全和教育改造的需要,罪犯安全素质以及劳动岗位的稳定性则置于其后,实践中有重监管安全、轻劳动安全的倾向,二者存在的矛盾与冲突在一定程度上制约了罪犯劳动安全管理水平的提升。

## 四、罪犯劳动安全管理的原则

安全生产事故的发生有其自身的发展规律和特点,只有掌握了事故发生的规律,才能使安全生产系统处于安全状态。相关规定中以及企业在安全生产长期管理实践中形成的重要原则有:系统原则、人本原则、预防原则和强制原则等。罪犯劳动安全管理,要结合罪犯劳动特点,在掌握事故致因理论如事故频发理论、海因里希因果连锁理论、能量意外释放理论、系统安全理论等的基础上,坚持我国《安全生产法》规定的基本管理原则,遵循生产安全管理的基本规律,执行生产安全管理的法律法规和技术标准。

(一)依法管理的原则

罪犯劳动安全管理必须纳入法治化轨道,必须实行依法管理,严格遵守安全生产的法律法规和相关技术标准。比如:我国《安全生产法》对于安全生产第一责任人、负责人、安全生产管理机构、安全生产管理人员等均有明确规定,监狱虽然是机关法人,但监狱企业必须建立完备的安全生产领导和组织机构。《监狱法》第 71 条

规定:“监狱对罪犯的劳动时间,参照国家有关劳动工时的规定执行;在季节性生产等特殊情况下,可以调整劳动时间。罪犯有在法定节日和休息日休息的权利。”因此,罪犯的劳动时间、休息等应当参照《劳动法》等法律法规执行,包括对女犯、未成年犯,要严格执行国家对女性、未成年人劳动的特殊保护规定。监狱的特种设备必须执行《特种设备安全法》《特种设备安全监察条例》和相关的技术标准、管理标准,特种作业人员需经专门培训,持证上岗。

(二)全员参与的原则

虽然监狱、监狱企业具有不同于一般生产企业的组织结构和管理体系,但是每个部门都直接或间接、或多或少地承担着罪犯劳动安全管理职责。如政工、组织、宣传教育部门,承担安全管理人员配置、入职和职中安全生产教育培训、安全管理工作表彰与奖惩。财务、审计部门负责编制监狱安全生产资金投入计划、开展安全生产费用审计等。监狱、监狱企业应当成立以主要负责人为主任,其他负责人为副主任,相关职能部门为成员的安全生产委员会,组织制定监狱安全生产的目标、中长期规划、年度计划和阶段性工作安排,并督促落实。全员参与原则还体现在必须充分发挥罪犯的安全劳动积极性、主动性,教育引导罪犯树立“三不伤害”(不伤害自己、不伤害他人、不被他人伤害)的安全观念,严格遵守劳动纪律和操作规程,减少人的不安全行为。所有监狱警察必须牢固树立“管罪犯必须管安全”“管生产必须管安全”的理念,明确自己的安全管理职责,形成“人人讲安全、人人抓安全”的良好氛围。

(三)与监管安全、教育改造协调发展的原则

罪犯劳动安全是监狱整体安全不可或缺的重要组成部分。虽然在实际工作中劳动安全与监管安全、教育改造存在一定的冲突和矛盾,但要更多地看到,监管安全、教育改造对劳动安全管理的促进作用,必须毫不动摇地树立协调发展的理念。罪犯劳动项目的选择,必须进行全面评估,既要满足监管安全、罪犯教育改造的要求,又要有助于罪犯刑满后重返社会,还要兼顾生产安全、环境保护等。在计分考核和各级各项奖励中,罪犯遵守劳动安全的表现和绩效要占相应的考核权重。监管安全管理中的罪犯定位、联号、警戒等制度,有利于罪犯劳动安全现场管理;罪犯入监、出监教育中,基本安全生产知识属于必学必考内容。罪犯劳动管理部门要善于“借力”、善于协调、善于联动,充分运用监管、教育改造的有利因素、积极力量,努力提升罪犯劳动安全管理的质效。

(四)属地监督管理与上级部门监督管理相结合的原则

《安全生产法》第10条第1款明确了属地管理与分级管理相结合的安全监督

管理机制，“国务院应急管理部门依照本法，对全国安全生产工作实施综合监督管理；县级以上地方各级人民政府应急管理部门依照本法，对本行政区域内安全生产工作实施综合监督管理”。第3款规定：“应急管理部门和对有关行业、领域的安全生产工作实施监督管理的部门，统称负有安全生产监督管理职责的部门。负有安全生产监督管理职责的部门应当相互配合、齐抓共管、信息共享、资源共用，依法加强安全生产监督管理工作。”我国监狱一般实行省以下垂直管理，省级监狱管理机关通常设立安全生产监督处、刑务作业指导处等类似处室，负责对所辖监狱罪犯劳动安全进行业务指导和监督管理。由于实行相对封闭管理的模式，监狱与属地应急管理部门、负有安全生产监督管理职责的部门在沟通、融合上还存在一定的障碍。监狱应当主动接受、积极配合属地监管部门的业务指导、安全检查和考核，及时报告重大危险源和事故，上报安全统计报表。尤其在专业安全检查、消防安全、应急救援、特种作业培训和安全管理从业人员安全资质培训等方面寻求属地监管部门的专业资源支持。

（五）突出密集型劳动安全管理的原则

随着我国监狱布局和产业结构调整的推进，监狱逐步退出矿山、水泥、机械、农业等行业，罪犯劳动基本上实现了从工农业到加工业、从室外到室内的“两个转变”。服务于罪犯教育改造、未来走向社会和监管安全的需要，服装、箱包制作，电子产品装配，政府采购办公产品生产，农产品加工等人员密集型、劳务加工型项目的比重越来越大。虽然《消防法》第73条关于“人员密集场所”的释义中未提及监狱，但监狱也是人员密集、罪犯集体劳动的场所，应当纳入人员密集场所进行安全管理。要特别重视集体职业病预防和消防安全管理，防止发生集体性职业中毒、火灾、人员踩踏等重特大安全生产事故。

## 第二节　罪犯劳动安全管理的基本制度

### 一、罪犯劳动安全法律责任

所谓法律责任，是指责任主体违反了法定或者约定的义务而必须承担的具有强制性的特定后果。法律责任是一种不利的法律后果。根据违法行为的性质和危害的程度不同，法律责任分为行政责任、民事责任和刑事责任三种。《安全生产法》第六章用了27个条文规定了违反《安全生产法》的行为所应承担的法律责任。监狱及各级管理者在组织罪犯劳动过程中违反国家安全生产法律法规的，应当承担相应的法律责任。

（一）行政责任

行政责任，通常是指由国家行政机关认定的、行为人因违反行政法律规范所应当承担的法律后果。根据行政违法的程度、实施行政制裁的主体和制裁对象的不同，行政责任主要有行政处分和行政处罚两大类。行政处分，是指国家机关、企事业单位、社会团体等根据法律或者内部规章制度的规定，按照隶属关系，对其所属的工作人员轻微违法失职行为尚不够刑事处分的或者违反内部纪律的一种制裁。行政处分的方式主要有警告、记过、记大过、降级、降职、撤职、留用察看和开除等。行政处罚，是指特定的行政执法部门根据法律、法规和规章的规定，对违反行政法律规范尚不构成犯罪或者已构成犯罪尚不够刑事处罚的自然人、法人或者其他组织实施的一种行政制裁。

（二）民事责任

民事责任，是指民事主体违反民事义务而依法应承担的民事法律后果，主要是财产责任。生产经营单位或其主要责任人对生产安全事故隐瞒不报、谎报或拖延不报，使人员伤亡增加、财产损失扩大，须承担民事赔偿责任。

（三）刑事责任

刑事责任，是指具有刑事责任能力的人或单位实施刑事法律规范所禁止的行为所必须承担的刑事法律后果。我国《刑法》中涉及安全生产犯罪行为的罪名有16个，分别是：危险作业罪；强令、组织他人违章冒险作业罪；重大责任事故罪；重大劳动安全事故罪；工程重大安全事故罪；大型群众性活动重大安全事故罪；危险物品肇事罪；过失损坏易燃易爆设备罪；不报、谎报安全事故罪；消防责任事故罪；重大飞行事故罪；铁路运营安全事故罪；教育设施重大安全事故罪；交通肇事罪；提供虚假证明文件罪；污染环境罪。

（四）对罪犯实施奖罚的法律依据

《监狱法》第57条第1款规定了可以给予罪犯表扬、物质奖励或者记功的7种情形，第6种情形为"在防止或者消除灾害事故中作出一定贡献的"。《监狱法》第58条第1款规定了给予罪犯警告、记过或者禁闭的8种情形，第7种情形为"在生产劳动中故意违反操作规程，或者有意损坏生产工具的"。罪犯涉及劳动安全方面犯罪行为的，依据《监狱法》第60条办理，"对罪犯在监狱内犯罪的案件，由监狱进行侦查。侦查终结后，写出起诉意见书，连同案卷材料、证据一并移送人民检察院"。

## 二、罪犯劳动安全责任制

我国的安全生产责任制是根据“安全第一、预防为主、综合治理”的安全生产方针和安全生产法律法规而建立的各级领导、职能部门、工程技术人员、岗位操作人员在劳动生产过程中对安全生产层层负责的制度。安全生产责任制是企业最基本的一项安全制度,也是企业安全生产、劳动保护管理制度的核心。我国长期的安全生产、劳动保护管理实践证明,安全生产责任制是一项成功的制度。我国《安全生产法》把建立和健全安全生产责任制作为生产经营单位和企业安全管理必须实行的一项基本制度,在第21条第1项作了明确规定,即生产经营单位的主要负责人要建立健全并落实本单位全员安全生产责任制,加强安全生产标准化建设。

监狱应当落实关于安全生产责任制的规定,坚持“党政同责、一岗双责、失责追责”和“横向到边、纵向到底”的原则,监狱主要负责人建立健全监狱的安全生产责任制,形成全员参与、责任清晰的罪犯劳动安全责任网络,分别明确监狱主要负责人、其他负责人,劳动安全管理、刑务作业、狱政、教改、政工、财务部门等和警察安全员,分监狱、监区(分监区)警察以及班组、罪犯的劳动安全责任。罪犯劳动安全工作,由监狱主要负责人全面负责,由“一把手”统一领导统筹协调。依据《安全生产法》第25条第2款“生产经营单位可以设置专职安全生产分管负责人,协助本单位主要负责人履行安全生产管理职责”之规定,监狱可以安排其他负责人协助主要负责人分管安全生产工作,但不能因此减轻或免除主要负责人对监狱安全生产工作所负的全面责任。

监狱建立罪犯劳动安全责任制,重点要抓好监狱主要负责人安全责任的明确、落实和履职述职工作。按照《安全生产法》第21、23条的规定,监狱主要负责人的安全生产职责包括:

1. 建立健全并落实监狱全员安全生产责任制,加强安全生产标准化建设;
2. 组织制定并实施监狱安全生产规章制度和操作规程;
3. 组织制定并实施监狱安全生产教育和培训计划;
4. 保证监狱安全生产投入的有效实施;
5. 组织建立并落实安全风险分级管控和隐患排查治理双重预防工作机制,督促检查监狱的安全生产工作,及时消除生产安全事故隐患;
6. 组织制定并实施监狱生产安全事故应急救援预案;
7. 及时、如实报告生产安全事故;
8. 保证监狱应当具备的安全生产条件所必需的资金投入。

监狱主要负责人不履行上述职责或者履职不到位,导致发生生产安全事故的,应当承担相应的法律责任和党纪政务责任。

### 三、罪犯劳动安全管理组织机构

组织机构是罪犯劳动安全管理的基础和前提保障。我国《安全生产法》第 24 条规定:“矿山、金属冶炼、建筑施工、运输单位和危险物品的生产、经营、储存、装卸单位,应当设置安全生产管理机构或者配备专职安全生产管理人员。前款规定以外的其他生产经营单位,从业人员超过一百人的,应当设置安全生产管理机构或者配备专职安全生产管理人员;从业人员在一百人以下的,应当配备专职或者兼职的安全生产管理人员。”从监狱押犯规模和参加劳动的罪犯人数来看,监狱属于“应当设置安全生产管理机构或者配备专职安全生产管理人员”的单位。

监狱应当依据《安全生产法》第 25 条的规定,明确监狱安全生产管理机构及安全生产管理人员应当履行的职责:

1. 组织或者参与拟订监狱安全生产规章制度、操作规程和生产安全事故应急救援预案;

2. 组织或者参与监狱安全生产教育和培训,如实记录安全生产教育和培训情况;

3. 组织开展危险源辨识和评估,督促落实监狱重大危险源的安全管理措施;

4. 组织或者参与监狱应急救援演练;

5. 检查监狱的安全生产状况,及时排查生产安全事故隐患,提出改进安全生产管理的建议;

6. 制止和纠正违章指挥、强令冒险作业、违反操作规程的行为;

7. 督促落实监狱安全生产整改措施。

### 四、监狱建设项目落实“三同时”制度

“三同时”制度是我国独创的、出台最早的一项环境管理制度。我国《环境保护法》第 41 条规定:“建设项目中防治污染的设施,应当与主体工程同时设计、同时施工、同时投产使用……”目前,“三同时”制度已经拓展到职业病防治和安全生产管理中,如《劳动法》第 53 条要求:“劳动安全卫生设施必须符合国家规定的标准。新建、改建、扩建工程的劳动安全卫生设施必须与主体工程同时设计、同时施工、同时投入生产和使用。”《安全生产法》第 31 条规定:“生产经营单位新建、改建、扩建工程项目(以下统称建设项目)的安全设施,必须与主体工程同时设计、同时施工、同

时投入生产和使用……”《职业病防治法》第18条第1款规定:“建设项目的职业病防护设施所需费用应当纳入建设项目工程预算,并与主体工程同时设计,同时施工,同时投入生产和使用。”监狱在新建、改建、扩建劳动场所、厂房、生产车间和库房等建筑工程时,应当严格遵守“三同时”规定,并经过安全、环保、消防部门等验收合格,方可投入使用。

## 五、监狱安全生产培训制度

安全培训,是指以提高安全监管监察人员、生产经营单位从业人员和从事安全生产工作相关人员的安全素质为目的的教育培训活动。2015年《安全生产培训管理办法》规定了安全培训工作实行“统一规划、归口管理、分级实施、分类指导、教考分离”的原则。第10条第1款规定:“生产经营单位应当建立安全培训管理制度,保障从业人员安全培训所需经费,对从业人员进行与其所从事岗位相应的安全教育培训;从业人员调整工作岗位或者采用新工艺、新技术、新设备、新材料的,应当对其进行专门的安全教育和培训。未经安全教育和培训合格的从业人员,不得上岗作业。”

监狱的安全生产培训,从培训对象上分为五类:监狱主要负责人和其他负责人,专、兼职安全生产管理人员,特种作业人员,监区警察,作业人员(职工、罪犯)。安全培训主要有以下内容:

1.“三级安全教育”。包括入监安全教育、监区(车间)安全教育和班组安全教育。

2.调岗安全教育。罪犯劳动岗位调整时,应当对其进行相应岗位的安全设备实施、安全规章制度、操作规程等方面的教育。

3.“四新安全教育”。劳动中采用新工艺、新技术、新设备、新材料时,应当对罪犯进行专门的安全教育和培训。

4.特殊工种安全教育。监狱中常见的特殊工种有电梯工、锅炉工、架子工、电工、电焊工、危化品管理员、叉车和厂内机动车驾驶员等。特殊工种必须取得国家安全监督管理机构培训办理的操作证,持证上岗率必须达到100%。

5.复岗安全教育。对在劳动中受伤痊愈或离开岗位3个月以上的罪犯,应当于其复岗前进行车间级安全教育。

6.日常安全教育。日常安全教育主要是监狱、监区(分监区)平时开展的各种形式的安全教育,包括每日的出工安全教育、收工安全讲评。

## 六、罪犯劳动保护制度

《监狱法》第71条规定了罪犯的劳动时间和休息的权利："监狱对罪犯的劳动时间，参照国家有关劳动工时的规定执行；在季节性生产等特殊情况下，可以调整劳动时间。罪犯有在法定节日和休息日休息的权利。"第72条规定："监狱对参加劳动的罪犯，应当按照有关规定给予报酬并执行国家有关劳动保护的规定。"第73条规定："罪犯在劳动中致伤、致残或者死亡的，由监狱参照国家劳动保险的有关规定处理。"目前，监狱基本实行"5+1+1"的教育改造模式，即每周5天劳动教育、1天课堂教育、1天休息，罪犯每天劳动时间不得超过8个小时，每周劳动时间不超过40个小时。

罪犯的劳动保护，应当遵守或参照执行《安全生产法》《职业病防治法》《劳动法》关于工作时间、休息、获得劳动安全卫生保护等方面的基本规定。对女犯、未成年犯还要执行我国法律法规对女性、未成年人劳动保护的特别规定。例如：关于女性体力劳动强度和"四期"（经期、孕期、产期、哺乳期）劳动保护的规定；年满16周岁未满18周岁的未成年人，不得安排从事矿山井下、有毒有害、国家规定的第四级体力劳动强度和其他禁忌从事的劳动，并定期进行健康检查。

劳动防护用品是为劳动者配备的、使其在劳动过程中免遭或减轻事故伤害及职业病危害的个体防护装备。《安全生产法》第45条规定："生产经营单位必须为从业人员提供符合国家标准或者行业标准的劳动防护用品，并监督、教育从业人员按照使用规则佩戴、使用。"《职业病防治法》第22条第1款规定："用人单位必须采用有效的职业病防护设施，并为劳动者提供个人使用的职业病防护用品。"劳动保护用品种类很多，从劳动卫生学角度来看，通常按防护部位分类，一般分为头部、呼吸、眼面部、耳部、手部、足部、躯干、护肤、坠落防护和其他十类。《用人单位劳动防护用品管理规范》对劳动防护用品的定义、分类、选择和采购、发放、培训及使用、维护、更换及报废等环节作出了明确的规定。监狱要为参加劳动的罪犯按规定足额配发、培训使用、及时更换劳动防护用品，使其避免或减轻安全事故伤害和职业病危害。

## 七、罪犯劳动安全标准化

安全生产标准化的目的是，建立安全生产责任制，制定安全管理制度和操作规程，排查治理隐患和监控重大危险源，建立预防机制，规范生产行为，使各生产环节符合有关安全生产法律法规和标准规范的要求，使人（人员）、机（机械）、料（材料)、法(工法)、环(环境)、测(测量)处于良好的生产状态,并持续改进,不断加强企业安全生产规范化建设。我国目前使用的国家标准《企业安全生产标准化基本规范》(GB/T 33000-2016)自2017年4月1日起正式实施。该标准由全国安全生产标准化技术委员会归口,中国安全生产协会负责起草。我国的工贸、电力、交通运输、建筑、危化、非煤矿山行业等均建立了大量的、行业细分的标准化评定(级)标准、通用规范、实施指南、标准化规范导则等。不少地方还制定颁布了地方标准,如2013年6月5日北京市安全生产监督管理局的《北京市工业制造业安全生产标准化二级评审通用标准》,2016年10月21日陕西省安全生产监督管理局颁布的《陕西省危险化学品企业安全生产标准化二级企业评审工作管理实施办法(试行)》。

这些安全标准化文件对罪犯劳动安全管理水平具有衡量评价作用;对于深化、细化罪犯劳动安全管理具有直接的指导作用。在罪犯劳动安全管理中,监狱要根据劳动项目所属的细分行业,寻找对应的安全生产行业标准、规范、指南等。如水泥企业安全生产标准化评定标准,机械制造企业安全质量标准化考核评级标准,纺织企业安全生产标准化评定标准;服装生产企业安全生产标准化评定标准等。

监狱应当积极开展安全生产标准化考评工作,运用“策划、实施、检查、改进”动态循环模式,自我检查、自我纠正、自我完善,建立安全绩效持续改进的安全生产长效机制,通过监狱自主评定、外部评审的方式,达到一级、二级、三级(一级为最高)标准,获得安全监管部门或指定的评审组织单位颁发的相应等级安全生产标准化证书和牌匾。

## 第三节　罪犯劳动安全风险管理

安全生产风险管理,就是管理者运用各种技术工具、方法,在对生产过程中存在的各种危险、有害因素进行辨识、评估的基础上,采取技术和管理措施进行整治、控制、监视的安全管理活动。罪犯劳动安全风险管理,则是监狱及各级管理者运用安全风险管理的理论,根据罪犯劳动和劳动项目的特点,针对可能发生的事故伤害类型,围绕“人、物、环境、管理”四个导致安全事故发生的直接原因而开展的一系列安全管理活动。

### 一、罪犯劳动中可能发生的伤害事故类型

我国《企业职工伤亡事故分类标准》(GB/T 6441-1986)综合考虑起因物、引

起事故的诱导性原因、致害物、伤害方式等，将危险因素分为20类。这种分类方法所列的危险、有害因素与企业职工伤亡事故处理（调查、分析、统计）和职工安全教育培训的口径基本一致，为安全生产监督管理部门、行业主管部门职业安全卫生管理人员、安全管理人员所熟悉，易于接受和理解，便于实际运用。监狱应当根据劳动项目情况，结合这20类危险因素和事故类型，全面排查可能存在的危险因素、可能发生的安全事故。

1. 物体打击，是指失控物体的惯性力造成的人身伤害事故。

2. 车辆伤害，是指内部机动车辆引起的机械伤害事故。

3. 机械伤害，是指机械设备与工具引起的绞、辗、碰、割戳、切等伤害。

4. 起重伤害，是指从事起重作业时引起的机械伤害事故。

5. 触电，是指电流流经人体，造成生理伤害的事故。

6. 淹溺，是指因大量水经口、鼻进入肺内，造成呼吸道阻塞，发生急性缺氧窒息死亡的事故。

7. 灼烫，是指强酸、强碱溅到身体引起的灼伤，或因火焰引起的烧伤，高温物体引起的烫伤。

8. 火灾，是指造成人身伤亡的火灾事故。

9. 高处坠落，是指出于危险重力势能差引起的伤害事故。

10. 坍塌，是指建筑物、构筑物、堆置物等倒塌以及土石塌方引起的事故；或因爆炸、爆破引起的坍塌事故。

11. 冒顶片帮，矿井工作面、巷道侧壁由于支护不当、压力过大造成的坍塌，称为片帮；顶板垮落为冒顶。

12. 透水，是指矿山、地下开采或其他坑道作业时，意外水源带来的伤亡事故。

13. 放炮，是指施工时，放炮作业造成的伤亡事故。

14. 瓦斯爆炸，是指可燃性气体瓦斯、煤尘与空气混合形成了达到燃烧极限的混合物，接触火源时，引起的化学性爆炸事故。

15. 火药爆炸，是指火药与炸药在生产、运输、贮藏的过程中发生的爆炸事故。

16. 锅炉爆炸，是指锅炉发生的物理性爆炸事故。

17. 压力容器爆炸，是指比较容易发生事故且事故危害性较大的承受压力载荷的密闭装置爆炸事故。

18. 其他爆炸，凡不属于上述爆炸事故的均列为其他爆炸事故。

19. 中毒和窒息，是指人接触、误食、呼吸有毒物质、有毒气体引起的人体急性中毒事故。

20. 其他伤害,凡不属于上述伤害的事故均称为其他伤害。

## 二、罪犯劳动的危险、有害因素辨识

危险因素是指对人造成伤亡或对物造成突发性损害的因素。有害因素是指能影响人的身体健康,导致疾病或对物造成慢性损害的因素。在通常情况下,二者被不加区分地统称为危险、有害因素。《生产过程危险和有害因素分类与代码》(GB/T 13861－2022)依据导致事故的直接原因,将生产过程中的危险、有害因素分为4个大类。这同样适用于监狱罪犯劳动的危险、有害因素辨识。

### (一)人的因素

这里的人,主要是参加劳动的罪犯,也包括从事管理的警察。

心理、生理性危险和有害因素。主要包括:(1)负荷极限,包括体力、听力、视力及其他负荷极限;(2)健康状况异常;(3)从事禁忌作业;(4)心理异常;(5)辨识功能缺陷,如感知延迟、辨识错误及其他功能缺陷;(6)其他心理、生理性危险和有害因素。

行为性危险和有害因素。主要包括:指挥错误,含指挥失误、违章指挥及其他指挥错误;操作错误,含违章作业、误操作及其他操作错误;监护失误;其他行为性危险和有害因素,包括脱岗等违反劳动纪律行为。

### (二)物的因素

1. 物理性危险和有害因素。主要包括:(1)设备、设施、工具、附件缺陷。如强度不够,刚度不够,稳定性差,密封不良,应力集中,外形缺陷,外露运动件,操作器缺陷,制动器缺陷,控制器缺陷,等等。(2)防护缺陷。如无防护,防护装置、设施缺陷,防护不当,支撑不当,防护距离不足,等等。(3)电伤害。如带电部位裸露,漏电,雷电,静电和杂散电流,电火花,等等。(4)噪声。如机械性噪声,电磁性噪声,流体动力性噪声,等等。(5)振动危害。(6)电离辐射。(7)运动物伤害。包括抛射物,飞溅物,坠落物,反弹物,料堆(垛)滑动,气流卷动,等等。(8)明火:包括高温物质,高温气体,高温液体,高温固体,等等。(9)低温物质。(10)信号缺陷:无信号设施,信号选用不当,信号位置不当,信号不清,信号显示不准及其他信号缺陷。(11)标志标识缺陷:无标志标识,标志标识不清晰,标志标识不规范,标志标识选用不当,标志标识位置缺陷及其他标志标识缺陷。(12)有害光照。(13)其他物理性危险和有害因素。

2. 化学性危险和有害因素。主要包括:(1)爆炸物;(2)压缩气体和液化气体;(3)易燃液体、固体;(4)自燃品和遇潮湿易燃物品;(5)氧化剂与有机过氧化物;

(6)有毒品;(7)金属腐蚀物;(8)易燃气溶胶;(9)其他化学性危害因素。

(三)环境因素

罪犯劳动安全的环境因素主要有:(1)地面湿滑、地面不平;(2)作业场所狭窄、杂乱;(3)安全通道缺陷;(4)温度、湿度、气压不适;(5)室内梯架缺陷;(6)室内给排水不良;(7)室内涌水;(8)地面、墙和天花板上的开口缺陷;(9)房屋地基下沉;(10)房屋安全出口缺陷;(11)采光照明不良;(12)作业场所空气不良;(13)其他作业场所环境不良。

(四)管理因素

管理缺陷或不良因素主要包括:职业安全卫生组织机构不健全,职业安全卫生责任制未落实,管理制度不完善,建设项目"三同时"制度未落实,操作规程不规范,事故应急预案及响应缺陷,教育、培训制度不完善,职业安全卫生投入不足,其他管理因素缺陷。

## 三、罪犯劳动安全事故隐患和事故管理

(一)安全生产事故隐患及其分类

安全生产事故隐患,是指生产经营单位违反安全生产法律、法规、规章、标准、规程和安全生产管理制度的规定,或者因其他因素在生产经营活动中存在可能导致事故发生的物的危险状态、人的不安全行为和管理上的缺陷。

安全生产事故隐患分为一般事故隐患和重大事故隐患。一般事故隐患,是指危害和整改难度较小,发现后能够立即整改排除的隐患。重大事故隐患,是指危害和整改难度较大,应当全部或者局部停产停业,并经过一定时间整改治理方能排除的隐患,或者因外部因素影响使生产经营单位自身难以排除的隐患。实践中,安全隐患一共分为四个等级,分别是重大隐患、较大隐患、严重隐患和一般隐患。它是根据安全隐患可能会造成的危害严重性以及所发生的概率来划分的,隐患的危害性则从人员伤亡、经济损失和社会影响度这三个方面来评价。

(二)安全生产事故及其分类

事故是发生于预期之外的造成人身伤害或财产、经济损失的事件。在事故的种种定义中,美国数学家伯克霍夫(Berckhoff)的定义较著名。伯克霍夫认为,事故是人(个人或集体)在为实现某种意图而进行的活动过程中,突然发生的、违反人的意志的、迫使活动暂时或永久停止或迫使之前存续的状态发生暂时或永久性改变的事件。

按照《生产安全事故报告和调查处理条例》(国务院令第493号)规定,根据生

产安全事故造成的人员伤亡或者直接经济损失,事故一般分为以下等级:

1. 特别重大事故。是指造成30人以上(包含本数,下同)死亡,或者100人以上重伤(包括急性工业中毒,下同),或者1亿元以上直接经济损失的事故。

2. 重大事故。是指造成10人以上30人以下(不包含本数,下同)死亡,或者50人以上100人以下重伤,或者5000万元以上1亿元以下直接经济损失的事故。

3. 较大事故。是指造成3人以上10人以下死亡,或者10人以上50人以下重伤,或者1000万元以上5000万元以下直接经济损失的事故。

4. 一般事故。是指造成3人以下死亡,或者10人以下重伤,或者100万元以上1000万元以下直接经济损失的事故。

(三)罪犯劳动安全事故及事故隐患管理

监狱应当在全面辨识危害、有害因素的基础上,依据危害、有害因素的类型、数量、频次、强度等情况,评估其严重、紧迫程度和发生事故的概率及损失程度,对危害、有害因素所形成的安全事故隐患进行分类分级管理,落实整治和监管责任。一般来说,罪犯劳动安全隐患分为局级、监狱级和监区级三个级别。

同时,我国《安全生产法》第117条对重大危险源作出了定义,即"长期地或者临时地生产、搬运、使用或者储存危险物品,且危险物品的数量等于或者超过临界量的单元(包括场所和设施)"。我国《安全生产法》《危险化学品安全管理条例》《危险化学品重大危险源监督管理暂行规定》等,从法律法规层面对重大危险源的监督和管理提出了明确要求,包括辨识、评估、登记建档、备案、核销及其监管要求等。省级监狱管理机关在产业结构调整过程中,应当逐步退出构成重大危险源的化学工业项目。

## 四、罪犯劳动安全能力和劳动项目安全评估

罪犯劳动具有特殊性,而且罪犯劳动安全与监狱监管安全具有密切联系。因此,监狱应当开展罪犯劳动安全能力和劳动项目安全方面的评估,根据罪犯的劳动安全基本素质、身心特点、行为习惯等情况,配置合适的劳动岗位,采取有针对性的安全管理措施,选择符合生产安全、环境保护、监管安全要求适宜罪犯从事的劳动项目。

(一)罪犯劳动安全能力评估

目前,监狱一般开展罪犯劳动能力评估,聚焦罪犯劳动能力的认定,使具有劳动能力的罪犯按照《监狱法》的规定接受强制劳动。罪犯劳动安全能力评估,实质上是适岗安全性评估,即在劳动能力评估的基础上进一步摸清罪犯的安全认知水

平、生产劳动经历和个性心理行为特征,将之配置到适当的劳动岗位或采取有针对性的安全管理措施。

安全系统工程的观点认为,导致事故发生的三要素“人—机—环境”中,人是最主要的,人的不安全行为较之物的不安全状态,可靠性要低得多。有学者对75000例事故分析发现,88%的事故都是人的不安全行为所致。① 人的各种心理活动、心理现象,如认知、情绪情感、意志、注意、需求动机、兴趣、性格等,对安全行为有着重要的内在影响。依据事故频发倾向理论,劳动者中确实存在个别人容易发生事故的稳定的、个人的内在倾向。因此,罪犯劳动能力评估、岗位安排不能仅仅考虑罪犯的年龄、刑期、健康、文化程度、生产劳动经历等方面的因素,还要考虑到罪犯的动机、需求、性格特征、安全心理与能力等方面。同时,要考虑到罪犯改造表现的稳定性,防止一些罪犯因改造不顺、情绪波动等在劳动中注意力不集中,或为泄愤、抗拒改造而故意违反操作规程制造安全事故。罪犯劳动安全能力评估,要保持动态,密切关注罪犯的安全行为、安全习惯,从而及时地进行相应的安全教育培训或岗位调整。

（二）罪犯劳动项目安全评估

《建设项目安全设施“三同时”监督管理办法》规定了6类建设项目在进行可行性研究时,生产经营单位应当分别对其安全生产条件进行论证和安全预评价。

罪犯劳动项目安全评估,是在罪犯劳动项目评估基础上的进一步细化,目的是在项目选择、确定时,充分考虑监狱现有的安全管理资源、安全设备设施和场地场所条件,评估该劳动项目给罪犯可能带来的危险、有害因素和对环境的不利影响,进而作出决策并采取相应的技术、管理措施,减少对罪犯的健康伤害和对环境的破坏。

## 五、罪犯劳动安全检查

罪犯劳动安全检查是监狱安全生产管理工作的一项重要内容,它是发现人的不安全行为、物的不安全状态、环境不良因素和安全管理缺陷的有效途径,是消除事故隐患、落实整改措施、防止伤亡事故、改善劳动条件的重要手段。开展安全生产检查,必须有明确的目的、要求和具体的计划,并且必须建立由监狱主要负责人负责、有关人员参加的安全生产检查组织,以加强领导,做好这项工作。罪犯劳动安全检查,应当始终贯彻监狱警察与罪犯相结合的原则,边检查、边改进,及时总结

① 参见齐黎明、朱建芳、张跃兵主编:《安全管理学》,煤炭工业出版社2015年版,第146页。

和推广先进经验。

（一）罪犯劳动安全检查的内容

从我国近50年来所发生的死亡事故统计资料来看，其中由于作业职工违反操作规程、误操作和环境条件、设备、工具、附件、工艺流程有缺陷造成的伤亡事故，占事故总数的60%以上。因此，安全检查的重点应当放在人的不安全行为和物（含机械设备、设施、使用的原材料等）的不安全状态上，找出危险、有害因素，进行安全防范措施的整改。简言之，罪犯劳动安全检查主要内容是两个方面：一方面是“查硬件系统”，即查生产设备、查作业环境、查安全设施、查辅助设施；另一方面是“查软件系统”，即查思想、查意识、查制度、查管理、查事故处理、查隐患、查整改。本着重点突出的原则，对易发事故、事故危害性大的生产系统、部位、装置、设备等应加强检查。

（二）罪犯劳动安全检查的分类

依据不同的分类标准，安全检查可以分为多种类型和形式。依据安全检查的时间节点，可以分为以下几种：

1. 日常安全检查。日常安全检查主要包括：警察现场安全检查，罪犯班组长现场安全检查，监狱各级领导、安全生产管理人员、督察组等的现场安全检查，罪犯的交接班检查和班前、班中、班后巡回检查。

2. 专业性安全检查。对容易发生事故的特种设备、特殊场所或特殊操作工序，除综合性检查外，还应当组织有关专业技术人员、管理人员、操作工或委托有资质的相关专业技术检查评价单位，进行安全检查。

3. 季节性安全检查。根据季节特点对罪犯劳动安全的影响进行检查。如春节前后以防火、防爆为主要内容的检查；夏季主要以防暑降温为主要内容的检查；雨季主要以防雷、防静电、防触电、防洪、防建筑物倒塌为主要内容的检查；冬季以防寒保暖为主要内容的检查。

4. 节假日前后的安全检查和复工复产检查。节假日前，要针对罪犯思想不集中、精力分散、思家恋亲的情绪状态，开展提示注意的综合安全检查。节后要进行遵章守纪的检查。设备大检修、停产较长时间后复产的，在复产前需要进行人员培训，对生产工艺、设备设施等进行综合性隐患排查。

5. 不定期的特种检查。主要针对新建、改建、扩建工程或采用新作业环境、新材料、新工艺、新设备可能带来的不安全因素，在这些场所、设备设施、材料、工艺等投入使用的前后时间内进行的竣工验收检查及工程项目开工前的“类比”预先安全检查及检修中、检修后的试运转检查。

6. 事故类比检查。在其他监区或监狱以及同行业发生安全事故时，进行举一反三的安全检查。

(三)罪犯劳动安全检查的准备及实施

规范的安全检查一般包括以下几个步骤：

1. 确定本次安全检查的目的、步骤和方法。除突击性和不定期检查外，要在民警和罪犯中进行宣传发动。

2. 建立检查组织，抽调检查人员，安排检查日程。

3. 针对本次检查的项目内容，有针对性地学习相关法律法规、政策、技术和相关业务知识，提高检查人员的法规、标准和政策水平。

4. 分析过去几年(一般是近 5－10 年)监狱发生的各种安全事故、出现的重大险情，提示检查人员充分注意。

5. 准备齐全各项事先拟定的安全检查表，以便逐项检查、逐项记录，防止遗漏检查项目。

6. 作出安全检查结论。安全检查收集的基本数据、信息等要纳入安全档案。对安全检查中发现的风险、事故隐患、危险和有害因素进行分析、判断，对存在的问题作出采取措施的决定，向监区、车间下达安全检查隐患整改通知书，包括整改意见、整改时间、整改责任人以及整改情况的反馈时间等。

7. 检查结论反馈。对一些能够现场整改的安全事故隐患，责令监区现场整改；对一时难以整改的，责令监区采取切实有效的安全防范措施。安全检查情况及结论要向监狱主要负责人汇报，向接受检查的监区反馈。对安全检查中发现的普遍存在的人的不安全行为、物的不安全状态，要注重从制度安排、硬件改善的层面来解决。

8. 复查。在规定的时间内开展复查，获得整改效果的信息，使安全检查工作形成闭环管理。

## 第四节　罪犯劳动安全事故管理

应急管理是政府、企业以及其他公共组织，为了保护公众生命财产安全，维护公共安全、环境安全和社会秩序，在突发事件事前、事中、事后进行的预防、准备、响应、恢复等活动的总称。我国《安全生产法》对安全组织体系、运行机制、支持保障系统以及法律法规体系作出了系统性的规定。在罪犯劳动安全事故管理中，监狱应当依据法律法规和技术标准，建立应急救援体系，编制应急预案，开展演练与评审，开展事故统计、调查与处理。

## 一、应急预案的编制

### （一）应急预案的种类

监狱应急预案分为综合应急预案、专项应急预案和现场处置方案三种。

1. 综合应急预案，是指监狱为应对各种生产安全事故而制订的综合工作方案，是监狱应对生产安全事故总体工作程序、措施和应急预案体系的总纲。

2. 专项应急预案，是监狱为应对某一种或多种类型的生产安全事故，或者针对重要生产设施、重大危险源、重大活动生产安全事故而制订的专项工作方案。对某一种或多种类型的事故风险，监狱可以编制相应的专项应急预案，或者将专项应急预案并入综合应急预案。

3. 现场处置方案，是指监狱根据不同的生产安全事故类型，针对具体场所、装置或者设施制定的应急处置措施。对危险性大的场所、装置或者设施，监狱应当编制现场处置方案。押犯规模小、事故风险单一、劳动项目危险性小的监狱，可以只编制现场处置方案。

监狱在制定罪犯劳动安全应急预案时，要与监狱现有的处置各种监管安全事故的预案有机衔接起来，与为应对各类监管安全事故的监测预警、指挥调度、应急准备等实现资源共享。

### （二）应急预案的内容

1. 综合应急预案的主要内容

（1）总则。包括适用范围和响应分级。响应等级，依据危害程度、影响范围和监狱控制事态的能力，对事故应急响应进行分级，明确分级响应的基本原则。响应分级不可照搬照抄事故分级。

（2）应急组织机构及职责。明确应急组织形式（可用图示）及构成单位（部门）的应急处置职责。应急组织机构可以设立相应的工作小组。各小组具体构成、职责分工及行动任务以工作方案的形式作为附件。

（3）应急响应。应急响应是应急预案的骨干和关键部分，一般由六个程序性环节组成。

①信息报告。一是信息接收：明确应急值守电话、事故信息接收程序、内部通报和向上级主管部门报告的时限、程序、方式和责任人。二是信息处置与研判，作出响应启动的决策、发布预警。

②预警。包括预警启动、响应准备和预警解除。

③响应启动。确定响应级别,明确响应启动的程序性条件,包括应急会议召开、信息上报、资源协调、后勤及财力保障工作等。

④应急处置。明确事故现场的警戒疏散、人员搜索、医疗救治、现场检测、技术支持、工程抢险及环境保护等方面的应急措施,并明确人员防护的要求。

⑤应急支援。明确在事态无法控制的情况下,向外部(救援)力量请求支援的程序及要求、联动程序及要求,以及外部(救援)力量到达后的指挥关系。

⑥响应终止。明确响应终止的基本条件、要求和责任人。

(4)后期处置。明确污染物处理、生产秩序恢复、人员安置方面的内容。

(5)应急保障。包括通信与信息保障,应急队伍保障,物资装备保障,其他保障。

2. 应急预案的附件与附录

(1)应急预案的附件。包括监狱概况,风险评估结果,预案体系与衔接,应急物资装备的目录或清单,有关应急部门、机构或人员的联系方式,格式化文本,关键的路线、标识和图纸,有关协议或备忘录,等等。

(2)应急预案的附录。一是生产安全事故风险评估报告,主要由危险、有害因素的辨识、事故风险分析、事故风险评价和结论建议等构成。二是生产安全事故应急资源调查报告,列明单位内部、外部可利用的应急资源,并对应急资源需求与供给之间的实际差距进行分析。

## 二、应急预案的演练与评估

应急演练是针对可能发生的事故情形,依据应急预案模拟开展的应急活动。应急演练具有检查预案、完善准备、磨合机制、宣传教育、锻炼队伍五个方面的目的和作用。应急演练要坚持符合相关规定、依据预案演练、注重能力提高和确保安全有序的工作原则。应急演练按照演练内容分为综合演练和单项演练,按照演练形式分为实战演练和桌面演练,按照目的和作用分为检验性演练、示范性演练和研究性演练。不同类型的演练可以相互组合。

### (一)应急演练的计划

监狱应当编制应急演练计划。一是进行需求分析。全面分析和评估应急预案、应急职责、应急处置工作流程和指挥调度程序、应急技能与应急装备、物资的实际情况,提出需要通过应急演练解决的内容,有针对性地确定演练目标,提出应急演练的初步内容和主要科目。二是明确任务。确定应急演练的事故情景类型、等级、发生地域、演练方式、参演单位、各阶段任务、时间。三是制订计划。根据需求分析及任务安排,组织人员编制演练计划文本。

（二）应急演练的准备

应急演练准备一般包括以下三项内容:成立演练组织机构,如领导小组、策划与导调组、宣传组、保障组、评估组;编制相关文件,如工作方案、脚本、保障方案、评估方案、观摩手册、宣传方案等;提供工作保障,包括人员、经费、物资与器材、场地和通信、安全等保障。

（三）应急演练的实施

应急演练的实施一般包括以下内容:

1. 现场检查。确认演练所需要的工具、设备设施、技术资料以及参演人员到位。对安全设备设施进行检查确认,确保安全保障方案可行,所有设备设施完好,电力、通信系统正常。

2. 演练简介。应急演练正式开始前,对参演人员进行情况说明,使其了解应急演练规则、场景及主要内容、岗位职责和注意事项。

3. 启动。总指挥宣布开始应急演练,参演单位和人员按照设定的事故情景,参与响应行动直至完成全部演练工作。

4. 执行。桌面演练与实战演练的执行环节有较大的区别。

5. 演练记录。在演练实施过程中,安排专门人员采用文字、照片和影像手段记录演练过程。

6. 中断。在应急演练过程中,出现特殊或意外情况,短时间内不能妥善处理或解决的,应急演练总指挥按照事先规定的程序和指令中断应急演练。

7. 结束。完成各项演练内容后,参演人员进行人数清点和讲评,演练总指挥宣布演练结束。

（四）应急演练的评估总结

1. 评估。包括演练点评、参演人员自评、评估组评估、编制演练评估报告等方式和内容。其中,演练评估报告的主要内容通常包括演练基本情况、演练评估过程、演练情况分析、改进的意见和建议、评估结论。

2. 总结。包括撰写演练总结报告和演练资料归档。演练总结报告的主要内容有:(1)演练基本概要;(2)演练发现的问题、取得的经验和教训;(3)应急管理建议。演练活动结束后,演练组织单位应将应急演练工作方案、应急演练书面报告、应急演练总结报告文字资料以及记录演练实施过程的相关图片、视频、音频资料归档保存。

（五）应急演练的持续改进

一方面，要根据演练评估报告对应急预案提出改进建议，按程序对预案进行修订完善。另一方面，应急演练结束后，演练组织单位根据应急演练评估报告、总结报告提出的问题和建议，对应急管理工作（包括应急演练工作）进行持续改进。

## 三、罪犯劳动安全事故报告与处置

事故报告应当及时、准确、完整，任何单位和个人对事故不得迟报、漏报、谎报或者瞒报。只有及时、准确、完整地报告事故，才能在第一时间掌握事故情况、实施事故救援、控制事态发展，将事故损失和影响降到最低。

（一）事故报告的主体与时限

1. 事故发生后，事故现场有关人员（包括警察、罪犯）应当立即报告，直至本单位负责人知晓。

2. 情况紧急时，事故现场有关人员（一般是警察）可以直接向事故发生地县级以上人民政府应急管理部门和对行业、领域安全生产工作实施监督管理的部门报告。

3. 单位负责人接到报告后，应当在1个小时内向事故发生地县级以上人民政府负有安全生产监督管理职责的部门报告。

4. 负有安全生产监督管理职责的部门接到事故报告后，依照规定上报事故情况，并通知公安机关、劳动保障行政部门、工会和人民检察院。

（二）事故报告的内容

事故报告应当包括下列内容：监狱概况，事故发生时间、地点及事故现场情况，事故的简要经过，事故已经造成或可能造成的伤亡人数（包括下落不明的人数）和初步估计的直接经济损失，应急采取的措施，报告后出现的新情况，自事故发生之日起30日内伤亡人数的变化。

（三）应急处置

1. 事故发生后，监狱应当立即启动事故应急预案，或者采取有效措施，组织抢救，防止事故扩大，减少人员伤亡和财产损失。事故应急处置，要坚持把抢救人（警察、罪犯）作为第一原则，加强人员紧急疏散。不得动员或强令罪犯参加救灾。同时，要防止个别罪犯乘乱滋事或脱逃，发生次生的监管安全事故。

2. 事故发生后，有关单位和人员应当妥善保护事故现场以及相关证据，任何单位或个人不得破坏事故现场、毁灭相关证据。

### 四、罪犯劳动安全事故调查与处理

在我国安全生产管理中,事故调查处理一直坚持“四不放过”的原则:事故原因未查清不放过,责任人员未处理不放过,整改措施未落实不放过,有关人员未受到教育不放过。《安全生产法》第86条第1、2款规定:“事故调查处理应当按照科学严谨、依法依规、实事求是、注重实效的原则,及时、准确地查清事故原因,查明事故性质和责任,评估应急处置工作,总结事故教训,提出整改措施,并对事故责任单位和人员提出处理建议。事故调查报告应当依法及时向社会公布。事故调查和处理的具体办法由国务院制定。事故发生单位应当及时全面落实整改措施,负有安全生产监督管理职责的部门应当加强监督检查。”罪犯劳动安全事故调查程序主要包括:

1. 成立事故调查组。事故调查组根据事故分级管理的规定成立。

2. 事故调查取证。包括:现场处理,物证收集,事故事实材料的收集,证人材料收集,现场摄影,绘制现场示意图、流程图、受害者位置图,等等。

3. 事故分析。包括:事故原因(直接原因、间接原因)分析;事故性质分析,认定是责任事故还是非责任事故;事故责任分析,分清直接责任者、主要责任者、领导责任者。

4. 撰写事故调查报告。事故调查组应当自事故发生之日起60日内提交事故调查报告;在特殊情况下,经负责事故调查的人民政府批准,提交事故报告的期限可以适当延长,但延长的期限不超过60日。事故调查报告应当包括下列内容:(1)事故发生单位概况;(2)事故发生经过和事故救援情况;(3)事故造成的人员伤亡和直接经济损失;(4)事故发生的原因和事故性质;(5)事故责任的认定以及对事故责任者的处理建议;(6)事故防范和整改措施。

5. 事故责任追究。事故责任追究包括行政责任、刑事责任、民事责任和党纪政纪四个方面。对应当承担事故责任的罪犯,要按照《监狱法》的规定予以行政惩戒或追究刑事责任。

6. 事故防范和整改措施落实情况评估。事故调查处理的最终目的不是归咎责任或处理人,而是要找出事故的真正原因,从中吸取教训和总结经验,举一反三,及时修正各项管理措施,预防类似事故再次发生。因此,监狱一定要严格落实事故调查报告中提出的事故防范和整改措施,有关部门应当在事故结案10个月至1年内组织专门的复查、评估。

# 第五节　罪犯劳动安全文化建设

## 一、安全文化的概念及内容

国际核安全咨询组(International Nuclear Safety Advisory Group, INSAG)于1986年针对切尔诺贝利事故,在INSAG-1(后更新为INSAG-7)报告中提到"苏联核安全体制存在重大的安全文化的问题"。1991年出版的(INSAG-4)报告首次给出了安全文化的定义:"安全文化是存在于单位和个人中的种种素质和态度的总和。文化是人类精神财富和物质财富的总称,安全文化和其他文化一样,是人类文明的产物,企业安全文化是为企业在生产、生活、生存活动提供安全生产的保证。"一般来说,安全文化就是安全理念、安全意识以及在其指导下各项行为的总称,主要包括安全观念、行为安全、系统安全、工艺安全等。安全文化的核心是以人为本,需要将安全责任落实到企业全员的具体工作中,培育员工共同认可的安全价值观和安全行为规范,在企业内部营造自我约束、自主管理和团队管理的安全文化氛围,最终实现持续改善安全业绩、建立安全生产长效机制的目标。在公认的安全生产"五要素"理论中,安全文化排在首位,其次分别是安全法治、安全责任、安全科技和安全投入。

安全文化从结构上分为三个层面,即精神层、制度层、物质层。

### (一)精神层

精神层是指主要负责人和员工共同信守的安全价值观、理念和安全基本准则,是安全文化的核心和灵魂,是形成企业安全文化制度层和物质层的基础。如世界著名企业杜邦公司塑造的"杜邦安全文化"的精髓在于:安全有感领导,[①]直线责任制,属地管理,全员参与。其倡导的"十大安全管理理念"是:所有事故都是可以预防的,各级管理层对各自的安全直接负责,所有的操作安全隐患都是可以控制的,安全是被雇用的员工条件,员工必须接受严格的安全培训,各级主管必须进行安全检查,发现隐患必须及时改正,工作外的安全与工作安全同等重要,良好的安全就是一门好的生意,员工直接参与是关键。

① 美国杜邦公司首创"安全有感领导"概念,是指有安全感召力的领导,即要求各级领导通过员工可以"看到、听到、体验到"的方式展现自己对安全的承诺,具体包括承诺与保障、带头与示范、影响与感染等方面。

（二）制度层

制度层是企业文化的中间层，主要是指对企业组织和员工的安全行为产生规范性、约束性影响的部分，主要规定企业成员在共同的生产经营活动中遵循的安全行为规范，如安全生产责任制、隐患排查制度、教育培训制度和安全奖惩制度。

（三）物质层

物质层主要是指器物文化，是精神层的载体，它折射的是企业的安全生产理念、态度、意志和作风，如安全生产设备、安全设施、安全警示标志和厂区环境等。

## 二、罪犯劳动安全文化及其要素

罪犯的劳动安全文化，是监狱因履行刑罚执行职能的需要，在组织有劳动能力的罪犯进行劳动改造的长期过程中积累形成的文化，同样可以在结构上划分为精神层、制度层和物质层三个层面。罪犯劳动安全文化，既有其隐性的一面，也有其显性的一面，即“内化于心、外化于行”。结合罪犯劳动及安全管理的特点，罪犯劳动安全文化至少包括以下要素。

（一）安全承诺

监狱应当建立包括安全价值观、安全愿景、安全使命和安全目标等在内的安全承诺。其中，监狱的领导者应当对安全承诺作出有形的表率，让监狱警察和罪犯切身感受到其对安全承诺的实践。监狱各级管理者应当对安全承诺的实施起到示范和带头作用，形成严谨的制度化的工作方法、流程，培育重视安全的工作态度，并保持与相关方（合作企业、供应商、承包方、设备提供方等）的有效交流。罪犯应当充分理解和接受监狱作出的安全承诺，并结合劳动岗位、工作任务去实践这种安全承诺。

（二）行为规范与程序

监狱内部的行为规范、程序是安全承诺的具体体现和安全文化建设的基础要求。监狱应当确保拥有能够达到和维持安全绩效的管理系统，建立清晰界定的组织结构和安全职责体系，有效控制全体劳动罪犯的行为。一方面，建立囊括监狱主要负责人、其他负责人、劳动安全管理部门、其他部门、监区、班组、罪犯的“横向到边、纵向到底”的安全管理网络和责任体系，使每个人知晓自己的安全职责与权限；另一方面，依据每个劳动项目、工种、岗位的特点，制定完备的安全劳动纪律和操作规程。监狱应当以正式文件的形式（规定、意见、指引、手册、规程等）发布这些行为规范与程序。

（三）安全行为激励

监狱在审查和评估自身安全绩效时，除了使用事故发生率等消极指标外，还应当使用旨在对安全绩效给予直接认可的积极指标。一方面,要审慎地对待罪犯的安全差错,以吸取教训和积极改正为目的。如果一些安全差错的发生具有普遍性,则应当系统研究、查明原因,采取安全改进措施,而不能仅仅关注或局限于错误本身。另一方面,在罪犯中树立安全标兵、安全班组(车间、岗位)等,发挥个人和群体安全态度、安全行为、安全绩效的示范作用。

(四)安全信息传播与沟通

传播与沟通,包括下行、上行和平行三种形式。罪犯劳动安全信息,包括事故、教训与改进措施、专题活动、新安全工艺、安全预警等,应当及时被接受方理解。这里特别强调的是,监区警察和罪犯在劳动中发现的安全隐患、提出的安全改进建议,要能快速、有效地传导到接受方。

(五)学习与改进

监狱应当按照有关法律法规开展全员安全知识培训和岗位持证制度,如罪犯"三级"教育,监狱警察入职和职中教育,采用新工艺新材料安全培训,岗位调整安全教育,监狱主要负责人安全资格培训,安全员和特种作业人员持证考试,等等。通过各种形式、层次的培训,提高安全能力,改进安全管理、安全行为。培训既要借助外部培训机构,也要注重选拔、训练和聘用内部培训师资。

(六)安全事务参与

这里特别强调罪犯对安全事务的积极参与。参加劳动的全体罪犯应当认识到自己负有对自身和其他罪犯安全作出贡献的重要责任,罪犯对安全事务的参与是落实这种责任的最佳途径。在劳动安全管理中,警察应当调动罪犯的劳动"主人翁"和安全自我管理意识,并鼓励他们积极排查、报告安全隐患,进行安全工艺革新或提出建议。

(七)审核与评估

首先,监狱应当定期组织各级管理者评审劳动安全文化建设过程的有效性和安全绩效的结果;其次,根据审核结果确定并落实整改不符合、不安全实践和安全缺陷的优先次序和行事历,并识别新的改进机会。实施审核和评估的人员,既可以是监狱内部人员,也可以是外部安全专业机构。外部安全专业机构可以运用更专业、系统的评估量表、工具和方法。因此,监狱应当适时聘请外部安全专业机构实施审核和评估,对整体安全管理、文化建设进行全方位的检视。

## 三、罪犯劳动安全文化的功能

罪犯劳动安全文化的功能,是通过对罪犯、警察以及所有管理者的观念、道德、伦理、态度、情感、品行等深层次人文因素的强化,利用领导、教育、宣传、奖惩、创建群体氛围等手段,不断提高人的安全素质,改进其安全意识和行为,使罪犯从被动地服从转为自觉主动地按安全要求行动,即从“要我安全”转变成“我要安全”。具体来说,罪犯劳动安全文化具有四个方面的功能。

(一)导向功能

安全文化提倡什么、崇尚什么,将通过潜移默化的影响,使罪犯接受共同的价值观念,这样,罪犯的注意力必然转向所提倡、崇尚的内容,使罪犯个人目标与监狱安全目标趋向一致。持之以恒地通过橱窗、展板、标语、黑板报、广播站、电视台等载体宣传安全生产知识,经常开展以劳动安全为主题的安全竞赛、文体活动,警察一以贯之地坚持出收工安全讲评,及时召开安全事故检讨会。这些都有利于罪犯在长期的正面熏陶中逐步形成“安全生产光荣、违章作业可耻”的劳动安全荣辱观。

(二)激励功能

激励功能是指使罪犯从内而外情绪高昂、奋发进取,激发人的主动性、创造性、积极性和智慧能力。比如,“三不伤害”(不伤害自己、不伤害他人、不被他人伤害)是生产安全的基本原则,如果安全文化深入人心,每一个劳动者都能主动担负起关心爱护他人的责任和义务,不仅自己要注意安全,还要保护团队的其他人员不受到伤害,这就相当于每个成员对集体中其他成员的承诺,进而达到“四不伤害”,即在“三不伤害”的基础上加上“不让他人受到伤害”。将罪犯的行政奖励、法律奖励、处遇分类、计分考核等,与其生产劳动的安全表现密切挂钩,将有效地激励罪犯更加遵守劳动纪律和操作规程,积极参加安全活动,主动发现劳动安全隐患,开展安全技术小改小革,及时制止其他罪犯的违章作业行为。

(三)约束功能

安全文化的约束功能与传统的管理理论单纯强调制度的“硬约束”不同,它属于不成文的“软约束”,主要通过长期的“以文教化”的作用,以“润物细无声”的方式,将人培养成具有现代社会所要求的安全情感、安全价值观和安全行为表现的人。在这一点上,罪犯劳动安全文化与罪犯教育改造中采用的个别谈话法、内省法、个案矫正等方法,有异曲同工之处。

(四)矫正功能

罪犯劳动安全文化是监狱矫正文化的重要组成部分。安全文化建设可以积极地配合和助力罪犯劳动改造和矫正工作,使罪犯在强制劳动中绝对遵守安全规则,服从安全管理,学会在劳动中正确处理安全与效率、自己与他人、机器设备和环境之间的关系,从而不断矫正个人行为。

### 四、罪犯劳动安全文化的实施

（一）整体谋划安全文化建设方案

文化的教化功能可以通俗地理解为"制度管住人，文化管住魂"。监狱管理者应当充分认识到安全文化的重要性、不可或缺性以及对显性管理的弥补和增强功能。同时，安全文化建设是一个长期的工程，短期内难以看到显性绩效。因此，监狱要整体性地谋划方案、系统地推进实践、持续性地评估改进，通过长期的工作，推动罪犯劳动"本质安全""主动安全""人人要安全""安全成习惯"良好氛围的形成。

（二）发挥监狱各级管理者的模范带动作用

监狱各级管理者特别是监狱主要负责人对安全工作的态度、能力、精力投入和职责履行等，是安全管理和安全文化建设的"风向标"，也是评价安全管理水平的最高权重指标。因此，包括监区警察在内的各级管理者，不能仅仅停留在不"乱指挥"、不强令冒险作业和违反安全规定的"底线"状态，而应当在安全理念、安全水平、安全行为、安全习惯等方面为罪犯树立表率。

（三）激发罪犯参与安全文化建设的积极性

罪犯作为劳动者，既是安全管理的对象，也是自我安全管理的主体。从事具体劳动的是罪犯，安全文化建设最终落脚点应当放在罪犯身上，即形成罪犯的安全态度、安全能力、安全习惯、安全行为。因此，能否激发他们对安全文化的内生需求和响应，关乎安全文化建设的成败。

（四）运用多种载体和方式，增强安全文化熏陶的效果

罪犯劳动安全文化建设，要与监狱日常监管、教育改造工作紧密结合起来，做到"安全经"常念、"小木鱼"常敲，文化熏陶无处不在。要运用现代传媒技术，采用罪犯喜闻乐见、易于接受的教育培训和宣传载体、方式，提高受众参与度、接受度。

## 第六节 罪犯劳动安全管理的发展与完善

### 一、提高罪犯劳动安全管理法治化水平

劳动改造罪犯，是我国监狱制度的特色和优势。保证罪犯在劳动过程中的生命健康和安全，是保护服刑罪犯未被法律剥夺或限制权利的具体体现，是罪犯生命健康权受到我国法律同等保护原则的必然要求。《联合国囚犯待遇最低限度标准曼德拉规则》第96－103项专门对囚犯工作提出了要求。推动罪犯劳动安全管理的

法治化是新时代监狱工作的必然要求。一方面,应当将依法管理罪犯劳动及安全纳入监狱法治化建设的整体规划与实践之中,依法加强对罪犯的劳动保护。另一方面,罪犯劳动安全应当成为监狱正常秩序的一个重要方面,并与监狱对安全管理、刑罚执行和教育改造的目标追求契合起来。要以预防重特大安全生产事故、集体性职业中毒事件和强化人员密集场所、劳动密集型项目管理为重点,突出安全制度建设、安全责任落实、安全资金投入等重点环节,努力提升依法管理和“本质安全”水平。

## 二、探索罪犯劳动安全管理规律

安全发展、发展要安全,是人类社会的共识与共同愿望。基于罪犯被强制劳动改造的特殊性,监狱生产安全、罪犯劳动安全管理有其特殊的规律。按照《监狱法》的规定,我国监狱基本上实行省以下垂直的管理体系,国务院司法行政部门主管监狱工作,设立司法部监狱管理局,省级监狱管理机关负责管理所辖监狱,配置相应的监狱安全生产管理部门和机构。煤炭、矿山、农业等大规模室外劳动退出后,发生群死群伤重特大安全生产事故的风险降低,但室内密集劳动的火灾、职业中毒、机械伤害、触电等风险依然存在。因此,监狱系统要积极探索罪犯劳动安全管理规律,运用成熟的安全管理理论探究事故发生机理,深入分析事故案例,提高各级管理者的安全理论和实践水平。尤其要发挥全国监狱工作协会劳动改造专业委员会的作用,必要时在全国监狱工作协会之下成立全国和省级的罪犯劳动安全专业委员会,以切实加强罪犯劳动安全的理论研究、经验交流、考察培训和理论成果转化。

## 三、引入职业健康安全管理体系等先进管理方法

在人类工业化、大规模劳动生产的发展进程中,形成了大量的关于安全发展、安全生产、环境保护等方面的理念、经验、方法、技术、标准,构成了丰富的安全管理知识体系、“方法群”和“工具箱”。在罪犯劳动安全管理工作中,应当积极借鉴各行各业的安全管理知识、经验,引入7S现场管理、精益生产、质量与环境管理体系、安全标准化等先进管理技术工具,尤其是职业健康安全管理体系。职业健康安全管理体系是指为建立职业健康安全目标,以及实现这些目标所制定的一系列相互联系或相互作用的要素。它是职业健康安全管理活动的一种方式,包括影响职业健康安全绩效的重点活动与职责以及绩效测量的方法。职业健康安全管理体系遵循“策划、实施、评估、改进”(PDCA)的系统思想,以持续改进为指导思想,为生产经营单位建立一个动态循环的安全管理过程。职业健康安全管理体系的建立,一般要

经历学习与培训、初始评审、体系策划、文件编写、体系试运行和评审完善六个步骤。体系审核既包括内部审核即第一方审核，也包括外部审核即第二方审核和第三方审核，其认证实施程序包括认证申请及受理、审核策划及审核准备、审核的实施、纠错的跟踪和验证、审批发证以及认证后的监督与复评等。

### 四、强化罪犯劳动安全属地化监督管理和社会协同

我国安全生产实行属地管理，如何将监狱安全生产、罪犯劳动安全管理纳入属地管理，是一个非常迫切的现实问题。首先，监狱要增强安全法治意识，主动接受属地政府部门的监督管理，主动对接有关工作，不能因"大墙思维"或强调垂直管理而拒绝、应付属地管理。要主动接受地方政府部门进监安全检查，及时报告安全生产事故，积极落实安全整改通知、参加法定培训等。其次，要克服"单打独斗"倾向，善于寻求专业力量、社会资源的帮助，提高罪犯劳动安全管理水平。属地政府部门和社会组织具有丰富的师资培训、专业检查、风险评估与辨识、应急救援等能力，而这些恰恰是监狱或省级监狱局所不具备的。最后，要积极主动寻求属地政府部门的支持，如安全生产隐患整改资金、项目扶持；监狱属地安全隐患共治；加入地方安全生产委员会；与属地应急救援体系形成联动；等等。

### 五、完善罪犯劳动安全保险补偿制度

虽然罪犯的强制劳动在性质上不同于企业员工的社会性劳动，但基于生命权、健康权同等对待的原则，应当构建相应的罪犯劳动安全保险制度，使罪犯在强制劳动中受伤、致残或死亡的，及时获得医疗救治和经济补偿，促进工伤预防和职业康复，分散监狱的劳动风险。笔者认为，可以借助市场经济的力量，与商业保险公司商定开发罪犯劳动安全保险险种，由监狱缴纳保险费用，参加劳动的罪犯为被投保人，罪犯或其直系亲属为保险受益人。同时，目前监狱处理罪犯在劳动中致伤致残或死亡的依据，主要是司法部 2001 年印发的《罪犯工伤补偿办法（试行）》。依据该办法计算出来的伤残补助金、死亡补助金和各种费用的数额较低。实践中，罪犯及其直系亲属大多无法接受，监狱也无法按此规定实际操作。因此，完善罪犯劳动安全保险，提高罪犯在劳动中致伤致残、死亡的补偿标准，既是切实保障罪犯合法权益的需要，也是提高罪犯劳动安全管理法治化水平的需要。

**【案例分析】 | 某监狱某监区罪犯劳动现场的安全隐患**

某监狱某监区的罪犯劳动车间是一幢四层楼宇，一层是服装原辅物料库房，生产线分别布置在 2－4 层。为便于管理，监区将各楼层的安全通道锁死，仅保留一个

出入通道,用于人员和车辆进出。因为原来的货梯操作工刑期将满,监区对一名罪犯进行了安全培训,尚未发放上岗证即安排其操作货梯。监狱警察习惯于乘坐货梯上下楼。库房内原辅物料靠墙堆放,墙面插座被物料覆盖。工间休息时,监狱警察组织罪犯在楼层楼梯口处吸烟。

问题:该监区罪犯劳动现场的安全隐患有哪些?

分析:服装车间及原辅物料库房,既是人员密集场所,更是消防安全管理的重点区域,要严格执行有关规定,防止因火灾引发群死群伤事故。该监区罪犯劳动安全管理存在的主要问题有:

1. 消防通道关闭,一旦发生火灾将严重影响人员疏散和救援。
2. 物料堆放不规范,覆盖墙面插座。
3. 在服装劳动车间吸烟,容易引发火灾。
4. 货梯操作工为特殊作业,未持证上岗。
5. 货梯人货混装。

## 思考题

1. 简述罪犯劳动安全管理的概念、特点和原则。
2. 罪犯劳动中的危险、有害因素有哪些?
3. 简述应急预案的种类。
4. 简述安全文化的三个层面。
5. 如何开展罪犯劳动安全检查?
6. 如何激发罪犯参与安全文化建设的积极性?
7. 如何实现罪犯劳动安全与监管安全、教育改造的协调发展?

# 第十一章　罪犯劳动效能管理

在本书绪论中阐述了罪犯劳动改造学的研究对象，其重要内容之一是罪犯劳动改造的效能。效能是行为目的和手段方面的正确性及最终达成目标的程度，罪犯劳动改造的效能是以正确的方法和手段实现罪犯劳动改造目标和预期改造效果的程度，其具体体现在通过罪犯劳动生产活动，在改造人的总目标及转变罪犯思想、矫正恶习、培养劳动习惯、培养劳动技能、造就守法公民等具体目标下，实现最大化的效果。因此，罪犯劳动效能管理是指以改造人为根本宗旨，通过罪犯劳动的生产考核、罪犯劳动改造效果的评估，对罪犯的劳动改造质量进行综合评定，并对罪犯劳动实施报酬和奖惩等的一系列管理活动。罪犯劳动效能管理是对罪犯劳动改造方向把握、效能把控的至关重要的管理活动，对确保罪犯劳动改造目标实现、提高罪犯劳动改造质量具有重要的意义。

## 第一节　罪犯劳动效能评定

罪犯劳动效能评定是对罪犯劳动改造效能按其内容、指标体系进行逐项考核、评估，并在此基础上对罪犯劳动改造效果进行综合性、系统性评定，最后对罪犯劳动改造质量给出评定结论的管理活动。罪犯劳动改造效能评定，既要进行定期的、阶段性的劳动改造效果评估，目的是可以及时掌握罪犯的劳动改造效果和存在的问题，以便监狱及时针对性地改进和完善劳动改造措施；又要有在罪犯服刑期满前进行的劳动改造质量最终评定，作为监狱对罪犯回归社会前的改造质量鉴定的重要组成部分。罪犯劳动改造效能评定的内容包括罪犯劳动生产考核、罪犯劳动改造效果评估、罪犯劳动改造质量评定，需要确定一系列科学的指标进行考核、评估和评定，是罪犯劳动效能管理的一项重要的基础管理工作。

### 一、罪犯劳动生产考核

罪犯劳动生产考核是指监狱对罪犯劳动生产的产量、产值、质量、成本、生产计划、劳动定额等生产指标的完成情况进行统计考核，为完成生产任务加强进度管理，为核算罪犯劳动报酬提供依据，为评定罪犯劳动改造效能提供生产劳动的量化考核信息。

罪犯劳动生产考核是罪犯劳动效能管理的日常管理工作，是罪犯劳动改造以生产劳动为载体的具体体现，罪犯劳动改造效果好不好，在罪犯劳动生产考核中可以通过指标完成情况量化地、直观地体现出来，能综合反映罪犯劳动改造的效果，是发放劳动报酬、进行劳动奖惩的重要依据。具体地，罪犯劳动生产考核具有以下几方面的作用。

（一）有利于对罪犯劳动能力进行准确评定、合理安排劳动岗位

通过劳动生产考核，监狱可以评估罪犯的劳动能力、技能水平和工作表现，根据罪犯的能力、技能和表现，将他们分配到适合的劳动岗位上。这样可以最大限度地发挥罪犯的劳动潜能，有助于提高劳动生产的效率、质量和效益，从而发挥最大的劳动改造效能。

（二）有利于科学合理地激励和奖励罪犯，调动罪犯劳动改造的积极性

通过对罪犯的劳动生产考核，合理发放劳动报酬，监狱可以建立一套激励和奖励机制，鼓励罪犯积极投入劳动改造中，可以增强罪犯的自尊心和自信心，促使他们更好地参与劳动，有助于改造和教育罪犯。

（三）有利于帮助罪犯重返社会

对罪犯的劳动生产考核，不仅有助于监狱评估罪犯的劳动能力，还有助于罪犯提高劳动和职业技能，有助于罪犯刑满释放重返社会后提高就业竞争力，降低再犯罪率。

（四）有利于为罪犯劳动效能管理提供及时准确的信息支持

通过劳动生产考核，监狱可以从罪犯劳动的产量、产值、质量、成本、劳动生产率、劳动定额、生产计划、设备完好率以及出勤率等各个方面的指标综合地考察罪犯劳动改造的积极性、主动性等表现情况，将这些情况与罪犯在劳动中的劳动态度、劳动纪律、劳动技能、劳动质量等结合起来，就可以科学准确地评定罪犯劳动改造的质量，从而为罪犯劳动效能管理提供重要的载体和信息支持。

## 二、罪犯劳动改造效果评估

### （一）罪犯劳动改造效果评估的含义和作用

罪犯劳动改造效果评估，是通过确定劳动改造效果评估指标体系，对罪犯劳动改造成效进行定量和定性综合评估的管理工作，是罪犯劳动效能管理的日常管理

工作,是评定罪犯劳动改造质量的重要基础和依据。它的作用主要有以下几个方面。

1. 了解罪犯劳动改造情况

通过评估罪犯劳动改造效果,监狱可以及时了解罪犯在改造过程中的表现、成长和变化,全面了解罪犯的改造情况。

2. 衡量罪犯劳动改造质量

罪犯劳动改造评估效果可以作为衡量劳动改造质量的重要依据,通过定量和定性的评估指标,监狱可以客观地评价罪犯在劳动改造中的表现和成果,从而判断罪犯劳动改造的有效性。

3. 激励和奖惩措施的制定

罪犯劳动改造效果评估结果可以作为激励和奖惩措施的依据。对表现优秀的罪犯,可以给予奖励或减刑等激励措施;对表现不佳的罪犯,可以采取适当的惩罚措施,促使其更好地参与劳动改造。

4. 动态调整罪犯劳动改造方案

通过评估罪犯劳动改造效果,监狱可以及时了解罪犯的情况,并根据评估结果进行调整和改进,使改造方案更加符合实际需求,提高改造效果。

5. 为社会了解罪犯改造情况做准备

罪犯劳动改造效果评估结果可以为社会提供参考信息,帮助社会对罪犯改造情况有一个客观、全面的认识,从而为罪犯重新融入社会提供参考依据。

综上所述,罪犯劳动改造效果评估是了解罪犯劳动改造情况、衡量罪犯劳动改造质量、制定激励和奖惩措施、调整改造方案以及为社会判定罪犯改造质量做准备。

(二)罪犯劳动改造效果评估的工作流程

罪犯劳动改造效果评估作为罪犯劳动效能管理的日常管理工作,要贯穿于罪犯劳动改造的全过程,要充分运用和发挥劳动生产的载体功能,要充分发挥评估对罪犯劳动改造的评价、肯定、改进和质量评定作用。罪犯劳动改造效果评估的工作流程通常包括以下几个步骤:

1. 设定评估目标

首先,需要明确评估的目标和要求。确定评估的主要内容、评估指标和评估标准,以确保评估过程具有针对性和可操作性。

2. 收集评估数据

收集与劳动改造相关的数据和信息。这些数据可以包括罪犯的劳动表现记录、技能培训成绩、劳动成果等方面的信息。数据的收集可以通过观察、记录、访谈、问卷调查等方式进行。

3. 分析评估数据

对收集到的评估数据进行整理和分析。可以采用统计分析方法、比较分析法等,得出不同方面的评估结果,并进行数据可视化处理,便于理解和交流。

4. 进行劳动改造效果评估

根据设定的评估目标和指标,对罪犯的劳动改造效果进行评估。可以将评估指标按照一定权重进行加权,得出综合评估结果。评估可以由专门的评估组或监管人员进行,也可以借助专业的评估工具和软件。

5. 形成劳动改造效果评估报告

将评估结果进行总结和归纳,形成综合劳动改造效果评估报告。报告应包括评估的目的、方法、数据收集和分析过程、评估结果(罪犯劳动改造质量评定结论)和建议等内容。评估报告旨在为相关决策者和管理人员提供参考,为进一步改进罪犯劳动改造工作提供依据。

6. 反馈和应用评估结果

将评估结果向监管机构、监狱警察以及罪犯本人进行反馈。根据评估结果,制定相应的激励和惩罚措施,并根据评估结果调整和改进劳动改造方案,以提高改造效果。

需要注意的是,评估是一个循环的过程,可以定期进行,以跟踪和评估罪犯的劳动改造效果,并根据评估结果不断优化和完善劳动改造工作。

(三)罪犯劳动改造效果评估的指标体系

罪犯劳动改造效果评估的指标体系可以包括以下几个方面的指标。

1. 劳动表现指标

(1)遵纪守法。主要是考察罪犯遵守法律和劳动纪律的情况。一个罪犯违规违纪率的高低能代表其习惯的养成情况。通过劳动改造,罪犯应养成遵纪守法的习惯。劳动纪律是罪犯在劳动中必须遵守的规章、条例等,包括命令性和禁止性两方面的规定,如罪犯是否能够按时出工、是否服从指挥、是否遵守工作纪律等。

在进行劳动纪律的考察中,应从以下两个方面开展工作:第一,评定罪犯对劳动纪律的认识和态度。罪犯对约束他们行为的劳动纪律表现出的态度不尽一致,有积极拥护自觉遵守的,有无所谓随大流的,有态度不满严重抵触的。对他们的表现进行定性或定量的评定,并将考核结果作为奖惩的依据,可扭转罪犯的消极对抗情绪,使其自觉遵守劳动纪律。第二,评定罪犯遵守劳动纪律的好坏程度。罪犯对劳动纪律的认识和态度直接影响劳动行为，如有无消极对待劳动、有无故意损坏设备、有无盗窃行为、有无争吵、有无打闹等破坏劳动秩序的行为。这些都是评定罪犯遵守劳动纪律好坏程度的指标，是评定罪犯改造效果的直接因素。监狱警察在罪犯劳动纪律的考核中，必须如实记录、严谨对待。

（2）劳动态度。劳动态度的评估主要是考察罪犯在劳动过程中对劳动的认识、观念和态度，如罪犯在劳动中是积极主动、认真负责，还是敷衍、投机取巧等，以此来衡量罪犯的认罪服法态度。

（3）爱护设施。爱护生产设施主要是考察罪犯对待劳动工具、生产设备、原材料、成品或半成品等的态度，如是否正确使用设备、爱护设备，是否主动节约能源、节约材料，是否注重产品质量、不出废品等。以上内容的考核有助于培养罪犯热爱国家、热爱集体、勤俭节约的思想品德。

（4）协作意识。罪犯劳动一般为集体协作劳动，常以劳动团体（班组、车间）为作业单位。从劳动过程的协作来看，每一名罪犯的劳动只是团体工作的一部分，只有每个劳动者紧密协作和衔接，才能完成任务。这要求罪犯在劳动中必须树立集体观念，个体服从集体。对罪犯协作意识的考核，主要考察罪犯是否服从具体分工、认真协作、主动配合集体完成任务，是否能发扬互帮互助精神，是否关心集体荣誉，等等。

2. 劳动成果指标

劳动成果是罪犯劳动考核的重要内容，是罪犯根据生产计划安排进行劳动产生的物质成果，是完成劳动任务的具体体现。通常包括产量、质量、成本消耗三个方面。

（1）劳动产量：罪犯在劳动中取得的实际产出量。产量往往以计件数量来考核，有的以劳动工时来计算和考核。在产品种类、型号繁多，或数量较大的场合，各品种和型号的产品无可比性，需要换算成产值进行考核。劳动产量可以通过完成劳动任务的百分比来进行统计。

（2）劳动质量：它反映的是罪犯劳动技术熟练程度，严格遵守劳动操作规程和质量标准的情况，以成品率、残次品率、残次品数等来考核。劳动质量能够体现罪犯生产劳动中的责任意识，可以通过良品率来进行统计，或者通过计算罪犯个体劳动质量水平来衡量，罪犯个体劳动质量水平 =（该罪犯个体全年劳务收入 + 成本物耗节约额 - 产品或劳动作业质量损耗 - 成品物耗超控制额）÷ 该罪犯个体全年劳务收入 × 100%。

（3）成本消耗：成本消耗体现了罪犯在劳动过程中精益求精的追求，可以通过目标成本节约率来进行统计。成本考核主要包括原材料消耗、目标成本节约额和目标成本节约率等。目标成本节约额是单位产品的预算成本与实际成本的差额：目标成本节约率是单位产品的预算成本与实际成本的比例。

3. 劳动技能指标

(1)劳动技能:它反映的是罪犯通过劳动改造所掌握的生产劳动技术水平和出狱后谋生就业的本领。这一指标可以通过罪犯在劳动中所掌握的技能水平和操作能力、操作熟练度和准确性去衡量。

(2)职业技能:罪犯在特定领域内的职业技能知识和技能水平。这一指标需要进行职业技能等级评定,由地方有关劳动部门和监狱劳动改造部门将职业技能"比武"和综合考评结合,对罪犯的职业技能进行等级评定。

4. 安全生产指标

劳动安全体现了罪犯在劳动岗位使用工具、机器时遵守安全操作规程的情况,可以通过事故率来进行定量统计,对安全操作规范和安全意识进行评估衡量。

(1)安全操作规范:罪犯在劳动中是否严格按照安全操作规程进行操作。

(2)安全意识:罪犯对劳动中的安全问题是否具备较高的意识和警觉性。

5. 创新能力指标

(1)问题解决能力:罪犯在劳动中能否主动发现和解决问题,提出改进意见。

(2)创新意识:罪犯对劳动中的创新和改进是否持有积极态度。

6. 个人成长指标

(1)思想觉悟和转变。罪犯是否对自己的罪行、过错有认知,并有改正的决心。认罪悔罪、知错改正是罪犯思想转变的开始,如果罪犯不能在劳动中认识到自己在犯罪中的根源,如不劳而获的生存观、巧取豪夺的财产观等,就不可能实现根本的改造。

(2)价值观转变。罪犯在劳动改造过程中是否发生了价值观的转变和认知上的提升,是否树立了正确的世界观、人生观、价值观和劳动观。通过劳动改造,罪犯应树立劳动光荣的观点,进而热爱劳动,靠自己的劳动生存,追求幸福生活。

(3)社会责任感。罪犯对社会责任的意识和行为表现。第一,通过劳动改造,应培养罪犯的质量意识和责任感。每一个劳动者生产的产品,都要供社会消费者消费,而劳动者自己同样享用别人生产的产品,所有劳动者都要遵循质量第一原则,对人、对己、对社会有利,也就促进了社会的发展与进步。而那些以次充好、偷工减料的行为必然是害人的,如果形成社会风气,自己当然也会成为受害者。因此,罪犯必须树立质量第一的意识。第二,通过劳动改造,罪犯应养成诚实守信的责任感。劳动者在生产劳动中坚持诚实守信,不说假话,不弄虚作假,恪守信誉第一,无论是对用户,还是犯人之间,都应做到一是一,二是二,这不仅应成为劳动改造过程中的道德信条,也应成为罪犯改造中社会责任感形成的一种考察指标。罪犯开始犯罪时,都是从不诚实、说假话、欺骗别人开始的,要想不重新犯罪,就必须从一点一滴做起,养成诚实守信、不说假话的良好道德习惯。第三,通过劳动改造,罪犯应养成勤俭节约、艰苦朴素的道德品质。勤劳节约、艰苦朴素是中国人民传统的优良品德,树立了这种观点就不易走上犯罪道路。或者说,凡是走上犯罪道路的人,一般都是从失掉勤劳节俭、艰苦朴素的道德品质开始的。因此,一个犯了罪的人,要想改造好思想,不再犯罪,在劳动改造期间,就应当时时处处从一点一滴做起,培养自己勤劳节俭、艰苦朴素的道德品质,培养一个人应有的社会责任感。

在罪犯劳动改造的实际工作中,罪犯劳动改造效果评估指标体系应根据具体情况和改造目标进行适度调整和补充。同时,在指标体系内由于不同的指标从不同的侧面反映罪犯劳动改造效果,因此对每个指标的评定值是简单相加还是平均对待,需要赋予每个指标不同的权重。监狱或监区需要根据实际情况具体确定具体的权重值,以确保评估结果的客观性和准确性。

(四)罪犯劳动改造效果评估的原则

1.具体目标明确性原则

评估应该以具体的目标为基础,确保对罪犯劳动改造的效果进行全面、客观和可衡量的评价。

2.评估数据和证据客观性原则

评估应该基于实际数据和证据,避免主观因素的影响。评估过程需要建立准确的指标和评估方法,以便对罪犯劳动改造进行客观的量化和分析。

3.评估要素和方法综合性原则

评估应该考虑多种因素,如罪犯参与度、劳动纪律、技能提升、就业能力情况等。综合使用定量和定性方法,既考虑罪犯的自我评价,又结合专业机构的客观评估,确保评价全面准确。综合评估可以更全面地了解罪犯在劳动改造中的表现和成果。

4.评估过程可持续性原则

评估应该是一个持续的过程,而不仅是一次性的测量。通过定期的评估,监狱可以跟踪和监测罪犯劳动改造的进展和效果,并及时调整和改进相关政策和措施。持续性还要考虑对罪犯进行长期跟踪和比较分析,观察其在劳动改造后的再就业情况、再次犯罪率等指标,以评估劳动改造的长期效果。

5. 可比性原则

评估应该具有可比性,即使不同地区或不同时间段评估的劳动改造效果结论也可以进行比较。为了实现可比性,评估方法需要标准化,以确保评估结果的准确性和可靠性。

总之,罪犯劳动改造效果评估应该基于明确的目标、客观的数据和证据,综合考虑多种因素,并且是一个持续和可比的过程,以便更好地衡量和改进罪犯的劳动改造工作。

(五)罪犯劳动改造效果评估的方法

1. 记录、数据分析评定法

记录、数据分析评定法就是对被评定的罪犯平常的活动予以详细记录,然后对这些记录进行定性、定量分析,最后得出评定结果。但在实际实行当中,如果将每一个罪犯的劳动改造与思想改造中的每一个细节都用文字详细记录下来,既费时费力又无多大必要。所以,人们采用了以分记事法,即把罪犯可能发生的改造、生产、生活、遵规守纪等活动,规定成“标准分”,罪犯的劳动改造行为达到规定的要求则记正分,达不到则应少记或记负分。另外,超过标准还有加分(也叫奖励分),违反规则就要减分(也叫罚分)。最后,根据得分多少确定一个改造阶段的改造情况。实际上,当前普遍实行的“双百分考核”和“以分记奖”,就是根据这种方法制定出来的。

记录、数据分析评定法的优点是一目了然,分项细致,比较准确。缺点是把各项具体活动转化成死板的分数,不易看出考核的具体内容和具体表现,在记分时难免有不尽合理之处。

2. 问卷、量表评定法

问卷调查法是设计针对罪犯、监狱警察以及相关利益方的问卷调查,了解他们对罪犯劳动改造的认知、学习和成长情况。通过问卷调查,监狱可以获得定性和定量的反馈信息,从而评估劳动改造的效果。

量表评定法,需要开发综合评价量表,涵盖劳动态度、劳动成果、劳动技能、安全生产、个人成长等多个方面,以实现全面评估。量表中除了定量数据,考虑引入定性数据,如罪犯的个人成长故事、心态的改变等,以更全面地呈现改造效果。评价量表技术和方法可以提升罪犯劳动改造效果的评估精度和全面性,为罪犯劳动改造效果评估提供更科学合理的依据。

问卷、量表评定法的特点是项目设计严格、定义明确、计量方法统计合理。评定结果既可以反映一个人的实际情况,又可以进行相互之间的对比。因此,这是一种适合于大范围应用的评定方法。

3. 观察、考试、考察法

观察法是一项比较原始的、简单易行的评定方法，优点是监狱警察通过对罪犯直接的、较长时间的、细心的察言观色和行为观察，掌握被观察罪犯的大量第一手资料。这些资料具有丰富性、直接性、形象性等特点。这些优点是任何其他方法代替不了的，所以，无论采用哪种方法对罪犯进行评定，依靠观察法获得的资料与信息都不应被忽视。但使用这种方法时，应注意：由一个或几个监狱警察观察几十个、上百个罪犯，短时间内不易对被观察对象取得比较全面的、深刻的印象，而且时间长了又容易带上感情色彩，阶段评定或总结时导致凭印象下评语。

考试法适合对单个罪犯进行评定时使用，比如思想、技术学习、劳动技能测试等。这种方法不仅能衡量出每一个罪犯在考核、评定项目上所达到的理论水平，还能激发他们的学习热情，形成良好的学习风气。

考察法主要用于对单个罪犯带有一定意向的跟踪调查与观察，必要时还可以设计试验方案。对较小的罪犯群体或较大的罪犯群体的专项考核，也可以采用考察法，无论是对个体还是对群体的考察，都应当注意方案的设计与跟踪观察的技巧，既不被罪犯发觉，又不脱离监狱警察的视线，这样才能收到满意的效果。通过观察罪犯的表现、劳动态度和技能提升，监狱可以对劳动改造的效果进行评估。

4. 谈话调查法

谈话调查法，主要是指与罪犯进行面对面的访谈，了解他们在劳动过程中的体验和变化，并根据调查结果，对罪犯的劳动改造效果进行评定。

谈话调查法的有效实施，取决于调查人员在谈话调查前对问题的清楚把握，并设计出相应的结构化或半结构化访谈的题目或表格。这种方法简单易行，既能反映单个罪犯的劳动观，又能反映出罪犯群体的思想状况。

5. 等级排序法

等级排序法是监狱警察根据罪犯在某方面的表现或总的表现，按最好到最差的次序依次进行排列的评定方法。等级排序的优点是不需要评定项目，没有复杂的文字说明，方法简便快捷。缺点是评定结果“粗线条”，只能提供罪犯之间的相互比较，不能分析每个人的优缺点，无法比较个人与个人之间差别的相对量。

6. 关键事件法

监狱警察追踪观察罪犯的劳动改造行为时，通过记录与罪犯劳动改造成败密切相关的关键行为来评价罪犯的劳动改造程度的研究方法，叫作关键事件法。运用关键事件法进行罪犯评定的方法必须分为三个阶段：

第一阶段:准备阶段。提取关键行为,编制关键行为记录表。首先要进行广泛调查、深入研究,提取导致某一劳动改造环节罪犯取得成功或失败的关键行为。其中成功的关键行为(正关键行为)和失败的关键行为(负关键行为),还应按其程度,确定划分等级的标准(最有利行为"+3",最不利行为"-3"),并编制出关键行为记录表。

第二阶段:观察阶段。观察与记录关键行为,是指监狱警察通过直接或间接观察,有计划地追踪被观察罪犯的劳动改造行为。一旦发现罪犯发生了正(或负)的关键行为,就在关键行为记录表上打上相应的记号(如没有产生正负关键行为,则不必做任何记录)。值得注意的是,整个观察期间是连续的,观察时间可根据具体情况确定。

第三阶段:评定阶段。评定个体的劳动改造状况,汇总一个时期的关键行为记录表,根据每个罪犯产生关键行为的性质(正或负)和产生关键行为的次数,以及关键行为的程度,可以对他的劳动改造表现进行评定。

关键事件法的优点是把评定的注意力集中在罪犯劳动改造行为的本身,具有较明显的客观性,缺点是费时费力。

7. 成果展示法

组织罪犯参加劳动成果展示活动,通过罪犯的产品、服务或技能展示,评估劳动改造的实际效果和质量。

需要注意的是,评估方法应根据具体的劳动改造项目和目标进行选择和组合使用,以确保评估结果的全面性、可靠性和有效性。同时,评估过程中应注重保护罪犯的隐私和权益,并遵守相关法律和伦理规范。

## 三、罪犯劳动改造质量评定

罪犯劳动改造质量是罪犯劳动改造工作的成果和结果,是罪犯通过劳动改造,在思想态度、习惯养成、行为规范、劳动技能等方面综合展现出来的转变和改进程度。罪犯劳动改造质量评定是罪犯劳动效能管理的结论和目标,是在罪犯劳动改造效果评估的基础上,对罪犯劳动改造效果评估指标体系的各项指标进行权重综合打分,根据罪犯的综合得分评定其劳动改造质量等次。

### (一)罪犯劳动改造质量评定方法

运用罪犯劳动改造效果评估指标体系进行权重综合打分的方法,要根据指标体系的构成情况具体确定,基本的做法是对上述罪犯劳动改造效果评估的六类指标不能平等对待,应根据其与罪犯劳动改造效果的相关性和一致性程度,赋予大小不同的权重,为使不同年份的综合评价结果之间具有可比性,权重系数要保持一定的稳定性,在一定时期内不能随意变更。罪犯劳动改造效果评估指标的评定分值之和就是罪犯劳动改造质量综合评定值,作为评定罪犯劳动改造质量等次的依据。

(二)罪犯劳动改造质量评定结论及其运用

罪犯劳动改造质量评定作为罪犯劳动改造效能管理的结论性内容,不仅要对罪犯在服刑期结束前进行最终评定,还要定期或根据个体或群体的罪犯劳动效能管理的需要,对罪犯劳动改造过程进行阶段性评定。每个阶段的评定发挥着不同的作用,如罪犯劳动改造过程中的评定,可以为改进罪犯劳动改造的个体和群体性工作提供重要依据,为劳动奖惩提供科学依据,为监狱警察加强和改进罪犯劳动改造措施和管理工作提供重要依据,对提高罪犯劳动改造质量和实现罪犯劳动改造目标具有重要意义。

## 第二节　罪犯劳动报酬

### 一、罪犯劳动报酬的概念

罪犯劳动报酬是罪犯在监狱劳动改造期间付出一定数量、质量劳动后从监狱机关获得的一种经济回报,是罪犯在劳动改造过程中获得的在一定范围内和一定条件下供自己支配的劳动收入。

罪犯享有劳动报酬权,这已得到法律的认可。但罪犯的劳动报酬权与普通劳动者的劳动报酬权并不等同,是应该受到限制的。罪犯劳动报酬有别于社会劳动报酬,这并不是中国监狱的特色。综观世界各国,罪犯劳动报酬一般都不实行与社会“同工同酬”。罪犯劳动报酬与社会劳动报酬存在差异,这是监狱行刑权行使与罪犯特殊法律地位使然。我们要理性对待罪犯的劳动报酬权,而不能盲目地放大罪犯的劳动报酬权。对罪犯劳动报酬权的保障,应做到既符合行刑的人道,又符合监狱行刑的实际。

### 二、罪犯劳动报酬的依据

(一)法律依据

联合国第一届预防犯罪与罪犯处遇大会在关于监狱罪犯劳动的专门决议中规定:“罪犯应获得公平的劳动报酬,其数额至少应能够激发他们的劳动兴趣和热情。

报酬最好充足些,使罪犯至少能够部分地帮助家庭生活,赔偿他们原来的受害者,满足个人在许可范围内的需要以及建立劳役金等。在正常情况下,罪犯获释时,应通过主管部门或适当的机构将劳役金退给罪犯。”

各国宪法对“公民”的普遍定义是:一个人,只要他具有某国的国籍,他就自然成了该国公民,该国就有义务保护该公民依法享有的权利。“公民”在法律概念上是中性词,无论是守法者还是犯罪人,判断他是不是该国公民的唯一标准是他有没有该国国籍。罪犯虽然受到刑罚被剥夺了自由等权利,但并没有被剥夺公民资格,他们依然享有作为公民应当享有的法定权利。劳动报酬权是宪法规定的权利,世界各国都在宪法中明确规定劳动报酬权的相应内容。我国《宪法》在公民的基本权利和义务一章中确认劳动报酬权是公民的基本权利之一。我国《劳动法》规定,劳动者享有取得劳动报酬的权利。

1994 年《监狱法》颁布之前,我国监狱对罪犯实行“假定工资”制度,一般以实物形式支付,直接用于罪犯伙食费、医疗费、生活费、教育开支等。《监狱法》对罪犯劳动有偿制度作了确认,第 72 条规定:“监狱对参加劳动的罪犯,应当按照有关规定给予报酬并执行国家有关劳动保护的规定。”

(二)实践依据

实施罪犯劳动报酬制度是全面贯彻落实《监狱法》的现实要求,是对罪犯劳动管理制度的改革创新,对促进公正文明执法、进一步加强罪犯劳动管理工作具有重要意义。现代行刑理念强调罪犯人权、尊严、平等等基本权利,摒弃把罪犯当成客体或物化对象,重视罪犯的权利和义务。在这样的行刑理念下实施罪犯劳动报酬制度,可以使罪犯劳动改造的主动性、积极性得到有效调动,从而使其树立主动改造意识、自觉改造意识,不断提高劳动改造积极性,加快改造进程。

### 三、罪犯劳动报酬的意义

在我国建立并实施罪犯劳动报酬制度,对在狱内参加劳动的罪犯按规定给予劳动报酬,有着非常重要的实践意义。

(一)保障罪犯人权,规范监狱执法行为

罪犯劳动报酬是参加劳动的罪犯的一项重要权利,也是罪犯人权的重要保障。所谓罪犯人权,是指在监狱中具有罪犯身份的人应当享有的权利,它包括我国《宪法》《刑法》《刑事诉讼法》《监狱法》等赋予的或未被剥夺和限制的法定权利。罪犯劳动报酬有具体的计提办法,从而较好地解决了对生产不同产品的不同岗位、不同劳动力素质的罪犯劳动报酬的计提问题,减少了监狱警察人为控制的随意性,体现了公平、公正、公开考核的要求,规范了监狱的执法行为。

(二)稳定监狱改造秩序,提高罪犯的劳动改造积极性

罪犯享有劳动报酬,体现了罪犯的基本权益,更重要的是体现了对罪犯创造的劳动价值的认同和肯定。过去罪犯只是把参加生产劳动当作一种惩罚,是强制性的,而当他们的劳动得到了承认,他们也同其他人一样享受到劳动的快乐,品尝到劳动果实时,他们的劳动主动性和积极性也得到了提高。实行劳动报酬后,罪犯可以用劳动报酬采购日常用品,适当改善罪犯的狱内生活,特别是“三无”罪犯通过自己的劳动获得报酬,解决了一些生活上的实际困难,促使罪犯在狱内安心改造,稳定了狱内改造的秩序。罪犯还可以利用部分劳动所得来接济家庭,减缓其内心的愧疚感,激发罪犯的劳动改造积极性,实现由被动改造向主动改造的转变。

(三)巩固罪犯劳动改造成果,降低重新犯罪率

罪犯获得劳动报酬后,可以利用部分劳动报酬自主计划、合理安排、适当改善和充实自己的改造生活,提高文化素养,有利于其安心改造,积极改造。罪犯出狱后至就业前的保障是避免其重新犯罪的关键。由于世俗偏见,刑释人员的就业一直是难上加难。劳动报酬制度的实施,有利于罪犯储备一部分资金作为出狱后的日常生活需要,维持至就业为止,大大降低了重新犯罪率。

## 四、罪犯劳动报酬的支付

罪犯劳动定额与劳动报酬按照“按能定级、按量定额、按分考核、按劳计酬”的原则实施,采用“分类管理、统一定额、按劳计酬、按月发放”的办法,坚持依法、科学、公正、公开,警察直接管理。监狱相关职能部门负责罪犯劳动定额和劳动报酬工作的监督管理,并负责对罪犯劳动报酬的审核工作。罪犯劳动定额月完成率不低于80%,罪犯劳动报酬发放率应达到参加劳动人员的100%。

(一)罪犯劳动报酬的计算公式

罪犯劳动报酬的计提采用工时报酬法,具体是将每名罪犯每月实际完成的标准工时数分成若干档次,不同档次的工时按不同的工时报酬值和相应的技术难度系数计提劳动报酬:

罪犯月劳动报酬总额(单位:元)=Σ(各档次完成标准工时数×各档次工时报酬值)×技术难度系数=Σ(各档次完成标准工时数×工时报酬基数×各档次报酬系数)×技术难度系数

工时报酬基数(单位:元/分)=上年(或上季度、上月)全监加工业平均工时含税产值=上年(或上季度、上月)全监加工业含税总产值/上年(或上季度、上月)全

监加工业完成总工时

其中,各档次工时及相应的报酬系数分别为:160 分(含 160 分)以内,报酬系数为 2%;160-200 分(不含 160 分,含 200 分),报酬系数为 10%;200-230 分(不含 200 分,含 230 分),报酬系数为 20%;超过 230 分的,报酬系数为 30%。

(二)从事专项工种劳动的罪犯劳动报酬的计提与发放

对从事专项工种劳动的罪犯,根据其工种难易程度、完成岗位职责情况,确定其劳动报酬发放标准,原则上按以下标准计提发放劳动报酬:

1. 从事生产性关键专项工种劳动的罪犯,包括质检员、生产劳动记录员、物料发放员、机修工、电工等,按所在监区、班组或生产流水线一类二级罪犯的平均劳动报酬计提。

2. 从事生产性普遍专项工种劳动的罪犯,包括装卸工、清洁工、车间值班员等,按所在监区一类三级罪犯的平均劳动报酬计提。

3. 从事非生产性专项工作劳动的罪犯,包括炊事员、医护卫生员、绿化养护员、监舍值班员等,按不高于全监生产监区罪犯平均劳动报酬的标准计提。

## 五、罪犯劳动报酬的使用

(一)在监狱的一定范围内自由支配

罪犯在狱内如何使用劳动报酬,国际上通行的做法都是限制在一定范围内自由支配。我国在设计罪犯劳动报酬制度时,将罪犯的部分劳动报酬作为其狱中可支配部分,可以用于基本生活用品以及监狱规定范围内的消费,包括在监狱超市购买各种食品,也可以在罪犯自选餐厅进行消费,还可以用于购置改善和提高生活质量的文化体育生活物品等。这一制度对提高罪犯劳动改造的积极性有重要作用。

(二)赔偿受害人

在我国司法实践中,因受“重刑轻赔”思想观念的影响,一些案件的审判存在“以刑代赔”的倾向。罪犯接受审判被定罪判刑并入监狱服刑,作为刑罚执行机关的监狱对罪犯实施惩罚和改造,但对被害人的继续赔偿却不过问。因此,根据《监狱法》规定的罪犯劳动报酬制度,应当考虑包括赔偿被害人的内容,可以借鉴国外的有益做法,在罪犯劳动报酬中留出一定份额,用于赔偿被害人,要求罪犯在承担刑事责任的同时,同步履行民事赔偿责任,从而体现国家执法行为的整体性和公正性。被害人在经济上获得一定的赔偿,实现个人民事权利,也能在一定程度上减轻社会压力,化解社会矛盾,有利于社会稳定。

(三)预留刑满储备金

罪犯在服刑期间参加监狱组织的生产劳动,按规定获得一定报酬,监狱帮助罪犯将这部分劳动报酬积存起来,待罪犯刑释时交给其本人,这对于巩固罪犯劳动改造成果、实现刑释人员顺利回归社会具有重要意义。罪犯出狱后可以利用其在狱中所获得的劳动报酬,维持刑满出狱后一定时期内的基本生活,有效防止刑释人员因出狱后生活困难而重新犯罪;也可以用其在狱中获得的劳动报酬,作为重新寻找就业机会的必要开支,从而有助于罪犯刑释后走上正轨,自食其力,度过刑释后的"危险期"。据调查,服刑罪犯大部分家庭经济条件都较差,有的罪犯入狱后妻离子散,家破人亡,罪犯刑满出狱后往往是举目无亲,无依无靠,经济拮据。加之目前我国的刑释人员安置帮扶制度还不完善,社会保障制度还不健全,社会对刑释人员普遍有一种歧视心理,一些罪犯出狱后还难以及时得到社会的帮扶和救助。在此情形下,刑释人员若无经济来源,经济上得不到及时帮助和接济,很容易再入歧途,重新走上犯罪道路。因此,在我国建立罪犯劳动报酬制度,让罪犯在刑释后能领取到一定数额的出狱储备金,用于解决刚出狱后一段时期内的基本生活和再就业问题,帮助刑释人员成为自食其力的守法公民,可以巩固罪犯来之不易的劳动改造成果,这对于维护社会稳定、构建社会主义和谐社会具有非常重要的意义。

## 第三节 罪犯劳动奖惩

### 一、罪犯劳动奖惩的概念

罪犯劳动奖惩是我国监狱机关根据法律和监狱制度的规定,以罪犯劳动生产实际考核为依据,进行奖优罚劣的一种制度。罪犯劳动奖惩是监督、促进罪犯积极改造的辅助手段。对罪犯实行奖惩分明的奖惩制度,是罪犯管理工作的一项重要内容。

### 二、罪犯劳动奖惩的作用

罪犯劳动奖惩是针对罪犯劳动改造态度和劳动改造表现实施的,有以下四个方面作用。

#### (一)激励罪犯积极参加劳动改造

公正、适当、及时的奖励,能有效调动罪犯劳动改造积极性。绝大多数服刑的罪犯都期望获得肯定的评价,适当的奖励是符合罪犯心理的。奖励使其心理上得到满足,可提高其劳动积极性。因此,在罪犯劳动管理过程中,本着以奖励为主、以惩罚为辅的原则,把握奖励的时机、程度、比例,使罪犯在希望中劳动改造。

(二)惩戒作用

罪犯劳动奖惩制度可以用作监狱管理和维持秩序的工具。对表现差的罪犯给予恰当的惩处,体现了奖惩制度的威严和震慑力,起到惩戒作用,维护监狱内的安全和秩序。

(三)强化作用

奖惩可以督促罪犯在劳动过程中纠正自己的行为,重塑自己的行为模式,以便符合奖励的基本要求。奖励和惩罚,扬善惩恶,让罪犯明确哪些是劳动中应该有的行为,哪些是不应该有的行为,这有利于罪犯形成正确的劳动态度和养成良好的劳动习惯。

(四)导向作用

通过奖惩,罪犯很容易判断出自身行为会带来的直接后果。罪犯为了在改造中做出成绩,会主动约束自己的行为,积极主动地投入劳动改造。

## 三、罪犯劳动奖惩的种类

(一)按性质划分,可分为行政奖惩和刑事奖惩

行政惩罚是依据《监狱法》的有关规定,由监狱决定对罪犯实施的奖励和处罚。其中,奖励包括表扬、记功、物质奖励、评为改造积极分子、离监探亲等,惩罚包括改造、记过、禁闭等。

刑事奖惩又叫法律奖惩,是指依据刑事法律有关规定,由监狱机关申报,由国家审判机关审核后,依法作出的裁定或判决。其中奖励包括减刑、假释。惩罚是延长刑期或变更刑种。这类奖惩只能由国家审判机关决定。

(二)按对象划分,可分为个人奖惩和集体奖惩

个人奖惩是指根据罪犯个人的具体表现作出判断。罪犯的个人奖惩是直接指向罪犯个体的,产生的效果直接、有效、针对性强。

集体奖惩是指对一个班组、一个分监区或一个监区的整体实施的。集体奖惩方法运用得当,能强化罪犯的集体观念和协作意识,促使罪犯形成互相协作的良好风气。

(三)按时间划分,可分为定期奖惩和不定期奖惩

定期奖惩是根据月度、季度或年度考核结果确定的,具有明确的阶段性。

不定期奖惩是根据罪犯劳动改造的需要、完成劳动任务的需要等确定,不受时间限制。

## 四、罪犯劳动奖惩的程序

在罪犯劳动奖惩中,要注意把握有关的具体程序,使奖惩工作能及时、准确地进行。对罪犯进行劳动奖惩一般包括以下程序。

### (一)罪犯进行个人总结

个人总结是罪犯劳动改造评定工作的基础性步骤,是罪犯对自己在生产劳动中的行为表现、思想变化的深刻反思,能督促罪犯主动将成绩、错误、经验和教训厘清,是罪犯的自省过程。对罪犯的个人总结必须从正面进行引导,让他们讲实话,不夸大,不隐瞒,正确客观地评价自己。

### (二)掌握罪犯的劳动考核情况

监狱警察根据详细记录认真查阅、分析、归类、总结,掌握罪犯劳动考核的实际分数,是评价和奖惩的前提条件。

将奖惩工作和考核工作紧密结合起来是奖惩准确性的有力保证,只有在进行奖惩时以事实说话,以法律体现,才能对罪犯产生较大的触动,才能调动绝大多数罪犯的改造积极性,树立正气。

### (三)罪犯集体评议

由于罪犯集体生活的性质,彼此都相互了解,进行罪犯集体评议是必要的。在进行集体评议时,鼓励和启发每一名罪犯积极发言,大胆发表意见,公正无私地评议每一个罪犯的劳动成果,为奖惩工作提供参考信息。

### (四)监狱警察集体评审

为避免罪犯集体评议的片面和不实,需要负责管教的监狱警察把关,进行集体评审,以劳动过程中发生的事实为依据,进行归纳、总结,确定奖惩的具体对象,确保奖惩的正确实施。

### (五)逐级上报审批

逐级上报审批,是实施劳动奖惩的法定程序。减刑、假释、延长刑期等刑事奖惩,必须按程序办理:首先由罪犯所在监区研究之后将具体事实或证据形成书面材料,报监狱有关职能科室审核,再由监狱领导提出意见,报请所在地中级人民法院予以审核裁决。行政奖惩,也必须依法逐级上报,经法定机关批准后才能宣布实施。

### (六)公布奖惩结果

及时公布奖惩结果,能够起到惩恶扬善、弘扬正气的作用,它也是劳动奖惩的必要程序。

## 五、罪犯劳动奖惩的条件

### （一）罪犯劳动奖励的条件

1. 遵守劳动纪律，完成或超额完成生产任务的。
2. 态度端正，自觉保护公物和生产设备，有一定成绩的。
3. 技术、工艺革新或者传授生产技能，有一定成效的。
4. 为消除灾害事故或生产事故作出一定贡献的。
5. 监督、揭发、阻止破坏劳动秩序的。
6. 在抢救国家财产中表现突出的。
7. 在生产劳动中，有发明、创造，经鉴定有显著效果的。
8. 对生产劳动过程有其他贡献的。

### （二）罪犯劳动惩处的条件

1. 违反生产劳动的相关要求，完不成生产任务，产品质量低劣的。
2. 避免劳动，消极怠工，屡教不改的。
3. 在生产劳动中故意违反操作规程，或者有意破坏生产工具的。
4. 由于疏忽大意造成生产事故，使国家财产蒙受损失，影响面大的。
5. 破坏生产设备和其他生产设施，消极抵抗生产，情节严重的。
6. 煽动其他罪犯旷工，对生产造成严重损失的。
7. 其他不利于生产劳动的行为。

在实施奖惩过程中，监狱警察必须根据以上的奖惩条件，严格有序地执行，体现法律、法规、规章制度的严肃与公正。

## 六、罪犯劳动奖惩的要求

### （一）严格掌握奖惩的准确性

奖惩是对罪犯劳动改造行为的肯定或否定，与罪犯的切身利益相关。无论是奖励还是惩处，都要求十分准确。一旦奖励失去了公正性，就会起到负面作用，让罪犯自暴自弃，破罐破摔，丧失改造的信心，给监管工作带来更大的难度。因此，保证奖惩的准确性是十分必要的。要掌握好奖惩的准确性，必须做到以下几点。

1. 做好考评工作，打好奖惩基础

监狱警察应端正态度，以劳动考核的事实资料为依据，认真做好罪犯劳动改造效果评估和质量评定工作，恰如其分地评价每一个罪犯的劳动改造成效，保证奖惩的准确无误。

2. 实事求是,严格执行考核制度

在罪犯劳动改造效果评估和质量评定的基础上,进行奖惩评定,该奖则奖,该罚则罚。严格执行考核标准和奖惩制度,不能随意篡改,不能为了争荣誉而放纵标准,做到考核公开、公正、公平。

3. 监狱警察要坚定立场,不受拉拢和腐蚀

有些罪犯为了获得奖励,千方百计地与监狱警察联络感情,甚至设法通过其家人或朋友向监狱警察行贿,妄图篡改事实,采取不正当手段获得奖励。这就要求监狱警察提高政治思想素质,坚定立场,坚决不受拉拢和腐蚀。

(二)严格掌握奖惩的公正性

奖惩制度具有法律约束力,在执行中必须做到严格、严肃。

1. 必须依据有关法律、法规和政策

对罪犯劳动的奖惩,在相关法律、法规和政策中都有明确的规定。如《刑法》第78条和《监狱法》第29条规定了确有悔改或立功表现的罪犯,可予减刑;《监狱法》第57条规定了可给予罪犯表扬、物质奖励或者记功的情形等。监狱在具体操作时,必须依照这些规定进行,才能统一奖惩尺度,保证公正。

2. 必须依据罪犯劳动改造效果和质量执行

将劳动考核结果与奖惩相对应,就是要适时发挥劳动考核的激励作用。只有以事实为根据,以法律为准绳,将劳动考核与奖惩紧密结合起来,才能对罪犯产生激励作用,有利于调动绝大多数罪犯的劳动改造积极性。由于罪犯劳动奖惩需要公平公正地进行,让罪犯一目了然,这就要求监狱警察切不可存在不公与成见,不能将个人好恶渗透在其中,严重挫伤罪犯的劳动积极性和上进心,要时刻以考核实绩客观公正地评定,绝对保证奖惩实施的准确程度。

(三)严格掌握奖惩的适当性

奖惩适当性是指进行奖惩的适度、适量、适时性特点。

1. 奖惩的适度,是指无论是奖励还是惩罚,都要恰如其分。合理确定奖惩的种类,使之与罪犯的表现实绩相适应,该表扬时就表扬,该立功时就立功,决不能互相替代,让罪犯产生高不可攀或轻视易得的印象,挫伤其劳动积极性。在现实执行中,一定要严格掌握奖惩的度,真正起到树正气、压歪风的作用。

2. 奖惩的适量,是指奖惩在人数上或一定时期次数上的合理安排。在奖惩人数的安排上一定要侧重激励作用的最佳发挥限度,既不能让人觉得奖励的人数太多而忽略榜样作用,也不能把奖励人数设定得太少让人怎么努力也达不到,从而丧失改造信心。同样,如果惩处的人太多,就会使罪犯产生"法不责众"的心理。因

此,受到奖惩的罪犯人数要适宜,要由有关部门科学地确定。另外,一定时期的奖励次数也是这个道理,过多的表扬,会使表扬的价值减弱,过多的惩处会让人破罐破摔。因此,奖惩一定要适量,才能发挥其积极作用。

3. 奖惩的适时,是指对罪犯的奖惩应当适合时宜,找准机会,及时兑现。对罪犯的奖惩不能由于一时一事的需要而突击进行,也不可延长时间削弱奖惩的力度,一定要注重奖惩的时效,保证奖惩的及时性,将奖惩看作激励罪犯进行劳动改造的适时工具。

(四)充分发挥奖惩的教育性

奖惩是一面镜子,让罪犯在其中看到自己的真实面目,让自己反思。奖惩工作,是对罪犯进行教育的最佳手段,是时时刻刻督促罪犯自省的教育活动。在奖惩中,树立学习榜样和反面教材,及时唤醒更多的罪犯改过自新,这是奖惩最实际、最生动、最有效的教育性质。

**【案例分析】| 400 克艾粒撬动王某的劳动积极性**

服刑人员王某所在监区主要从事中医用品艾粒的生产。王某经过劳动改造科和监区的培训后,根据监狱管理局罪犯劳动分类分级定额管理办法的有关规定,按照年龄及身体健康状况进行分类,王某被划为 B 类,劳动月考核分数满分 35 分,定额每日 2400 克。王某前三个月劳动表现较为积极,虽然刚开始学习这些,但是劳动态度端正,也很认真,但是慢慢地,王某在劳动中的表现就打了折扣,具体表现有劳动期间做与劳动无关的事情,干私活儿,磨洋工。王某上月劳动考核分数仅仅得了 20 分。通过分析发现,监区给王某的劳动定额定高了,导致他每日不能按时完成定额,用王某自己的话说:“我看着别人都干了五六个了,心里一着急,手中连一个 3 克的小纸筒都拿不稳了,看到分数,发现自己还没有完成劳动任务,对未来改造的方向和目标毫无希望,就想自暴自弃了。”监区综合考虑其身体情况,将其劳动定额降低为 2000 克。果然,调整劳动定额后,王某的劳动积极性有了明显改观,王某自己也说:“在没有完成任务的那几个月里,我内心是恐惧的,我害怕警察找我,对劳动产生了畏难和抵触情绪,现在好了,我从辛勤付出中收获了踏实,也获得了其他人的认可和尊重。”

问题:根据本章相关内容,分析监狱警察是如何提高王某的劳动积极性的。

分析:1. 监狱警察通过观察、与王某进行谈话等方式,根据罪犯劳动改造效果评估的工作流程,重新为其设定了评估目标,在能力范围内对评估标准进行了下调,确保了评估过程既具有针对性又有可操作性。同时也体现了动态调整改造方案的作用,使改造方案更加符合实际需求,提高改造效果。

2. 动态调整改造方案不仅使王某完成了劳动定额，更对个人成长起到了积极作用。个人成长指标是罪犯劳动改造效果评估指标体系中的重要内容，王某从内心恐惧、抵触劳动逐渐转变为热爱劳动并能从辛勤付出中感受到踏实，感受到其他人的认可和尊重，这不仅是改造效果的提升，也是改造效果的升华。

## 思考题

1. 简述罪犯劳动效能评定的概念和内容。
2. 简述罪犯劳动生产考核的概念和作用。
3. 简述罪犯劳动改造效果评估的含义和作用。
4. 简述罪犯劳动改造效果评估的指标体系。
5. 简述罪犯劳动改造效果评估的原则。
6. 简述罪犯劳动改造质量及其评定。
7. 简述罪犯劳动报酬及其使用。
8. 简述罪犯劳动奖惩及其作用。

# 改造和矫正方法部分

# 第十二章　罪犯劳动改造中的劳动教育

罪犯劳动改造中的劳动教育是将劳动与教育相结合改造和矫正罪犯的重要内容和方法。在罪犯改造工作中，通过劳动和教育的结合，加强劳动改造工作，提高劳动改造效能，是我国一直以来的做法。从革命战争年代革命监所的创建开始，就形成了管理、教育和生产三结合的工作体系，构建了政治教育、文化教育、劳动教育“三大教育”机制，提出了“生产劳动与教育相结合”的方针。1954 年颁布的《劳动改造条例》（已失效）第 4 条规定：“劳动改造机关对于一切反革命犯和其他刑事犯，所施行的劳动改造，应当贯彻惩罚管制与思想改造相结合，劳动生产与政治教育相结合的方针。”1994 年颁布的《监狱法》（已被修改）第 3 条规定：“监狱对罪犯实行惩罚和改造相结合、教育和劳动相结合的原则，将罪犯改造成为守法公民。”经过近一个世纪的发展，劳动与教育相结合，已经成为我国监狱改造罪犯的一项重要制度，也是我国罪犯劳动改造工作的一大特色和优势，在我国罪犯劳动改造工作中发挥了重要的作用。

## 第一节　罪犯劳动教育的意义

罪犯劳动改造中的劳动教育是指我国监狱机关以改造人为宗旨，在罪犯劳动改造中结合相关教育内容和手段，教育罪犯转变思想观念、端正劳动态度、学习职业技能、培养劳动能力、争取成为自食其力的守法公民的一系列活动。《监狱法》第 4 条规定：“监狱对罪犯应当依法监管，根据改造罪犯的需要，组织罪犯从事生产劳动，对罪犯进行思想教育、文化教育、技术教育。”这条明确了我国监狱改造罪犯的三大基本手段是监管改造、劳动改造、教育改造，也明确了三大基本手段的关系，其中依法监管是前提，劳动改造和教育改造则贯穿了改造罪犯的全过程，二者必须围绕改造人的需要，相互关联、相互促进，相互作用，共同实现改造罪犯的目标，劳动教育就是二者相互作用机制下的重要工作内容，所以，劳动教育是发挥劳动改造和教育改造协同效用的重要工作，对提高罪犯劳动改造的整体效能具有重要意义。

## 一、有利于激发罪犯的劳动改造动机

动机是激发和维持有机体的行动，并将使行动导向某一目标的心理倾向或内部驱动力。目标是个体努力要达到的具体成绩标准或结果，是个体期望的未来状态。动机必须有目标，目标引导个体行为的方向，并且提供原动力。个体对目标的认识，由外部的诱因变成内部的需要，进而成为行为的动力，并推动行为。罪犯的劳动改造动机，就是推动和指引罪犯接受劳动改造行为的内在动因。罪犯主体的需要结构在监狱环境等外部诱因的刺激下，经过罪犯的思想斗争，逐渐形成主动改造的内部需求。劳动教育对激发罪犯产生积极的劳动改造动机具有重要的作用。

### （一）劳动教育可以建构激发罪犯劳动改造动机的思想基础

在一定的外部条件下，罪犯的世界观、人生观和价值观对其需要的性质及其结构有着直接影响。如果罪犯具有正确的世界观、人生观、价值观，具有高尚的理想、坚定的信念，就会产生积极的高层次的需要，进而激发劳动改造动机。如果罪犯的世界观、人生观和价值观是扭曲、错误的，其需要的方向往往也是不正当的，需要的层次也比较低，就会诱发抗拒劳动改造的动机。对罪犯进行劳动教育，能够帮助罪犯辨析劳动与人类社会发展，与个人生存、改造及成长之间的关系，确立劳动是人的本质的观念，促使罪犯远离享乐主义、拜金主义、极端个人主义的影响，接纳符合高尚道德信念的物质需要和精神需要，建构激发罪犯劳动改造动机的思想基础。

### （二）劳动教育可以建构激发罪犯劳动改造动机的合理需要结构

需要是人的思维活动和行为活动的基本动力，人们正是在不断地追求需要的活动中，推动和促进其身心的发展。罪犯的需要结构中既有犯罪时形成的不良需要，又有入狱服刑后形成的新的需要，这是罪犯形成一定行为动机的基础。根据马斯洛对需要的分层，罪犯的需要结构中生理的需要、安全的需要占有较大比例，这构成了他们需要的主要部分，而归属关系和爱的需要、尊重的需要、自我实现的需要则较少。罪犯需要结构的这种普遍状况表明他们容易沉溺于追求吃、喝、玩、乐中，其兴奋点往往集中于低级趣味的事物。要达到改造罪犯的预期目的，关键在于促使其建构合理需要并给予满足，进而调动罪犯自我改造的积极性。劳动教育在分析和挖掘影响罪犯劳动改造动机的主客观因素的基础上，可以预测罪犯的需要结构，判断罪犯的劳动改造动机，通过多种教育形式，促进罪犯减弱乃至放弃不良的需要，强化合理需要，壮大积极劳动改造动机的基础，促使罪犯持久保持积极的劳动改造动机。

## 二、有利于提高罪犯劳动改造的效能

罪犯劳动改造就是组织罪犯参加劳动，使其达到改造思想、矫正恶习、树立劳动观念、学习职业技能、培养劳动能力的结果。劳动尽管具有改造人的客观机能，但改造效果并不能自然而然地产生，需要结合对罪犯的劳动教育，劳动改造功能才能得到充分发挥。因此，在劳动改造的过程中，劳动教育是不可或缺的环节，决定着劳动实践是否能够最大效用地实现改造人的目的。

### （一）劳动教育有助于罪犯树立正确劳动观念

罪犯违法犯罪的一个重要原因就是劳动观的偏颇，他们厌恶劳动，鄙视劳动，轻视劳动者，认为"劳动致不了富""劳动发不了财"。罪犯好逸恶劳的本性决定了罪犯往往不会积极主动参与劳动。《监狱法》第69条规定："有劳动能力的罪犯，必须参加劳动。""必须"一词就是监狱劳动的强制性。对那些思想上厌恶劳动、不愿意劳动的罪犯，依法强制他们劳动，并结合其他改造手段，使罪犯逐渐从被动劳动变为主动劳动，从要我劳动变为我要劳动。劳动对罪犯的改造作用不能自发地产生，只有将劳动和教育相结合，随着劳动意义与乐趣的不断反馈及正确思想的引导，这种抵抗和抗拒心理会逐渐地消除，才能使罪犯充分认识劳动的伟大意义，摒弃轻视劳动的观念，树立劳动光荣的思想，进而端正劳动态度，树立正确的劳动观念，逐步培养热爱劳动、尊重劳动的思想感情。

监狱组织罪犯参加以生产和创造物质产品为主要形式的劳动，根本上是为了改造罪犯。创造物质产品的活动是实现罪犯劳动的载体，是罪犯劳动的物质存在形式或者物质运动方式，而创造物质产品的劳动改造罪犯才是根本目的。罪犯往往不能从改造意义上对监狱劳动进行思考，而是将其视为一种惩罚方式，视为一种创造财富的赎罪方式，视为赚取表扬减刑机会的方式。对罪犯进行劳动改造的目的教育，能够促进罪犯对监狱劳动树立正确的认知，培养对监狱劳动的情感。

### （二）劳动教育有助于罪犯学习劳动技能

罪犯的需要大多表现出强烈而低级的特点，要想提升罪犯的需要层次，转移其兴趣指向，就要用高级的需要和刺激物取代原有的需要和刺激物。在监狱当中开展劳动技能教育恰恰为罪犯建立了新异刺激，技术难关的挑战性也为罪犯提供了满足需要的机会。劳动技术是不断更新的，劳动技能也有不同的层次和级别，劳动技能教育所包含的发展性要素为罪犯构建了一个不断进行自我超越的图景。劳动技能教育有助于稳定罪犯情绪、转移其消极兴奋点，甚至培养其高层级需要。

受到刑罚处罚的事实也让罪犯明白，不劳而获的生存之道必定受到法律的制裁，自食其力才是唯一出路。监狱在有限条件下，组织罪犯参加劳动，为罪犯学习技能提供路径和平台。在强制劳动的过程中，无论罪犯是否愿意，都会潜移默化地影响罪犯，使之理解合作精神，养成劳动习惯，掌握一定的劳动技能。实践中，劳动教育还往往容易激发罪犯强烈的学习职业技能的动力。罪犯劳动教育是用劳动的基本原理和技术武装罪犯，把劳动观念与综合技术结合起来，有组织的技术教育和实践使其技能提升，甚至获得相应的技术等级证书。罪犯在劳动中积累的经验和技术，可以为其出狱后寻找就业岗位、回归社会提供保障。

（三）劳动教育有助于增强罪犯的社会适应能力

劳动改造的最终目的是使罪犯成为适应社会融入社会的守法公民，也就是培养罪犯回归社会的能力。劳动教育不仅有助于改变罪犯错误的劳动认知，使其逐渐养成遵守劳动纪律的习惯，还能使其在劳动中得到他人的认可和尊重，培养他们的社会责任感、集体观念、纪律意识，为其顺利回归社会奠定基础。同时，职业技术教育有助于增强罪犯释放后通过诚实劳动谋生的能力，并让罪犯对社会经济的发展趋势和就业状况有更加清晰的了解，对回归社会后可能遇到的就业困难有充分的认识和准备，对出狱后的生活和工作做一些基本的规划，为顺利回归社会做好心理、技术乃至资金上的准备，进一步增强罪犯回归社会的信心和勇气。

罪犯在刑满释放后要成功融入社会，必须具有较强的调节和处理社会关系的能力，具有一定的谋生技能。劳动教育在教育罪犯树立劳动观念、培养劳动情感的同时，引导罪犯正确处理在劳动过程中与劳动资料、劳动手段和劳动环境之间的关系，正确处理与其他罪犯、监狱警察之间的关系，正确处理与监狱各项劳动制度规则的关系，这无疑有助于增强罪犯处理出狱后社会关系的能力。

## 三、有利于保障罪犯劳动改造活动的平稳运行和良性运转

（一）劳动教育有助于维护罪犯劳动改造场所的安全稳定

按照有关规定，我国监狱实行的是“5+1+1”制度，即“监狱应当坚持每周5天劳动教育、1天课堂教育、1天休息”。由此可见，劳动是罪犯在监狱服刑期间最经常的活动，除去课堂教育和休息时间，罪犯的绝大部分时间是在劳动场所中度过的。劳动教育有利于改变罪犯错误的劳动认知，有利于化解劳动过程中罪犯与警察之间的矛盾和冲突，有利于化解罪犯之间的矛盾和冲突。劳动教育有利于增强罪犯的劳动纪律意识、确保罪犯劳动的有序开展。劳动教育有利于丰富罪犯的安全知识、提高罪犯的劳动安全意识和防护技能，有利于消除劳动场所的安全隐患、

提升罪犯应对和处理安全事故的能力,有利于维护罪犯劳动改造场所的安全与稳定。

(二)劳动教育有助于维护罪犯劳动改造活动的良性运转

劳动教育活动可以使罪犯尽快树立起正确的劳动观念,端正劳动态度,顺利地接受劳动改造,大大缩短罪犯从被强制劳动改造到自觉参加劳动改造的时间;劳动教育活动可以使罪犯尽早地接受与劳动有关的规章制度,遵守安全守则、工艺规程、作业标准,有利于罪犯劳动改造的顺利展开;劳动教育活动可以使罪犯尽快学习和掌握相关劳动技能、生产知识、安全知识,有利于罪犯尽快提高劳动能力和生产效率,提高完成劳动定额和生产任务的能力,有利于增强罪犯的劳动兴趣,有利于提高和保护罪犯劳动改造的积极性;劳动教育活动使罪犯尽快认识到自己违法违纪的行为与社会生产劳动秩序的巨大差距,从而在劳动中逐渐修正自己的行为,培养良好习惯,有利于罪犯的全面改造。

## 第二节　罪犯劳动教育的内容

罪犯劳动教育的内容非常丰富,可以分为罪犯劳动的基础性教育和罪犯劳动的职业性教育。罪犯劳动的基础性教育主要指教育培养罪犯形成正确的劳动价值观,包括劳动观念、劳动态度等。罪犯劳动的职业性教育主要是指以罪犯回归社会自食其力为主要目的的劳动知识、职业技能、劳动素养、劳动习惯教育等。罪犯劳动教育的目的是以改造罪犯为宗旨,系统配合罪犯劳动改造工作,开展罪犯劳动教育活动。罪犯劳动改造的目的决定了罪犯劳动教育的内容,根据罪犯劳动改造的需要,对罪犯进行劳动价值观培养、劳动态度转变、劳动纪律意识强化以及劳动和职业能力提升等方面的教育。

### 一、教育罪犯树立正确的劳动价值观

价值观是人们关于什么是价值、怎样评判价值、如何创造价值等问题的根本观点,是基于人一定的思维感官所作出的认知、理解、判断或抉择,也就是人认识事物、辨别是非的一种思维或价值取向。劳动价值观是人们对劳动的根本看法和态度,是世界观、人生观、价值观的重要组成部分,形成正确的劳动价值观是劳动教育的核心目标。人的价值实现与劳动价值观密切相关。马克思主义劳动观是界定和认识劳动教育的基石,劳动价值观是马克思的基本观点。马克思认为,劳动不仅是

谋生的手段，也是通向客观世界与主观世界的媒介，更是实现人性至美至善、使人彻底自由的必由之路。习近平总书记指出："劳动是人类的本质活动，劳动光荣、创造伟大是对人类文明进步规律的重要诠释。"

罪犯走上违法犯罪道路的根源是劳动价值观的偏颇甚至扭曲。他们大多数都有好逸恶劳、好吃懒做、投机取巧、坐享其成、不劳而获的错误思想。因此，对罪犯进行劳动价值观的教育，目的就是去除他们头脑中的一些错误认识，使他们逐步认识到劳动在人类发展历史中的伟大作用，认识到劳动是一个人的权利，也是一个人的义务。从保障罪犯顺利回归社会的改造角度来说，我们不能把罪犯改造成只会守法，但对社会无任何用处，或者无社会生存技能的人，使之边缘于社会，无法被社会接纳。要真正学会劳动技能，罪犯也必须有自觉的基础，达到我要学的境地。根据马克思主义劳动价值观的基本思想，主要从以下方面培养罪犯的劳动价值观。

（一）树立劳动最光荣的观念

劳动最光荣，因为劳动推动历史前进、拉动社会发展、实现时代进步。我国《宪法》第 42 条第 3 款规定："劳动是一切有劳动能力的公民的光荣职责……"劳动是社会实践的重要形式，是创造物质财富的根本途径，社会发展需要劳动实践。劳动创造了人类，劳动创造了社会财富，劳动创造了幸福，劳动创造了社会的和谐美，劳动实现了人的价值特别是人的社会价值。"职业无贵贱，工作有分工，劳动最光荣"体现了深刻的哲学思想，渗透着不劳动者不得食的理念，反映了多劳多得、少劳少得的公平分配的社会体制特点。我国在社会主义初级阶段坚持按劳分配为主体、多种分配方式并存的分配制度。按劳分配是由社会主义的客观经济条件所决定的，是社会主义特有的经济规律，是社会主义社会分配个人消费品的一项原则。在社会主义制度下，一切有劳动能力的社会成员都必须参加劳动，凭劳动获得个人消费资料，这充分体现了"劳动光荣，懒惰可耻"的思想。习近平总书记多次强调，"劳动没有高低贵贱之分，任何一份职业都很光荣""努力让劳动者实现体面劳动、全面发展""让劳动光荣、创造伟大成为铿锵的时代强音"。人类的天性是崇尚劳动的，劳动是保证自己和他人生存的基本条件。罪犯劳动教育不仅要体现劳动是分配体制的要求，而且应培养劳动光荣的价值观，让不劳动者不得食、工作无贵贱、行业无尊卑、劳动最光荣的观念深入罪犯内心。

（二）树立劳动最崇高的观念

高尚的需要使人崇高，卑劣的需要使人沉沦。劳动不仅生产人们社会生活所必需的产品，而且使人与人之间建立起社会关系。劳动不仅创造了人本身，而且创造了幸福生活。真正的幸福是实现自我价值，"燃烧自己，照亮他人"，为人所需，为民服务。

中国社会现代劳动观念的觉醒，大致以留学欧洲的蔡元培所提出的“劳工神圣”的口号为标志，①“劳动”第一次真正进入中国人的社会公共生活视野，不少知识分子和底层劳动群众开始用“劳动”的眼光重新审视自己的社会作用，并以“劳动”建立起身份认同。陈独秀、李大钊等围绕“劳动”展开深入研究，马克思主义劳动观逐渐成为阐释“劳工神圣”口号的核心理论资源，对劳工、劳动地位的推崇是更具有实际意义的民主启蒙。正是“劳工神圣”理念的广泛传播，为民主思想的发展提供了现实的有效途径；也正是基于劳动的意义，人与人之间才真正具有了现实的平等基础。习近平总书记2015年4月28日在庆祝“五一”国际劳动节暨表彰全国劳动模范和先进工作者大会上的讲话中指出：“在我们社会主义国家，一切劳动，无论是体力劳动还是脑力劳动，都值得尊重和鼓励；一切创造，无论是个人创造还是集体创造，也都值得尊重和鼓励。全社会都要贯彻尊重劳动、尊重知识、尊重人才、尊重创造的重大方针，全社会都要以辛勤劳动为荣、以好逸恶劳为耻，任何时候任何人都不能看不起普通劳动者，都不能贪图不劳而获的生活。”习近平总书记的讲话代表了全社会对劳动的最高尊崇，我们的社会、我们的国家正是因为给了劳动最高的尊崇，给了劳动者最高的尊重，才会建设得越来越好，才会越来越强大，人民才会越来越幸福。正在服刑、接受改造的罪犯，有的曾经是受人尊敬的劳动者中的一员，有的恰恰是因为厌恶劳动、不劳而获犯了罪。加强劳动教育，使中华民族勤劳节俭、自强不息的优秀美德深入罪犯内心，让罪犯认识到通过劳动才能最大限度地实现自我价值，引导激发罪犯树立劳动崇高的意识。

（三）树立劳动最伟大的观念

劳动最平凡，平凡孕育着伟大。劳动使人类得以繁衍生息，编织了五彩斑斓的世界，创造了人类社会的灿烂文化。从这个意义上看，劳动是个人全面发展的基础，劳动造福人类。在人类社会发展的历程中，一代又一代普普通通的劳动者推动了人类社会的进步。在中国特色社会主义事业建设中，无论是科学家、艺术家、文学家、医生、教师，还是工人、农民等，都是劳动者，都在自己的岗位上创造着价值，作出了贡献，都是平凡而又伟大的劳动者。对罪犯进行劳动教育，要引导罪犯形成正确的追求，认可劳动的价值，承认普通劳动者是家庭和个人美好生活的创造者，更是社会的建设者，认识到劳动者最伟大的真正意义。

（四）树立劳动最美丽的观念

世界上最美好的东西都是由劳动创造的，劳动是幸福的源泉。劳动创造了美，

① 参见刘向兵主编：《劳动的名义》，中国工人出版社2018年版，第87－88页。

劳动是脑力劳动和体力劳动的完美结合。马克思在其早期著作《1844年经济学哲学手稿》中深刻阐释了劳动美的基本原理。他从人的劳动实践活动这一视角作出如下判断:“动物只是按照它所属的那个种的尺度和需要来建造,而人却懂得按照任何一个种的尺度来进行生产,并且懂得怎样处处都把内在的尺度运用到对象上去。因此,人也按照美的规律来生产。”①这就从本质层面深刻揭示了人的劳动实践活动不仅创造了人们需要的产品,而且能够按照美的规律创造美的产品。马克思的观点不仅厘清了动物活动与人类劳动的本质区别,也证明了劳动美是人类特有的符合目的性、规律性的劳动实践的产物。劳动者在创造美的事物的同时,其自身也被美塑造,劳动美的外延合乎逻辑地从劳动产品之美向劳动者内在之美延伸。但多数罪犯对“劳动是美的”这一观点并没有普遍接受,从思想上不认同人应该靠劳动吃饭,应勤劳致富、守法致富,享受自己的劳动成果才是真正美丽的道理。罪犯劳动教育必须帮助罪犯认识到劳动最美丽,劳动者是最美的人。

## 二、教育罪犯端正劳动态度

态度是个体对特定对象所持有的稳定的心理倾向,这种心理倾向蕴含着个体的主观评价以及由此产生的行为倾向性。罪犯参加劳动改造的态度最初往往是抵触的、消极的甚至是反抗的,这一般是罪犯劳动改造的必经阶段。所以,监狱在组织罪犯劳动改造过程中,进行劳动教育的一个重要内容就是端正劳动态度的教育,这种教育既在一个罪犯投入劳动改造之前,也会贯穿罪犯热爱劳动改造的全过程。对罪犯进行劳动态度的教育,使其能够在正确的劳动价值观支配下看待劳动,正确地对待劳动改造,本着自我改造的劳动态度参加劳动改造。端正劳动态度对提高罪犯劳动改造主动性、积极性,提高劳动改造的效率和效果至关重要。对罪犯进行劳动态度教育的内容主要包括崇尚劳动、尊重劳动、热爱劳动、珍惜劳动果实和辩证理解劳动既是权利又是义务。

### (一)端正崇尚劳动的态度

崇尚劳动是一种推崇和重视劳动价值的态度和行为,强调个人和社会通过劳动来实现自我价值的重要性。崇尚劳动对任何一个人来说都是一种重要的人生态度,对于罪犯来说也不例外。马克思主义劳动观把劳动比喻成整个社会为之旋转的太阳,劳动是人类生存的本质,人类的发展过程就是劳动的发展史,劳动人民才是历史的真正创造者,所以崇尚劳动首先要尊重劳动者,罪犯也要通过改造成为真

---

① 《马克思恩格斯全集》(第42卷),人民出版社1982年版,第97页。

正合格的劳动者,成为受人尊重的劳动者。世上的劳动价值有大小,但劳动分工无贵贱,社会财富无论是物质财富还是精神财富都是劳动创造的,劳动满足人们生活和发展的需要,美好的生活是通过劳动得来的。劳动促进个人成长和自我实现,通过劳动,个人能够锻炼自己的能力,并在劳动中不断成长和提升,劳动可以帮助人们发现自身的潜能,实现自我价值和自我实现。劳动是实现社会公平和正义的手段,一个崇尚劳动的社会会重视每个人的劳动成果,并秉持公平正义的原则进行分配。劳动可以帮助人们摆脱贫困,提高生活水平,并促进社会的平等和发展。劳动是社会和谐稳定的基石,一个崇尚劳动的社会鼓励每个人参与到社会生产中,共同建设社会。劳动促进社会分工和合作,维系社会的稳定和发展。劳动是培养价值观和道德观的重要途径,通过劳动,人们学习到辛勤付出的意义,学会尊重他人的劳动和付出。劳动培养了人们的责任感、团队合作精神、勤奋和坚韧不拔等品质。劳动态度的教育使罪犯树立正确的劳动价值观和道德观,以自己的劳动追求财富、追求幸福、追求自我价值的实现。

(二)端正尊重劳动的态度

尊重劳动是对待劳动的基本态度,包含对劳动者的尊重、对劳动资料的节俭、对劳动过程的体贴、对劳动成果的爱惜等。李大钊说过:"我觉得人生求乐的方法,最好莫过于尊重劳动。一切乐境,都可由劳动得来,一切苦境,都可由劳动解脱。"①作为人类的本质活动,一切劳动,无论是体力劳动还是脑力劳动,都值得尊重;作为人类文明进步的阶梯,一切创造,无论是个人创造还是集体创造,都值得鼓励。以崇尚现代文明为由摒弃劳动、远离劳动的人,崇拜衣着光鲜的白领阶层,却瞧不起体力劳动者,存在鄙视普通劳动者的不良心理。刘少奇与掏粪工人时传祥的故事,说明在社会主义制度下,社会分工无高低贵贱之分,劳动者都是社会财富的创造者。尊重劳动从尊重劳动者开始,普通劳动者永远是组成社会大厦的主体,要引导罪犯尊重劳动者的主体地位,不仅要尊重大国工匠、劳动模范,还要尊重普通劳动者。要理性看待智力劳动与体力劳动、复杂劳动与简单劳动的差别,尊重任何合理合法的劳动,立志在劳动实践中发展自己、创造财富、收获幸福。

(三)端正热爱劳动的态度

在教育罪犯端正热爱劳动的态度时,关键是以正面的方式引导他们认识到劳动的价值,提供支持和积极激励,让他们重新发现劳动的意义和快乐,并逐步改变思维,建立起对劳动的热爱。主要做好以下方面的教育和帮助:

---

① 《李大钊选集》,人民出版社1959年版,第60页。

1. 教育罪犯认识到劳动的价值和意义

帮助罪犯认识到劳动不仅是为了谋生，而且是实现自我发展、改造自我并为社会作出贡献的重要途径，强调劳动对个人成长和社会的重要性。

2. 提供正面榜样和成功案例

让罪犯了解那些通过劳动改变命运、走上正轨的成功案例。讲述正面榜样的故事，激发罪犯对劳动的向往和热爱，让他们相信自己也可以通过劳动改变自己的人生。

3. 培养罪犯的责任感和自律意识

进行教育和引导，培养罪犯对自己的责任感和自律精神。让他们明白劳动是一种责任，需要按时按量完成工作，并理解这种行为对自己和他人的影响。

4. 强调劳动的积极影响

向罪犯介绍劳动的积极影响，包括提高经济收入、改善生活条件、增加自信心等。帮助他们理解通过劳动可以实现个人目标和追求幸福。

5. 培养罪犯的劳动技能和职业兴趣

提供技能培训和职业指导，帮助罪犯发掘自己的潜力和兴趣，培养特长。当罪犯发现自己在某个领域具备一定的技能和天赋时，他们更有可能对该领域的劳动产生热爱。

6. 为罪犯提供支持和指导

罪犯在改变思维和态度方面需要得到支持和指导。提供心理辅导和适应性训练，帮助他们处理压力和情绪问题，并鼓励他们在劳动中寻找新的意义和价值。

（四）端正珍惜劳动果实的态度

教育罪犯端正珍惜劳动果实的态度需要从多个方面进行引导和培养。强调劳动果实的价值、培养罪犯的经济责任感和社会责任感，以及提供支持和激励机制，可以帮助罪犯意识到劳动果实的重要性，并学会珍惜和正确使用自己的劳动成果。

1. 教育罪犯认识劳动成果的价值

向罪犯传达劳动成果的重要性，让他们认识到劳动是创造财富和改善生活条件的途径，我们享受的每一份服务，我们使用的每一件物品，都凝聚着人们辛勤劳动的汗水。从而帮助他们理解，只有努力工作，才能获得实际的回报和成果。

2. 培养罪犯的经济责任感和社会责任感

教育罪犯关注自己的经济责任，如支付赔偿金、抚养费等。让他们明白劳动所得的合法性和重要性，并鼓励他们以正确的方式利用劳动果实。教育罪犯认识到自己的劳动成果对社会的影响和意义，使他们了解到自己可以通过劳动为社会作出积极贡献,并让他们珍惜自己的劳动果实。

3. 对罪犯进行理财教育和帮助其进行职业规划

提供理财知识和技能培训,帮助罪犯学会合理支配和管理他们的收入。同时,提供职业规划指导,让他们认识到通过劳动可以实现长期的职业发展和经济稳定。

4. 通过合理奖励机制教育罪犯珍惜劳动果实

建立奖励制度,激励罪犯对劳动成果加以珍惜和正确使用。例如,将一部分劳动所得用于奖励,或者为罪犯提供各种额外的福利和待遇,以激发他们对劳动果实的重视。

5. 对罪犯进行持续支持和跟进

在教育罪犯端正珍惜劳动果实的态度过程中,需要持续地进行支持和跟进。提供必要的指导、监督和反馈,帮助他们建立起正确的价值观和态度。

(五)端正享有劳动权利和履行劳动义务的态度

我国《宪法》第 42 条第 1 款规定:“中华人民共和国公民有劳动的权利和义务。”罪犯作为被限制人身自由的特殊公民,他们同样享有一定的劳动权利,也需要履行劳动改造的义务。教育罪犯正确理解劳动既是权利也是义务,对他们接受劳动改造、回归社会后做一个合格的劳动者具有重要意义。首先,劳动是一种权利。无论是在监狱还是在自由社会,每个人都享有劳动的权利,罪犯应当被赋予相同的权利,并且能够通过劳动获得必要的技能和资格,以便在释放后更好地投入社会生活。其次,劳动也是一种义务。作为被改造的特殊公民,应当承担起他们应尽的社会责任——劳动。《刑法》第 46 条规定:“被判处有期徒刑、无期徒刑的犯罪分子,在监狱或者其他执行场所执行;凡有劳动能力的,都应当参加劳动,接受教育和改造。”《监狱法》第 69 条也明确规定:“有劳动能力的罪犯,必须参加劳动。”这些规定都充分说明罪犯劳动是一种法定性、强制性劳动,是罪犯的一项法定义务。所以,监狱中凡身体条件允许能够从事劳动的罪犯,都必须参加劳动。

## 三、教育罪犯遵守劳动纪律

劳动纪律是指劳动者在劳动过程中必须遵守的劳动规则和秩序。它是保证劳动者按照规定的时间、质量、程序和方法,完成自己承担的工作任务的行为准则。劳动是把人们结合成集体的最初的历史基础,而当人类结合成集体进行劳动时,就必须制定一定的劳动纪律,没有一定的纪律和秩序作保障,任何社会的生产都不可能正常进行。劳动纪律所调整的范围,是整个劳动过程、与劳动过程有关的一切方面,包括工作时间、工艺规程、作业流程、安全规程、质量标准、现场管理、工具设备管理等各方面规章制度要求以及服从管理、听从指挥、考勤等方面的全部内容。

对罪犯进行劳动纪律教育，首先，要向他们讲清楚遵守纪律的重要性。常言道"无规矩不成方圆"，树立纪律意识，遵守劳动纪律，是劳动者的基本素质，纪律意识是价值观的具体体现。任何岗位，遵守纪律都是基本要求，对罪犯进行劳动纪律教育，让他们遵守劳动纪律，培养他们遵规守纪的习惯，使他们充分认识社会性的规则、规章，进而培养他们的法纪意识，在社会生活中严格自律，对改造他们具有重要的意义。其次，要让他们学习掌握在劳动中必须遵守的各种劳动纪律、规章制度，以及违反劳动纪律应该承担的责任，让他们做到应知应会。再次，要使罪犯认识到劳动纪律与他们的人身安全、改造表现等个人的利益密切相关。最后，要加强对罪犯的监督和管理，确保他们遵守劳动纪律。这包括设立监督机制、定期检查工作进展、及时发现和解决问题以及对违反劳动纪律的罪犯进行适当的惩罚。

## 四、教育罪犯学习职业技能

我国《监狱法》第64条规定："监狱应当根据监狱生产和罪犯释放后就业的需要，对罪犯进行职业技术教育，经考核合格的，由劳动部门发给相应的技术等级证书。"第65条规定："监狱鼓励罪犯自学，经考试合格的，由有关部门发给相应的证书。"《监狱教育改造工作规定》第27条规定："监狱应当根据罪犯在狱内劳动的岗位技能要求和刑满释放后就业的需要，组织罪犯开展岗位技术培训和职业技能教育。年龄不满50周岁，没有一技之长，能够坚持正常学习的罪犯，应当参加技术教育；有一技之长的，可以按照监狱的安排，选择学习其他技能。"可以看出，我国高度重视对罪犯进行职业技能教育，在法律法规上有明确的规定，在实践中也有监狱与社会有关部门和机构相互配合的罪犯职业技能教育体系。罪犯职业技能教育主要包括以下几个方面。

### （一）职业技能培训

罪犯职业技能教育的核心是通过培训提升罪犯的职业技能水平。这涵盖了各种工种和行业，如木工、焊工、电工、厨师等。培训课程应根据罪犯的兴趣、能力和市场需求进行设计，旨在为他们提供获得就业机会的技能。

### （二）文化教育课程

为了更好地对罪犯进行职业技能教育和培训，需要对罪犯进行必要的文化知识教育。文化知识教育分为基础教育和继续教育课程，包括语言学习、数学、科学、文化常识以及其他与个人职业技能教育有关的学科。提供教育机会，可以帮助罪犯改善知识水平、认知能力和职业技能。

(三)社会技能培训

罪犯往往由于长期监禁而失去了与社会互动的能力。因此,社会技能培训也是罪犯职业技能教育的一部分,包括培养合作能力、沟通技巧、问题解决能力和团队合作精神等。

(四)创业培训

为了帮助罪犯在释放后能够自力更生、自食其力,职业技能教育项目还可以提供创业培训。这包括商业计划编写、市场营销、财务管理等内容,以帮助罪犯掌握创业所需的知识和技能。

(五)心理辅导

罪犯职业技能教育不仅关注技能培训,还重视心理健康。心理辅导可以帮助罪犯解决心理问题、调整态度和改善自我认知。提供心理支持和自我发展的机会,有助于提高罪犯的内在素质,提高他们学习掌握职业技能的主动性和积极性。

(六)职业观教育

对准备回归社会的罪犯,还需要进行职业观的教育。罪犯职业观教育的目标是通过引导和培养罪犯正确的职业观念和价值观,帮助他们理解职业选择的重要性,树立合法就业的意识,并为他们在重新融入社会后找到合适的职业并实现自力更生打下基础。职业观教育的内容主要包括。

1. 职业选择指导

罪犯职业观教育的首要任务是帮助罪犯了解不同职业领域的特点、要求和前景。提供职业信息和就业市场分析,帮助罪犯了解自身兴趣、能力和市场需求之间的匹配关系,引导他们作出明智的职业选择。

2. 职业道德教育

罪犯职业观教育也强调职业道德的重要性。教授职业伦理、职业操守和诚信等方面的知识,帮助罪犯树立正确的职业道德观念,培养他们遵守职业规范和法律法规的意识。

3. 职业发展规划

罪犯职业观教育也注重帮助罪犯进行职业发展规划。这包括帮助他们设定职业目标、制订发展计划以及提供职业咨询和指导。通过职业发展规划教育,鼓励罪犯思考自己未来的职业发展方向,并制定相应的策略来实现目标。

4. 就业技巧培训

除了职业选择和发展规划,罪犯职业观教育还注重提供就业技巧培训。这包括编写求职信、面试技巧、沟通能力、人际关系建立等方面的培训。通过这些培训,罪犯可以提升自己在求职过程中的竞争力,增加成功就业的机会。

5. 职业心态塑造

罪犯职业观教育也注重培养良好的职业心态。鼓励罪犯培养积极进取、乐观向上、勤奋努力和自我价值认同等心态,帮助罪犯树立正确的职业态度,增强他们对职业的责任感和使命感。

总的来说,罪犯职业技能教育的目标是通过培训和教育帮助罪犯获得就业能力和社会适应能力,从而使他们更好地融入社会、改造自我,并在重新融入社会后实现自力更生。

## 第三节　罪犯劳动教育的方法

罪犯劳动教育必须重视劳动教育的方法。毛泽东同志指出:“我们不但要提出任务,而且要解决完成任务的方法问题。”[①]劳动教育的方法关系到劳动教育目标的实现、任务的完成和效果的好坏,因此,它在劳动教育理论体系和实践体系中具有十分重要的地位。教育罪犯明确劳动的意义,尤其是劳动对其个人顺利回归社会所具有的作用,必须采取恰当的方法。

### 一、讲授法

讲授法在我国传统教育中是最主要的教育方式。讲授法具有直接、高效、省时的优点,是传承已久并一直被使用的一种最主要的授课方式,也是我国劳动教育过程中不可或缺的教育教学方法之一。讲授法是指根据劳动教育的需要,将罪犯集中起来进行讲授和解析的活动。特别是劳动知识和劳动技能的传授,离不开讲授法。运用讲授法时应该注意以下要求。

(一)系统地讲授劳动的本体性知识

劳动的本体性知识即有关劳动的本质的知识。监狱警察要向罪犯讲授人类社会的发展历程,帮助罪犯理解劳动是人的本质。首先,劳动是人类的本质活动,它使人类获得了自己的本质,人是劳动的主体。其次,劳动是人从自然界向人类社会过渡的中介。通过人与自然之间的物质、能量、信息的交换,劳动创造了使用价值,这是劳动最一般的性质。最后,劳动是揭开人类历史之谜的钥匙。在人类历史过

① 《毛泽东选集》(第1卷),人民出版社1991年版,第139页。

程中起决定性作用的因素，归根结底是物质资料的生产和再生产，所谓人类的历史首先是生产发展的历史。

（二）系统地讲授劳动的经验性知识

这类知识需要予以逻辑性的、系统性的讲授，让罪犯理解和内化讲授的知识，并自觉地完成劳动的过程。如讲述劳动工具的操作步骤、劳动过程中的安全规范以及具体的劳动情境中的应对策略等，帮助罪犯习得劳动技能、生存技能和创造技能。

（三）注重典型人物的精神引领作用

讲授劳动模范、大国工匠的先进事迹，对罪犯进行劳动精神、劳动态度、劳动价值观的教育，使罪犯懂得劳动最光荣、劳动最崇高、劳动最伟大、劳动最美丽的道理，使他们能够主动劳动、诚实劳动、辛勤劳动，回归社会自觉成为社会合格劳动者。

在劳动教育课程中运用讲授法是必要的。但由于讲授法过于强调讲解和提高罪犯的知识与技能，罪犯大多只能被动地接受劳动教育，不利于罪犯由被动向主动转变。因此，要使劳动教育获得预期的效果，还必须将其与其他的劳动教育方法相结合。

## 二、情境体验法

情境体验法是指监狱创设劳动教育情境，使罪犯身体、理智和情感三者之间发生交互关系的影响活动。罪犯进行劳动实践活动，必然受到所处劳动情境的影响，包括劳动实践硬环境（如劳动空间布局、机器设备、建筑物、清洁卫生、可视化的标牌、色彩等有形因素）的影响和劳动实践软环境（如劳动组织形式、劳动管理制度、警察管理方式、罪犯群体关系等）的影响。它们对罪犯的影响不仅具有长期性，而且其潜移默化的效果非常显著，可谓“无声胜有声”。运用情境体验法进行罪犯劳动教育有以下要求。

（一）要创设有利于启迪罪犯的劳动实践情境

从硬环境来看，要科学布局劳动生产空间，保持生产场所干净、整洁、有序，空气质量良好、色彩适合，给罪犯一个文明有序的劳动环境，激发罪犯劳动的愉悦感；要重视可视化标牌的合理布设及内容设计，使罪犯不断受到规范、任务、责任、安全等的输入性刺激，促进罪犯思考和内化。从软环境来看，除了采取合理的劳动组织形式以外，主要来自劳动组织制度规则的合理制定及其执行，以及警察的管理方式。如科学制定罪犯劳动定额、合理确定劳动报酬、加强罪犯劳动保护、公正考核罪犯劳动绩效等，都涉及罪犯的改造或经济利益，备受罪犯关注。要发挥好情境体验法的教育作用,必须努力追求环境整体优化,尽可能产生整体协同效应。

(二)要产生触之即发的情感活动

劳动教育除了要求罪犯在真实的劳动场域里开展有意义的实践活动,还要求罪犯同时要有情感活动,即做到心智相融。只有这样,罪犯才能全身心地投入劳动,才会享受劳动的过程,才不至于因为劳动的苦累而厌倦劳动。因此,进行劳动教育:一要通过车间生产劳动的现实场景,让罪犯在劳动的过程中体会劳动的快乐并建立劳动兴趣。二要注重使劳动实践伴随情感活动,利用罪犯自身和他人的情感活动促使其开展劳动实践活动,让罪犯因为情感而爱上劳动,养成好的劳动习惯和劳动品质。如监狱利用亲情帮教,由罪犯亲属鼓励罪犯积极劳动,好好改造,早日出狱,有利于罪犯认同劳动,进而养成良好的劳动习惯。三要强调罪犯与他人建立情感互动,这是处理好自己与他人关系的前提,有利于罪犯养成尊重劳动、尊重劳动者的良好品质。如监狱中的以师带徒形式,罪犯基于对师傅人格和技能的认同,进而在师傅的指导下开展劳动实践活动。再如监狱警察对罪犯劳动依法、严格、文明、科学管理,帮助罪犯解决劳动过程中存在的问题,也会促使罪犯产生尊重劳动的情感和认知。

情境体验法的主要内容是创设教育情境,无法单独完成系统教育影响。因此,情境体验法往往要与讲授法、精神激励法和劳动竞赛法等融合使用。

## 三、精神激励法

精神激励法是指创造各种有利条件,以不断激发罪犯劳动改造的动机,促使其更好地投身于劳动实践的措施和方法。激励的实质和作用就是强化人的动机,改进人的行为,使之朝着既定的方向发展。罪犯的劳动行为表现及其改造效果在很大程度上取决于他的劳动动机。动机指引目标、引发行为,并且推动行为。劳动改造绩效的大小与激励程度的高低有着密切的关系,要使劳动改造取得好的绩效,除提高罪犯的劳动技能和抓好组织管理等其他因素外,要进行劳动教育,激发他们的劳动改造动机,使之达到高强度的良性状态,是一种非常有效的方法。精神激励法就是为激发罪犯的劳动动机、强化劳动意识、促进罪犯积极进行劳动改造而采取的措施。在罪犯劳动教育中,主要采用以下激励方式。

(一)前途激励

早日回归社会、拥有幸福生活几乎是所有罪犯的最大愿望。但是,大多数罪犯尤其长刑期的罪犯在缺少明确改造目标及其规划的情况下,又都感到前途暗淡。在劳动中的表现就是消极懈怠,出工不出力,干活不钻研。针对这种情况,应当加强对罪犯的心理疏导和思想教育，帮助罪犯形成实现个人前途的正确观念。同时积极协调家庭、社会关心罪犯，通过请刑释创业人员回监作报告、组织刑释人员就业推介会等形式，创造良好狱内氛围，消除罪犯的“被抛弃”感，使罪犯在希望中改造、在希望中劳动。

（二）情感激励

与社会相对隔离的狱内服刑生活使罪犯在情感方面较之常人更为复杂，情感需求更为强烈。在劳动生产中，除了对他们严格管理以外，面对有些罪犯可能遇到的来自劳动挫折、家庭变化而带来的负面情绪，应当采取措施积极帮助他们排解，使罪犯感受到人道主义关怀。同时，还应当帮助罪犯修复与家庭亲人之间的关系，既使罪犯感受到亲人的关怀，又使罪犯积极投身劳动改造。

（三）目标激励

它是通过设置适当的目标，激发罪犯的动机，调动罪犯劳动积极性。作为行为预期的结果，目标对行为具有诱发、导向和激励的作用。目标的效价越大，实际意义越大，越能激励罪犯；同时经过努力实现的概率越大，目标对罪犯的激励作用也就越强。因此，要根据罪犯的实际情况，结合罪犯的合理需要为罪犯制定远近结合、高低适度的劳动目标，以发挥对罪犯劳动的激励作用。

（四）示范激励

监狱警察组织积极接受改造的罪犯，通过他们以身作则的模范带头作用，对后进罪犯进行关怀、帮助，以榜样的力量来激发罪犯劳动动机。相对于“言教”，这种“身教”更易被罪犯接受。为此，警察要注重严于律己，以优异的行动树立令罪犯信服、敬佩的形象，同时要注意培养罪犯中的“样板”，发挥激励作用。

（五）荣誉激励

荣誉作为监狱对罪犯参加劳动的一种肯定评价，代表了罪犯的社会存在价值，因此备受罪犯关注，也成为激励罪犯积极参加劳动的一种重要方式。实践中，相关荣誉包括改造积极分子、技术能手、改造标兵等。在运用中，应当注意引导罪犯树立正确的荣辱观，以优异的改造表现去争取荣誉；同时要采用科学公平的方式对罪犯的表现进行评价，否则不但起不到荣誉激励作用，还会影响罪犯劳动改造的积极性。

## 四、劳动竞赛法

劳动竞赛法是指通过劳动竞赛激励先进，调动落后，促进罪犯在劳动认知、劳动技术、劳动效率等方面有所提高的一种教育活动。在监狱之间、监区之间、罪犯小组之间开展劳动竞赛是激发罪犯劳动积极性的有效方法。开展劳动竞赛有利于巩固和增加罪犯的劳动知识,提升罪犯的劳动技能,增强团队协作,激发绝大多数罪犯的进取心和荣誉感。监狱组织劳动竞赛有以下具体要求。

### (一)劳动竞赛要突出改造目的

与社会上的一般劳动竞赛不同,罪犯劳动竞赛是罪犯劳动教育的一种方法,目的是通过竞赛,提高罪犯对劳动的认识,增强团队意识,提高罪犯参与劳动的积极性,形成良好的劳动改造氛围,提升罪犯整体劳动能力。因此,在竞赛的内容选择、过程设计、评价标准以及奖惩方式等方面要体现改造目的。

### (二)劳动竞赛的内容形式要丰富多样

劳动竞赛既可以是劳动知识的竞赛,也可以是劳动技能的比拼,还可以是劳动现场情况的评比。劳动竞赛的形式可以有书面的测试、现场的技能操作以及模拟演练等。劳动竞赛可以在不同劳动技术等级的罪犯之间开展竞赛,如初级工、中级工、高级工之间的比赛;也可以是同工种之间的竞赛;还可以是上下工序之间的协作竞赛,要最大限度地调动罪犯参与竞赛的积极性。

## 思考题

1. 罪犯劳动教育的意义有哪些?
2. 简述罪犯劳动教育在提高劳动改造效能方面的意义。
3. 罪犯劳动教育的内容有哪些?
4. 教育罪犯端正劳动态度的内容有哪些?
5. 简述罪犯职业技能教育的内容。
6. 简述罪犯劳动教育方法。

# 第十三章　罪犯劳动改造中的心理矫正

在罪犯劳动改造过程中,罪犯内在的心理过程和个性特点决定和影响着罪犯劳动改造的行为表现和改造状态,劳动改造的客观环境和各种改造措施又通过罪犯的心理过程和个性特点起作用。对劳动改造中罪犯的不良心理进行矫正,会提高罪犯的整体改造效果。

## 第一节　罪犯劳动改造中心理矫正的基本原理

对罪犯犯罪心理和各种不良心理的矫正是改造人的重要内容。劳动在人类心理产生和发展过程中有重要的甚至是决定性的影响。罪犯劳动改造通过劳动手段矫正罪犯的不良认知、情感、意志和个性,其成效取决于对罪犯心理的全面理解、矫正、教育的方法和途径。罪犯劳动改造是罪犯心理转化和矫正的重要途径,其过程蕴含着心理学机理,有着深刻的心理学依据。

### 一、人的心理具有可塑性

#### (一)学习是人的心理改变的因素之一

按照现代学习理论,人的心理固然有其生物学基础,但人的心理中因经验而产生的较为持久的改变是因学习而产生的,包括人的思想观念、行为习惯、道德品质、性格特征等方面都与个体出生后的后天环境和教育密切相关。既然人的心理、思想和行为在很大程度上是由后天学习而来,那么当长时期环境改变,尤其是在有目的、有计划、有组织的教育和影响下,人的心理就会得到相应的改变,即人的心理具有可塑性。当然,心理的可塑性并不排除其在一段时期、一定环境中的稳定性,但应该看到的是这种稳定性是相对的。

#### (二)暂时性神经联系是可以消长的

后天习得的心理和行为及其改变在神经生理学意义上属于暂时神经联系的建

立和变化。巴甫洛夫把高等动物和人类的高级神经活动看成适应性的活动,十分强调高级神经活动在外在环境影响下的可变性。他说:"运用我们的方法研究高级神经活动所得到的最主要、最强烈的永久保持不变的印象就是这一活动的极度的可塑性及这一活动的巨大的可能性,没有什么东西是不可动摇的、固定不变的,只要适当的条件具备,一切都是可以达到的,都会向好的方向转变。"①

条件反射与由遗传决定的无条件反射不同,无条件反射是一种生物本能,而条件反射则是"获得性反射"——后天习得的反射,在本质上是一种暂时性神经联系,只在一定条件下才能发生并具有暂时的性质,对有机体外部和内部环境中所发生的任何变化都比较敏感,完全受这些变化制约。条件反射的变异性、暂时性,以及受有机体内外环境制约的特点,具有特别重要的意义。正因为有这些特点,条件反射才成为有机体适应它周围永在变化的外界环境的富于灵活性且相对可靠的手段。

(三)罪犯不良心理受暂时性神经联系支配

罪犯不良心理属于在罪犯大脑皮层上建立的暂时性神经联系(当然也有无条件反射的基础性作用)。首先,暂时性神经联系不是先天具有的,而是在后天生活实践中获得的;其次,它不是固定不变的,而是随着外界条件或环境的变化即外界刺激物(第一信号系统和第二信号系统的结合与交替)的刺激强度及频率的变化而变化的。所以,根据巴甫洛夫的学说,在一定条件下,罪犯头脑中那种有害于社会和个人的暂时性神经联系是可以改变的,它同样具有可塑性和灵活性。在劳动改造过程中,改变罪犯的社会存在方式,为其创造出新的个体实践的条件、人际关系、存在环境,向罪犯施加新的刺激以取代他们原来所接受的条件刺激物,并反复多次作用于罪犯的大脑皮层。这种持久不断的、有计划、有目的、有系统的强化刺激,就会逐渐弱化罪犯原有的暂时性神经联系,最终形成有益于社会、有益于个人身心健康的新的暂时性神经联系,从而达到改造的目的。这一过程是一个由量变到质变的发展过程。比如劳动改造要求罪犯必须严谨、勤奋、守纪、协作,这改变了多数罪犯入狱前自由散漫的生活方式,使罪犯必将在长期的劳动过程中逐渐改变以前的不良生活习惯和作风,养成良好的行为习惯。

(四)犯罪心理结构是暂时性神经联系的动力定型

应当看到的是,这种暂时性神经联系一般都已成为相当巩固的动力定型,在心理上表现为犯罪心理结构或不良的个性结构。在长期的劳动改造环境中,这种动

① 孙晓雳等:《劳改法学理论新探》,中国人民公安大学出版社1991年版,第209页。

力定型也会因得不到继续强化而逐渐消退，或因受到别的刺激而得到改造。既然如此，在劳动改造中，只要为罪犯创设各种有利于心理转化的条件，就有可能改变其旧的动力定型，逐渐建立起符合社会要求和有益于罪犯身心健康的新的动力定型，促使罪犯向好的方面转化。当然，也应该看到动力定型具有相对的稳定性，旧动力定型与新动力定型之间存在矛盾斗争，旧动力定型总是要干扰新动力定型的形成，并且破坏旧动力定型往往会引起人的消极情绪反应，这就使劳动改造对罪犯不良心理的矫正和转变过程充满了艰巨性。

因此，心理学为罪犯劳动改造提供了依据，即罪犯的不良心理属于暂时神经联系，受有机体内外环境的制约。在劳动改造中，罪犯接受新的刺激，并反复作用于大脑，逐渐弱化原有的暂时性神经联系，形成新的暂时性神经联系。罪犯劳动改造过程即是对罪犯暂时性神经联系系统进行塑造的过程。

## 二、罪犯劳动改造对罪犯心理的矫正作用

罪犯劳动改造为罪犯弃恶扬善、弃旧图新提供了良好的社会环境，它不仅是一种刑罚手段，而且融入了多种社会关系和社会因素，如监狱的刑罚思想、国家的有关法律和方针政策、监狱的劳动管理制度、监狱劳动改造的价值目标等，这些对罪犯心理具有一定的矫正作用。

### （一）有利于祛除罪犯的不良心理

良好的劳动环境、积极的劳动氛围、严明的劳动纪律、健康的人际关系等为罪犯的改造提供了重要的条件。在罪犯与劳动环境的相互作用中，罪犯的积极心理及表现会得到及时强化。例如，诚实劳动，有创造性、协作精神、责任与担当等，会得到监狱警察的肯定、监狱的奖励、其他罪犯的尊重以及由劳动成果带来的精神上的愉悦和满足；不良心理和表现则会得到及时制止或惩罚，如消极怠工、破坏工具、违反纪律等，不仅会受到有关制度和纪律的处罚，而且违背所在群体的利益，会受到大多数罪犯的孤立和谴责，受到来自群体规范的压力。劳动还能够使罪犯在艰苦的劳动中体验到刑罚的痛苦，从而对自己的罪恶产生理性认识和忏悔之心，并通过劳动赎罪，增加内心平衡感。这些因素促使罪犯在适应环境、与环境的相互作用中，不断调整自己的认识和行为，逐渐去除不良心理，以向良好的方向转化。

### （二）有利于罪犯心理机能的外化

罪犯作为一个社会人，需要与环境进行沟通和交流，不仅需要通过外部环境感知所需信息，内化、吸取、接受对其有利的环境资源，而且迫切需要外化其所思、所想、所虑，在实践中体现、验证和发展自身的心理机能。劳动改造为这种外化提供

了充分的条件。例如,劳动过程、劳动竞赛、技能考核、集体攻关、鼓励创造等,有力地推动和促进了罪犯学习能力、创造能力、实践能力等各项心理机能的充分发挥和发展。反过来,这种机能的发展又促进了罪犯对劳动改造的适应以及对未来出狱后社会生活的适应,使罪犯心理进入良性循环,向着有利于改造的方向发展。

(三)有利于改善罪犯的情绪状态

情绪是指个体受到某一刺激所产生的一种身心激动状态。人们虽然能够体验到情绪,却不容易控制其所引起的生理变化和行为反应。

罪犯服刑行为的特殊性,决定了他们比社会一般群体更易受不良刺激和生活压力的影响,从而经常体验到不愉快的情绪。例如,配偶提出离婚,父母断绝亲子关系,与同犯关系紧张,不适应狱内生活,受到批评、处分或他犯威胁,期待奖励落空等方面,都是容易引起罪犯情绪波动、悲观、痛苦、压抑等负性情绪的不良刺激。这些负性情绪及其累积,不仅对罪犯的身心健康构成较大的威胁,而且直接影响着罪犯改造的动机和效果。

罪犯不良情绪尤其是重大负性事件引起的罪犯极端情绪和长期积累的不良情绪,如悲观绝望、愤怒压抑、痛苦焦虑,一经产生会积聚大量的心理能量,需要及时疏导和宣泄。一方面罪犯劳动为罪犯的不良情绪和心理冲突提供了良好的疏通渠道,在劳动中,大量的心理能量或精神活动的能量通过骨骼肌来表达,就防止了它们经由生理或植物神经系统的释放,从而保护了神经系统的功能和它所支配的内脏器官免受伤害,在一定程度上维护了罪犯的身心健康;另一方面,罪犯通过取得劳动报酬、享受劳动成果等赢得人格尊严,获得他人的尊重,从中体验到劳动的愉快感,从而将不良的消极情绪状态转化为良好的积极情绪状态。

(四)有利于改善罪犯的意志品质

意志是人们为了一定的目的,自觉地组织自己的行为,并与克服困难相联系的心理过程。有些罪犯由于其固有的错误观念、顽劣的行为恶习及不健康的个性特征,一方面表现出抗拒改造的意志顽劣性、固执性,另一方面表现出改造意志的脆弱性、摇摆性、消极性、被动性,为他们通过改造重新社会化设置了障碍。

罪犯参加劳动有助于矫正罪犯的改造意志。首先,劳动的法定性决定了劳动行为是法定行为,有劳动能力的罪犯必须参加劳动,为矫正罪犯改造意志奠定了基础;其次,劳动的规范性和纪律性能够矫正罪犯改造意志的反复和摇摆,有利于约束罪犯的行为,养成劳动的习惯;最后,劳动奖惩的严明性和公正性能够激发罪犯的改造动力,使他们由被动、消极到主动、积极地克服困难、改正恶习。

(五)有利于激发罪犯的整体改造动机

动机是激发和维持个体进行活动,并导致该活动朝向某一目标的心理倾向或动力。动机对个体的行为具有激发、指向以及维持和调节功能,在个体行为分析中占有重要位置。改造动机直接推动着罪犯的改造行为,决定着罪犯改造行为的积极性、能动性和主动性的方向和程度,因而是改造行为中最重要、最活跃的因素。动机和需要紧密相连,需要达到一定的强度从而推动人产生满足需要的行为时,就成为支配个体行为的动机。

罪犯劳动改造有利于激发罪犯的改造动机。首先,罪犯参加劳动能够满足罪犯的需要,例如,罪犯劳动能够在一定程度上满足罪犯的物质需要、自尊需要、交往的需要、求知的需要,甚至劳动过程和劳动成果能够满足罪犯自我实现的需要,促使罪犯产生积极改造的内驱力;其次,罪犯参加劳动能够愉悦身心,这种积极、良好的情绪本身就具有动机功能,激发罪犯对劳动的热爱和积极、主动的改造行为;最后,现代化大机器生产以及就业的形势和需要,不仅激发了罪犯学习科学知识和劳动技术、技能的热情,促使他们积极劳动、刻苦学习,不断帮助他们掌握和提高劳动技能,而且激发了罪犯追求知识、追求理性的好奇心和求知欲,促进他们对人生价值进行理性思考,强化他们改恶从善的决心和信心。

(六)有利于改善罪犯的个性心理特征

个性心理特征是人的各种心理特征的一种独特的组合,它集中反映了一个人精神面貌的稳定的类型差异。能力、气质、性格被统称为个性心理特征。应该说个性心理特征是人的心理现象中相对稳定、不易改变的部分,但不易改变并不是绝对不变。在长时期良好的改造环境中,罪犯的个性特征也会朝向健康、积极的方向改善。劳动改造为罪犯营造了比较好的个性改善环境。

首先,劳动促进了罪犯能力的提高。劳动是一种需要罪犯付出智力和体力的活动,尤其是以现代化大生产为主要方式的罪犯劳动,为罪犯运用和锻炼抽象思维能力、想象能力、记忆能力、分析和概括能力、推理和判断能力提供了机会和途径,提高了罪犯的学习能力;通过劳动,罪犯学到了一定的科学知识和劳动技能,懂得要遵守劳动规范和劳动纪律,以及提高了团队协作能力,不但有利于罪犯在监狱生产中充分发挥自己的能力,还有利于提高罪犯出狱后适应社会的能力,如生存能力、竞争能力、应变能力、遵纪守法能力等,有利于将罪犯改造成为一个守法公民。

其次,劳动的合理安排有助于罪犯不良气质的改造。气质是个体心理活动的动力特征,是个体心理活动和外部动作发生时的有关强度、速度、灵活性、稳定性和指向性等方面的心理特征的综合体现,特别表现为情绪和情感的发生速度和向外表现的强度等。气质的改造首先是以尊重罪犯的气质类型和气质差异以及承认气质的天赋性为前提的。在劳动中,根据罪犯气质特点,不同岗位合理搭配不同气质类型的罪犯;创造条件使各种气质类型的罪犯都能扬长避短;安排合理的岗位,以一定的劳动强度锻炼罪犯的气质弱点等。这些都能在一定程度上改造罪犯的气质,如培养急脾气的罪犯的细心和耐心,培养内向敏感型的罪犯更加开放和主动等。

最后,劳动有助于改造罪犯的不良性格。性格是个人对现实的稳定的态度和习惯化了的行为方式。人类的性格与劳动的关系极其密切。人类性格中的健康特征,如热爱集体、勤奋、节俭、合作精神、责任心、耐心细致、创造精神等,都是在生产劳动中形成的;而性格中的种种缺陷,如自私自利、浪费奢侈、贪图享乐、好逸恶劳、马虎大意等,则是在脱离劳动的过程中形成的。组织罪犯参加劳动是改造罪犯性格的重要途径,可以结合劳动生产率的提高,培养罪犯的合作态度、集体主义精神、责任心等良好的性格特征。

## 第二节　罪犯不良认知的矫正

罪犯不良认知是指罪犯长期形成的对人、对事的不正确认识和看法,对罪犯行为具有错误的支配、调节和导向作用,主要体现在罪犯错误的世界观、人生观、价值观以及偏颇的幸福观、荣辱观等方面,在罪犯诸多的不良认知中,世界观占据统领地位,它是决定人的行为倾向的最高调节器。世界观是由人对整个世界的根本看法所组成的信念体系,在罪犯身上最直接的体现就是罪犯偏颇的人生观、价值观和幸福观等具体观念。罪犯劳动改造改变了罪犯的生活方式,将罪犯置身于一个只有勤奋劳作才有可能获得更好处遇、得到奖励和较高的改造分数的境地。这种存在本身会引发罪犯意识和观念的变动和适应,从而促使它们向有利于改造的方向转变。

### 一、罪犯不良人生观的矫正

人生观是世界观在人生问题上的具体体现,是人们对人生各类问题的根本看法,包括人存在的意义、人生目的、生命的价值、人生的态度和责任、人生需要、人生理想、人的自由和幸福等。人生观对人的各种行为具有深刻而直接的影响和支配作用,不良的人生观曾经使罪犯沿着错误的方向走错人生道路。在刑罚执行场所,提供各种形式的劳动,有助于在一定程度上矫正罪犯的人生观。

#### (一)矫正罪犯不良的人生目的

1. 矫正罪犯的享乐主义人生目的

罪犯享乐主义的人生目的体现在罪犯改造生活的各个方面,言论上宣扬腐朽的生活方式，行为上寻求安逸、舒适、轻松，逃避责任和义务，甚至出现高消费现象，用名牌日用品、抽高档香烟、吃小灶伙食等。实际上，正是因为罪犯没有劳动的习惯，没有在劳动中体验到付出和创造的快乐，很少真正懂得他人为劳动成果的取得所付出的辛勤汗水，所以单纯追求享乐。

在监狱中，罪犯参加劳动，亲身体会在劳动中付出的艰辛与所得的快乐，甚至吃自己亲手种的粮和菜，欣赏自己亲手布置的幽雅环境，才能珍惜由自己的劳动挣得的每一分钱，才能理解家人和亲属为其服刑付出的代价，从而能够认识到不能把自己的享乐建立在别人的痛苦之上，只有自己付出劳动，才能心安理得地享受人生。

2. 矫正罪犯的拜金主义人生目的

在某些罪犯看来，"有钱就有一切"，无限夸大金钱的作用，不惜一切手段聚敛钱财，贪得无厌，欲壑难填，这就是罪犯拜金主义人生目的的赤裸裸体现。拜金主义的人生观让罪犯的一切行为和努力都是出于有利可图的目的。

在劳动改造中，这种人生观受到极大挑战。首先，每个罪犯必须参加力所能及的劳动，对每个罪犯劳动工种的设置、劳动岗位的变动、劳动量和劳动时间，监狱方都会尽可能地科学设定，绝对不允许有劳动能力的罪犯不参加劳动；其次，罪犯劳动的价值是以罪犯自我改造的程度来衡量的，罪犯只有踏踏实实地参加劳动、改造自己，才能实现这个价值；最后，罪犯获得的劳动报酬并不仅是为了满足其物质需要，而是对其基本劳动价值的肯定，在性质上与其入狱前通过抢劫、贪污、诈骗等方式所获得的钱财截然不同。因此，在罪犯头脑中，金钱的概念也会因此更加接近其本质的含义，让罪犯从思想上正确认识金钱和获得金钱的合理途径。

（二）矫正罪犯消极的人生态度

人生态度是人们对待客观事物、对待他人和自我的基本态度，与人生目的、人生理想有着密切的关系。罪犯的人生态度主要表现为以自我为核心、以私欲为半径、以享乐为目的的生活方式，醉生梦死、玩世不恭、不劳而获、巧取豪夺、逆反敌对、仇视社会就是他们消极人生态度的写照。

1. 矫正罪犯醉生梦死、玩世不恭的人生态度

罪犯入狱前的生活多是尽情享乐，恣意妄为，精神颓废，百无聊赖。他们少有责任感，更无同情心。这些罪犯在监狱里"混刑期"的思想严重，甚至留恋吹嘘以前的淫乱生活，在狱内搞歪风邪气。罪犯醉生梦死、玩世不恭的态度来自精神生活和生存方式的极端空虚，他们除了追求某些低级的物质需要和生理需要的满足，很少在精神生活上有所追求，无法体验到更高的人生境界和精神层次。

劳动赋予罪犯的显然是与他以前截然不同的生存方式,严格的劳动纪律的约束,艰苦的劳动过程的磨炼,严明的奖惩制度的启示,劳动竞赛及劳动评比的激励,未来严峻的就业形势的压力等,都会对罪犯的劳动态度和劳动行为提出较高的要求。罪犯在劳动过程中养成的认真、细心、耐心、负责等态度直接冲击着、抵消着罪犯得过且过的人生态度,有助于其养成珍惜时间、珍爱生命和为自己、家人及社会负责的精神。劳动可以提高罪犯需要的层次,使罪犯在获得一部分劳动报酬、满足其物质需要的同时,更能享受到通过劳动和创造而赢得的作为一个人的真正尊严和价值,从而从根本上矫正罪犯醉生梦死、玩世不恭的人生态度。

2. 矫正罪犯不劳而获、巧取豪夺的人生态度

罪犯通过非法手段获得自我利益的满足,将自己的"幸福"建立在巧取豪夺、强力占有、掠夺他人或国家财物的基础上,盗窃抢劫,坑蒙拐骗,贪污腐败。他们一方面有着膨胀的物欲,另一方面却是对劳动的厌恶,妄图不劳而获。

强制罪犯参加劳动,对罪犯进行劳动教育,让罪犯认识到只有诚实劳动才是获得合理的经济利益和社会地位的唯一途径,只有通过诚实劳动才能掌握技能、适应出狱后的社会,只有通过诚实劳动才能真正获得做人的尊严,而任何不劳而获、巧取豪夺的人生态度都是最丑恶和可耻的。

3. 矫正罪犯逆反敌对、仇视社会的人生态度

部分罪犯存在对政府、监狱警察的敌对甚至仇视心理,认为是政府剥夺了他们享受生活的权利,不能正确认识自己的犯罪给社会、国家带来的危害,因而不能客观地认罪悔罪,改造态度消极,甚至公然与政府对抗。

我国监狱中的罪犯劳动改造,始终坚持以教育为主,注重调动罪犯劳动的积极性和主动性,让他们愿意参加劳动,并在劳动中体验到乐趣;注重对罪犯的劳动保护,高度重视罪犯的安全,限定罪犯的劳动时间、优化劳动环境等;重视罪犯生活卫生条件的改善,使罪犯身体健康得到了保证;实行劳动报酬制,适当给予罪犯劳动报酬,有条件的监狱还为罪犯办理了保险;为适应罪犯出狱后就业的需要,不断加强现代劳动技能、技术的培训。这一切充分体现了政府对罪犯的人道主义关怀,有助于矫正甚至消除罪犯对社会、对政府的仇视和敌对心理。

## 二、罪犯不良价值观的矫正

价值观从属于世界观,并接受人生观的指导,是对人的活动具有评价和导向作用的社会意识。价值观表现在对社会生活中各类事物的评价和追求上。例如,主体对客体好与坏、真与假、善与恶、美与丑、利与弊、优与劣、值得与不值得、有意义

还是无意义等的认识与评价,都是价值观的反映。

(一)矫正罪犯不良的价值观念

1. 矫正罪犯的个人主义价值观念

罪犯个人主义的价值观,首先,表现在以个人私利和私欲是否满足作为判断事物价值的唯一标准。认为"个人利益高于一切",一切事物的价值皆看"对我是否有利","对我有利的就是好的,否则就是坏的",而不管这利益的得来是否建立在牺牲他人或集体利益的基础上。罪犯的这种价值观割裂了个人和集体、社会的关系,也割裂了个人利益和集体利益的统一,使个人利益凌驾于一切之上,成为价值判断的核心。其次,表现在罪犯脱离现实社会的价值准则,孤立地看待自身价值。现实社会遵照按劳分配的原则,以对社会贡献度的大小衡量社会成员的价值,罪犯厌恶诚实劳动,妄图不劳而获,置社会价值准则于不顾,一意孤行,为所欲为,表现出对社会价值准则的背离和破坏。最后,表现在罪犯脱离客观现实条件盲目追求个人价值的满足。罪犯不顾自身和现实的种种条件制约,盲目追求金钱、权利、美色、安逸,常生"非分之想,非分之需",追求超前消费,超高消费,脱离客观实际。

在劳动改造中,现代化大生产环环相扣的劳动环节把罪犯紧密地与劳动集体结合在一起,罪犯的劳动行为不是孤立的行为,罪犯劳动所获得的利益也不仅靠个人的努力。人和人之间必须相互协助、支持和合作的劳动现实使罪犯必须学会站在他人的角度和立场看待问题,在考虑满足个人利益的同时,必须照顾到他人的利益和集体的利益。在罪犯完成劳动任务的过程中,对其价值的衡量标准,是看他完成劳动的质和量以及创造性劳动的程度,以及其所在的团体的劳动价值。这个标准是客观、公正的,它不以罪犯的意志为转移,反而持续稳定地影响罪犯的价值准则。罪犯劳动表现还直接影响其处遇的等级和层次,罪犯要想获得更高、更好的处遇,甚至早日获得自由,在劳动上就必须脚踏实地,任何非分的愿望和要求都是不被允许的。总之,在劳动实践中,罪犯不切实际的"唯我"价值观将会受到极大的震动和冲击。

2. 矫正罪犯的功利主义价值观念

多数罪犯表现出较强的功利主义的价值观念:(1)追名逐利。对名利、权利、金钱看得很重,甚至超越社会道德和良知。在这些罪犯看来,政治是假的,理想是空的,道德是虚的,理论是骗人的,前途是渺茫的,只有物质利益才是实惠的。因而讲利益不讲理想,讲物质不讲精神,讲索取不讲奉献。(2)急功近利。在功利主义的导引下,罪犯迫不及待地想满足个人的私利,以不劳而获为途径,以侵害人民利益为手段,以尽快满足个人私利为目的,不顾国格、人格、道德、良心、伦理,不择手段地追逐金钱,攫取名利。

罪犯的功利主义价值观念在劳动改造中有一定的体现,他们出于对自由的强烈渴望,非常看重改造的成果。例如:挑选改造分值多的工种,“分多多干,分少少干,无分不干”;拈轻怕重却又斤斤计较所得;付出一点便立即要求兑现奖励等。罪犯的劳动安排、监督、考核等环节都以严密、科学的制度为指导,罪犯既不能只片面追求个人的私利而置他犯和集体的利益于不顾,又不能一劳永逸,不想付出就能得到。罪犯功利主义的价值观念在严格的制度实施之下,找不到市场。

在对罪犯的百分制考核中,不仅劳动质量是重要的考核内容,劳动态度也是一项重要的考核内容。这就警示罪犯,要想获得他追逐的“功利”,即立功、减刑、假释、嘉奖,那么首先必须端正对劳动的态度,转变漠视劳动、急功近利的观念和态度,认识到劳动在自身改造和进步中的意义和价值,认识到劳动的集体性、协作性、长期性和艰苦性。特别是劳动改造使其认识到,还有比“功利”更有价值的东西,那就是在长期的劳动中养成良好的劳动习惯,善于与人合作的意识和经验,健康的体魄,以及为社会创造了价值而找回做人的尊严等。

3. 矫正罪犯的虚无主义价值观念

罪犯入狱后,尤其是刑期较长的罪犯,因其原有的不良价值观受到冲击,在监狱找不到存在的土壤,而新的价值体系尚未建立,这部分罪犯表现出悲观绝望、无所适从、无所追求的状态,思想极度空虚。他们郁郁寡欢,对任何人和事提不起兴趣,或者否定一切,怀疑一切,认为什么都是假的、空的,什么都没有价值,不值得去做。

罪犯被强制参加劳动,可以矫正罪犯的虚无主义价值观念。首先,有规律的劳动生活占满了罪犯每日的主要时间和空间,使罪犯无暇顾及其他的念头和想法。这种实实在在的存在给予罪犯的是一种精神上的踏实感和充实感。虚无的思想来自空虚的生活方式和偏激的认知方式,劳动实践恰恰弥补了其生活方式的空虚性,奠定了矫正其虚无主义价值观的基础。其次,劳动实践能够启迪和激发罪犯丰富而积极的情感,引导他们热爱生活,关爱他人,体验成就,品味所得。正确的价值观与健康的情感密切相关。当认知主体对事物(包括自身)的价值和意义作出肯定的价值判断时,必然伴随着积极的态度和爱、喜欢、满意、快乐等情感体验,反之则伴随着消极的情感体验。反过来,情感也影响价值评判,人们对自己所爱、所喜欢、所满意的事物总是给予较高的价值判断,而对所恨、所厌恶、所不满的事物总是给予较低的价值判断。因此,劳动实践有助于培养罪犯的正性情感,充实罪犯虚无的价值观念。最后,罪犯劳动有严格的考核标准,从而也给予了罪犯鲜明的价值评判标准。做什么、如何做才是被认可和肯定的,罪犯非常清楚,也必须按照标准去做,久而久之则会内化为罪犯衡量人和事的标准,为罪犯重建价值观体系添上了浓墨重彩的一笔。

(二)矫正罪犯错误的价值评价

价值观最终必须体现于人对事物的评价之中,对客观事物的价值判断决定于主体对此事物与其需要之间关系的评价。因为罪犯入狱前的需要层次低下,本能欲望突出,而高级精神活动的需要很少,宣扬"人为财死,鸟为食亡"。这就决定了罪犯价值评价系统的低级性、盲目性、本能化和错误性。许多罪犯只是从自己的欲望出发、从狭隘的私利出发对事物进行评价:凡是能够满足私欲的(如金钱、财富、权势),就是好的、重要的、有意义的;凡是不能够满足私欲的(如同情心、正直、责任),就是坏的、不重要的、无意义的。那些与人的高级需要相联系的事物(如知识、艺术、美德)很难被他们认识和理解,很难被纳入他们狭隘的评价视野。劳动改造对提升罪犯的需要层次、矫正罪犯不良的价值评价有重要的作用。

1. 罪犯劳动改造有助于改善和提高罪犯对尊严的价值评价

尊严,是人自觉认识和肯定了自己的人格、权利、责任、人生价值、社会地位和社会作用之后所形成的自尊、自信、自豪、自强的自我意识体验以及由此所决定和选择的端正庄严的行为方式。尊严是基本的人类价值之一,因为尊严意味着人独有的人格和价值。罪犯也有尊严,但是大多数罪犯没有真正认识和理解尊严及其价值。他们或把尊严看成了权力、金钱的附庸,为了金钱、美色可以轻易丢掉尊严;或自我尊严感过分敏感、变态膨胀,为了几句话甚至一件小事就能大打出手,成了激情的奴隶,丧失了人的宝贵理性。

劳动改造指导、教育罪犯认识和理解什么是人的尊严,那就是做一个自食其力的人,永远挺直脊梁,保持自己的独立人格;是用自己的辛勤汗水冲刷灵魂上的耻辱和污点,弥补社会和他人因自己犯罪受到的损失,重新得到家人和社会的认可;在劳动中,最大限度地发挥自己的聪明才智,通过为社会作出贡献赢得一定的社会地位。罪犯在自我劳动改造的过程中,应该建立这样一种观念和评价,即只有劳动和贡献,才能赢得真正的人的尊严,而这正是至高无上的东西。

2. 罪犯劳动改造有助于提高罪犯对知识的价值评价

应该说,罪犯知识越多,对社会伦理、道德规范的理解就越深,对人生事理的体验就越深。大多数罪犯知识面狭窄,求知欲低下,上进心薄弱,有的从中学时代就厌恶学习,认为学习无用,根本看不到知识的价值。

由于时代的发展和社会的进步,生产的科技含量越来越高。罪犯劳动方式和劳动手段变化很快,面临着对新知识和新技术的掌握和运用。罪犯要想取得较高的生产效率和良好的产品质量,就必须不断学习。罪犯要想出狱后能够凭借劳动技能就业创业,也必须学习。此时,知识对于罪犯来说,变得比其他任何时候都更重要、更有价值。

3. 罪犯劳动改造有助于提高罪犯对责任的价值评价

马克思指出,人的本质是一切社会关系的总和。生活在一定社会中的人,必须承担一定的社会角色,必须承担某种社会职能或职责,这就是责任。罪犯的犯罪首先是对自己不负责任,其次是对其家庭和社会缺乏责任心。犯罪行为是对责任的背弃,罪犯要想改恶从善,首先必须成为责任主体,只有这样,罪犯才可能具有健康的人格,才能体现自己的内在价值。

劳动可以提高罪犯对责任感的价值评价。首先,劳动让罪犯学会对自己负责。罪犯选择什么样的劳动态度和劳动行为,会直接影响其改造成绩,从而影响减刑、奖励的幅度。罪犯只有积极参加劳动,积极投身改造,才是对自己命运的最大负责;只有刻苦学习,掌握现代化知识和技能,才是对自己未来和前途的最大负责。其次,劳动让罪犯学会对亲人和社会负责。罪犯作为劳动主体,亲身体验、感受劳动的艰辛,从而对财富的来之不易产生明确而深刻的认识,促使其反省自己奢侈腐化的生活方式,对偷、抢、掠、骗的犯罪行为感到内疚和惭愧,更加珍惜亲人提供的钱物和理解亲人的艰辛,从而唤醒其对亲人和社会的责任意识。

4. 罪犯劳动改造有助于提高罪犯对创造的价值评价

创造的含义很广,在生产劳动中的创造一般是指能够想出新的方法,提出新的理论和观点,制造新的工具,改革旧的工艺等。从现代人格心理学的角度来讲,人人都具有自我实现的倾向,都具有创造的潜能,罪犯也不例外。

监狱非常注重罪犯劳动素质的提高和创造能力的发挥,不断鼓励和激发罪犯的创造活动,如为罪犯提供发明创造或技术革新的时间、空间、资料等条件,为在发明创造或技术革新中取得重大成就的罪犯按照法律程序呈报减刑或假释等,并为他们评定技术职称、申报专利,给予物质奖励或精神奖励等,大大激发了罪犯的创造热情,引导罪犯追求创造、热爱创造、投身创造。例如,在实践中,罪犯在创造发明、工艺和技术革新中取得了非常多的成绩,许多创造发明成果获得了国家专利,得到了有关部门和各种级别的奖励,许多工艺和技术革新为监狱罪犯劳动带来了很大的改进和经济效益,这些极大地提高了罪犯对创造的价值评价。

(三)矫正罪犯错误的价值目标和实现手段

所谓的价值实现主要指人生价值的实现,它既是个人对社会尽责、为社会作出贡献的过程，又是社会给予个人评价、满足和尊重的过程。但是在罪犯看来，其人生价值的实现是纯粹个人的事情，其出发点和落脚点都是注重个人欲望的满足，既不注重这种欲望的满足是否符合社会现实，也不注重这种要求是否与个人的贡献成正比，甚至为满足私欲而不惜践踏社会伦理、道德和法律。

罪犯的价值追求始终锁定金钱、权势、享乐等低级目标，而衡量价值实现的标准也是看这种追求、这种目标实现的程度，因而其实现价值的途径和手段必是不惜一切、残酷无情、卑劣低等的。

罪犯入狱，以前的价值目标的实现在监狱环境中搁浅，此时对罪犯来说最有价值的、最重要的目标莫过于早日获得自由，但行凶、脱逃、耍滑、装病等途径只能换来刑期加长、痛苦加深，通过脱逃获得的自由终不是真正的自由——“逃到天涯也是囚”。因此，罪犯要想早获自由，必须安下心来改造。在劳动改造方面，罪犯必须遵守劳动纪律，通过诚实劳动和创造性劳动为自己赢得早日出狱的机会，并在罪犯群体和监狱警察中得到认可和尊重的机会。这对罪犯旧有的价值目标和实现途径是一种有力的冲击。

前已述及，劳动改造提高了罪犯对尊严、知识、责任和创造的价值评价，尤其是创造性的劳动使罪犯的能力和智慧发挥到极致，容易体验到自我价值的实现感，这种较高层次的价值实现对低级化的价值实现具有矫正作用。罪犯在改造中的表现尤其是罪犯对劳动知识和技能的掌握，通过社会帮教得到家人和当地政府的认可，有利于其出狱后再就业，并在工作岗位上发挥一技之长，作为一名普通劳动者，在为社会作出贡献的过程中体验一个人真正的人生价值。

### 三、罪犯不良幸福观和苦乐观的矫正

幸福观和苦乐观主要是围绕“什么是幸福，什么是快乐，怎样才算是幸福和快乐”等主题的一系列观念和看法。快乐和幸福常常被认为是同义词，趋乐避苦，是人的本性，快乐和幸福是世界上任何人都追求的东西。大多数罪犯犯罪也是为了追求这两样东西而盗窃、诈骗、抢劫、贪污、受贿、强奸、走私等，其目的都是追求“快乐”。但与常人的追求不同的是，他们的幸福和快乐是建立在剥夺他人幸福和快乐的基础之上的，其本质是“损人利己”的。

进一步深究，罪犯犯罪不仅毁灭了他人的快乐和幸福，实际上也毁灭了他们自己的快乐和幸福。罪行没有败露的时候，犯罪者承担着社会舆论的谴责、良心的折磨和担心被人发现的恐惧；罪行一旦败露，他们又担心被判刑，惴惴不安、紧张忧虑；而被判刑后，身陷囹圄、身败名裂、失去自由，家庭也容易破裂，伴随罪犯的是更

多的负面情绪。从这一点上看，罪犯犯罪是“既损人又不利己的”。

犯罪之所以不能为罪犯带来持久的快乐，从根本上说，是因为犯罪是个体与社会之间的对抗，这种对抗的结果是受到国家机器的惩罚和制裁，其最终结局对犯罪个体来说是不幸的。但是，罪犯很少能够认识到这一点，相反，大多抱着侥幸的心理，在犯罪的泥潭中越陷越深。

罪犯劳动改造对罪犯幸福观和苦乐观的矫治，主要是通过以下几个方面。

（一）罪犯劳动改造让罪犯理解幸福和快乐的真正含义

在劳动中对罪犯进行劳动教育，让罪犯认识到，真正的幸福是以不仅为自己且更为群体、为社会谋取利益为基础，真正的快乐是付出之后的快乐。自私自利、贪图私欲、只讲索取、不讲给予，得到的永远不会是真正的幸福和快乐。诚实劳动是获取幸福和快乐的唯一途径，只有通过劳动奉献个人的聪明才智，为他人和社会谋取利益，并在奉献和付出中实现自己的人生价值，才能获得最大的幸福和快乐。

（二）罪犯劳动改造让罪犯体验幸福和快乐的真实情感

劳动是幸福和快乐的本源。正如圣西门所说：“人应该劳动。从事劳动的人是最幸福的人。”①这是因为：首先，劳动给予人类改造世界、创造世界的机会。只有劳动，才能增加人类把握客观世界的可能性，才能体现人类独有的价值和尊严，所以整体上它是人类幸福和快乐的本源。其次，罪犯在劳动实践中忏悔自己、改造自己，一方面可以放下心中因自己犯罪而背负的沉重负担；另一方面，用一部分劳动报酬弥补自己给家庭和被害人造成的经济损失，以求得心理平衡，这种平和感和宁静感是幸福和快乐的情绪背景。再次，罪犯在劳动中释放自己的身心两方面能量，有利于其心身舒畅、健康。最后，创造性的劳动提升并满足罪犯的高级需要，增加罪犯的自我肯定和接受，增强罪犯的自尊心、自信心和自我愉悦感。

（三）罪犯劳动改造让罪犯感受幸福和快乐的珍贵价值

罪犯参加劳动，获得的不仅是劳动报酬，还包括他们所得到的一切如鼓励表扬、立功受奖、减刑假释以及人际和谐、建功立业等，这都与其劳动态度和劳动行为密切相关，都必须凭借积极改造、诚实劳动获得，而这些正是罪犯在监狱这个特殊环境感受幸福和快乐的重要源泉，只有这样，罪犯才更懂得珍惜其价值。

① 陈士涵：《人格改造论》（下卷），学林出版社 2001 年版，第 718 页。

# 第三节　罪犯不良自我意识的矫正

自我意识,是对自己作为一个独特存在的个体的认识,是作为主体的我对自己以及与周围事物的关系,尤其是人我关系的意识,包括自我观察、自我评价、自我体验、自我监控等形式。自我意识是隐藏在个体内心深处的心理结构,是人的意识发展的高级阶段,是人格的自我调控系统。个体正是通过自我意识来认识、调节自己,在环境中获得动态平衡,以求得到独特发展。罪犯的自我意识矫正是罪犯得以根本矫正的途径之一,罪犯劳动在培养罪犯正确的劳动观念、良好的劳动习惯和顽强的劳动意志的同时,也矫正着罪犯的自我意识。自我意识表现为认知的、情感的和意志的三种形式,分别称为自我认识(包括自我观察、自我评价、自我概念等),自我体验(包括自尊、自信、内疚、自豪、自我效能感等)和自我调节(包括自主、自立、自控、自我教育、自我监督等)。

## 一、罪犯自我意识的缺陷

自我意识的调控功能体现在两个方面:一是当个体的情感和理性发生冲突的时候,个体能主动调节情感的冲动,以服从理性的需要;二是当个体的需要与外界环境相矛盾的时候,能主动调节自己的需要结构、需要内容和程度,以适应外界的条件和社会道德、法律、伦理等方面的要求。罪犯犯罪与其自我意识的偏差和缺陷密切相关,在罪犯劳动中,这种偏差体现在以下几个方面。

### (一)自我认识偏颇

自我认识是指"主体我"对"客体我"的分析、推理、判断和思考,即"我"如何评价、认识"我自己"。清晰、正确的自我认识有助于明辨是非、认清利害,并据以调节方向、控制行为。但不正确的自我认识却能把人引入歧途。

在劳动过程中罪犯的自我认识偏颇包括很多方面,主要有三个。

1. 自我角色认识偏颇

罪犯劳动是法定劳动,参加劳动的罪犯可以通过劳动洗刷自己的罪恶、养成良好的习惯、学习一定的技能、启迪自己的灵魂。罪犯在劳动改造中的角色,既是一名受到惩罚的罪犯,又是一名必须参加力所能及的劳动的劳动者,罪犯对此角色的认识往往存在偏颇。首先是不认罪、不悔罪,千方百计为自己开脱罪责,不认罪直接导致对一切矫正措施包括劳动改造的抗拒和逆反心理;其次是罪犯中尤其是以前没有劳动习惯的罪犯在劳动改造过程中,始终难以认同其作为一个劳动者的角色,幻想通过种种方式逃避劳动,或拉拢腐蚀干部和罪犯中的"八大员",以得到劳动量较小的岗位,或在劳动中采取耍奸偷懒的方式降低劳动强度,或利用、收买、威吓他犯代替自己劳动,某些罪犯甚至因不能忍受劳动的艰苦而脱逃。

2. 自我能力认识偏颇

能力是影响掌握和运用知识技能,使学习、工作等各种活动顺利进行的个性心理特征。罪犯在劳动中的能力认识偏颇,主要表现在对自己能否胜任劳动岗位不自信。尤其是一些文化程度低、年龄偏大的罪犯深恐自己不能很好地完成劳动任务,从而影响改造分数,容易混刑度日、自暴自弃。与罪犯以前从事工作不一样的且知识和技能含量较高的工种,也易导致一些罪犯怀疑自己,表现出对新工种的焦虑和不适应。

3. 自我利益认识偏颇

罪犯对自己的利益和应享受的权利看得极重,表现在劳动中就是十分计较劳动的强度、分值和报酬,"分多多干,分少少干,无分不干"的现象比较突出。假如"无利可图",劳动的积极性就大为降低,甚至公然抗拒劳动。这些罪犯一味从个人利益出发衡量劳动的价值,认识不到劳动在其他方面的价值和意义。

(二)自我体验消极

自我体验是指个体对自己的情感体验,它是在认识的基础上产生的,反映了个体对自己所持的态度。罪犯在劳动中的自我体验是比较消极的,主要体现在以下三方面。

1. 自尊感缺乏,自卑感强烈

劳动作为创造世界从而创造人本身的一种有意义的活动,本应使每一个劳动者在劳动中获得最大的愉快体验,但罪犯是一个特殊的群体,罪犯劳动具有一定的强制性,这就使罪犯难以像普通劳动者那样,从自食其力的劳动中获得价值感以及以劳动为维持生存和创造价值的唯一途径的尊严感。所以,在劳动中,罪犯普遍缺乏自尊感,难以在劳动中找到自己的价值。不少罪犯与社会上的同伴相比,听到或看到他人的成就时,更感到惭愧和自卑。

2. 自我效能感低,兴趣缺乏

自我效能感是指对自己是否能够成功地从事某一种活动的自我体验。因为罪犯在劳动中对自己的能力不自信,所以效能感低,认为自己能够坚持劳动就不错了,根本谈不上成功或出色地完成监狱规定的劳动任务。受监狱生产性质和类型的局限,监狱劳动分工还无法照顾到罪犯的劳动特长。再者,罪犯本身对劳动的消极态度使罪犯对所从事的劳动岗位缺乏兴趣，难以在劳动中体验到快乐的情绪。

3. 情绪低落，疲于应付

大多数罪犯将劳动视为一件“苦差事”，唯恐避之而不及，实在不能逃避，也是硬着头皮上，劳动的积极性较低。日复一日，年复一年，罪犯在劳动中的情绪随着时间的推移，已经钝化，处于一种漫不经心的应付状态。

（三）自我控制薄弱

自我控制是自我调节的最基本手段，它是个体对自己心理活动和行为的约束和操纵，表现在个体服从既定目标、约束自我、克服困难的过程之中。罪犯在劳动过程中会遇到来自自身内外的多种困难：来自内部的困难，如对劳动的畏惧心理，身体不适、家庭变故带来的心理压力等；来自外部的困难，如劳动的强度和难度，劳动过程的乏味性、艰苦性和某些工种的危险性，恶劣的气候和地理环境等。罪犯为了完成劳动任务必须克服这些困难，但罪犯的自制力是比较薄弱的，他们面对困难常常是望而生畏，因胆怯而退却，因不堪忍受而逃避，即使坚持劳动，也无精打采，不得已而为之。

## 二、罪犯不良自我意识的矫正

罪犯劳动无论其自身有什么样的特殊性质和功能，其本质仍然是矫正客观世界从而也矫正主观世界的社会实践活动。在劳动中，罪犯的精神世界同自身躯体一道无时无刻不在接受着劳动的磨炼和改造。劳动与劳动教育一起促进了罪犯的自我意识，只有在劳动实践中，罪犯才能充分认识到自己与劳动对象的关系、自己对他人的依赖和独立，以及自己的能力和价值等。

（一）对罪犯不良自我认识的矫正

监狱有组织、有目的地组织罪犯参加劳动，对罪犯的劳动态度、劳动表现和劳动成果进行公正严格的考察和评价，并将其与罪犯的奖惩结合起来。这在一定程度上引导着罪犯的自我评价和自我认识，罪犯会深刻认识到“顽固抗改”、抗拒劳动是没有出路的，只有安下心来接受教育、踏实劳动，才是获得新生的唯一途径。这时，监狱对罪犯的劳动标准和劳动要求最终内化为罪犯评价和认识自己的标准。同时，劳动过程也是一个社会比较的过程，罪犯在劳动中与他犯比较从而改变着自我认识，如对自己的能力、掌握技术的程度、劳动效率的高低、是否吃苦耐劳等的认识，提高劳动效率、获得较高的改造分数的需要有助于增强罪犯提高劳动技能和能力的想法。更重要的是，劳动作为最基本的社会实践活动，有助于罪犯提高对自我的社会角色、社会权利、社会义务和社会责任的认识，有助于罪犯提高对自己与社会之间、与他人之间关系的认识，从而矫正唯我的利益观。

(二)促进罪犯积极自我体验的形成

罪犯的自我体验是与自我认识相伴而行的。罪犯自我认识的提高，必然伴随对自己的正向的和积极的体验。罪犯的劳动取得了一定的成绩，得到监狱的肯定评价乃至奖励(如获得奖金，被评为劳动改造积极分子，甚至被减刑)，就能提高他们的自尊心、自信心和自豪感，从而让他们体验到自己的人生价值；科学知识和技术含量越高的劳动越能培养罪犯的理智感，让他们学会用科学和理智的态度看待、分析周围的人和事，让他们越能尊重知识，尊重他人；当罪犯通过劳动洗清自己的罪恶，荡涤自己的灵魂污垢时，罪犯就会产生社会道德感，并缓解和释放因为犯罪所产生的心理压力，有一种轻松感和释放感。同时，劳动还是创造美的过程，优美的劳动环境和场所，流畅的生产线，密切、协调的相互配合和协作等，都会培养罪犯的美感。

(三)促进罪犯自我意志的锻炼

在劳动过程中，无论是学会使用劳动工具、掌握劳动技能，还是提高劳动效率、完成劳动指标，都必须由参加劳动的罪犯付出自己的体力和脑力，都得克服种种困难，才能达到预期目标。虽然监狱的劳动是艰苦的，劳动纪律和管理又非常严格，但是如此艰苦和管理严格的劳动有助于罪犯形成坚韧和自制等良好的意志品质。

## 第四节　罪犯不良个性品质的矫正

劳动过程是一个展现罪犯全方位个性特征的过程，劳动效率的高低、速度的快慢、质量的精粗，是倾向独立完成还是依赖合作，是急躁、毛糙还是沉稳、精心等，都与罪犯的个性有很大的关系。

### 一、罪犯气质消极属性的矫正

一般来说，气质没有好坏之分。然而，气质这种先天的神经活动类型在形成性格时既有积极的一面，也有消极的一面。在罪犯劳动中，常常可以观察到罪犯心理活动的强度、速度、灵活性、指向性、稳定性等方面的气质特点存在差异。例如，有的罪犯劳动时性情急躁，稍不顺心即容易着急发火，有的罪犯则喜怒不外露，情绪淡漠、稳定，这是罪犯气质的强度差异；有的罪犯劳动起来动作很快，总是比其他罪犯早一些完成劳动任务，而有的罪犯劳动起来不紧不慢，按部就班，这是罪犯气质的速度差异；有的罪犯很容易适应新的工种和劳动环境，有的罪犯则在工种变化时常感到焦虑不安，很长时间都难以适应，这是罪犯气质的灵活性上的差异；有的罪犯劳动时总忍不住与他犯说笑，有的罪犯则总是沉默不语，这是罪犯气质的指向性差异；有的罪犯无论从事哪项工作，都是虎头蛇尾，浮躁不定，凡事缺乏坚定性和坚持性，而有的罪犯劳动情绪稳重、冷静，能够较长时间集中精力做一件事情，这是罪犯气质的稳定性差异。

所谓气质消极属性的矫正并不是指气质类型的改变，而是针对罪犯的气质特点，发展其积极的一面，克服和改变其消极的一面。例如，胆汁质罪犯具有直率、热情的气质优点，又存在急躁、易冲动、难自控的气质弱点；多血质罪犯具有灵活、善处、适应性强的气质优点，又具有多变、不恒、狡诈等气质弱点；黏液质罪犯具有稳重、踏实、有恒等气质优点，又具有固执、刻板、心思重等气质弱点；抑郁质罪犯具有细心、谨慎、遵规守纪等优点，又可能有敏感、多疑、孤僻、悲观等表现。劳动对罪犯气质的矫正可以表现在以下两个方面。

（一）合理安排劳动项目，使罪犯气质“取长补短”

劳动矫正罪犯气质是在尊重其气质类型的前提下，合理安排劳动，使罪犯气质“取长补短”。所谓“取长”，是指监管人员善于根据罪犯的气质特点安排劳动项目，让罪犯充分展示和利用自身的气质优点，如某些细密严谨的劳动项目可以安排黏液质和抑郁质的罪犯，以充分发挥他们专注、细心、耐心的气质优点；某些活动性强、需要不断转移注意力的劳动项目可以安排多血质的罪犯，以充分发挥他们灵活、多变的气质优点等。所谓“补短”，是指劳动可以被视为针对罪犯气质缺陷而安排的实践活动。例如，专门给胆汁质的罪犯安排需要细致、耐心、一丝不苟的劳动项目，以锻炼他们的耐性和韧性，磨炼他们过激的情绪，平息他们的心态；对多血质的罪犯，可以给他们安排需要责任心和恒心的劳动项目或岗位，以锻炼他们的毅力和做事始终如一的精神；对抑郁质和黏液质的罪犯，可以多给他们安排需与他犯交往和配合才能很好完成任务的劳动项目，以改善他们郁郁寡欢、不喜与他人交往的气质弱点等。

（二）劳动中对不同气质的罪犯合理搭配，促使罪犯反思自己的气质特点

没有比较就没有鉴别，他人从来就是人认识自己的一面镜子。只有在与他人的社会交往中，在与他人进行各方面的社会比较中，人才能更好地认识自己、了解自己。罪犯也一样，罪犯之间经常在家庭、为人、能力等各方面进行或明或暗的比较，在比较中更深刻地认识自己。

无论在哪一个劳动项目中，把气质相同或相似的罪犯安排在一起都是不妥的，

因为这样不能体现出各种类型气质的优势互补,不利于团体协作和罪犯之间的相互学习和借鉴。但是,如何合理安排不同气质类型的罪犯,显然还应视具体的劳动性质和种类而定。合理安排不同气质类型罪犯的不同工种和岗位,可使罪犯在与自己不同气质罪犯合作的过程中,通过比较认识到自己的气质特点,与他犯之间互相取长补短。如果安排得当,胆汁质的勇气和胆量、多血质的灵活和机智、黏液质的稳重和谨慎、抑郁质的细腻和耐心,可以在一项劳动中做到和谐统一。罪犯之间的协作既能让他们彼此尊重他犯的优点,又能看到自己的弱点,还能体验到齐心协力共同完成任务的顺畅感。

当然,安排截然不同的气质类型的罪犯,不仅要看到他们之间的互补,还应对他们因气质相异太大可能导致的矛盾要有所认识和防范。

## 二、罪犯不良性格的矫正

性格本身就是对现实稳定的态度和习惯了的行为方式,因此,性格与行为密切相关。要想矫正罪犯行为,必然要矫正罪犯的性格。性格又是个性系统中最重要的要素,是个性的核心部分,因此要想矫正罪犯的不良个性品质,就必须对罪犯的不良性格特征进行矫正。

性格矫正是一个复杂的系统工程,需要从各个方面进行努力。性格是一个具有道德评价和价值判断意义的个性要素,它具有善恶、好坏之分。罪犯的改恶从善主要体现为由性格的不良态度特征向良好的态度特征的转变。因此,劳动矫正罪犯的性格,最重要的是矫正罪犯性格的态度特征。

### (一)矫正罪犯对社会、集体、他人的不良态度

劳动是每个社会成员最基本的社会义务,罪犯劳动虽然是一种特殊意义的劳动,但其创造的价值也是社会价值的有机组成部分,或可以说是罪犯向社会赎罪的一种方式,有利于培养罪犯的社会责任意识;劳动者光荣、不劳动者可耻,是基本的社会道德评判标准,在罪犯集体中也是一样。大多数罪犯同样看不惯"四体不勤、五谷不分"、耍奸耍滑的少数罪犯,如果因为某个罪犯影响了所在小集体的荣誉和利益,则这个罪犯会受到大家的谴责,因此劳动有利于培养罪犯对集体的感情。罪犯在劳动中意识到自己的社会地位和作用,意识到与别人的合作在完成劳动任务中的重要作用,从而懂得他人在自己的生存和发展中的重要意义,有利于培养罪犯对他人的尊重、与他人协作的精神。艰苦的劳动让好逸恶劳、没有劳动习惯的罪犯真正体验到劳动过程的艰辛和劳动成果的珍贵,从而更加理解家中亲人生活的不易,更加珍惜劳动成果。总之,热爱集体、乐于助人、善于合作等对他人、集体、社会

的良好态度特征，都能在罪犯的劳动中培养和形成，自私自利、冷酷无情、个人主义等不良态度特征都会在劳动中得到去除和改变。

（二）矫正罪犯对劳动、工作、学习的不良态度

劳动是个人生存和发展的基本条件，是社会历史不断前进的本源和动力。人类的许多美好的性格特征，如勤奋、责任心、创造精神、乐观精神等，都是在劳动中形成和发展的，而罪犯犯罪与其好逸恶劳、贪图享受、得过且过、懒惰马虎、消极悲观的不良态度特征又是密切相连的，这些不良的性格特征皆是因为背离了劳动这一用以获得个人合法利益的基本途径。在罪犯的本性里，人的趋乐避苦的本性表现得淋漓尽致，他们从内心里厌恶劳动、工作和学习，认为这样太苦，这样做的人太傻，这样得到的钱太慢、太少、太不容易。因此，只有把他们置身于劳动实践中，迫使他们劳动，让他们逐渐体会到劳动的快乐，领悟到劳动的本质，才能矫正他们好逸恶劳、贪图享乐的不良性格。

（三）矫正罪犯对自己的不良态度

在劳动过程中，罪犯通过对劳动对象的改变、劳动成果的获得以及在劳动集体中的地位和作用，能够确认自己的价值，从自暴自弃、悲观绝望的态度中解脱出来，形成自尊、自信的态度。罪犯必须遵守必要的纪律，罪犯的劳动行为不是随意、自由自在的行为，而是在一定的监规纪律之下，接受严格考核的行为。这样的劳动势必有利于罪犯形成严于律己、严谨勤奋的态度，从而克服对自己的放纵和自由散漫的态度特征；劳动提供罪犯之间的交往和相互协作的机会，满足罪犯与他人进行正常交流的愿望，有助于帮助罪犯保持良好的人际关系，从而走出自我封闭、孤独、悲观的心境，形成对自我的良好心态。

## 第五节　罪犯劳动改造对罪犯身心健康的促进

罪犯是身心疾病尤其是心理疾病的多发人群。一是因为对大部分罪犯来说，长时间的不良生活方式，如酗酒、吸毒、淫乱、生活不规律、经常体验到紧张恐惧等负面情绪等，对罪犯的身体造成极大伤害，削弱了罪犯的身体健康水平；二是因为一部分罪犯犯罪，就是某方面的心理变态所导致。入狱后在监狱这个特殊的环境里，生活方式和人际关系都与入狱前相比发生了巨大的变化，再加上刑期、家庭变故等因素，极易引起罪犯的适应困难、悲观绝望、焦虑抑郁、压抑愤懑等不良情绪，诱发各种心理问题，甚至发生自残、自杀行为或危及他人的安全。劳动改造对罪犯

的身心疾病具有矫治作用,这是由劳动的本质决定的。劳动作为“创造了人本身”的社会实践活动,不仅强健了人的体格,提高了人的体能,而且排遣了人的心理能量,能够疏通淤积的情感,改善不良心境,有助于人恢复理性认识,提高心理健康水平。因而,劳动改造对罪犯身心疾病具有矫治作用。

## 一、提高罪犯身体健康水平

### (一)罪犯劳动改造有助于维护罪犯的身体健康水平

现代医学表明,人的体力劳动和脑力劳动对维护人体的健康是极其重要的。如果缺乏劳动,罪犯无所事事,其健康水平势必下降。刑期越长,健康状况将越差。在劳动过程中,劳动者的各种生理功能(如大脑、神经、心脏、骨骼、肌肉等的功能)得到运用和发挥,按照“用进废退”的自然法则,劳动使各种生理功能不至于退化,维持了身体健康。对生活在环境封闭、空间狭小的监狱中的罪犯来说,劳动实践尤其不可少。

### (二)罪犯劳动改造有助于提高罪犯身体健康水平

1. 罪犯劳动改造有助于祛除罪犯不良的生活习惯、养成良好的生活习惯

美国预防医学杂志1973年与1980年两次发表研究报告,研究表明生活习惯与某期间内死亡率有密切关系,该研究列出的生活习惯有七项内容:(1)每天睡眠7-8小时;(2)每天按时吃早餐;(3)正餐之外不吃零食;(4)保持适合自己身高的体重;(5)从不吸烟;(6)不酗酒;(7)经常运动。在这七项习惯中,实践的项目越多,就越能健康长寿。

罪犯的很多疾病是由其不良的生活方式所导致,这种不良生活方式是其身体疾病的根源。罪犯参加劳动,有利于祛除罪犯在长期犯罪生涯中养成的不良生活习惯,建立良好的生活习惯。这是因为:一是在严格的劳动纪律和劳动管制中,罪犯不得不放弃某些不良习惯,否则就是违背劳动纪律,会受到相应的处罚。二是出于安全和完成劳动任务的考虑,罪犯必须放弃某些不良习惯。如在作业中坚决不能吸烟,出工前不能饮酒,否则容易导致生命危险;为了适应一定劳动强度对体力的需要,罪犯必须按时按量进餐;为了保证劳动时精力集中,不至于因注意力分散而损伤身体或影响产品质量,罪犯必须保证一定时间的睡眠等。这样,对罪犯身体疾病,在保证其得到治疗的前提下,在劳动中帮助其戒断不良习气,让其参加适量劳动实践,帮助其逐渐恢复身体机能、达到身体健康。三是劳动改造中有规律的劳动生活逐渐使罪犯的各种生理机能趋向规律化运作,能有效地防治疾病,保持身体健康。

2. 罪犯劳动改造有助于提高罪犯整体免疫力

劳动改造有助于提高罪犯整体免疫力，尤其是劳动过程中产生的积极情感和健康的人际关系对罪犯提高免疫力具有重要作用。现代心身医学对心理因素与正常或异常生理功能之间的关系进行了较充分的研究，提倡以整体的观念认识和治疗身体疾病，认为有效的社会支持系统、健全的人格、积极的情感等因素，有助于提高个体免疫力，保持个体的身体健康。

劳动疏泄罪犯的生理能量和心理能量，充分发挥罪犯的聪明才智，提升罪犯的认知、成就、自尊等高级需要，让罪犯在劳动中获得愉悦和美感。罪犯在劳动中与他人的协作关系促使罪犯互相关心、帮助，从而体验到人际温暖和友爱，为罪犯战胜劳动困难提供支持和力量。这种积极的情感和健康的人际关系体验通过自主神经系统、内分泌系统或免疫等中介机制，改善罪犯的身体状态，促进罪犯整体免疫能力的提高。

## 二、提高罪犯心理健康水平

### (一) 罪犯劳动改造可提高罪犯的心理唤醒水平

心理唤醒水平是指个体对刺激的觉醒和注意的程度，是个体进行活动的必要条件。劳动的质量和效率需要罪犯投入一定的脑力和体力，保持一定的唤醒水平以保证充沛的精力。劳动改造提高唤醒水平是由各种感觉信息的输入造成的，劳动实践只有达到一定的质和量，才能导致唤醒水平的提高，才能使人精神振奋。由此可见，有一定强度、适合罪犯的身心发展水平且对其现有水平有挑战作用的劳动，能够较好地提高罪犯的唤醒水平，这对精神不振、心境恶劣的罪犯有显著的治疗和调节作用，可以使其摆脱烦恼，振奋精神，陶冶情绪。

### (二) 罪犯劳动改造可以降低罪犯对环境刺激的应激反应

应激反应是指由各种充满紧张性的刺激物(应激源)所引起的一类非特异反应，这些反应包括身体的(生理的)和心理的(行为的)两部分，前者如心血管反应、肾上腺皮质系统激活等，后者如情绪反应、自我防御反应等。罪犯在监狱里要不断面对不同类型的应激源，如家庭重大变故，与他犯之间的冲突，超出了罪犯能力的过高要求等，都会让罪犯体验到紧张或威胁，从而导致应激反应。长期的应激反应对罪犯的身心健康极为不利。

劳动实践可以降低应激反应，这是因为劳动促使身体进行活动，可以降低肾上腺素受体的数目或敏感性，经常性的身体活动还可能由于降低心率和血压而减轻特定应激源对生理的影响。有的学者提出，经常性的劳动锻炼和身体活动具有减轻应激反应以及降低紧张情绪的作用，因为它可以锻炼人的意志，增强人的心理坚强性。劳动属于有氧活动，不少研究者指出有氧活动对情绪的积极性影响。另有研究者指出，与习惯于坐着的人相比，经常从事身体活动的人更少产生生理上的应激反应，如有应激反应，也能尽快从中恢复过来。

（三）罪犯劳动改造可以增进罪犯间的协作关系

人际关系在保持罪犯心理健康中有重要作用。人际冲突、人际失谐、人际矛盾虽然难以避免，但经常处在其中，就会导致个体的孤独、烦躁、压抑、不安，易诱发心理疾病；相反，如果个体人际关系顺畅、和谐，就会产生温暖、充实、尊重的感觉，有利于其保持心理健康。

机器大生产的劳动方式可以增加罪犯与他人之间的协作关系，这种劳动协作关系是基于人与人之间相互理解、相互配合、相互帮助的积极、健康的人际关系，有助于个体忘却烦恼和痛苦，消除孤独感，对孤独症和人际关系障碍的罪犯有一定的治疗作用。

（四）罪犯劳动改造有助于治疗某些心理疾病

国外有学者指出“身体活动已成为治疗心理疾病的一种方法”。另有国外学者调查了1750名心理医生，有60%的人认为应将身体活动作为一个治疗手段来消除焦虑症状，而80%的人则认为，身体活动是治疗抑郁症的有效手段之一。就目前而言，尽管一些心理疾病的病因以及身体活动是如何有助于消除心理疾病的机制尚不清楚，但身体活动作为一种疗法在国外比较盛行。

在劳动中，罪犯有伸展身体、进行身体活动的充分机会，可以增加自我效能感和自信心，可以分散对引起不良情绪的刺激的注意力，改善情绪。这些都表明劳动改造可以作为对心理疾病进行心理治疗的辅助疗法，发挥其心理治疗功能。

### 三、罪犯劳动改造矫治身心疾病的条件

罪犯劳动改造对罪犯身心疾病的矫治作用的发挥，不是随意的、自然而然的，有一定前提和条件的制约。

（一）适当安排劳动量和劳动时间

要根据有关法律规定和罪犯的身体状况适当安排劳动量和劳动时间，争取做到强度适宜，时间适中。过多的劳动量和过长的劳动时间易导致罪犯身体疲劳和心理逆反；过少的劳动量或过短的劳动时间不利于罪犯智力和体力的充分发挥，不利于提高罪犯的心理唤醒水平，对罪犯的心理矫治不利。

（二）合理分配劳动岗位

综合考虑罪犯的年龄、特长、个性、能力、兴趣、知识经验等因素，尽量科学、合

理地分配劳动岗位，才能充分调动罪犯的劳动积极性，发挥罪犯的智慧和特殊技能，激发罪犯的劳动动机。满足罪犯的成就需要和自我实现的需要，有助于罪犯产生积极、乐观、向上、健康的情绪情感，矫治其恶劣心境。

（三）优化劳动环境

优美的劳动环境对罪犯有陶冶情操、平复情绪的作用，能够潜移默化地影响罪犯，改善罪犯的消极心态。脏乱差、低矮窄的劳动环境则会加重罪犯的压抑、烦躁心理，对罪犯的心理健康极为不利。优化劳动环境包括很多方面，例如，科学的厂房设计，大方、简约的劳动场地，安宁、祥和、美观的色彩运用，有着丰富文化内涵、具有激励和启示作用的标语、条幅、壁画的设计安排等。

（四）形成生动、和谐的劳动氛围

罪犯的身心愉悦不仅来自周围优美的环境设施，还来自人际和谐与有序。利用严明的激励机制，引进多种劳动形式，组织劳动竞赛，鼓励劳动协作，培养团队精神，讲究集体攻坚，形成人与人之间和谐、生动的劳动氛围，使处于其中的罪犯时刻感受到来自他人的尊重和激励，以克服和矫治其自私狭隘、孤独自卑和消极怠惰的心理。

## 思考题

1. 劳动改造对罪犯心理的矫正作用体现在哪些方面？
2. 劳动改造对罪犯不良人生观的矫正作用体现在哪些方面？
3. 劳动改造对罪犯不良价值观的矫正作用体现在哪些方面？
4. 罪犯自我意识缺陷的表现是什么？劳动改造如何矫正罪犯的不良自我意识？
5. 劳动改造如何矫正罪犯的不良性格？
6. 劳动改造对罪犯身心健康的促进作用有哪些？

# 第十四章　罪犯劳动改造中的行为矫正

罪犯劳动改造行为，既包括罪犯过去长期的生活方式养成的各种行为习惯和行为模式，也包括罪犯在劳动改造过程中为适应劳动改造而表现出的各种行为。罪犯劳动改造行为反映和体现了他们的内在心理状态，也对他们的内在心理起到影响和调整作用。同时，罪犯劳动改造行为直接作用于外界环境，影响着其他罪犯，罪犯不良行为甚至对劳动改造环境具有一定的破坏力或危害性。因此，分析罪犯劳动改造行为，矫正罪犯在劳动改造过程中的消极行为和恶习，对矫正他们的不良心理、维护正常的劳动改造秩序都很重要。

## 第一节　罪犯劳动改造中的行为分析

为做好对罪犯劳动改造中的行为矫正，首先需要做好对罪犯劳动改造行为的分析。罪犯劳动改造行为分析，是一种了解、掌握罪犯劳动改造中行为的外在特点和内在原因的认识活动。这种认识活动包括对罪犯个体行为的分析和对罪犯群体行为的分析。

### 一、罪犯劳动改造中的个体行为

在刑罚执行的条件下和强制性的劳动改造中，罪犯的个体行为是复杂多样的，这种复杂多样性是罪犯的个性心理特征和客观环境的外在影响综合作用的结果。因此，分析罪犯劳动改造中的个体行为，就是要掌握其心理活动，认识特殊的客观环境的影响，进而预测和了解罪犯行为发生和发展的趋向。

罪犯劳动改造中的个体行为，可分为积极行为和消极行为两大类。

#### （一）罪犯个体的消极行为

罪犯个体在劳动改造中的消极行为，就是那些破坏、妨碍劳动改造目标实现和劳动改造效能充分发挥的行为。在劳动改造中，罪犯的这种消极行为有其普遍性的一面,也有其特殊性的一面。

从普遍性方面来讲,一般罪犯在劳动改造中的行为都表现出或多或少的消极性。例如对劳动任务、劳动成果的漠不关心,不负责任;对劳动管理的软磨硬抗,得过且过;劳动中的敷衍凑合,出工不出力,投机取巧;甚至出现有意破坏生产劳动,或以自伤、自残及逃跑的方式来逃避劳动改造的行为。罪犯劳动改造中出现这种带有普遍性的消极行为的原因主要在于,许多罪犯受腐化堕落思想的影响和毒害较深,把劳动尤其是体力劳动看作卑贱的事情,追求"享乐,不劳而获"的人生。罪犯在这样的思想基础上犯罪并被判刑入狱,丧失自由的痛苦使他们更容易对强制性的劳动产生对立情绪,加上他们在技能、体能方面的欠缺,劳动习惯方面的不适应,消极的认识,消极的情绪,消极的习惯,必然导致其在劳动中作出带有普遍性的消极行为。

从特殊性方面来讲,不同的罪犯或罪犯在不同的时间和环境中,会有不尽相同的消极行为。一些文化基础较高的罪犯,虽然厌恶劳动,但他们的抵触情绪一般不外露,消极行为表现得比较隐蔽,在劳动改造中往往投机取巧,消极对抗。而文化水平较低的罪犯,他们的对抗则经常是公开的,他们的情绪是外露的,行为表现得鲁莽。在入监初始阶段,罪犯一般是瞻前顾后,谨小慎微,在劳动中的消极行为是能少干就少干,很少有预谋性的对抗行为。而在服刑改造的中后期,一些没有改造好的罪犯,自认为"念熟了劳改经",他们既摸清了各方面的情况,又惯于抓住可乘之机,此时的消极行为经常是预谋性的,而且是在他们认为已考虑得"天衣无缝"的情况下实施的。这种消极行为隐蔽性强,破坏性大,不仅影响到个人的改造,还会对狱内的改造秩序、生产秩序造成极大破坏。

在劳动改造中,罪犯个体消极行为的特殊性是由罪犯自身的复杂性造成的。从罪犯的年龄来看,既有少年,也有青年、中年和老年,复杂的年龄结构必然体现各种年龄特殊的需要、兴趣、动机和行为。从罪犯被捕前的生活环境来看,既有来自农村的,具有一定劳动能力、劳动经验的,也有来自城市、从小娇生惯养的"小皇帝",不同的生活经历和阅历使他们在相同的劳动改造中有了特殊的反应和表现。从文化水平来看,罪犯既有文盲、半文盲,也有受过高等教育的知识分子,这种差异又形成了不同的认识能力和判断能力。从刑期来看,既有短刑期的,又有长刑期的;从刑种看,罪犯既有有期徒刑的,又有无期徒刑和死刑缓期执行的。不同的刑期和刑种意味着他们的地位和处境的差异。从改造表现来看,罪犯有伪装积极的,有混刑度日的,也有公开对抗的。总之,罪犯比社会一般成员更具复杂性,他们在社会经历、生活环境、犯罪原因、犯罪性质和改造表现上都具有鲜明的特殊性。这种特殊性决定了他们在劳动改造中必然会有各自不同的态度和行为表现。

（二）罪犯个体的积极行为

罪犯个体在劳动改造中也不乏积极行为，但这种积极行为是经过一定改造后，在强制条件下表现出来的。所以，这种积极行为多处于萌发状态，并具有不稳定性。

处于萌发状态，是指罪犯经过一段时间的改造，认识到自己犯罪行为的违法性、罪恶性，认识到劳动改造自身的必要性后，开始有一些零散的不稳定的积极行为。例如，一些罪犯开始对自己的劳动质量、数量表示关注，为提高劳动质量、数量开始钻研劳动技术，罪犯有了爱护、珍惜劳动成果的行为，有了尊重和学习劳动改造积极分子的行为等。罪犯个体的这些积极行为反映出罪犯思想上的一些变化，这些变化对充分发挥劳动改造的效能是至关重要的。但是，这些积极行为又处于萌发状态，监狱警察要予以及时关注、鼓励和扶植。

罪犯个体在劳动改造中积极行为的另一特点是具有不稳定性。处于萌发状态中的、出于复杂动机的积极行为，既有可能向正确的方向继续发展，也可能出现踏步不前，甚至可能滑向错误的方向。这些变化取决于罪犯自身的主观努力和方向选择，也受到罪犯劳动改造环境和罪犯群体文化的影响，监狱警察的正确分析和引导在其中也起着重要的作用。因此，监狱警察应充分认识到罪犯个体积极行为的复杂动机和不稳定性的特点，从而有针对性地进行矫正。例如，一名罪犯积极参加劳动，这种外在积极行为可能出自不同的动机，既可能是出于改造自己、学习技能的需要；也可能出于强身健体的需要；也可能是对前途、人生万念俱灰后，试图在支出和消耗精力的劳动中求得宣泄和代偿的体验；还可能是为了表现自己，追求被肯定、被认可。又如，罪犯努力钻研生产技术，既可能出自提高工作效率的动机，也可能为劳动态度转变所驱使，还可能是为刑满释放后的生活出路着想。

可以看出，罪犯在劳动改造中的一些积极行为并不意味着罪犯对劳动改造的态度和动机问题的彻底解决。针对罪犯积极行为的复杂性和不稳定性，监狱警察应在认真分析的基础上，肯定、扶植其合理部分，剔除和批判其错误部分，矫正不良行为，培养正向良好的行为，努力发挥监狱警察在改造罪犯中的主导作用。

## 二、罪犯劳动改造中的群体行为

群体是社会协作的产物，它是一种极为普遍的社会现象，涉及人类生活的各个方面。罪犯群体是罪犯在监禁场所接受惩罚和改造过程中形成的特殊社会群体。这个特殊的社会群体又分为正式的罪犯群体和非正式的罪犯群体。正式的罪犯群体,是指为了达到改造目的,由监狱警察组织和管理的罪犯群体。而非正式罪犯群体,是指出自罪犯个人的需求,依据罪犯之间的种种非正式关系而联系起来的罪犯群体。社会中任何群体对其中个体的行为都起着影响和制约作用,这使群体行为带有一定的共性。罪犯群体也是这样,无论是正式罪犯群体,还是非正式罪犯群体,它都影响、制约着其中个体的行为,使罪犯在劳动改造中表现出一种群体行为,而这种群体行为也可分为消极和积极两大类。

(一)罪犯群体的消极行为

罪犯群体在劳动改造中的消极行为多发生在非正式罪犯群体中,这种群体消极行为一般都具有较大的破坏性。例如,群体性的消极怠工、抗工,群体性的破坏生产设施、设备,群体性的闹监、暴狱,群体性的争吵、械斗和逃跑等。这类群体消极行为不仅可以胁迫群体内的罪犯参加,还可能诱惑、诱使、煽动群体外的罪犯卷入,对劳动改造秩序的破坏性极大。造成罪犯群体消极行为的主要原因是,具有各种恶习的罪犯聚集到监狱这个狭小的空间后,他们的生活发生了骤然变化,他们极易产生孤独感和恐惧感,产生心理上的依赖感和防卫机制。这些不正常的心理状态容易引发他们的固有恶习,也容易使他们与生活经历类似、兴趣爱好近同的罪犯纠合成非正式的罪犯群体。在这个非正式群体中,个体常常不知不觉地受到群体的压力,而表现出与群体中多数人相一致的行为。罪犯个体的行为以所属群体为参照,有时为取得群体成员的好感,甚至实施自己已认识到了的错误行为。因此,非正式的罪犯群体对罪犯个体认识和判断的制约,造成非正式的罪犯群体中信念和价值观的混乱及扭曲,使非正式的罪犯群体的行为带有明显的消极性。

虽然罪犯群体的消极行为主要是狱内非正式的罪犯群体所为,如果改造秩序不正常、狱内管理混乱,会使正式的罪犯群体也出现消极行为。

(二)罪犯群体的积极行为

罪犯群体在劳动改造中也会表现出积极行为,这些积极行为是罪犯劳动改造中的主流。罪犯群体的积极行为主要表现在:为实现劳动改造目标的进取精神,维护集体荣誉的正义行为和团体凝聚力,生产劳动中竞相保质保量完成任务、积极钻研技术、爱护公共财物的行为,对反改造思想和行为的主动发现、积极揭露和抵制等。

罪犯群体在劳动改造中表现出积极行为,是需要一些客观条件和主观条件的。从客观条件看,监狱要认真执行《监狱法》等有关刑事法律,要正确贯彻党的改造方针、改造政策;监狱警察要充分发挥教育改造的主导作用;罪犯群体要在监狱机关的有力控制和科学的管理之下。从主观条件看,罪犯群体要具有正确的改造目标和改造方向,形成为保障改造目标实现和群体行动一致性的群体规范,并促进这种群体规范成为罪犯的认识和行为的标准。这种规范不仅是外在的、强迫的,并且是内在的、自觉的,对罪犯群体行为起到定向作用,并约束群体成员个人的行为,使罪犯行为表现出良好的群体特点。

罪犯群体的积极行为一般是狱内罪犯正式群体所为。但是,罪犯正式群体毕竟是由具有种种犯罪思想和不良行为习惯的罪犯所组成,他们的不稳定性和多变性决定了监狱警察在组织罪犯劳动改造中,应始终注意对罪犯群体的引导、教育和控制。

## 第二节 罪犯劳动改造中恶习的矫正

许多罪犯在长期不良的生活方式中养成了好逸恶劳、目无法纪等不良习气,它们与不健康的思想意识和个性特征一起,对罪犯犯罪起到了推波助澜的作用。所以注重罪犯的行为养成教育、矫正恶习、培养良好行为习惯也是改造罪犯的重要内容。

### 一、罪犯好逸恶劳恶习的矫正

罪犯犯罪思想的形成与发展大多与他们厌恶劳动、贪图享乐,过惯了游手好闲、放荡不羁的生活有密切关系,因此必须对他们好逸恶劳的行为恶习加以矫正。

(一)通过强制劳动进行矫正

罪犯劳动不等同于一般工人、农民在行政纪律的约束下自愿从事的劳动,而是不管罪犯主观是否愿意,只要有劳动能力,就必须服从监狱机关的劳动安排。因此,罪犯劳动具有强制性,这种强制性从根本上否定了罪犯贪图安逸的生活方式,铲除了罪犯怠惰思想产生的根源,有利于矫正其好逸恶劳的恶习。

(二)通过劳动激励机制矫正

一名罪犯是不是养成了良好的劳动习惯,除了观察他表现出的外在劳动行为以外,还必须看他这种劳动行为是否出于自觉和主动。强制性劳动初期,罪犯的劳动行为是被迫的、不情愿的、不自觉的,因而难以形成习惯。

按照行为矫正理论,要想去除恶习、形成良好习惯,不仅要去除容易引起这种不良行为的环境刺激(如不良群体的教唆和氛围),还要激发个体从事良好行为的动机和愿望。罪犯劳动激励机制,注重激发罪犯劳动积极性和主动性,将内部激励

(如激发罪犯的劳动兴趣和成就动机)与外部激励(如获得表扬与批评、立功与记过)有机结合起来;将精神激励(如提出表扬、记功)与物质激励(如劳动报酬、实物奖励)结合起来,能够调动罪犯劳动积极性,强化罪犯诚实劳动,最终有利于罪犯良好行为习惯的养成。

(三)通过劳动纪律矫正

罪犯的好逸恶劳恶习往往顽劣成性,已经形成了固定的反应模式和习惯,从而导致罪犯在自身恶习改造上意志薄弱、容易反复,需要借助外力防止不良行为再现并维持已有的良好势头。严明的劳动纪律即扮演了这样一个角色。劳动纪律对罪犯劳动行为应遵循的规则有明确具体的规定,具有内容广泛、全面、具体、准确、详细、灵活、切合实际的特点。它把罪犯确立在一定范围内,规定一定的活动路线;确定在某一工种,规定了行为方式和细节;确定了具体任务,规定了质量规格和数量要求。罪犯的一举一动都必须按照规定执行。劳动纪律有助于罪犯改正恶习、巩固已形成的良好习惯。

## 二、罪犯目无法纪恶习的矫正

在众多的犯罪因素中,罪犯淡薄的法治意识和无视法律、藐视法律、恣意妄为的行为恶习是其中一个重要因素。罪犯真正不知法、不懂法的很少,多数犯罪分子是知法而不畏法、懂法而不守法,其物欲、淫欲、情欲皆大于法律,为了满足私欲,不惜铤而走险、知法犯法。不少罪犯虽然被收进监狱,但其无视监规纪律的心态持续存在,甚至顶风行事,顽固抗改。强制罪犯参加劳动实践,可以对其目无法纪的恶习进行一定程度的矫正。

(一)通过劳动的法定性进行矫正

在劳动改造中把劳动教育和法治教育结合起来,矫正罪犯淡薄的法治观念。新中国成立以来,强制罪犯参加劳动,通过劳动来改造罪犯,一直是国家法律赋予监狱行刑的权利和义务,也是我国法定的行刑制度。《监狱法》对此作了明确具体的规定,第 3 条规定“监狱对罪犯实行惩罚和改造相结合、教育和劳动相结合的原则”,第 4 条规定“根据改造罪犯的需要,组织罪犯从事生产劳动”,第 69 条规定“有劳动能力的罪犯,必须参加劳动”,第 70 条规定“监狱根据罪犯的个人情况,合理组织劳动,使其矫正恶习,养成劳动习惯,学会生产技能,并为释放后就业创造条件”。此外,《刑法》第 46 条规定,“被判处有期徒刑、无期徒刑的犯罪分子,在监狱或者其他执行场所执行;凡有劳动能力的,都应当参加劳动,接受教育和改造”。

因此,罪犯在监狱里妄图不参加劳动或企图蒙混过关,是违背国家法律的,也是不被允许的。在罪犯劳动过程中，向罪犯强化这一劳动法定性的观念，可以增强罪犯的法纪观念。

（二）通过严格的奖惩制度进行矫正

奖惩制度和执行情况对罪犯的劳动行为具有导引作用。以法律为依据，以事实为准绳，对罪犯进行严格考核，并在此基础上赏罚严明，能够有效地激励罪犯遵规守纪、积极劳动。罪犯在劳动中违法乱纪，消极怠工甚至公然对抗、拒绝劳动，就予以严肃惩处，以儆效尤；罪犯严守法纪，态度积极端正，效益显著，就予以奖励，以资鞭策和鼓励进而使罪犯行事顾及法纪，并在一定程度上能自觉运用法纪标准约束自己的行为。

（三）通过劳动互监制度进行矫正

切实落实罪犯互监制度，使罪犯在劳动中互相监督，可以有效地预防和矫正罪犯的违法违纪行为。据一位犯罪学家的报告，罪案的总数被揭露40%时，犯罪者就不敢轻易作案；犯罪数被揭露到50%时，胆小的犯罪者就会考虑另谋出路；犯罪数被揭露到80%时，多数罪犯就会“洗手不干”或者远走他乡。

这个规律同样适合对罪犯劳动的监督，当罪犯的违法乱纪行为不断被同犯揭露时，罪犯就不会轻易违纪。

## 三、罪犯自私自利恶习的矫正

不少罪犯主张“万事皆备于我”，以“我”为标准去观察、认识、看待和处理周围的一切事物，养成了唯我独尊、自我中心、自私自利的行为习惯。

劳动对罪犯自私自利行为的矫正主要是通过劳动协作来完成的。劳动协作是社会化劳动的一种形式，是在大规模的集体劳动的条件下从事大机器生产。目前，我国监狱无论是工业生产还是农业生产，基本上实现了大机器生产，都包含着一系列相互衔接、紧密联系的部门和环节，每个生产部门和环节又都划分为许多生产阶段和工序，相互之间需要密切协作。在生产劳动过程中，不仅需要大批不同工种的罪犯，还需要许多专业技术人员和管理人员。这种物质技术条件就决定了监狱生产劳动是集体的、细致的劳动，其功能不仅表现在对生产力的提高上，而且还表现在对人的改造上。

（一）劳动协作要求罪犯必须以积极的态度认识他人、关心他人

任何社会化大生产（包括监狱生产）中，人与人之间的关系都是以协作的方式结成的劳动关系。虽然罪犯劳动在罪犯之间以及罪犯与监狱警察之间存在某种程度的对立，但现代监狱生产的方式决定了这种对立首先要服从于彼此之间的协作。

罪犯必须认识到，在联系紧密、程序繁杂的现代生产中，他人之于自己的重要性，无论是谁都不能不顾他人而独立运作。一个人的劳动成果必须在集体劳动中才能实现。这种协作的现实迫使罪犯由损人利己、自私自利、尔虞我诈到关心他人、帮助他人，树立人与人之间真诚的互助合作关系。

（二）劳动协作强制罪犯必须树立集体主义观念

监狱在强制罪犯参加劳动的同时，引导罪犯正确认识自己与他犯、与集体之间的关系，正确认识集体在个人成功中的地位和作用。在集体协作劳动里，任何产品都是集体智慧的结晶和集体力量的产物，任何愉悦都关联集体的成果、进步和荣誉。这样可以帮助罪犯逐步跳出个人、帮伙的小圈子，树立起集体主义观念，将自己的荣辱、成败与集体紧密结合，学会爱护集体财产，关心集体利益，关注集体荣誉。

## 四、罪犯放荡习惯的矫正

罪犯在劳动中放荡行事、敷衍塞责，原因之一是罪犯企图逃避劳动，不负责任，得过且过；原因之二是部分罪犯个性粗俗，做事不够耐心和细致。罪犯放荡、粗糙的行为习惯既影响整体产品质量，又可能埋下安全隐患，具有较大的危险性。在劳动改造中可以通过以下三个方面对其进行矫正。

（一）通过严谨的劳动现场管理进行矫正

劳动现场是罪犯经常性的劳动场所，严谨的现场管理有助于罪犯养成细致、谨慎的行为习惯。现场管理包括现场生产管理、现场工艺质量管理、现场设备设施管理、现场安全管理、现场定置管理等方面，对劳动的工序、过程、环节及其包含的每一个细节，都作了详细规定，例如，工具箱如何摆放，各种工具如何存取，如何放置，如何使用；各种仪器如何检查、清洗、加油、保养、使用；上岗期间如何保障安全，不许饮酒、吸烟、打瞌睡、聊天等。对现场进行科学而严格的管理，有检查、有总结，并严格考核，与奖惩挂钩，会有力地矫正罪犯的放荡恶习，使其逐步养成认真、细致的劳动习惯。

（二）通过严密的操作规程进行矫正

罪犯劳动有严格的工艺纪律和操作规程，上岗前要进行严格的岗前培训，并取得上岗资格。要求罪犯认真按照操作规程进行操作，不得有半点马虎和疏漏，更不能在工作期间恣意妄为、放荡不羁，否则不仅会造成机器损害，还可能导致罪犯身体损伤甚至是生命危险。

（三）通过特殊工种进行矫正

对某些个性顽劣，放荡、粗糙习惯不易矫正的罪犯，可专门给他们安排一些特殊工种。这些工种具有精细、纤小但危险系数不大的特点，可用于矫正罪犯的放荡不羁个性。例如，让暴力犯绣花，在改善其粗放、冲动、暴躁的个性方面取得了较好的效果。其他的工种如维修钟表、图纸设计、账目管理等，都可以有矫正此习惯的功能。注意矫正的同时要经常进行教育，让罪犯对自己的不良习惯有清醒的认识并主动进行改善。

## 第三节　罪犯劳动改造中行为矫正的方法

罪犯的犯罪思想和不良行为习惯并不适应劳动改造的需要，为提高劳动改造的效能，就必须有效地控制、引导罪犯的行为，这种对罪犯行为的矫正主要依靠以下几种科学的方法。

### 一、法律规范法

#### （一）法律规范法的含义

这里的法律规范法，就是运用国家制定颁布的有关法律、法规来规范罪犯在劳动改造中的行为，以预防和惩治违法行为发生的措施和途径。由法律的本质属性所决定，法律规范法具有鲜明的强制性，也就是说，若罪犯违反有关劳动改造的法律、法规，必将依法受到相关的处罚。法律规范法明确的条文，使罪犯清楚地了解自己在劳动改造过程中的地位、权利和义务。例如，我国《刑法》第46条规定，“被判处有期徒刑、无期徒刑的犯罪分子，在监狱或者其他执行场所执行；凡有劳动能力的，都应当参加劳动，接受教育和改造”。《监狱法》第69条规定，“有劳动能力的罪犯，必须参加劳动”。此外，《监狱法》对罪犯的劳动时间、劳动保护、劳动报酬都有明确的规定。因此，法律规范法作为矫正罪犯行为的重要方法，一方面使罪犯慑于法律的威严而能“循规蹈矩”，另一方面对少数罪犯的违法行为可予以强制性的制裁。这种制裁不仅能有效地控制违法犯罪的行为，而且对其他罪犯的行为也能起到引导作用。

#### （二）法律规范法的理论基础

1. 刺激——反应理论

个体行为是个体在社会关系中以自我满意的方式去表现自己的过程，因此，行为是个体意识的外化。刺激——反应理论认为，无论是个体意识，还是个体行为，都是在刺激——反应的模式中，即在社会刺激引起反应的作用下学习得来的。因此,意识、行为始终是在刺激的作用下逐渐形成和不断变化的。这种变化是通过个体对刺激的注意、了解、接受三个阶段完成的。这就是说:引起变化的第一步,是唤起个体对刺激的注意;第二步是明确刺激的真实内在;第三步是接受刺激传递的信息和所代表的观点,这可能导致个体改变以往的行为。法律规范是一种能够引起罪犯注意的强刺激,这种刺激又蕴含着明确无误的内容,它的强制性迫使罪犯接受它传递的信息,进而可以引导和控制罪犯的行为。

2. 认知失调论

认知失调论认为人的认知是一个有结构的认知系统,认知系统是由诸多认知因素构成的。这些认知因素之间的关系分为协调、失调两种状态。如果认知因素之间出现失调状态,就会使主体产生不愉快的心理,这种心理形成一种压力,促使人们设法去改变不协调状态。认知失调论还特别强调,认知因素之间失调强度越大,人们想改变这种状态的动机便越强烈,改变这种状态的行为便越坚决。罪犯在狱内的行为也是以一定的认知结构为基础的。例如,认知因素 A,实施某种行为;认知因素 B,受到法律惩罚。当这些认知因素出现失调时,罪犯要么改变某一认知因素,如不实施某种行为;要么增加新的认知因素,如认知因素 C1,实施行为后没有受到处罚的人很少,或认知因素 C2,实施行为后受到处罚的人很多;要么强调某一认知因素的重要性,如实施行为后的快乐是最主要的,或实施行为后的快乐是得不偿失的,免受处罚才是最重要的。法律规范法以它的强制性和惩罚性使犯罪认知到受到法律处罚既是不可避免的,又是严厉的——这个认知因素得到加强,这样就加大了罪犯实施消极行为时认知因素之间的失调强度,促使罪犯产生解决这种矛盾的紧迫心理,而解决这种认知因素的失调状态,又只能停止消极行为,向正确的方向发展。因此,法律规范法可以起到矫正罪犯行为的作用。

(三)法律规范法的科学实施

1. 注意及时性

罪犯抱有侥幸心理实施消极行为后,一般总是处于恐慌之中,对惩罚的恐惧使其在狱内惶惶不可终日,实施行为——获得快乐的暂时性神经联系还不巩固。此时及时给予法律惩罚,会很容易使其条件反射系统动摇、瓦解。因此,及时性刺激可以有效地改变罪犯行为的方向。

2. 把握准确性

运用法律来规范罪犯的行为,要注意依法办事,应根据国家已颁布实施的法律、法规来实施。同时要以事实为根据,把握住罪犯行为的前因后果及危害程度,并在事实清楚的情况下做到定性准确,这样才能防止罚不当罪,或罚不及罪。因此,把握准确性是保证法律面前人人平等的基本条件。

3. 正确运用恐惧唤醒

改变态度的过程实际上是一个传递信息作用于目标对象、借以引起态度变化的过程。在这个过程中,正确运用恐惧唤醒是一个行之有效的方法。一般来说,恐惧感越强,说服力便越强。运用法律规范法控制罪犯行为时,也应该唤醒罪犯对法律的惩罚性、严厉性的敬畏,以此来强化法律的规范作用。

## 二、制度管理法

### (一)制度管理法的含义

制度作为一种标准化的概念,所涉及的范围是非常广泛的,内容也是丰富多样的。从大的方面来说,有社会的经济制度、政治制度、法律制度等。从小的方面来讲,它包括机关、团体、学校的各项守则、规章等。可以这样说,在人们生活的各个领域,若需要有个稳定的秩序,都离不开科学的制度。罪犯劳动改造过程需要正常的秩序,这种秩序的实质便要求在劳动改造过程中,罪犯的因素、物的因素、时间的因素等都处于一种协调、平衡的状态。实现这一目的的方法之一便是制度管理法。所谓制度管理法,就是以一定的科学的规章、制度、纪律来限定、约束、引导罪犯行为的措施和途径。制度管理法在罪犯行为矫正方面有着重要的作用,它既可以起到标准、限制的作用,又可以对罪犯的行为起到导向作用。

### (二)制度管理法的理论基础

1. 惯例行为论

惯例行为论认为,绝大多数人都是按照规范、制度、惯例行事的,严重违反惯例的人只占少数。这是因为按惯例办事,容易被人理解,容易办成事情;而不按惯例办事,往往被人拒绝,甚至受到惩罚。这种惩罚既包括对违反惯例的有意惩罚,又包括无意惩罚,即对违反惯例的必然惩罚。例如在生产劳动中违反规章制度,既可能受到管理部门的有意惩罚,也可能受到自然力的无意惩罚。因此惯例能有效地约束和控制人的行为。制度便是一种模式化、固定化并有一定稳定性的规范,它可以成为罪犯在劳动改造中的惯例依据。因此,科学的制度一经制定和有效宣传,便可能约束和控制罪犯的行为。

2. 强化论

心理学的研究表明,人的高级神经活动的生理基础便是大脑中建立的暂时性神经联系,这种暂时性神经联系是在外界信息刺激下建立起来的。如果这种刺激反复出现、多次强化,便会形成较巩固的神经联系,即动力定型。动力定型的形成使大脑皮质活动容易化和自动化，动作和行为更加迅速和准确。制度管理法，就是运用较稳定的制度，对罪犯予以反复的刺激、强化，使罪犯形成较巩固的神经联系，以便达到引导罪犯的行为向着适应和服从制度规定的方向发展。

(三)制度管理法的科学实施

1. 做好制度的制定

制度管理的第一步便是制度的制定，鉴于劳动改造的性质以及罪犯的思想实际，劳动改造过程中的制度，应该针对罪犯的心理特征和行为表现，以改造罪犯为核心，来形成一套涉及罪犯改造生活的各个领域的严格、科学的规章制度。

2. 严格执行制度

制度制定之后，要向罪犯宣讲、解释，让罪犯了解制度的必要性，保证制度的严肃性。在日常管理工作中，要以制度为管理罪犯的尺度，并运用考评、奖惩的方法，对罪犯遵守制度的情况予以督促和监督。

3. 及时反馈，不断完善各项制度

尽善尽美的制度一般是不存在的，任何制度都应在不断实践的过程中加以修订。因此，在制度的执行过程中，各级监狱警察都应采取多种方法做好对制度执行情况的反馈工作，以了解制度的利弊和执行中的漏洞，这些反馈工作将为进一步调整和完善各项制度打下基础。

## 三、集体约束法

(一)集体约束法的含义

理解集体约束法，先要正确认识集体。集体虽然是群体的一种类型，但它具有一些明显的特征，使之与其他类型的群体区别开来，这些特征决定了集体是群体发展的最高层次。首先，集体成员之间的关系是平等的；其次，集体是为了达到社会所赞同的目的的联合体；最后，集体中的人们是通过共同活动的过程而联系起来的。因此，集体不是一个简单的个人集合体，而是一个靠社会关系联系起来的、有着一定明确目的和契约制度的合成体。罪犯在劳动改造期间，也生活在有着一定组织、职能的集体之中，依靠这个集体来约束罪犯行为的矫正方法，就是集体约束法。概言之，集体约束法，就是监狱通过组织并管理有着共同改造目标的罪犯集体来引导、影响和矫正罪犯行为的方法。

(二)集体约束法的理论基础

1. 群体心理效应论

群体心理效应论认为，一个人独处时表现的行为，与在群体中的行为表现是不一样的,这是因为群体心理在起作用。人们由于某种社会关系而集合在一个群体中,这个群体中的人们便会互相作用、互相影响,这就产生了群体心理,如群体需要、群体情感、群体意识、群体规范等。这种群体心理显然是由每个成员的心理构成的,但并不等于个人心理,也不是什么个人心理特征的简单相加,而是每个成员个人心理特征的综合和概括,这种情况对个体有着重要的意义。例如,个体在单独环境中有着某种行为习惯,这是他个人心理特征的外化表现。但他在群体中,群体心理可能对他的个人心理特征有排斥或制约,他的行为习惯便会受到抑制,而得到群体规范赞同的行为则会得到支持或受到鼓舞,个人表现这种行为的内在潜力就会得到唤醒。因此,群体心理对个人行为有着制约作用。罪犯集体是刑罚执行过程中出现的一种特殊群体,在监狱的组织和管理下,这个集体也会产生有助于罪犯思想改造的群体心理,这种群体心理的效应便会影响制约罪犯的行为。

2. 从众行为论

从众行为论认为,个体在群体中往往会不自觉地在行为上表现出与众人的一致。这种从众现象,或说从众行为,在社会中是经常可以见到的。从众行为的产生与群体的内聚力紧密相关。群体如果内部协调、目标明确、成员团结,个体在其中便容易表现出从众行为。罪犯集体目标一致,以改造思想为集体的基本目标;罪犯集体通过监狱警察管理、制度管理达到内部协调,同时这个集体还得到包括监狱在内的社会各界的大力支持。因此,集体中的罪犯个体的从众行为有助于罪犯养成良好的劳动习惯。

(三)集体约束法的科学实施

1. 建立一个适应劳动改造需要的罪犯集体

集体是群体发展的最高层次,这一最高层次不是依据罪犯的自然发展便可达到的。对于具有许多劣迹的罪犯来说,他们聚集在一起,虽然可能互相促进,受集体约束,但也可能"交叉感染",成为对抗改造的团伙。因此,运用集体约束法的前提,便是建立一个具有严格组织性、纪律性和良好改造风气的罪犯集体。

2. 培养集体意识

集体意识是对集体的共同利益、共同目标和共同荣誉的观念。一个人只有具有了集体意识后,才可能自觉控制自己的行为。因此,集体意识是个人自我控制、自我约束的基础。对于行为放荡、纪律涣散的罪犯来说,集体约束法效用的实现离不开对罪犯集体意识的培养。

3. 控制和引导集体舆论

集体舆论对集体和个体的行为起着重要的控制和导向作用,而且这种作用见效快，舆论一经形成，会引起人们的普遍关注，很快地对个体的行为产生引导或制约作用。因此，在运用集体约束法时，不应忽视对集体舆论的控制和引导。偏颇的、消极的、负面的舆论对罪犯的改造起到相反的作用，符合事实的、客观的、积极正面的舆论对罪犯行为有良好的引导作用。

## 四、劳动竞赛法

### （一）劳动竞赛法的含义

劳动竞赛法，即监狱运用比、学、赶、帮、超等竞赛形式，促进罪犯发挥内在劳动潜力，约束罪犯行为，推动罪犯思想改造的一种管理活动。罪犯是以集体的形式来参加劳动改造的。既然是集体，那么组成成员的各个方面便会存在差异，如劳动改造的态度、劳动的效率、劳动的技能、劳动的成果等。现实的差异性决定了罪犯在劳动改造中开展劳动竞赛的可能。劳动竞赛既可以促进罪犯生产技术的进步，促进劳动生产率的提高，又可以培养罪犯形成正确的劳动态度和劳动习惯。劳动竞赛已成为罪犯劳动改造期间行为矫正的一种有效方法。

### （二）劳动竞赛法的理论依据

1. 激励理论

在生产劳动中，劳动者的工作效率取决于他的能力和动机两个因素的相互作用。就劳动者的劳动能力来说，这是一个在一定时间、地点和条件下，趋于稳定的客观存在，是一个相对确定的量，所以工作效率在很大程度上取决于劳动者的劳动动机。激励理论重视激发人的动机，强调激励在某种内部或外部刺激的作用下，使人始终维持一种兴奋的状态，调动人的积极性。劳动竞赛便是一种激励方法，其实质是运用比较法来满足人们的尊重、成就等心理需要。实践证明，劳动竞赛可以造成一种压力或激励，形成你追我赶的局面。罪犯在劳动竞赛中，若需要获得尊重和荣誉，势必需要围绕着竞赛目标而努力，这种努力的过程也是行为矫正的过程。

2. 置换理论

置换理论认为，人在受挫折之后，在个体的某种有目的的活动受到阻碍或因个体本身的缺陷无法达到目标时，往往会以一种可能成功的活动代替之。这种挫折之后“旱路不通走水路”的反应方式，有助于人重新振奋起来，并纠正个体以往的一些不良行为。罪犯犯罪入狱，是人生的一大挫折，在这种挫折面前，他们可能会有各种不同的表现，监狱在罪犯劳动改造中，组织劳动竞赛，在这种可能成功的活动中，罪犯挫折之后的痛苦心情得到宣泄，其潜在的能力得以发挥，并可形成一些新的行为习惯。尤其是一些青少年罪犯，他们精力旺盛，好胜心强，劳动竞赛既可以使他们把精力运用到竞赛中去，又可以使他们在竞赛中得到荣誉感和自尊心的满足，防止他们以破坏劳动改造秩序的方式来滥用其过剩的精力。因此，劳动竞赛法不仅可以减少反改造行为，还可以培养良好的行为习惯，达到引导罪犯行为的目的。

(三)劳动竞赛法的科学实施

1. 围绕改造罪犯的需要确定竞赛目标

劳动竞赛首先应有具体的竞赛目标，在确定竞赛目标时，要与社会上的一般劳动竞赛有所区别。应从改造罪犯的实际出发，渗入思想改造的内容，并结合本单位的情况，搞好调查研究，在科学分析的基础上提出正确而又具体的竞赛目标。

2. 做好宣传鼓动工作

劳动竞赛是众多罪犯参加的一种群体活动，如果没有众多罪犯的积极参加，竞赛不可能开展起来。因此，确定竞赛目标之后，要通过宣传、鼓动工作动员大多数罪犯关心劳动竞赛，积极参加劳动竞赛。

3. 落实竞赛的奖惩工作

劳动竞赛是监狱常用的一种劳动改造促进活动，要使罪犯对先进“见贤思齐”，对落后有耻辱感，便要做好对竞赛的奖惩工作，这样才能使罪犯对竞赛重视和感兴趣，并对其产生一定的压力和吸引力。因此，竞赛的奖惩工作是促使竞赛顺利开展的一个条件。

## 五、随机诱导法

对罪犯行为的矫正，除以上几种方法之外，还应注意把随机教育诱导运用到罪犯行为的引导上。随机诱导法，就是根据罪犯在劳动中出现的问题，灵活的、随时实施的教育引导活动。

运用这种方法，监狱警察应掌握教育的基本技能，并把它灵活运用到罪犯的行为引导上，在实际中，还要注意以下三点：(1)注意教育诱导形式的多样性。罪犯是复杂的，罪犯在劳动中出现问题的原因也是多样的。因此，教育诱导的方法也不要拘泥于单一的形式。既可以就事论理、举一反三，也可以旁敲侧击、迂回进攻；既可以批评诱导，也可以表扬激励。一切应视问题的特殊性和具体的情境条件而定。(2)注意内容的灵活性。罪犯在劳动中出现的众多问题，其原因是极其复杂的，有时以基本相似形式出现的问题，其原因却大不相同。因此，教育诱导的内容要注意针对性和灵活性。(3)紧紧抓住各种契机。随机诱导法区别于计划性的、制度性的引导方法，其根本在于随机性，这就要求监狱警察具有敏锐的判断能力，善于在罪犯劳动中发现问题，善于抓住、利用各种契机实施教育，解决罪犯劳动中的问题。这种因势利导、见缝插针的随机诱导活动将对罪犯劳动改造中的行为矫正产生积极作用。

## ——— 思考题 ———

1. 罪犯劳动改造中的个体消极行为和个体积极行为有哪些表现？
2. 罪犯劳动改造中的群体积极行为和群体消极行为有哪些表现？
3. 罪犯劳动改造中行为矫正的方法有哪些？如何进行科学实施？
4. 罪犯劳动改造中如何对罪犯好逸恶劳的恶习进行矫正？

# 主要参考文献


1.《马克思恩格斯全集》(第 2 卷),人民出版社 1972 年版。

2.《马克思恩格斯全集》(第 3 卷),人民出版社 1972 年版。

3.《马克思恩格斯全集》(第 23 卷),人民出版社 1972 年版。

4.《马克思恩格斯全集》(第 31 卷),人民出版社 1972 年版。

5.《马克思恩格斯全集》(第 32 卷),人民出版社 1972 年版。

6.《马克思恩格斯全集》(第 42 卷),人民出版社 1972 年版。

7.《马克思恩格斯全集》(第 46 卷)(上、下册),中共中央马克思恩格斯列宁斯大林著作编译局译,人民出版社 1979 年版。

8. 中共中央马克思恩格斯列宁斯大林著作编译局编:《马克思恩格斯选集》(第 1 卷),人民出版社 1972 年版。

9.《列宁全集》(第 36 卷),人民出版社 1963 年版。

10.《毛泽东选集》(第 1 卷),人民出版社 1991 年版。

11.《毛泽东选集》(第 2 卷),人民出版社 1991 年版。

12. 中共中央文献研究室编:《毛泽东文集》(第 7 卷),人民出版社 1999 年版。

13.《中国共产党中央委员会关于建国以来党的若干历史问题的决议》,载中共中央文献研究室编:《三中全会以来重要文献选编》(下),人民出版社 1982 年版。

14. 中国共产党第十八次全国代表大会报告——《坚定不移沿着中国特色社会主义道路前进　为全面建成小康社会而奋斗》。

15. 中国共产党第十九次全国代表大会报告——《决胜全面建成小康社会　夺取新时代中国特色社会主义伟大胜利》。

16. 习近平:《在哲学社会科学工作座谈会上的讲话(二〇一六年五月十七日)》,载《论党的宣传思想工作》,中央文献出版社 2020 年版。

17.《习近平法治思想概论》编写组编:《习近平法治思想概论》,高等教育出版社 2021 年版。

18. 本书编写组编著:《党的二十大报告辅导读本》,人民出版社 2022 年版。

19. 本书编写组编著:《党的二十大报告学习辅导百问》,学习出版社、党建读物出版社 2022 年版。

20. 本书编写组:《二十大党章修正案学习问答》,党建读物出版社 2022 年版。

21. 中共中央宣传部编:《习近平新时代中国特色社会主义思想学习纲要》,学习出版社、人民出版社 2019 年版。

22. 中共中央宣传部编:《习近平新时代中国特色社会主义思想学习纲要》,学习出版社、人民出版社 2023 年版。

23. 中华人民共和国司法部编:《外国监狱法规条文分解》(下册),社会科学文献出版社 1990 年版。

24. 中国劳改学会编:《中国劳改学大辞典》,社会科学文献出版社 1993 年版。

25. 中国现代史资料编辑委员会翻印:《苏维埃中国》,1957 年版。

26. 劳改专业教材编辑部、《中国劳改学研究》编写组编:《中国劳改学研究》,社会科学文献出版社 1992 年版。

27. 公安部十局编:《劳改工作文件汇编》(第 1 – 5 册),1982 年编印(内部资料)。

28. [苏]H. M. 拉吉莫夫:《劳动改造感化的理论与实践问题》,周兴泉、杨巍译,社会科学文献出版社 1989 年版。

29. 劳改专业教材编辑部、《罪犯劳动改造学》编写组:《罪犯劳动改造学》,社会科学文献出版社 1989 年版。

30. 北京市清河农场编:《北京市清河农场建场四十周年纪念文集》(内部资料),1990 年北京市新闻出版局内部刊物准印证。

31. [美]理查德 · 霍金斯、[美]杰弗里 · P. 阿尔珀特:《美国监狱制度——刑罚与正义》,孙晓雳、林遐译,中国人民公安大学出版社 1991 年版。

32. 北京经济学院工业经济系生产管理教研室编著:《现代企业生产管理》,北京经济学院出版社 1992 年版。

33. 司法部监狱体制改革办公室编:《监狱体制改革文件汇编》(一),法律出版社 2004 年版。

34. 梁民立主编:《简明中国监狱史》,群众出版社 1994 年版。

35. 林崇德主编:《中国少年儿童百科全书(人类 · 社会)》,浙江教育出版社 1994 年版。

36. 孙晓雳:《中国劳动改造制度的理论与实践——历史与现实》,中国政法大学出版社 1994 年版。

37. 顾海良:《在马克思经济学道路上》,河北大学出版社 1997 年版。

38. 周振国、程家明、李焕诚、高哲:《邓小平改革方法论》,河北人民出版社 1997 年版。

39. 夏宗素主编:《监狱学基础理论》,法律出版社 1998 年版。

40. 张金桑、张苏军主编:《亚太地区当代矫正制度纵览》,南京师范大学出版社 1999 年版。

41. 司法部监狱管理局编:《当代中国监狱概览(1949—1989)》,法律出版社 2000 年版。

42. 储槐植主编:《外国监狱制度概要》,法律出版社 2001 年版。

43. 王戌生主编:《罪犯劳动概论》,法律出版社 2001 年版。

44. 薛梅卿主编:《中国监狱史知识》,法律出版社 2001 年版。

45. 张旭明主编:《现代监狱企业管理学》,中国物价出版社 2001 年版。

46. 夏宗素、朱济民主编:《中外监狱制度比较研究文集》,法律出版社 2001 年版。

47. 李齐云主编:《政府经济学》,经济科学出版社 2003 年版。

48. 夏宗素:《罪犯矫正与康复》,中国人民公安大学出版社 2005 年版。

49. 中央司法警官学院编:《期待与时俱进的中国监狱学》,法律出版社 2005 年版。

50. 周雨臣:《罪犯劳动专论》,浙江大学出版社 2005 年版。

51. 辛国恩、孙绍斌、曾小滨、陈九振、闵征、杨习梅、刘也恩:《毛泽东改造罪犯理论研究》,人民出版社 2006 年版。

52. 杨殿升主编:《监狱法学》,北京大学出版社 2007 年版。

53. 王凤彬、李东编著:《管理学》,中国人民大学出版社 2007 年版。

54. 白焕然等:《中国古代监狱制度》,新华出版社 2007 年版。

55. 宋胜尊主编:《罪犯劳动改造学》,法律出版社 2008 年版。

56. 刘津等:《监狱企业法人制度问题研究》,河北人民出版社 2009 年版。

57. 贾洛川主编:《罪犯劳动改造学》,中国法制出版社 2010 年版。

58. 史景轩、张青主编:《外国矫正制度》,法律出版社 2012 年版。

59. 卫兴华、赵家祥主编:《马克思主义基本原理概论自学考试用书:2015 年版》,北京大学出版社 2015 年版。

60. 李忠源、陈振斌主编:《罪犯劳动管理》,中国政法大学出版社 2016 年版。

61. 北京市监狱管理局编著:《劳动与改造》,法律出版社 2012 年版。

62. 中国监狱工作协会编:《新中国监狱工作五十年》(1949. 10—2000),法律出版社 2019 年版。

63. 郭顺祥主编:《罪犯劳动组织学》,中国金融出版社 2004 年版。

64. 孙宏艳主编:《罪犯劳动管理》,中国政法大学出版社 2019 年版。

65. 梁艳主编:《生产现场管理》,北京理工大学出版社 2015 年版。

66. 张平亮编著:《现代生产现场管理》(第 2 版),机械工业出版社 2019 年版。

67. 王雪峰主编:《罪犯教育学》(第 2 版),法律出版社 2021 年版。

68. 曾天山、顾建军主编:《劳动教育论》,教育科学出版社 2021 年版。

69. 刘向兵主编:《劳动的名义》,中国工人出版社 2018 年版。

70. 李效东主编:《大学生劳动教育概论》,清华大学出版社 2021 年版。

71. 张子睿、郭传真:《劳动教育及其创新进路研究》,中国书籍出版社 2020 年版。

72. 王官成、徐飙主编:《劳动教育和职业素养训练》,中国人民大学出版社 2021 年版。

73. 周雨臣主编:《罪犯劳动组织与管理》(第 2 版),中国政法大学出版社 2016 年版。

74. 季浏、符明秋:《当代运动心理学》,西南师范大学出版社 1994 年版。

75. 杨德森主编:《行为医学》,湖南科学技术出版社 1999 年版。

76. 张春兴:《现代心理学——现代人研究自身问题的科学》,上海人民出版社 1996 年版。

77. 步先永、吴士元编著:《犯罪与世界观改造》,群众出版社 1993 年版。

78. 陈士涵:《人格改造论》(上、下卷),学林出版社 2001 年版。

79. 孙晓雳等:《劳改法学理论新探》,中国人民公安大学出版社 1991 年版。

80. 王恒勤主编:《中国特色社会主义监狱理论体系研究》,河北大学出版社 2011 年版。

81. 中国监狱工作协会监狱史学专业委员会编:《我所知道的中国监狱工作》(第三辑·往事记忆),(内部资料),2012 年印。

82. 中国监狱工作协会监狱史学专业委员会编:《我所知道的中国监狱工作》(第二辑)(内部资料),2010 年 12 月印。

83. 中国监狱工作协会监狱史学专业委员会编:《我所知道的中国监狱工作》,(内部资料),2009 年印。

84. 刘津:《马克思主义中国化时代化视域下的罪犯劳动改造学研究》,法律出版社 2023 年版。

85. 本书编写组编:《马克思主义基本原理》,高等教育出版社 2023 年版。

86. 朱勇主编:《中国法制史》,中国政法大学出版社 2008 年版。

87.《习近平著作选读》(第 1 卷),人民出版社 2023 年版。

88.《习近平著作选读》(第 2 卷),人民出版社 2023 年版。

89. 刘津:《论监狱企业的性质》,载《中国监狱学刊》2001 年第 2 期。

90. 刘津、白月:《论管理在罪犯劳动改造中的重要作用》,载《中国监狱学刊》2004 年第 5 期。

91. 刘津:《论监狱企业的目标》,载《河南司法警官职业学院学报》2006 年第 3 期。

92. 王志亮:《监狱学的学科定性与定位问题》,载《上海政法学院学报(法治论丛)》2009 年第 1 期。

93. 刘津:《再论监狱企业的性质》,载《中国监狱学刊》2010 年第 4 期。

94. 刘津:《规范监狱企业运行工作研究》,载《中国监狱学刊》2012 年第 6 期。

95. 唐爱军:《马克思劳动观及其现实意义》,载《毛泽东邓小平理论研究》2014 年第 3 期。

96. 季爱民、蔡欢:《马克思主义劳动观下的大学生劳动观调查分析》,载《学校党建与思想教育》2015 年第 3 期。

97. 中央司法警官学院课题组:《中国监狱学学科下罪犯劳动分支学科的建设与发展》(上、下),载《中国监狱学刊》2015 年第 2、3 期。

98. 高耀芳:《马克思劳动观及当代价值》,载《中共云南省委党校学报》2016 年第 3 期。

99. 柯淑珍:《论罪犯劳动的目的》,载《犯罪与改造研究》2016 年第 2 期。

100. 庞瑞华:《改革开放以来国内马克思主义劳动观研究述评》,载《大连海事大学学报(社会科学版)》2021 年第 3 期。

101. 张庆斌:《论新时代改造罪犯体系的重构》,载《中国监狱学刊》2022 年第 1 期。